Springer-Lehrbuch

Peter Stahlknecht
Ulrich Hasenkamp

Unter Mitwirkung von
Lars Burmester · Claus Häberle
Jens Lehmbach · Bernd Stemmann

Arbeitsbuch Wirtschaftsinformatik

Vierte, vollständig überarbeitete Auflage
mit 80 Abbildungen

Professor Dr. Peter Stahlknecht
Universität Osnabrück
Institut für Informationsmanagement und Unternehmensführung
49069 Osnabrück

Professor Dr. Ulrich Hasenkamp
Philipps-Universität Marburg
Institut für Wirtschaftsinformatik
Universitätsstraße 24
35032 Marburg
http://www.stahlknecht-hasenkamp.de

Bibliografische Information Der Deutschen Bibliothek
Die Deutsche Bibliothek verzeichnet diese Publikation in der Deutschen Nationalbibliografie; detaillierte bibliografische Daten sind im Internet über *http://dnb.ddb.de* abrufbar.

ISBN 3-540-26361-6   4. Auflage   Springer Berlin Heidelberg New York
ISBN 3-540-43972-2   3. Auflage   Springer Berlin Heidelberg New York

Dieses Werk ist urheberrechtlich geschützt. Die dadurch begründeten Rechte, insbesondere die der Übersetzung, des Nachdrucks, des Vortrags, der Entnahme von Abbildungen und Tabellen, der Funksendung, der Mikroverfilmung oder der Vervielfältigung auf anderen Wegen und der Speicherung in Datenverarbeitungsanlagen, bleiben, auch bei nur auszugsweiser Verwertung, vorbehalten. Eine Vervielfältigung dieses Werkes oder von Teilen dieses Werkes ist auch im Einzelfall nur in den Grenzen der gesetzlichen Bestimmungen des Urheberrechtsgesetzes der Bundesrepublik Deutschland vom 9. September 1965 in der jeweils geltenden Fassung zulässig. Sie ist grundsätzlich vergütungspflichtig. Zuwiderhandlungen unterliegen den Strafbestimmungen des Urheberrechtsgesetzes.

Springer ist ein Unternehmen von Springer Science+Business Media
springer.de

© Springer-Verlag Berlin Heidelberg 1991, 1996, 2003, 2006
Printed in Italy

Die Wiedergabe von Gebrauchsnamen, Handelsnamen, Warenbezeichnungen usw. in diesem Werk berechtigt auch ohne besondere Kennzeichnung nicht zu der Annahme, dass solche Namen im Sinne der Warenzeichen- und Markenschutz-Gesetzgebung als frei zu betrachten wären und daher von jedermann benutzt werden dürften.

Umschlaggestaltung: design & production GmbH
Herstellung: Helmut Petri
Druck: Legoprint

SPIN 11498117   Gedruckt auf säurefreiem Papier – 42/3153 – 5 4 3 2 1 0

Vorwort zur vierten Auflage

Nachdem die dritte Auflage dieses Arbeitsbuchs einschließlich eines Nachdrucks – für Verlag und Autoren gleichermaßen erfreulich – vergriffen ist, haben wir mit der vorliegenden Neuauflage den Inhalt vollständig überarbeitet und der aktuellen Fassung unseres Lehrbuchs „Einführung in die Wirtschaftsinformatik" angepasst. Der Hauptzweck des Arbeitsbuchs bleibt unverändert, nämlich – getreu dem Motto, dass Übung der beste Lehrmeister ist – gezielt auf schriftliche und mündliche Prüfungen im Fach Wirtschaftsinformatik vorzubereiten. Selbstverständlich kann das Buch auch als Nachschlagewerk und zur Auffrischung des Wissens genutzt werden. Im Zuge der Umstellung von Diplomstudiengängen auf das Bachelor- und Masterkonzept hat der Übungsanteil der Lehrveranstaltungen erheblich an Bedeutung gewonnen. Das Arbeitsbuch bietet dafür eine Fülle von Material.

Die Fragen und Aufgaben sowie die zugehörigen Antworten und Musterlösungen sind wieder kapitelweise den neun Kapiteln unseres genannten Lehrbuchs zugeordnet. Zum Inhalt gelten dieselben Anmerkungen wie in dem nachfolgend gekürzt wiedergegebenen Vorwort zur ersten Auflage.

Es empfiehlt sich, vor dem ersten Gebrauch des Arbeitsbuchs die *Benutzungshinweise* zu lesen.

Wir danken
- den wissenschaftlichen Mitarbeitern der Universität Marburg Dipl.-Kfm. Lars Burmester, Dipl.-Kfm. Claus Häberle, Dipl.-Kfm. Jens Lehmbach und Dipl.-Kfm. Bernd Stemmann für ihre Mitwirkung bei der Erarbeitung der Fragen, Aufgaben, Antworten und Musterlösungen,
- Frau Marianne Trieschmann für Text- und Grafikverarbeitung sowie Frau Nina Hasenkamp und Frau Ulrike Rau für Korrekturarbeiten,
- Herrn Prof. Dr. Thorsten Spitta und den (schon als wissenschaftliche Mitarbeiter der Universitäten Osnabrück bzw. Marburg an den früheren Auflagen beteiligten) Professoren Dr. Wieland Appelfeller, Dr. Matthias Goeken, Dr. Stefan Nieland und Dr. Jürgen Nonhoff für zahlreiche Hinweise und Anregungen sowie
- nicht zuletzt Herrn Dr. Werner A. Müller und Frau Manuela Ebert vom Springer-Verlag für die Fortsetzung der bewährten Zusammenarbeit.

Osnabrück und Marburg, im August 2005   Peter Stahlknecht
                                               Ulrich Hasenkamp

Vorwort zur ersten Auflage (gekürzt)

Benutzer und Leser meines im gleichen Verlag erschienenen Lehrbuchs „Einführung in die Wirtschaftsinformatik" haben wiederholt den Wunsch nach begleitenden Lernhilfen geäußert. Das vorliegende „Arbeitsbuch Wirtschaftsinformatik" trägt diesem Wunsch Rechnung.

Das Buch enthält *Fragen* und *Aufgaben* mit zugehörigen *Antworten* und *Musterlösungen*. Zu letzteren ist eine grundsätzliche Anmerkung angebracht: Lösungen zu Problemen der Wirtschaftsinformatik ergeben sich nicht aus eindeutig bestimmten Gleichungssystemen. Viele Antworten auf die Fragen und alle Musterlösungen zu den Aufgaben sind daher als *Lösungsvorschläge* aufzufassen, die sich bei intensiver Bearbeitung durch den Leser noch vielfältig variieren und erweitern lassen. Eine Einteilung der Fragen und Aufgaben nach Schwierigkeitsgraden wurde nicht vorgenommen. Einige Überschneidungen zwischen den Fragen und den Aufgaben wurden bewusst in Kauf genommen.

Osnabrück, im April 1991   Peter Stahlknecht

Benutzungshinweise

- Das Arbeitsbuch enthält 441 Fragen und 294 Aufgaben mit zugehörigen Antworten und Musterlösungen.
- Zur Beantwortung der Fragen und zur Lösung der Aufgaben werden betriebswirtschaftliches Grundwissen und Kenntnisse im Umfang des im Lehrbuch „Einführung in die Wirtschaftsinformatik" behandelten Stoffs vorausgesetzt. Einzelheiten dazu sind unter der Website
  http://www.stahlknecht-hasenkamp.de
  abrufbar. Darüber hinaus wird die Beschäftigung mit der im Lehrbuch empfohlenen Fachliteratur und den dort angegebenen Fachzeitschriften angeraten. Bei einigen Fragen und Aufgaben vermitteln die Antworten und Musterlösungen ergänzendes Detailwissen.
- Die Gliederung der Fragen, Aufgaben, Antworten und Musterlösungen entspricht den neun Kapiteln des Lehrbuchs „Einführung in die Wirtschaftsinformatik". Eine abschnittsweise Zuordnung innerhalb der Kapitel wurde nicht vorgenommen, jedoch entspricht die Reihenfolge weitgehend der Behandlung der Themen im Lehrbuch.
- Die Antworten auf die Fragen und die Musterlösungen für die Aufgaben schließen sich kapitelweise an die Fragen und Aufgaben an.
- Die Stichwörter, auf denen in den einzelnen Fragen und Aufgaben das Schwergewicht liegt, sind jeweils *kursiv* gedruckt. Die Benutzung des Arbeitsbuchs wird durch ein alphabetisch geordnetes Stichwortverzeichnis unterstützt, aus dem die Zuordnung sämtlicher Stichwörter zu den Fragen und Aufgaben hervorgeht. Aus didaktischen Gründen sind zusätzliche Begriffe aus den Antworten und Musterlösungen bewusst nicht in das Stichwortverzeichnis aufgenommen.
- Einige Fragen betreffen mehrere Kapitel. Beispielsweise erfordert eine Aufgabe, die sich mit der Verteilung der IT-Ressourcen in einem Unternehmen befasst, Kenntnisse sowohl über die Hardware, den Systembetrieb, die Kommunikationssysteme, die Datenorganisation und die Systementwicklung als auch über die IT-Anwendungssysteme für die operativen und die Führungsebenen sowie über das IT-Management. Durch die Betrachtung unter verschiedenen Gesichtspunkten ist daher die gelegentliche Wiederholung einiger Themen nicht zu vermeiden.

- Generell enden Fragen mit einem Fragezeichen und Aufgaben mit einem Ausrufezeichen. Eine inhaltliche Trennung lässt sich allerdings nicht immer konsequent vornehmen. Beispielsweise ist
    „Wie lassen sich die *betrieblichen IT-Anwendungssysteme* klassifizieren?"
  eine Frage, dagegen
    „Klassifizieren Sie die *betrieblichen IT-Anwendungssysteme*!"
  eine Aufgabe, obwohl zwischen der Antwort auf die Frage und der Musterlösung zur Aufgabe keine Unterschiede bestehen.
- Bei den Abbildungen ist Folgendes zu beachten:
  - Die Abbildungen sind so nummeriert, dass immer der eindeutige Bezug zu einer Frage bzw. Aufgabe besteht.

    Beispiele: Die Abbildung F 4.5.1 gehört zur Frage F 4.5, die Abbildungen A 5.17.1 und A 5.17.2 gehören zur Aufgabe A 5.17.
  - Abbildungen, die bereits zur Frage- bzw. zur Aufgabenstellung gehören, sind durch den Laufindex 0 gekennzeichnet.

    Beispiel: Abbildung A 6.55.0 gehört zur Aufgabenstellung der Aufgabe A 6.55.
  - Auf textliche Abbildungsunterschriften wurde verzichtet.

Inhaltsverzeichnis

1 Einleitung
Fragen zu Kapitel 1 1
Aufgaben zu Kapitel 1 2
Antworten auf die Fragen zu Kapitel 1 4
Musterlösungen für die Aufgaben zu Kapitel 1 7

2 Hardware
Fragen zu Kapitel 2 13
Aufgaben zu Kapitel 2 17
Antworten auf die Fragen zu Kapitel 2 22
Musterlösungen für die Aufgaben zu Kapitel 2 32

3 Systembetrieb
Fragen zu Kapitel 3 45
Aufgaben zu Kapitel 3 47
Antworten auf die Fragen zu Kapitel 3 49
Musterlösungen für die Aufgaben zu Kapitel 3 55

4 Kommunikationssysteme
Fragen zu Kapitel 4 63
Aufgaben zu Kapitel 4 66
Antworten auf die Fragen zu Kapitel 4 69
Musterlösungen für die Aufgaben zu Kapitel 4 78

5 Datenorganisation
Fragen zu Kapitel 5 89
Aufgaben zu Kapitel 5 93
Antworten auf die Fragen zu Kapitel 5 100
Musterlösungen für die Aufgaben zu Kapitel 5 114

6 Systementwicklung
Fragen zu Kapitel 6 133
Aufgaben zu Kapitel 6 140
Antworten auf die Fragen zu Kapitel 6 155
Musterlösungen für die Aufgaben zu Kapitel 6 177

7 Anwendungssysteme
Fragen zu Kapitel 7 223
Aufgaben zu Kapitel 7 228
Antworten auf die Fragen zu Kapitel 7 239
Musterlösungen für die Aufgaben zu Kapitel 7 255

8 IT-Management
Fragen zu Kapitel 8 281
Aufgaben zu Kapitel 8 285
Antworten auf die Fragen zu Kapitel 8 293
Musterlösungen für die Aufgaben zu Kapitel 8 306

9 Geschichtlicher Abriss
Fragen zu Kapitel 9 327
Antworten auf die Fragen zu Kapitel 9 329

Stichwortverzeichnis 333

1 Einleitung

Fragen zu Kapitel 1

Frage F 1.1
Womit befasst sich die *Wirtschaftsinformatik*?

Frage F 1.2
Welche Stellung nimmt die *Wirtschaftsinformatik* innerhalb der wissenschaftlichen Fachdisziplinen ein?

Frage F 1.3
Wie lassen sich *Daten* und *Nachrichten* gegeneinander abgrenzen?

Frage F 1.4
In welcher *Norm* werden die *Grundbegriffe* der Informationsverarbeitung definiert?

Frage F 1.5
Wie heißen die wichtigsten *Normungsgremien*, die auf nationaler, europäischer und internationaler Ebene Normen erarbeiten und festlegen?

Frage F 1.6
Wie unterscheiden sich *Normen* und *Standards*?

Frage F 1.7
Womit befasst sich die *(Kern-)Informatik*?

Frage F 1.8
Welches sind die wichtigsten *Anwendungsgebiete* („Informatikanwendungen") der Informatik neben der Wirtschaftsinformatik?

Frage F 1.9
Wie werden bei der Informatiknutzung *Anwender* und *Benutzer* voneinander unterschieden?

Frage F 1.10
In welche beiden Gruppen kann man die *Benutzer* einteilen?

Frage F 1.11
Was bedeuten die Begriffe *Betroffene* und *Informatikauswirkungen*?

Frage F 1.12
Welche Grundbedingungen muss ein Rechner erfüllen, damit er als *Computer* bezeichnet werden kann?

Frage F 1.13
Was versteht man unter dem Begriff *Informationstechnik*?

Aufgaben zu Kapitel 1

Aufgabe A 1.1
Geben Sie eine kurze (stichwortartige) Erklärung des Begriffs *Geschäftsprozess*!

Aufgabe A 1.2
Nennen Sie die Schritte, in denen bei einer *geschäftsprozessorientierten Vorgehensweise* die Reorganisation der betrieblichen Informationsverarbeitung vorgenommen wird!

Aufgabe A 1.3
Ein Getränkehersteller vertreibt alkoholische und nichtalkoholische Getränke
a) durch Verkauf (neben anderen Artikeln wie Snacks und Partyzubehör) in einem Verkaufsraum und
b) durch direkte Belieferung mit eigenen Fahrzeugen frei Haus auf telefonische oder schriftliche Bestellung der Kunden.
Beschreiben Sie, welche Grundüberlegungen der Getränkehändler im Hinblick auf eine *Geschäftsprozessoptimierung* anstellen sollte!

Aufgabe A 1.4
Geben Sie die *Vorgangskette* von *Geschäftsvorgängen* an, aus denen sich der Kernprozess „Getränkehandel" zusammensetzt!

Aufgabe A 1.5
Überlegen Sie im Hinblick auf die spätere Anschaffung von Standardsoftware, welche klassischen betrieblichen *Arbeitsgebiete* mit welchen *Aktivitäten* an dem Kernprozess „Getränkehandel" beteiligt sind!

Aufgabe A 1.6
Entwickeln Sie *Führungsinformationen*, die der Getränkehändler für Planungs- und Entscheidungszwecke aus den Datenbeständen der operativen betrieblichen Anwendungssysteme gewinnen könnte!

Aufgabe A 1.7
Geben Sie an, welche Möglichkeiten des *elektronischen Datenaustauschs* mit Geschäftspartnern und des *elektronischen Handels* mit Privatkunden für den Getränkehändler in Betracht kommen!

Aufgabe A 1.8
Nennen Sie die wichtigsten *Rechtsfragen*, mit denen sich der Getränkehändler beim Einsatz der Informationsverarbeitung auseinandersetzen muss!

Aufgabe A 1.9
Begründen Sie, warum es für die Realisierung des *Informationsbedarfs* stets *alternative Lösungen* (anstelle einer eindeutigen) gibt!

Aufgabe A 1.10
Erläutern Sie, in welcher Bedeutung der Begriff *Information* in der Wirtschaftsinformatik benutzt wird und geben Sie dazu ein Beispiel!

Aufgabe A 1.11
Erklären Sie die Begriffe *Zeichen, Zeichenvorrat* und *Alphabet* und geben Sie dafür Beispiele!

Antworten auf die Fragen zu Kapitel 1

Zu Frage F 1.1
Die *Wirtschaftsinformatik* befasst sich mit der Entwicklung und dem Einsatz von IT-Anwendungssystemen
- für alle administrativen und dispositiven betriebswirtschaftlichen Aufgaben im Rahmen der Geschäftsprozesse des Unternehmens (operative Systeme) und
- für die Unterstützung der Entscheidungsprozesse von Führungskräften (Führungsinformationssysteme, Planungssysteme).

Hierzu gehört die Untersuchung der Wirtschaftlichkeit bestehender oder geplanter Anwendungssysteme durch die Gegenüberstellung von Kosten und Nutzen oder durch Nutzenbewertungen mithilfe geeigneter betriebswirtschaftlicher Verfahren. Eine wichtige Teilaufgabe ist die Auswahl, Anpassung und Einführung von Standardsoftware für betriebswirtschaftliche Anwendungen.

Als Hauptaufgabe der Wirtschaftsinformatik wird die Beschäftigung mit dem *Informationsmanagement* angesehen. Darunter wird die Aufgabe verstanden, alle Stellen (und damit Ebenen) im Unternehmen aktuell und in geeigneter Form mit den jeweils benötigten Informationen zu versorgen (*Informationsstruktur*) und – unter der Bezeichnung *IT-Management* – die dafür benötigte *IT-Infrastruktur* bzw. *IT-Architektur* (Computerhardware, System- und Anwendungssoftware, Kommunikationseinrichtungen, insbesondere Netze, sowie die erforderlichen Mitarbeiter im Rechenzentrum, in der Systementwicklung und im Benutzerservice) zu planen, zu beschaffen und bereitzustellen.

Zu Frage F 1.2
Die *Wirtschaftsinformatik* versteht sich als interdisziplinäre, inzwischen weitgehend gleichberechtigte Fachdisziplin zwischen Betriebswirtschaftslehre und Informatik mit einer großen Anzahl von Berührungspunkten zur Informationstechnik.

Zu Frage F 1.3
Aus Zeichen gebildete Informationen bezeichnet man
- als *Daten*, wenn sie verarbeitet und
- als *Nachrichten*, wenn sie weitergegeben bzw. übertragen

werden sollen. In der Regel werden bei den heutigen Anwendungssystemen die Informationen sowohl verarbeitet als auch (vorher und/oder anschließend) übertragen. Als Oberbegriff wird die Bezeichnung Daten verwendet.

Zu Frage F 1.4
Die *Grundbegriffe* der Informationsverarbeitung werden in der (im vorgesehenen Endzustand) aus 34 Teilen bestehenden internationalen *Norm* ISO/IEC 2382 („Informationstechnik – Begriffe") definiert. Die Norm liegt in englischer und französischer Sprache vor, nicht aber in Deutsch.

Zu Frage F 1.5
Die wichtigsten *Normungsgremien* sind
- auf nationaler Ebene:
  - DIN: Deutsches Institut für Normung,
  - ANSI: American National Standards Institute,
  - BSI: British Standards Institute;
- auf europäischer Ebene:
  - CEN: Comité Europeén de Normalisation,
  - CENELEC: Comité Europeén de Normalisation Electrotechnique,
  - ETSI: European Telecommunication Standards Institute;
- auf internationaler Ebene:
  - ISO: International Organization for Standardization,
  - IEC: International Electrotechnical Commission,
  - ITU: International Telecommunication Union.

Zu Frage F 1.6
Normen werden von national oder international anerkannten neutralen (privatrechtlichen oder staatlichen) Institutionen unter breiter Beteiligung der Öffentlichkeit erarbeitet und verabschiedet. *Standards* werden dagegen von Verbänden, Anwendergruppen oder einzelnen (meistens marktbeherrschenden) Herstellern festgelegt. In den USA und in anderen Ländern gilt die Bezeichnung Standards als Oberbegriff für Normen und Standards.

Zu Frage F 1.7
Informatik in der ursprünglichen Bedeutung ist die Wissenschaft vom Computer (englisch: Computer Science). Nach dem Fächerkatalog deutscher Informatikfakultäten befasst sie sich unter der inoffiziellen Bezeichnung *Kerninformatik* mit
- Automatentheorie, Schaltwerktechnologie und formalen Sprachen (*Theoretische Informatik*),
- Programmiertechnologie, Übersetzerbau und Betriebssystemen (*Praktische Informatik*) sowie
- Schaltungstechnologie und Rechnerorganisation (*Technische Informatik*).

Inzwischen sind – vor allem auf Initiative der *Gesellschaft für Informatik e. V.* als der Standesvertretung der deutschen Informatiker – die Gegenstände der Informatik weiter gefasst worden. Im einzelnen handelt es sich dabei um
- die Informationstechnik (Abkürzung: IT)
- die Informatikanwendungen („Bindestrich-Informatiken") und
- die Informatiknutzung.

Zu Frage F 1.8
Die wichtigsten *Anwendungsgebiete* der Informatik neben der Wirtschaftsinformatik sind
- Ingenieurinformatik,

- Rechtsinformatik,
- Verwaltungsinformatik und
- Medizinische Informatik

Zu Frage F 1.9
Anwender sind Unternehmen, Organisationseinheiten oder (natürliche und juristische) Personen, die für die Auswahl, die Gestaltung, die Entwicklung bzw. Anschaffung und den Einsatz von IT-Anwendungssystemen verantwortlich sind. *Benutzer* sind alle (natürlichen) Personen, die aktiv mit Computern und Programmen umgehen.

Zu Frage F 1.10
Benutzer sind
- entweder Entwickler, die als Systementwickler oder Programmierer IT-Anwendungssysteme bzw. Software eigenständig entwickeln,
- oder Endbenutzer, die an ihrem Arbeitsplatz aktiv betriebliche IT-Anwendungssysteme (Finanzbuchhaltung, Personalabrechnung, Auftragsbearbeitung usw.) oder Büropakete (Textverarbeitung, Tabellenkalkulation, E-Mail usw.) nutzen.

Zu Frage F 1.11
Betroffene (der Begriff stammt aus dem Bundesdatenschutzgesetz) sind vorwiegend solche Benutzer, die routinemäßig an bestimmten Geräten arbeiten und mit bestimmten Programmen umgehen (müssen) und dabei negative Aspekte (Lernaufwand, Stress, Überforderung, Angst vor dem Verlust des Arbeitsplatzes u. a.) überbetonen. Generell werden als *Informatikauswirkungen* die negativen Aspekte der Informatikanwendungen bezeichnet.

Zu Frage F 1.12
Damit ein Rechner als *Computer* bezeichnet werden kann, muss er folgende Grundbedingungen erfüllen:
- freie Programmierbarkeit,
- Verfügbarkeit eines Arbeitsspeichers zur Aufnahme von Programmen und Daten sowie
- Möglichkeit zum Anschluss peripherer Geräte für die Eingabe, Ausgabe und (externe) Speicherung von Daten.

Zu Frage F 1.13
Unter dem Begriff *Informationstechnik* (Abkürzung: IT) versteht man die zur Realisierung der betrieblichen Informationsstruktur benötigte Infrastruktur, d. h. die Plattformen (Hardware, Software, Netze) und die personellen Ressourcen einschließlich des dazu erforderlichen Managements.

Musterlösungen für die Aufgaben zu Kapitel 1

Zu Aufgabe A 1.1
Ein *Geschäftsprozess* ist eine zeitlich-logische Folge (oder Kette) von Tätigkeiten, so genannten Geschäftsvorgängen, mit folgenden Hauptmerkmalen:
- Basis für die Wertschöpfung (bzw. den Wertzuwachs) sowohl beim Kunden als auch im Unternehmen selbst;
- Start durch Auslöser (z. B. Kundenauftrag), Beendigung durch Ergebnis (z. B. Warenauslieferung an Kunden);
- verschiedene Möglichkeiten für die Reihenfolge der Ausführung der einzelnen Tätigkeiten (sequenziell, parallel, alternativ, repetitiv);
- Beteiligung mehrerer organisatorischer Einheiten im Unternehmen (z. B. Einkauf, Lager, Vertrieb u. a.), ggf. auch von Lieferanten („Supply Chain Management") und Kunden („Customer Relationship Management");
- standardisierbarer Routinevorgang im Unternehmen (Gegensatz: Projekt).

Zu Aufgabe A 1.2
Die Schritte bei einer *geschäftsprozessorientierten Vorgehensweise* zur Reorganisation der betrieblichen Informationsverarbeitung sind:
1) Definition der Kernprozesse des Unternehmens,
2) Zerlegung der Kernprozesse in Geschäftsvorgänge,
3) Ermittlung des Informationsbedarfs für die Kernprozesse,
4) Aufstellung von Alternativen zur Realisierung des Informationsbedarfs.

Zu Aufgabe A 1.3
Die Grundüberlegungen, die der Getränkehändler im Hinblick auf eine *Geschäftsprozessoptimierung* anstellen sollte, sind:
- Welches sind die Kernprozesse, d. h. die für den Unternehmenserfolg maßgeblichen Geschäftsprozesse?
- Welche Arbeitsabläufe sind ineffizient und deswegen reorganisationsbedürftig?
- Soll die Geschäftsprozessoptimierung durch einen kontinuierlichen Verbesserungsprozess oder mit einem radikalen Ansatz angestrebt werden?

Der Kernprozess ist im vorliegenden Fall der Handel mit Getränken, ggf. weiter unterschieden in den Beschaffungs- und den Absatzprozess. Strategische Ziele des Getränkehändlers könnten sein: Qualitätsverbesserung des Services und Intensivierung der Kundenbindung durch
- Verfügbarkeit eines breiteren Angebots an Getränken (z. B. an Säften),
- schnellere Belieferung der Kunden oder
- häufigere Information der Stammkunden über neue Artikel, Sonderaktionen usw.

Nebenprozesse, die der Getränkehändler kritisch im Hinblick auf einen völligen Verzicht bzw. auf eine Fremdvergabe (Outsourcing) betrachten sollte, sind
- der Verkauf von Artikeln, die keine Getränke sind, oder
- der Betrieb eines eigenen Fuhrparks mit Lieferfahrzeugen und Fahrern.

Zu Aufgabe A 1.4

Die *Vorgangskette* des Kernprozesses „Getränkehandel" zerfällt (im Normalfall) in folgende *Geschäftsvorgänge*:
- Entgegennahme der Kundenbestellung,
- Entnahme des Artikels aus dem Lager,
- Verkauf bzw. Auslieferung an den Kunden,
- Neubestellung der Ware beim Lieferanten.

Der Geschäftsprozess wird durch die traditionellen betrieblichen Funktionen Vertrieb, Lagerhaltung und Einkauf als so genannten primären Aktivitäten abgedeckt. Unterstützend dazu wirken sekundäre Aktivitäten wie Buchhaltung, Personalverwaltung und Informationsverarbeitung.

Zu Aufgabe A 1.5

Am Kernprozess „Getränkehandel" sind die *Arbeitsgebiete* Vertrieb, Lagerhaltung, Beschaffung und Verwaltung mit primären oder sekundären *Aktivitäten* wie folgt beteiligt:

Vertrieb
- Angebotsbearbeitung (Angebotsabgabe und -überwachung),
- Auftragsbearbeitung (Auftragserfassung, -verwaltung),
- Auslieferung (Lieferscheinschreibung, Tourenplanung),
- Fakturierung (Preisgestaltung, Rechnungsschreibung);

Lagerhaltung
- Lagerwirtschaft (Bestandsverwaltung, -bewertung),
- Inventur (stichtagsbezogen und / oder permanent),
- Leergutverwaltung;

Beschaffung (Einkauf)
- Bestellwesen (Bestellvorschläge, Bestellauslösung),
- Wareneingang (Erfassung, Rechnungskontrolle);

Verwaltung
- Finanzbuchhaltung (Nebenbuchhaltungen für Debitoren und Kreditoren einschließlich Mahnwesen und Zahlungsausgleich, Hauptbuchhaltung, Journal, Saldenlisten, Abschlüsse),
- Personalwesen (Zeitwirtschaft, Personalabrechnung).
  Die Personalabrechnung im eigenen Haus kommt nur für Getränkehändler mit einer größeren Anzahl von Mitarbeitern in Betracht (z. B. Filialunternehmen).

Zu Aufgabe A 1.6

Der Getränkehändler könnte für Planungs- und Entscheidungszwecke die folgenden („internen") *Führungsinformationen* aus den Datenbeständen der operativen betrieblichen Anwendungssysteme gewinnen:
- aus dem Programm Fakturierung: Absatzmengen bzw. Umsätze (auch unter Berücksichtigung saisonaler Einflüsse) nach
  - Getränkesorten,
  - Kunden bzw. Kundengruppen,
  - Gebieten,
  - Behälterarten (Flaschen, Fässer);
- aus dem Programm Lagerwirtschaft:
  - durchschnittlicher Lagerbestand pro Getränkesorte,
  - Lagerumschlag pro Getränkesorte,
  - durchschnittliche Kapitalbindung im Lager;
- aus dem Programm Beschaffung:
  - durchschnittlicher Wert einer Bestellung,
  - Einkaufsvolumen nach Lieferanten;
- aus dem Programm Finanzbuchhaltung:
  - Höhe der Forderungen (Debitorenbuchhaltung) bzw. Verbindlichkeiten (Kreditorenbuchhaltung),
  - Zahlungsverhalten der Kunden,
  - Liquiditätsentwicklung des Unternehmens.

Zu einem aussagefähigen Führungsinformationssystem gehören außerdem („externe") Informationen über die Marktentwicklung (z. B. bei Mixgetränken), das Verbraucherverhalten (z. B. beim Bierkonsum) und die Konkurrenz (z. B. Supermärkte).

Zu Aufgabe A 1.7

Möglichkeiten zum *elektronischen Datenaustausch* (mit festen!) Geschäftspartnern (Abkürzung: EDI, Bezeichnung: B2B) bestehen vor allem mit
- Kunden (Entgegennahme von Bestellungen, Auftragsabwicklung),
- Lieferanten (Auslösung, Verfolgung und Abwicklung von Bestellungen) und
- Banken (Kontenabfragen, Zahlungsverkehr).

Elektronischer Handel kommt im Prinzip mit beliebigen Kunden (Bezeichnung: B2C) in Betracht. Voraussetzung ist, dass der Getränkehändler sich durch attraktive Websites (ggf. mit einem Portal) im Internet präsentiert und Regelungen für die Bestellung, Lieferung und Bezahlung der Ware trifft.

Zu Aufgabe A 1.8

Rechtsfragen, mit denen sich der Getränkehändler beim Einsatz der Informationsverarbeitung auseinandersetzen muss, betreffen in erster Linie
- die Vertragsgestaltung bei der Anschaffung von Hardware und Software und beim Abschluss der zugehörigen Wartungsverträge,

- die Gewährleistungsansprüche hinsichtlich Mängeln in Hardware und Fremdsoftware,
- den elektronischen Geschäftsverkehr (Verbindlichkeit, Vertraulichkeit, Sicherheit u. a.),
- die Speicherung personenbezogener Daten (z. B. im Rahmen der Personalabrechnung oder eines Kundeninformationssystems),
- die Neugestaltung von Arbeitsplätzen und Arbeitsverfahren bei der Einführung bzw. bei jeder Umstellung der Informationsverarbeitung, insbesondere, wenn ein auf der Wahrnehmung der Mitbestimmungsrechte bestehender Betriebsrat vorhanden ist.

Die zuletzt genannten arbeitsrechtlichen Fragen treten in der Regel nur bei Getränkehändlern mit einer größeren Anzahl von Mitarbeitern auf.

Zu Aufgabe A 1.9

Betriebswirtschaftliche Aufgaben, also auch die Realisierung des *Informationsbedarfs* mithilfe der Informationstechnik, haben – im Gegensatz zu mathematischen Optimierungsaufgaben – stets *alternative Lösungen*, weil
- in der technischen Realisierung (Hardware, Software, Kommunikationseinrichtungen usw.),
- im Leistungsumfang, der Qualität und den Nutzenpotenzialen (Einsparungen, Produktivitätssteigerungen, strategische Vorteile),
- in den personellen Anforderungen,
- in der organisatorischen Ausführung (Eigenentwicklung, Standardsoftware, Fremdvergabe durch Outsourcingmaßnahmen u. a.) sowie
- davon abhängig in den (einmaligen und laufenden) Kosten

Auswahlmöglichkeiten bestehen. Die Entscheidung, welche Lösung letzten Endes gewählt wird, hat der Anwender (Unternehmensleitung, Geschäftsführung usw.) zu treffen.

Zu Aufgabe A 1.10

Die Wirtschaftsinformatik benutzt den Begriff *Information* im Sinne der Betriebswirtschaftslehre. Information wird dabei als zweckgerichtetes bzw. zielorientiertes Wissen verstanden, das den Informationsempfänger zu Handlungen veranlasst.

Beispiel: Die Meldung, dass die Heilquelle Vitaborn den Preis für ihr Mineralwasser um 5 % erhöht hat, wird im Allgemeinen lediglich (bedauernd) zur Kenntnis genommen. Für einen Getränkehändler ist sie jedoch eine Information, die ihn veranlassen kann, Mineralwasser aus anderen Quellen zu beziehen und anzubieten.

Zu Aufgabe A 1.11

Zeichen sind Elemente zur Darstellung von Informationen. Die Gesamtheit der dafür verfügbaren Elemente heißt *Zeichenvorrat*. Ein *Alphabet* ist ein nach einer bestimmten Reihenfolge geordneter Zeichenvorrat.

Beispiel 1: Zur Zustandsbeschreibung einer Tür genügen auf einer Anzeige entweder die beiden Zeichen „Frei" und „Besetzt" oder die beiden (Farb-)Zeichen „Rot" und „Grün". In beiden Fällen handelt es sich um binäre (zweiwertige, d. h. aus nur zwei Zeichen bestehende) Systeme.
Beispiel 2: Morsezeichen werden mit den Elementen Punkt und Strich dargestellt. Diese beiden Zeichen bilden den Zeichenvorrat beim Morsen.
Beispiel 3: Zur Darstellung von Vornamen werden Buchstaben benötigt. Der gesamte Zeichenvorrat wird in geordneter Form vom Buchstabenalphabet A, B, ..., Z gebildet.

2 Hardware

Fragen zu Kapitel 2

Frage F 2.1
In welche *Größenklassen* kann man Rechner einteilen?

Frage F 2.2
Wird ein *PC* stets als „persönlicher Computer" verwendet?

Frage F 2.3
In welche Geräte kann man die *Hardware* grob einteilen?

Frage F 2.4
Welches sind die wichtigsten *Zahlensysteme* in der Informationstechnik?

Frage F 2.5
Wie wird der Begriff *Code* definiert?

Frage F 2.6
Wozu braucht man Normen und Standards für *Computercodes*?

Frage F 2.7
Welches sind die beiden gebräuchlichsten *Maschinencodes*?

Frage F 2.8
Welches ist die größte positive *Dezimalzahl*, die bei rein dualer Codierung mit 16 Bit dargestellt werden kann?

Frage F 2.9
Auf wie viele Dezimalstellen genau ist eine *Gleitkommadarstellung*, bei der für die Mantisse 36 Bit (zuzüglich Vorzeichenbit) verwendet werden?

Frage F 2.10
Was versteht man unter *Datenkompression*?

Frage F 2.11
Was versteht man unter dem Begriff *Rechnerarchitektur*?

Frage F 2.12
Worin besteht der Unterschied zwischen *Logikchips* und *Speicherchips*?

Frage F 2.13
Worin unterscheidet sich der *Hauptspeicher* in erster Linie von den peripheren Speichern?

Frage F 2.14
Wozu dient der *Cache Memory*?

Frage F 2.15
Was sind *Register*?

Frage F 2.16
Was versteht man unter dem *Pipelineprinzip*?

Frage F 2.17
Welches sind die wichtigsten Konzepte für den *Peripheriebus* bei PCs und was besagt die Abkürzung *PCMCIA*?

Frage F 2.18
Was bedeutet die Abkürzung *MIPS*?

Frage F 2.19
Was versteht man unter dem *Befehlsvorrat*?

Frage F 2.20
Wozu dienen *Benchmarktests* für Rechner?

Frage F 2.21
Worin besteht der Hauptunterschied zwischen der *von-Neumann-Architektur* und der *Architektur von Parallelrechnern*?

Frage F 2.22
Worin unterscheiden sich bei Parallelrechnern *eng gekoppelte* und *lose gekoppelte Systeme* hinsichtlich des Arbeitsspeichers?

Frage F 2.23
Was verbirgt sich hinter der Abkürzung *MPP*?

Frage F 2.24
Welche Merkmale kennzeichnen alle Formen der *Dateneingabe* von Massendaten?

Frage F 2.25
Was versteht man unter einem *Urbeleg*?

Frage F 2.26
Wann spricht man von *automatischer Direkteingabe*?

Frage F 2.27
a) Wie sind *Strichcodes* im Prinzip aufgebaut?
b) Welchen Vorteil haben *zweidimensionale Strichcodes*?

Frage F 2.28
Welche technischen Unterschiede bestehen zwischen *Magnetstreifenkarten* und *Chipkarten*?

Frage F 2.29
Was ist ein *LCD-Bildschirm*?

Frage F 2.30
Wie arbeiten *berührungsempfindliche Bildschirme* und wo werden sie vorwiegend eingesetzt?

Frage F 2.31
Welcher Unterschied besteht zwischen *Spracherkennen* und *Sprachverstehen*?

Frage F 2.32
Welcher systemtechnische Unterschied besteht in der Spracherkennung zwischen der *Spracheingabe*
a) für das Diktiersystem in einer Arztpraxis oder einer Rechtsanwaltskanzlei und
b) für die telefonische Kontenabfrage bei Banken oder die sprachgesteuerte Bedienung von Navigationssystemen?

Frage F 2.33
Wie kann man *Drucker* nach der Art der *Druckausführung* unterscheiden?

Frage F 2.34
Diese Frage richtet sich an die Opernfreunde unter den Wirtschaftsinformatikern: Aus welchem Grund wird das bei Matrixdruckern gebräuchliche Endlospapier auch als *Leporellopapier* bezeichnet?

Frage F 2.35
Was sind *Plotter*?

Frage F 2.36
Warum sind *Halbleiterspeicher* als Massenspeicher wenig verbreitet?

Frage F 2.37
Welche Angaben braucht man, um die Kapazität eines *Magnetplattenstapels* zu berechnen?

Frage F 2.38
Wie setzt sich die *Zugriffszeit* bei Magnetplattenspeichern zusammen?

2 Hardware

Frage F 2.39
Wozu werden Datenträger *formatiert*?

Frage F 2.40
Was bedeutet die Abkürzung *RAID*?

Frage F 2.41
Durch welche Bauform sind die klassischen großen *Magnetbandspulen* abgelöst worden und welcher Vorteil ist damit verbunden?

Frage F 2.42
Welcher Hauptunterschied besteht in der Anordnung der *Spuren* auf Magnetplatten und auf optischen Speicherplatten?

Frage F 2.43
Wie lassen sich die verschiedenen *optischen Speicherplatten* aus Anwendersicht unterscheiden?

Frage F 2.44
Was versteht man unter *Hardwarekonfigurierung*?

Frage F 2.45
Mit welchen *Hardwarekomponenten* verbinden Sie die folgenden Begriffe (in einigen Fällen sind mehrere Angaben möglich)?

1) Nanosekunden	5) Kontrast	9) Strichcode
2) MB bzw. GB	6) Zoll	10) RAID
3) MIPS	7) MHz, GHz	11) ROM
4) Millisekunden	8) TFLOPS	12) Pixel

Frage F 2.46
Wie kann man den *OEM-Markt* charakterisieren?

Frage F 2.47
Welche technischen Möglichkeiten bestehen für das *Recycling* von Computerschrott?

Frage F 2.48
Wie kann bei der PC-Nutzung *Energie* gespart werden?

Aufgaben zu Kapitel 2

Aufgabe A 2.1
Erklären Sie die Begriffe
a) *Workstation* und
b) *Handheld*!

Aufgabe A 2.2
Erläutern Sie den Unterschied zwischen *binär* und *dual*!

Aufgabe A 2.3
Wandeln Sie die *Dezimalzahl* 367_{10}
a) in eine Dualzahl und
b) in eine Hexadezimalzahl
um!

Aufgabe A 2.4
Wandeln Sie die *Dualzahl* 011011111_2
a) in eine Dezimalzahl und
b) in eine Hexadezimalzahl
um!

Aufgabe A 2.5
Erklären Sie die Begriffe
a) *Bit*,
b) *Byte* und
c) *Wort*!

Aufgabe A 2.6
Nennen Sie die vier gebräuchlichen Formate, in denen *Dezimalzahlen* rechnerintern dargestellt werden können!

Aufgabe A 2.7
Beschreiben Sie die Struktur der *von-Neumann-Architektur*!

Aufgabe A 2.8
Unterscheiden Sie die Speicherformen *RAM* und *ROM*
a) nach ihrer technischen Funktionsweise und
b) nach ihrem Verwendungszweck!

Aufgabe A 2.9
Beschreiben Sie das Prinzip der *virtuellen Speicherung*!

Aufgabe A 2.10
Erläutern Sie den Aufbau eines *Befehls* und nennen Sie die wichtigsten *Befehlstypen*!

Aufgabe A 2.11
Von einem *Prozessor* werden innerhalb von 9 Minuten 20 gleich große Jobs aus Anwendungsprogrammen bearbeitet. Der Prozessor kann 4 Jobs dieser Größe pro Minute erledigen. Ermitteln Sie die prozentuale Auslastung des Prozessors!

Aufgabe A 2.12
Nennen Sie die Arbeitsphasen des *von-Neumann-Zyklus*!

Aufgabe A 2.13
Erläutern Sie den Unterschied zwischen dem *Kanal-* und dem *Buskonzept*!

Aufgabe A 2.14
Erklären Sie den Unterschied zwischen dem *internen* und dem *externen Bus* bei PCs!

Aufgabe A 2.15
Berechnen Sie, wie viele *Befehle* ein 32-Bit-Mikroprozessor mit einer Taktfrequenz von 100 MHz bei durchschnittlich vier Taktzyklen pro Befehl in einer Sekunde ausführen kann!

Aufgabe A 2.16
Erklären Sie den Unterschied zwischen dem *CISC-* und dem *RISC-Prinzip*!

Aufgabe A 2.17
Geben Sie einen Überblick über die verschiedenen Typen von *Parallelrechnern*!

Aufgabe A 2.18
Geben Sie einen Überblick über die verschiedenen Formen der *Dateneingabe* und erläutern Sie den Unterschied zwischen *Datenerfassung* und Dateneingabe!

Aufgabe A 2.19
Geben Sie zehn Beispiele für Daten, die in Computersysteme einzugeben sind! Die Daten sind zu unterscheiden nach
- dem Ort des Datenanfalls,
- dem Inhalt der Daten,
- der Art des Urbelegs,
- der Nutzungsform bei der Dateneingabe in das Computersystem und
- bei halbdirekter Dateneingabe dem eingesetzten Gerät.
Muster: Einwohnermeldeamt, Meldedaten, Anmeldeformular, Dialog.

Dateneingabe im *Dialog* soll bedeuten, dass sie (mit einem entsprechenden Programm) vom Sachbearbeiter vorgenommen wird. Im Gegensatz dazu steht die Stapeldatenerfassung von Massendaten (Abkürzung: *Stapel*).

Aufgabe A 2.20
Geben Sie anhand von Beispielen einen Überblick über die Möglichkeiten, Daten unmittelbar von *Originalbelegen* in das Computersystem einzulesen!

Aufgabe A 2.21
Nennen Sie die wichtigsten Formen der *direkten Dateneingabe*!

Aufgabe A 2.22
Nennen Sie die wesentlichen *ergonomischen Anforderungen*, die
a) an Bildschirmarbeitsplätze und
b) an Tastaturen
zu stellen sind!

Aufgabe A 2.23
Beschreiben Sie, in welchen Schritten die computergestützte *Spracherkennung* abläuft!

Aufgabe A 2.24
Bei der (halbdirekten) Dateneingabe von Daten, die auf Urbelegen (Überweisungsformulare, Arztrezepte, Lohnscheine, Postbriefe u.a.) erfasst sind, wird heute oft wie folgt verfahren:
- Die Belege werden in einem Schriftenlesesystem automatisch erfasst.
- Von den Belegen, die das Schriftenlesesystem nicht oder nicht vollständig erkannt hat, wird ein gescanntes Bild an einem Bildschirmgerät angezeigt. Die vom System nicht erkannten Zeichen werden dann anhand dieser Anzeigen von Bedienungskräften über eine Tastatur korrekt eingegeben („Nachcodierung" an *Videokorrekturarbeitsplätzen*).

Nennen Sie
a) die Vorteile, die die neue Vorgehensweise gegenüber der früheren Nachcodierung anhand der Originalbelege besitzt,
b) die Werte, die Sie brauchen, um zu ermitteln, wie viele Schriftenleser und wie viele Korrekturarbeitsplätze benötigt werden, und
c) die Kosten, die bei der Einrichtung und beim laufenden Einsatz des beschriebenen zweistufigen Erfassungssystems anfallen!

Aufgabe A 2.25
Die Gerichte überlegen, die Anzahl der Schreibkräfte drastisch zu reduzieren und stattdessen *Diktiersysteme* anzuschaffen.
a) Definieren Sie kurz, was man unter dem Begriff Diktiersystem versteht!
b) Erläutern Sie das technische Prinzip, auf dem Diktiersysteme beruhen!

c) Zählen Sie auf, welche Angaben Sie benötigen, um eine Wirtschaftlichkeitsanalyse über die beabsichtigte Umstellung durchführen zu können!

Aufgabe A 2.26
Bei einer Verbraucherbefragung werden 20 Fragen gestellt. Die Antworten werden von den Interviewern in Fragebögen eingetragen, wobei jede Antwort aus maximal 10 alphanumerischen Zeichen besteht. Geben Sie die verschiedenen Möglichkeiten zur *Dateneingabe* der Erhebungsdaten an!

Aufgabe A 2.27
Nennen Sie die wichtigsten Kriterien, die bei der Beurteilung der *Wirtschaftlichkeit der Dateneingabe* heranzuziehen sind!

Aufgabe A 2.28
Nennen Sie die wichtigsten Kriterien, die bei der Beurteilung der *Wirtschaftlichkeit der Datenausgabe* heranzuziehen sind!

Aufgabe A 2.29
Beschreiben Sie den Unterschied zwischen *Impact-* und *Non-impact-Druckern*!

Aufgabe A 2.30
Nennen Sie Kriterien, die bei der Auswahl und Beschaffung von *Druckern* für PCs heranzuziehen sind!

Aufgabe A 2.31
Sie gründen ein Unternehmen, das freie Tankstellen mit Videofilmen auf DVD beliefert. Die Tankstellen übernehmen dann den Verleih an private Kunden. Ihr Angebot an DVDs wollen Sie mithilfe eines PCs verwalten. Da der Platz in den Verkaufsräumen der Tankstellen beschränkt ist, können dort nicht alle Filme aus Ihrem Sortiment vorrätig gehalten werden. Die Tankstellen fordern bei Bedarf kurzfristig Filme auf DVD bei Ihnen („Zentrale") an.
a) Nennen Sie mindestens drei Möglichkeiten, die Tankstellen laufend über Ihr aktuelles Angebot an DVDs zu informieren!
b) Beschreiben Sie die informationstechnischen Voraussetzungen für die einzelnen Alternativen!
c) Diskutieren Sie kurz generelle Kriterien für die Nutzung der von Ihnen unter a) aufgeführten Möglichkeiten!

Aufgabe A 2.32
Erklären Sie
a) den Begriff *Zylinder* und
b) warum zusammenhängende Daten *zylinderweise* gespeichert werden!

Aufgabe A 2.33
Stellen Sie *optische Speicherplatten* und *Magnetplatten* hinsichtlich ihrer Vor- und Nachteile gegenüber!

Aufgabe A 2.34
Die Speicherung großer Datenbestände erfolgt zunehmend auf *optischen Platten* (*CD-ROM* oder *DVD*).
a) Nennen Sie die Kriterien, die für bzw. gegen den Einsatz der CD oder DVD als Massenspeicher zur Speicherung großer Datenbestände sprechen!
b) Geben Sie Beispiele für typische Datenbestände, für die die Speicherung auf CD oder DVD in Betracht kommt!

Aufgabe A 2.35
Nennen Sie die verschiedenen Möglichkeiten zur *elektronischen Archivierung* von Datenbeständen!

Aufgabe A 2.36
In der Informatik (einschließlich der Wirtschaftsinformatik) spielt der Begriff *Schnittstelle* eine wichtige Rolle. Nennen Sie hierfür Beispiele!

Aufgabe A 2.37
Nennen Sie die wesentlichen Auswahlkriterien für die *Hardwarekonfigurierung* von PCs!

Aufgabe A 2.38
Geben Sie Beispiele für *Umweltgifte* in Computerbauteilen!

Antworten auf die Fragen zu Kapitel 2

Zu Frage F 2.1
Rechner kann man grob in die drei *Größenklassen*
a) Großrechner (Mainframe oder Host),
b) mittlere Systeme (Minicomputer) und
c) Personal Computer (PC)
einteilen. Die Übergänge sind fließend, insbesondere zwischen a) und b).

Zu Frage F 2.2
Ein *PC* wird häufig nicht nur durch eine Person benutzt, sondern kann wechselnden Personen zur Verfügung stehen oder auch in einem verteilten System als Server betrieben werden. Die Bezeichnung „Personal" ist auf die Verwendung des PCs für „persönliche" Anwendungen wie Textverarbeitung oder Präsentation zurückzuführen.

Zu Frage F 2.3
Die *Hardware* lässt sich grob in Geräte
- zur Verarbeitung (einschließlich interner Speicherung),
- zur Eingabe und Ausgabe sowie
- zur (externen) Speicherung
von Daten einteilen. Hinzu kommen Geräte zur Vernetzung.

Zu Frage F 2.4
Die wichtigsten *Zahlensysteme* in der Informationstechnik sind neben dem Dezimalsystem das *Dualsystem* und das *Hexadezimalsystem* als Stellenwertsysteme mit den Basen 2 bzw. 16.

Zu Frage F 2.5
Unter einem *Code* versteht man die eindeutige Zuordnung („Codierung") der Zeichen eines Zeichenvorrats zu den Zeichen eines anderen Zeichenvorrats, z.B. die Codierung von Buchstaben des Alphabets in Zeichen des ASCII-Codes.

Zu Frage F 2.6
Normen und Standards für *Computercodes* werden vor allem für die Übertragung (über Netze) und für den Austausch (über Datenträger) von Daten benötigt, damit die beteiligten Rechner die übertragenen bzw. ausgetauschten Daten gegenseitig interpretieren können.

Antworten auf die Fragen zu Kapitel 2   23

Zu Frage F 2.7
Die beiden gebräuchlichsten *Maschinencodes* sind
- der ASCII-Code (heute meist in der von 7 auf 8 Bit erweiterten Version, um mehr – auch nationale – Sonderzeichen abbilden zu können) und
- der EBCDI-Code (8-Bit-Code, „IBM-Code").

Der EBCDI-Code ist für Großrechner eingeführt worden und darauf beschränkt.

Zu Frage F 2.8
Die größte positive *Dezimalzahl*, die bei rein dualer Codierung mit 16 Bit dargestellt werden kann, beträgt $2^{16} - 1 = 65.535$.

Zu Frage F 2.9
Die *Gleitkommadarstellung* beruht auf der halblogarithmischen Zahlendarstellung
$$Z = \pm M * B^e$$
mit M = Mantisse, B = Basis, e = Exponent. Da sich mit 36 Bit positive ganze Zahlen bis zu der 11-stelligen Dezimalzahl
$$2^{36} - 1 = 68.719.476.735$$
darstellen lassen, beträgt die Genauigkeit einer Mantisse mit 36 Bit 10 Dezimalstellen. Dasselbe Ergebnis hätte auch mithilfe der Faustformel
$$2^{10} \approx 10^3$$
gewonnen werden können.

Zu Frage F 2.10
Unter *Datenkompression* versteht man einen Vorgang, bei dem eine Zeichenfolge mithilfe eines speziellen Umrechnungsverfahren („Kompressionsalgorithmus") in eine verkürzte Darstellung transformiert wird. Die Umkehrung einer solchen Transformation stellt die ursprüngliche Zeichenfolge wieder her. Durch Kompression der Daten wird Speicherplatz und/oder Übertragungszeit gespart. Die zu erzielende Kompressionsrate hängt von der Struktur der zu komprimierenden Zeichenfolge und vom verwendeten Kompressionsalgorithmus ab. (Standardisierte) Kompressionsverfahren werden auch für die Speicherung und Übertragung von Bildern, Musik und Filmen benutzt.

Zu Frage F 2.11
Unter der *Rechnerarchitektur* versteht man
- die interne Struktur des Rechners, d.h. seinen Aufbau aus verschiedenen Komponenten (insbesondere Prozessoren und interne Speicher) und
- die Organisation der Arbeitsabläufe im Rechner (insbesondere die Art der Abarbeitung von Programmbefehlen).

Man unterscheidet die von-Neumann-Architektur und parallele Architekturen.

Zu Frage F 2.12
Chips sind die wesentlichen technischen Bausteine von Rechnern (Zentraleinheiten). Man unterscheidet
- Logikchips für den Prozessor und
- Speicherchips für den Hauptspeicher (Arbeitsspeicher und Festwertspeicher).

Logikchips repräsentieren Schaltungen (Gatter) für feste Arbeitsabläufe (logische Verknüpfungen, Grundrechenoperationen usw.), die der Prozessor verwendet. Die *Integrationsdichte* entspricht der Anzahl Schaltungen pro Chip.

Speicherchips speichern bitweise die Daten und die während der Programmausführung im Hauptspeicher befindlichen Programmbefehle (Instruktionen). Die Integrationsdichte entspricht hier der Anzahl der Speicherstellen (Bit) pro Chip.

Zu Frage F 2.13
Der *Hauptspeicher* (Arbeitsspeicher und Festwertspeicher) unterscheidet sich von peripheren Speichern in erster Linie dadurch, dass
- jeder Speicherplatz des Hauptspeichers fortlaufend adressiert ist und dass
- der Hauptspeicher unter direkter Kontrolle durch das Steuerwerk des Prozessors steht (bei Großrechnern als Bestandteil der Zentraleinheit).

Weitere Unterscheidungsmerkmale sind, dass
- der Hauptspeicher eine erheblich geringere Zugriffszeit als periphere Speicher aufweist und
- der Inhalt des Arbeitsspeichers bei Unterbrechung der Stromzufuhr verloren geht.

Zu Frage F 2.14
Der *Cache Memory* ist ein kleiner Speicher mit besonders schnellem Zugriff. Er übernimmt die Funktion eines Puffers zwischen dem Arbeitsspeicher und dem Prozessor. Im Cache Memory werden vorsorglich (Look-ahead-Mechanismus) diejenigen Speicherinhalte des Arbeitsspeichers bereitgestellt, die zu den gerade in Bearbeitung befindlichen Speicherinhalten des Arbeitsspeichers „benachbart" sind. Dadurch muss nur noch in seltenen Fällen, insbesondere bei Sprungbefehlen, auf den Arbeitsspeicher selbst zugegriffen werden. Moderne Rechner verfügen über ein abgestuftes System mehrerer aufeinander folgender Caches.

Zu Frage F 2.15
Register sind Speicherplätze zur kurzzeitigen Speicherung jeweils weniger Bit bzw. Byte. Sie unterstützen die Arbeit des Prozessors, z.B. als Befehlszähler.

Zu Frage F 2.16
Die Zusammenarbeit zwischen Steuerwerk und Rechenwerk erfolgt nach dem *Pipelineprinzip*. Die Befehle werden nacheinander (wie in einer Pipeline) zunächst vom Steuerwerk vorbereitet und anschließend vom Rechenwerk ausgeführt. Steuerwerk und Rechenwerk arbeiten dabei zeitlich „überlappt".

Zu Frage F 2.17
Für den *Peripheriebus* auf der Ebene der Hauptplatine gibt es u. a. die Standards
- ISA (Industry Standard Architecture),
- EISA (Extended Industry Standard Architecture) und
- PCI (Peripheral Component Interconnect).

Außerhalb der Hauptplatine werden häufig verwendet
- USB (Universal Serial Bus),
- Firewire und
- SCSI (Small Computer Systems Interface).

Die Abkürzung *PCMCIA* steht für Personal Computer Memory Card International Association. Diese Vereinigung bemüht sich um die Standardisierung des gleichnamigen Steckplatzes zum Einbau von Zusatzkarten in PCs. PCMCIA-Karten werden bevorzugt bei Notebooks benutzt.

Zu Frage F 2.18
MIPS (*Million Instructions Per Second*) ist eine als Instruktionsrate bezeichnete Maßeinheit für die Verarbeitungsgeschwindigkeit von (Zentral-)Prozessoren. Sie errechnet sich als Quotient aus der Taktfrequenz (gemessen in MHz) und der Anzahl der pro Programmbefehl benötigten Takte.

Die Aussagefähigkeit der Instruktionsrate ist umstritten, weil sie mehrere für die Verarbeitungsgeschwindigkeit maßgebliche Einflussgrößen (z.B. verfügbarer Befehlssatz, Art der Programmbefehle, eingesetztes Betriebssystem) nicht berücksichtigt.

Zu Frage F 2.19
Als *Befehlsvorrat* (oder *Elementarvorrat*) wird die Anzahl der in einem Rechner im Maschinencode verfügbaren Befehle (Instruktionen) bezeichnet. Bei Großrechnern und mittleren Systemen sind 150 bis 300 Instruktionen üblich. Bei RISC-Architekturen ist der Befehlsvorrat auf weniger als 100 beschränkt.

Zu Frage F 2.20
Rechnerbezogene *Benchmarktests* dienen der simultanen Berücksichtigung aller internen Beurteilungskriterien zur Messung der Rechnerleistung. Das Leistungsverhalten wird dabei durch eine repräsentative Auswahl von grundlegenden Maschinenbefehlen und/oder Anwendungsprogrammen beurteilt. Die gemessenen Programmlaufzeiten bzw. Antwortzeiten werden den Werten eines Referenzrechners gegenübergestellt. Benchmarktests sind sehr aufwändig.

Zu Frage F 2.21
Der Hauptunterschied zwischen der *von-Neumann-Architektur* und der *Architektur von Parallelrechnern* besteht darin, dass
- bei Rechnern mit von-Neumann-Architektur alle Komponenten (Prozessor, Steuerwerk, Rechenwerk, Hauptspeicher) genau einmal vorhanden sind, dagegen

- bei Parallelrechnern entweder zu einem Steuerwerk mehrere Rechenwerke gehören (Vektorrechner) oder der Rechner über mehrere gekoppelte Prozessoren (echter Parallelrechner) verfügt.

Zu Frage F 2.22
Bei *eng gekoppelten Systemen* von Parallelrechnern verwenden alle Prozessoren einen gemeinsamen Arbeitsspeicher, während bei *lose gekoppelten Systemen* jeder Prozessor über einen eigenen Arbeitsspeicher verfügt.

Zu Frage F 2.23
Die Abkürzung *MPP (Massive Parallel Processing)* steht für Rechnerarchitekturen, bei denen tausend und mehr Prozessoren miteinander gekoppelt werden, wobei jeder Prozessor über einen eigenen Arbeitsspeicher verfügt (lose gekoppeltes System).

Die Einsatzgebiete solcher Rechner sind hauptsächlich extrem rechenintensive mathematisch-technische Anwendungen, wie sie z. B. in der Meteorologie oder in der Weltraumforschung vorkommen.

Zu Frage F 2.24
Die Merkmale, die alle Formen der *Dateneingabe* von Massendaten kennzeichnen, sind
- erstmalige Eingabe,
- codierte Informationen in Form von Ziffern, Buchstaben oder Sonderzeichen und
- Gleichartigkeit mit Anfall (in großer Zahl)
  - entweder gesammelt an einer Stelle (z. B. Lohnscheine oder Banküberweisungen)
  - oder einzeln an vielen Stellen (z. B. Verkaufsdaten in Filialen von Handelsunternehmen oder Reservierungen in Reisebüros).

Die genannten Merkmale der klassischen Dateneingabe codierter Informationen gelten auch für die Eingabe von Massendaten in nichtcodierter Form (z. B. Arztrezepte bei Kassenärztlichen Vereinigungen und privaten Krankenversicherungen).

Zu Frage F 2.25
Unter einem *Urbeleg* versteht man einen Beleg, auf dem ein Vorgang (Arztrezept, Bestellung, Materialentnahme, Stundennachweis, Überweisung usw.) erstmals schriftlich aufgezeichnet wird.

Zu Frage F 2.26
Von *automatischer Direkteingabe* spricht man, wenn die Eingabedaten von Sensoren an Messgeräten erfasst und direkt einem Rechner zugeleitet werden. Sie ist typisch für die Prozessdatenverarbeitung. Beispiele für Anwendungen sind

- die zeitkritische Steuerung physikalischer oder chemischer Prozesse (z. B. von Turbinen oder Reaktoren),
- die Sicherheitstechnik (z. B. Einbruchs- oder Brandschutzanlagen) und
- die Robotersteuerung (z. B. in der Fertigungsindustrie).

Ein weiteres Beispiel ist die Steuerung von Heizungsanlagen über Außensensoren zur Temperaturmessung.

Zu Frage F 2.27

a) *Strichcodes* verwenden für die Darstellung von Zeichen dunkle Streifen von unterschiedlicher Breite auf hellem Grund mit unterschiedlichen Abständen. Am gebräuchlichsten sind 2/5-Codes, d. h. numerische Codes mit 5 Streifen, von denen 2 breit und 3 schmal sind.

Der bekannteste Strichcode ist die 13-stellige Internationale Artikelnummer (EAN), die die Hersteller von Handelswaren auf die Verpackung aufdrucken. Strichcodes kommen u. a. auch bei der Betriebsdatenerfassung (BDE) zur Kennzeichnung von Auftragspapieren und in Bibliotheken zur Identifizierung von Büchern zur Anwendung.

b) *Zweidimensionale Strichcodes* bieten bei gleicher Fläche mehr Speichervolumen und verfügen zumeist über Redundanz, die eine sichere Erkennung trotz Verschmutzung oder Beschädigung von Teilen des Codes erlaubt.

Zu Frage F 2.28

Die *Magnetstreifenkarte* besitzt auf der Rückseite einen 0,5 Zoll breiten Magnetstreifen zur Speicherung von benutzerspezifischen Informationen. In der *Chipkarte* ist dagegen ein Halbleiterchip integriert, der entweder nur einen Speicher (*Speicherchipkarte*) oder zusätzlich einen Prozessor (*Prozessorchipkarte*) enthält.

Zu Frage F 2.29

Beim *LCD-Bildschirm* (LCD = Liquid Crystal Display) erfolgt die Bildschirmanzeige durch Flüssigkristalle, die die Reflexion oder den Durchlass des auftreffenden Lichts beeinflussen. Auf Grund der platz-, gewicht- und energiesparenden Bauweise eignen sich LCD-Bildschirme besonders für den Einbau in tragbare Geräte, haben inzwischen aber wegen der kleineren Stellfläche die Kathodenstrahlbildschirme bei stationären Arbeitsplatzrechnern weitgehend verdrängt.

Zu Frage F 2.30

Berührungsempfindliche Bildschirme (Touchscreens) sind Bildschirme mit einer Oberfläche, auf der sich durch Berühren mit dem Finger oder einem speziellen Stift Programmfunktionen auslösen lassen. Auf dem Bildschirm werden dazu entsprechende Eingabefelder (z. B. in Form von Buttons) angezeigt. Die technische Realisierung erfolgt vorwiegend durch dünne, elektrisch leitende Drähte in der Bildschirmoberfläche. Sie werden vor allem eingesetzt, wenn eine Vielzahl von ungeübten Benutzern Daten einzugeben hat (z. B. an Laden- und Kellnerkassen, Paketstationen oder Infotheken), ferner zur Bedienung von Handhelds und Tablet-PCs.

Zu Frage F 2.31
Spracherkennen bedeutet, dass akustisch eingegebene Daten bzw. Worte vom Rechner richtig erkannt werden (z. B. nicht Sofa statt Sofia). Die Spracherkennung ist deswegen ein zwangsläufig auf die Spracheingabe folgender Schritt.

Sprachverstehen heißt, dass der Rechner in der Lage ist, eingegebene Sprache inhaltlich zu interpretieren (z. B. die Frage „Wie heißt die Hauptstadt von Bulgarien?" richtig mit „Sofia" zu beantworten). Dabei ist unwesentlich, auf welche Weise die Sprache eingegeben worden ist (z. B. über Tastatur, Scanner oder Mikrofon). Mit dem Sprachverstehen befasst sich die Künstliche Intelligenz.

Zu Frage F 2.32
a) Bei der *Spracheingabe* für die Diktiersysteme in einer Arztpraxis bzw. einer Rechtsanwaltskanzlei handelt es sich um *sprecherabhängige Systeme*. Bei diesen trainiert ein einzelner oder eine kleine Anzahl ausgewählter Sprecher einen beliebig großen, auf die gewünschten Anwendungen ausgerichteten Wortschatz mit dem Computer.
b) Die telefonische Kontenabfrage bei Banken und die sprachgesteuerten Navigationssysteme sind dagegen *sprecherunabhängige Systeme*. Bei diesen nutzt eine große Anzahl von Sprechern die Spracheingabe, die sich zwangsläufig auf einen geringen Wortschatz beschränkt.

Zu Frage F 2.33
Drucker kann man hinsichtlich der *Druckausführung* danach unterscheiden, ob sie den Druck
- mit oder ohne Anschlag und
- zeichen-, zeilen- oder seitenweise

ausführen. Beispiele sind
- mit Anschlag: Nadeldrucker, ohne Anschlag: Laser-, Tintenstrahldrucker;
- zeichenweise: Tintenstrahldrucker, zeilenweise: Banddrucker, seitenweise: Laserdrucker.

Zu Frage F 2.34
Die Bezeichnung *Leporellopapier* (zusammen mit dem Begriff *Leporellofaltung*) ist auf Leporello, den Diener des Don Giovanni in der gleichnamigen Oper von Mozart zurückzuführen. Leporello zeichnete die zahlreichen amourösen Abenteuer seines Herrn auf einer Endlosrolle auf.

Zu Frage F 2.35
Plotter sind Zeichengeräte für die grafische Darstellung digital gespeicherter Daten in Form von Kurven, Diagrammen usw. Sie werden in erster Linie zur Ausgabe technischer Zeichnungen genutzt. Man unterscheidet Vektor- und Rasterplotter.

Zu Frage F 2.36
Die geringe Verbreitung von *Halbleiterspeichern* als Massenspeicher hat im Wesentlichen zwei Gründe, und zwar
- (technisch) den Verlust der gespeicherten Informationen bei Unterbrechung der Stromzufuhr (mit Ausnahme der so genannten Flashspeicher) und
- (wirtschaftlich) die im Vergleich zu magnetischen und optischen Speichern wesentlich höheren Herstellungskosten.

Zu Frage F 2.37
Für die Berechnung der Kapazität eines *Magnetplattenstapels* benötigt man folgende Angaben:
- Anzahl Zylinder pro Stapel (= Anzahl Spuren pro Plattenoberfläche),
- Anzahl Spuren pro Zylinder (= Anzahl Plattenoberflächen pro Stapel) und
- Anzahl Byte pro Spur.

Übliche Größenordnungen für Plattenstapel sind heute GByte sowohl bei Großrechnern als auch bei PCs.

Zu Frage F 2.38
Die *Zugriffszeit* bei Magnetplattenspeichern setzt sich zusammen aus
- der Zugriffsbewegungszeit zur Positionierung der Schreib-/Leseköpfe auf die gewünschte Spur (eines Zylinders) und
- der Drehwartezeit zur Suche des gewünschten Datensatzes innerhalb der angesteuerten Spur.

Zur Verkürzung der Zugriffszeit für nachfolgende Zugriffe wird meistens der gesamte Inhalt der Spur (als Datenblock) in den Arbeitsspeicher oder in einen Zwischenspeicher (Cache) geladen.

Zu Frage F 2.39
Die *Formatierung* von Datenträgern durch das Betriebssystem ist erforderlich, um eine logische Einteilung des Datenträgers in adressierbare Einheiten vorzunehmen. Der Formatierungsvorgang ist vergleichbar mit der Nummerierung der Seiten eines Buchs und der anschließenden Erstellung eines Inhaltsverzeichnisses.

Zu Frage F 2.40
Die Abkürzung *RAID* bedeutet Redundant Array of Inexpensive Disks. Sie bezeichnet eine Technik, bei der mehrere kostengünstige Plattenlaufwerke miteinander verknüpft werden,

a) um die Datensicherheit zu erhöhen, indem von den Daten Duplikate und/oder zusätzliche Prüfdaten verteilt über die Laufwerke gespeichert werden, und
b) um die Zugriffszeiten auf die gespeicherten Daten zu verkürzen.

Von der RAID-Technik gibt es mehrere Realisierungsstufen. Am simpelsten (und sehr gebräuchlich) ist die bloße Datenspiegelung (Stufe RAID-1).

Zu Frage F 2.41
Die *Magnetbandspulen* sind durch Kassettensysteme in verschiedenen Bauformen abgelöst worden. Beim Einsatz von Robotersystemen kann mit solchen Magnetbandkassetten ohne Bedienungspersonal (Operator) gearbeitet werden.

Zu Frage F 2.42
Magnetplatten speichern die Daten in einer großen Zahl von konzentrischen, optische Speicherplatten dagegen auf spiralförmig verlaufenden *Spuren* (CD-ROM: eine Spur, DVD: eine oder bei Double-Layer-Technik zwei Spuren je Seite).

Zu Frage F 2.43
Die verschiedenen *optischen Speicherplatten* lassen sich aus der Sicht des Anwenders in
- nur lesbare, d.h. (im Herstellprozess) bereits beschriebene Platten (CD-ROM = Compact Disk – Read Only Memory; DVD = Digital Versatile Disk),
- (vom Benutzer) einmal beschreibbare Platten (WORM = Write Once Read Multiple; CD-R, DVD-R sowie andere Ausprägungen) und
- (vom Benutzer) beliebig oft wieder beschreibbare Platten (z. B. CD-RW = Compact Disk – Re-Writeable oder MOD = Magneto-Optical Disk)

unterscheiden.

Zu Frage F 2.44
Unter *Hardwarekonfigurierung* versteht man die Zusammenstellung und die Auswahl aller Komponenten eines Computersystems, d.h. des Rechners und der peripheren Geräte, die für die gewünschten Anwendungen erforderlich sind.

Eine Konfigurierung in dieser (einfachen) Form kommt heute nur noch bei nicht vernetzten Systemen vor, insbesondere bei PCs. In der überwiegenden Anzahl der Fälle ist hingegen bei der Konfigurierung das Zusammenwirken von Komponenten in Netzen zu berücksichtigen.

Zu Frage F 2.45
1) Prozessor, Hauptspeicher
2) Hauptspeicher, Magnetplatten, Disketten, optische Platten
3) CPU, Prozessor
4) Magnetplatten, Disketten, LCD-Displays
5) Bildschirme

6) Bildschirme, Magnetbänder, Magnetplatten, Disketten
7) Prozessor
8) Parallelrechner (MPP)
9) Scanner, Handleser, Belegleser, Formularleser
10) Magnetplatten
11) Hauptspeicher, optische Platten
12) Bildschirme, Scanner, Drucker, Digitalkameras

Zu Frage F 2.46
Auf dem *OEM-Markt* werden von Hardwareherstellern Geräte (z. B. Bildschirme, Drucker, Plattenlaufwerke) und Bauteile (z. B. Prozessoren, Speicherbausteine) angeboten, die dann von anderen Herstellern in deren Hardware eingebaut werden. Als OEM-Software wird vorinstallierte Software bezeichnet, die im Kaufpreis eines PCs enthalten ist.

Zu Frage F 2.47
Für das *Recycling* von Computerschrott gibt es wie bei jedem Recyclingprozess die drei technischen Möglichkeiten
- (Wieder-) Verwendung
- (Wieder-) Verwertung und
- Entsorgung,

wobei die Entsorgung streng genommen keine Recyclingmaßnahme ist.

Zu Frage F 2.48
Eine Möglichkeit zur Einsparung von *Energie* bei der PC-Nutzung ergibt sich durch die Reduzierung der Leistungsaufnahme der angeschlossenen Komponenten bei längeren Nutzungspausen z. B. durch Abschalten des Bildschirms oder der Platte. Unter der Bezeichnung „Energy Star" hat die amerikanische Umweltschutzbehörde EPA (Environment Protection Agency) Standards aufgestellt, nach denen z. B. ein Computer im Ruhestadium maximal 30 Watt verbrauchen soll.

Wesentlich höhere Potenziale zur Einsparung von Energie bestehen jedoch nicht erst beim Betrieb, sondern bereits bei der Herstellung von Computern.

Musterlösungen für die Aufgaben zu Kapitel 2

Zu Aufgabe A 2.1
a) *Workstations* sind leistungsfähige Arbeitsplatzrechner, die häufig für grafische Anwendungen oder die technische Konstruktion angewendet werden.
b) Ein *Handheld* (andere Bezeichnungen: Notepad, Organizer, PDA = Persönlicher Digitaler Assistent) ist ein mobiler Kleinstcomputer mit einem berührungsempfindlichen Bildschirm und der Möglichkeit zur Verbindung („Andocken") mit anderen Computern.

Zu Aufgabe A 2.2
Ein *binäres System* bildet jede Menge, die aus genau zwei Zuständen besteht. Beispiele: offen/geschlossen, links/rechts, an/aus, aktiv/inaktiv.

Das *duale System* ist ein spezielles binäres System, das als Zustände nur die beiden Ziffern 0 und 1 besitzt. Es dient zur Darstellung der Zeichen in der Informationstechnik.

Zu Aufgabe A 2.3
a)
$$
\begin{aligned}
367 : 2 &= 183 \text{ Rest } 1\\
183 : 2 &= 91 \text{ Rest } 1\\
91 : 2 &= 45 \text{ Rest } 1\\
45 : 2 &= 22 \text{ Rest } 1\\
22 : 2 &= 11 \text{ Rest } 0\\
11 : 2 &= 5 \text{ Rest } 1\\
5 : 2 &= 2 \text{ Rest } 1\\
2 : 2 &= 1 \text{ Rest } 0\\
1 : 2 &= 0 \text{ Rest } 1\\
\end{aligned}
$$

$367_{10} = 1\;0\;1\;1\;0\;1\;1\;1\;1_2$

b)
$$
\begin{aligned}
367 : 16 &= 22 \text{ Rest } 15 (= F)\\
22 : 16 &= 1 \text{ Rest } 6\\
1 : 16 &= 0 \text{ Rest } 1
\end{aligned}
$$

$367_{10} = 1\;6\;F_{16}$

Zu Aufgabe A 2.4

a)

1	1	0	1	1	1	1	1
128	64	32	16	8	4	2	1

$= 128+64+16+8+4+2+1 = 223_{10}$

b) $01101111_2 = \begin{array}{|c|c|} 1101 & 1111 \\ 13\,(=D) & 15\,(=F) \end{array} = DF_{16}$

Zu Aufgabe A 2.5
a) *Bit* = zweiwertiges Zeichen, das nur die Werte 0 und 1 annimmt. Dient zur Zeichendarstellung im Dualsystem.
b) *Byte* = 8 Bit. Grundlage des EBCDI-Codes und des (erweiterten) ASCII-Codes.
c) *Wort* = kleinste rechnerinterne Speicher- und Verarbeitungseinheit, falls diese nicht ein Byte ist (z. B. 32 Bit, 64 Bit).

Zu Aufgabe A 2.6
Für die rechnerinterne Darstellung von *Dezimalzahlen* kommen folgende vier Formate in Betracht:
1) echte Dualzahl;
2) unechte Dualzahl, ungepackt
   (1 Byte pro Ziffer zuzüglich Vorzeichen);
3) unechte Dualzahl, gepackt
   (4 Bit pro Ziffer zuzüglich Vorzeichen);
4) Gleitkommaformat
   (Zerlegung der Zahl in Vorzeichen, Mantisse und Charakteristik).

Zu Aufgabe A 2.7
Die *von-Neumann-Architektur* bildet die Basis der meisten Computer. Sie wurde 1944 von dem österreichisch-ungarischen Mathematiker John VON NEUMANN entwickelt. Rechner mit *von-Neumann-Architektur* bestehen aus
- dem Hauptspeicher, der zur Aufnahme der gerade auszuführenden Programme und der dafür benötigten Daten dient,
- dem Prozessor (bestehend aus Steuerwerk und Rechenwerk), der die Programmbefehle interpretiert und ausführt, und
- den internen Datenwegen, die für den Datentransfer zwischen der Zentraleinheit (Zusammenfassung von Prozessor und Hauptspeicher) und den peripheren Geräten (für Eingabe, Ausgabe und externe Speicherung) sorgen.

Entscheidend für die Bezeichnung von-Neumann-Architektur ist, dass alle Komponenten (Hauptspeicher, Steuerwerk, Rechenwerk) genau einmal (und nicht mehrfach) vorhanden sind (Gegensatz: Parallelrechner).

Zu Aufgabe A 2.8
a) *RAM* (Random Access Memory) ist ein frei programmierbarer Speicher, der beliebig oft beschrieben und gelesen werden kann.
   ROM (Read Only Memory) ist ein Festwertspeicher, der sich nur lesen, aber nicht beschreiben lässt.
b) Der RAM wird in Form des Arbeitsspeichers für Teile des Betriebssystems und für alle Programme und Daten, die sich im Zustand der Verarbeitung befinden, benutzt.
   Im ROM werden Programme gespeichert, die ständig für einen festen Arbeitsablauf genutzt werden (*Festprogramme*), und zwar sowohl Programme, die sich auf die Arbeit des Prozessors beziehen (Mikroprogramme, BIOS =

Basic Input-Output System), als auch Programme für konkrete, unveränderliche Anwendungen, insbesondere in der Prozesstechnik (Reaktor-, Ampelsteuerung u. a.).
Die Abkürzung ROM wird auch für (nur lesbare) optische Speicherplatten verwendet.

Zu Aufgabe A 2.9
Die *virtuelle Speicherung* ist ein vom Betriebssystem gesteuertes Speicherungsverfahren. Der Arbeitsspeicher wird dabei scheinbar vergrößert, indem der Inhalt bestimmter Speicherbereiche zeitweise auf Magnetplatten oder einen Halbleiterspeicher („Erweiterungsspeicher") ausgelagert wird.

Die Zuordnung zwischen Hauptspeicher und virtuellem Speicher erfolgt in Form von „Seiten" (Pages) einheitlicher Größe. Das Aus- bzw. Einlagerungsverfahren wird deshalb als *Paging* bezeichnet.

Zu Aufgabe A 2.10
Jeder (Maschinen-)*Befehl* besteht aus einem Operations- und einem Operandenteil. Als Operanden werden zumeist Adressen verwendet, an denen die zu verarbeitenden Daten gespeichert sind. Wichtige *Befehlstypen* sind arithmetische, logische, Sprung-, Transport-, Eingabe-/Ausgabebefehle (diese schließen Befehle bezüglich der externen Speicher ein) sowie Prozedur- und Funktionsaufrufe.

Zu Aufgabe A 2.11

Verfügbare Prozessorzeit:	$9 * 60$	=	540 s
Bearbeitungszeit pro Job:	$\dfrac{60}{4}$	=	15 s
Bearbeitungszeit aller Jobs:	$20 * 15$	=	300 s
Prozessorauslastung:	$\dfrac{300}{540} * 100$	=	55,6 %

Zu Aufgabe A 2.12
Die Arbeitsphasen des *von-Neumann-Zyklus* sind:
1) Befehl aus Hauptspeicher holen,
2) Befehl decodieren, Operandenadressen oder Sprungziel errechnen,
3) Operanden holen,
4) Befehl ausführen, d. h. Operanden verarbeiten,
5) Befehlszähler erhöhen.
Die Phasen 1 bis 3 (Befehlsaufbereitung) und 5 übernimmt das Steuerwerk, die Phase 4 (Befehlsausführung) das Rechenwerk.

Zu Aufgabe A 2.13
Kanäle und *Busse* gehören zu den Datenwegen, die für den Datentransfer innerhalb der Zentraleinheit bzw. zwischen der Zentraleinheit und den peripheren Geräten sorgen.
Kanäle sind selbstständig arbeitende Teileinheiten mit eigenen Prozessoren. Diese erhalten ihre Befehle vom Steuerwerk der CPU und führen sie zeitlich parallel zur Arbeit der CPU aus.
Während beim *Kanalkonzept* jeweils einzelne Geräte oder Gerätegruppen über getrennte Kanäle direkt mit der Zentraleinheit verbunden sind, werden beim *Buskonzept* sämtliche Geräte über eine gemeinsame Datensammelschiene, den Datenbus, angeschlossen, über den der Datentransport vom und zum Arbeitsspeicher erfolgt. Der Bus wird – ebenso wie die Prozessoren beim Kanalkonzept – durch Befehle aus der Zentraleinheit gesteuert.

Zu Aufgabe A 2.14
Der *interne Bus* verbindet Steuerwerk, Rechenwerk und Register miteinander, der *externe Bus* Prozessor, Arbeitsspeicher und periphere Geräte.

Zu Aufgabe A 2.15
Die Anzahl der *Befehle*, die ein 32-Bit-Mikroprozessor mit 100 MHz Taktfrequenz und durchschnittlich vier Taktzyklen pro Befehl in einer Sekunde ausführen kann, beträgt

$$\frac{100 * 10^6}{4} = 25 * 10^6 \text{ Befehle, entsprechend 25 MIPS.}$$

Zu Aufgabe A 2.16
Jeder Prozessor verfügt über eine bestimmte Anzahl von Befehlen im Maschinencode („Befehlsvorrat"). Zwischen dem CISC- und dem RISC-Prinzip besteht folgender Unterschied:
- Beim *CISC-Prinzip* wird der übliche Befehlsvorrat durch die Aufnahme von Sprachelementen höherer Programmiersprachen oder von kompletten Programmen für einfache, starre Anwendungen vergrößert.
- Beim *RISC-Prinzip* wird umgekehrt der Befehlsvorrat durch Verzicht auf selten benutzte Befehle verkleinert. Die verbleibenden Befehle werden dadurch kürzer und einfacher.

Das RISC-Prinzip führt bei vielen Anwendungen zu kürzeren Programmlaufzeiten. Es hat dennoch an Bedeutung verloren, weil es effektivere Möglichkeiten gibt, die Verarbeitungsgeschwindigkeit der Prozessoren bzw. Rechner zu erhöhen.

Zu Aufgabe A 2.17
Bei den *Parallelrechnern* unterscheidet man
- Vektorrechner und
- Multiprozessorsysteme.

Bei *Vektorrechnern* sind innerhalb des Prozessors dem Steuerwerk mehrere Rechenwerke zugeordnet. Echte Parallelrechner sind nur die *Multiprozessorsysteme*, die über mehrere Prozessoren verfügen. Man bezeichnet sie
- als *asymmetrisch*, wenn eine Aufgabe unter der Steuerung eines Prozessors auf alle Prozessoren verteilt wird, und
- als *symmetrisch*, wenn jeder Prozessor befähigt ist, jede Aufgabe selbst auszuführen.

Sie heißen *eng gekoppelt*, wenn die Prozessoren gemeinsam denselben Arbeitsspeicher benutzen, und *lose gekoppelt*, wenn jeder Prozessor einen eigenen Arbeitsspeicher besitzt.

Zu Aufgabe A 2.18
Die *Dateneingabe* kann
- halbdirekt von Urbelegen (maschinelle Beleglesung) bzw. von speziellen Primärdatenträgern (z. B. Magnetstreifen- oder Chipkarten) und
- direkt (automatisch, manuell oder akustisch)

erfolgen.

Dateneingabe ist die unmittelbare Eingabe von Daten in den Computer am Beginn einer Verarbeitung. *Datenerfassung* bedeutet, dass die Daten
- entweder vor der eigentlichen Dateneingabe zunächst auf einem Datenträger erfasst (z. B. als schriftliche Aufzeichnung auf einem Urbeleg)
- oder in Form der so genannten Stapeldatenerfassung zwar online eingegeben, aber nicht sofort verarbeitet

werden.

Die Begriffe Dateneingabe und Datenerfassung werden oft nicht streng unterschieden.

Zu Aufgabe A 2.19
1) Personalabteilung, Personaldaten, Änderungsmeldung, Dialog;
2) Betrieb, Arbeitszeiten, Akkordschein, Dialog oder Stapel;
3) Vertrieb, Bestelldaten, Bestellschein, Dialog;
4) Lager, Materialausgabe, Entnahmeschein, Dialog oder Stapel;
5) Werkstatt, Betriebsdaten, Auftragsbegleitschein, BDE-Gerät;
6) Kasse, Ware, Verpackung, Strichcodeleser (Scanner);
7) Bankschalter, Auszahlungsbetrag, Sparbuch, Dialog;
8) Schreibbüro, Text, Manuskript, Dialog;
9) Straße, Interviewdaten, Fragebogen, je nach Menge Dialog oder Stapel, alternativ Klarschriftleser;
10) Hörsaal, Prüfungsdaten, (Multiple-Choice-) Prüfungsbogen, Dialog oder Stapel, alternativ Formularleser.

Zu Aufgabe A 2.20
Beispiele für die (halbdirekte) Dateneingabe von *Originalbelegen* sind
- Fragebögen, Inventuraufzeichnungen,

- Handelswaren (EAN),
- Lottoscheine,
- Überweisungsformulare (Schrift OCR-A plus Maschinen- oder Handblockschrift),
- Auftragsbegleitpapiere (Betriebdatenerfassung über Strichcode),
- Scheck-, Kredit-, Geld- und Wertkarten, Ausweiskarten.

Zu Aufgabe A 2.21

Die wichtigsten Formen der *direkten Dateneingabe* sind
- automatische Dateneingabe über Messgeräte bzw. Sensoren (Prozessrechentechnik, Robotik, RFID-Technik),
- manuelle Dateneingabe über Tastaturen (bzw. Zusatzgeräte wie Maus, Digitalisiertablett, Lichtstift) oder Bildschirmberührung und
- akustische Dateneingabe über Mikrofon.

Zu Aufgabe A 2.22

a) *Ergonomische Anforderungen* an Bildschirmarbeitsplätze betreffen
  - Bildschirmgröße,
  - Blendfreiheit,
  - Flimmerfreiheit,
  - Kontrast,
  - Schrifthöhe, Zeichen- und Zeilenabstand,
  - Strahlung.

b) Ergonomische Anforderungen an Tastaturen betreffen
  - freie Aufstellbarkeit,
  - Begrenzung der Bauhöhe,
  - Neigbarkeit,
  - Reflexionsfreiheit,
  - Rutschfestigkeit,
  - Vorrichtung zur Handauflage,
  - Anschlag,
  - abriebfeste Tastaturbeschriftung,
  - hygienischer Schutz bei Schmutzarbeiten,
  - Geräuschentwicklung,
  - Tastenanordnung.

Einzelheiten legt die Verordnung über Sicherheit und Gesundheitsschutz bei der Arbeit an Bildschirmgeräten (*Bildschirmarbeitsverordnung* – BildscharbV) fest.

Zu Aufgabe A 2.23

Bei der computergestützten *Spracherkennung* wird das in ein Mikrofon gesprochene Wort durch Digitalisierung der Sprachschwingungen in ein Bitmuster umgesetzt, das anschließend mit den Bitmustern zuvor eingegebener und gespeicherter Wörter verglichen wird.

Zu Aufgabe A 2.24

a) Vorteile der *Videokorrekturarbeitsplätze* sind:
 - Die Originalbelege brauchen nicht mehr physisch zu den Arbeitsplätzen transportiert zu werden.
 - An den Arbeitsplätzen wird kein Platz für die Zwischenablage der Belege gebraucht.
 - Die Zuweisung der Bearbeitungsfälle zu den Arbeitsplätzen erfolgt automatisch, und zwar jeweils nach Abschluss eines Erfassungsvorgangs.
 - Die Bedienungskräfte können sich voll auf die Bildschirmanzeige konzentrieren, die Handhabung von Belegen entfällt.
 - Aus ergonomischer Sicht ist kein ständiges „Umschalten" der Augen vom Papierbeleg zur Bildschirmanzeige und umgekehrt erforderlich. Einseitige Körperbewegungen entfallen.
 - Insgesamt steigt die Produktivität der Nachcodierung.

b) Um zu ermitteln, wie viele Schriftenleser und wie viele Korrekturarbeitsplätze benötigt werden, braucht man Angaben
 - über die Menge und den zeitlichen Anfall (einschließlich Schwankungen und Spitzen) der Originalbelege,
 - über die Leseleistung und die Erkennungsrate der Schriftenleser sowie
 - über die Erfassungsleistung an den Korrekturarbeitsplätzen.

c) Kosten entstehen
 - einmalig für die Anschaffung von Geräten und Programmen, bauliche Veränderungen, Arbeitsplatzausstattung, Vernetzung und Schulungsmaßnahmen sowie
 - laufend für Personal (einschließlich Nebenkosten), Energie und Netze (einschließlich Betreuung) sowie für Hardware- und Softwarewartung.

Zu Aufgabe A 2.25

a) Ein *Diktiersystem* ist ein Spracheingabesystem, mit dem gesprochener Text automatisch in geschriebenen Text umgesetzt wird, der dann am Bildschirm angezeigt oder ausgedruckt wird.

b) Diktiersysteme arbeiten nach dem Prinzip der *sprecherabhängigen Spracherkennung*. Jeder Benutzer muss seinen Wortschatz mit dem Computer „trainieren", wobei ihm als Hilfe die gebräuchlichen Einzelwörter (z.B. speziell in Gerichten und Anwaltspraxen) am Bildschirm zum Nachsprechen angezeigt werden.

c) Für eine *Wirtschaftlichkeitsanalyse* werden benötigt:
 - Menge, zeitlicher Anfall und Art der zu schreibenden Texte,
 - Anzahl und laufende Kosten der bisherigen Schreibplätze,
 - Produktivität der Schreibplätze vor und nach der geplanten Umstellung,
 - erforderliche Anzahl von Schreibplätzen nach der Umstellung,
 - Anschaffungskosten für Hardware (Rechner, Zusatzgeräte) und Programme,

- laufende Kosten der neuen Schreibplätze,
- Personalfreisetzungskosten.

Der theoretisch mögliche vollständige Wegfall aller Schreibplätze ist als unrealistisch anzusehen.

Zu Aufgabe A 2.26

Die verschiedenen Möglichkeiten zur *Dateneingabe* der Erhebungsdaten sind:
1) Ausfüllen in Handblockschrift, halbdirekte Dateneingabe mit Formularleser,
2) Tastatureingabe im Stapel (Stapeldatenerfassung) durch Datentypisten (bei größeren Mengen in Billiglohnländern – Offshoring) mit Nachkorrektur im Dialog durch Sachbearbeiter,
3) Tastatureingabe im Dialog durch Sachbearbeiter.

Zu Aufgabe A 2.27

Generelle Kriterien für die Beurteilung der *Wirtschaftlichkeit der Dateneingabe* sind
- Ort, Häufigkeit, Umfang der anfallenden Daten,
- verlangte Verfügbarkeit im Computersystem (Beispiel: die Kassendaten aller Filialen müssen bis 22 Uhr zur weiteren Verarbeitung eingegeben sein),
- Sicherheit der Dateneingabe (Vollständigkeit, Fehlerfreiheit).

Die Form des Datenanfalls ist entweder vorgegeben (z.B. Kasse, Betriebsdatenerfassungsgerät) oder muss unter Berücksichtigung aller Kriterien festgelegt werden (z.B. Eingabe von Formulardaten entweder halbdirekt über Formularleser oder direkt über Tastatur).

Monetäre Kriterien sind die Kosten für Geräte zur Dateneingabe und ggf. Datenerfassung sowie für
- Datenträger (auch Belege, Formulare, Plastikkarten usw.),
- Personal und Arbeitsplätze,
- Software für Eingabeprogramme (einschließlich Prüfprogramme) sowie
- Datenübertragung.

Zu Aufgabe A 2.28

Generelle Kriterien zur Beurteilung der *Wirtschaftlichkeit der Datenausgabe* sind zunächst:
- An welchen Stellen werden die Daten benötigt?
- Um welche Datenmengen handelt es sich dabei?
- Wie aktuell müssen die Daten vorliegen?
- Wie oft (gelegentlich, ständig) sind die Empfänger mit Daten zu versorgen?
- In welcher Form (Druckoutput, Bildschirmanzeige, Datenträger) sollen die Daten zur Verfügung gestellt werden?
- Welche Qualitätsansprüche (speziell beim Druckoutput) werden an die Daten gestellt?

Davon ausgehend sind die in Betracht kommenden Alternativen hinsichtlich der Erfüllung der genannten Kriterien und der Kosten für Geräte, Papier, Datenträger, Datenübertragung, Porto und Personal gegenüberzustellen, ggf. in Form einer Nutzwertanalyse.

Zu Aufgabe A 2.29
Bei *Impact-Druckern* erfolgt das Drucken eines Zeichens durch den mechanischen Anschlag eines Typenträgers gegen das Papier.

Bei *Non-impact-Druckern* werden die Druckbilder anschlagfrei auf fotoelektrischem oder chemischem Wege erzeugt. Im Gegensatz zu Impact-Druckern sind bei Non-impact-Druckern keine Durchschläge möglich.

Zu Aufgabe A 2.30
Die wichtigsten Kriterien für die Auswahl von *Druckern* für PCs sind
- Druckgeschwindigkeit,
- Druckprinzip (z. B. Tintenstrahl, Laser),
- Farbfähigkeit und Druckqualität (Auflösung),
- Schriftarten / Zeichenvorrat,
- Papierart (Normal-, Spezialpapier),
- Papierformat (Einzelblatt, Rolle, leporellogefaltetes Endlospapier),
- Zusatzfunktionen (verschiedene Eingabe-/Ausgabefächer, beidseitiger Druck, Vergrößerung, Verkleinerung)
- Schnittstellen (Rechneranschluss, Netzanbindung),
- Kosten für Anschaffung und Betrieb, insbesondere Verbrauchsmaterial (Tintenpatronen, Tonerkassetten, Trommeln usw.).

Zu Aufgabe A 2.31
a) Folgende Möglichkeiten zur Information der freien Tankstellen kommen hauptsächlich in Betracht:
   1) Versand von Drucklisten,
   2) Versand der Informationen auf CD-ROM,
   3) Versand der Informationen mithilfe von E-Mails oder
   4) Zugriff der Tankstellen auf bereitgestellte Informationen über das Internet (HTTP oder FTP).

   Die Alternativen 1) bis 3) sind so genannte Pushsysteme, die Alternative 4) ist ein Pullsystem.

b) Für die unter a) genannten Alternativen ist neben dem PC in Ihrer „Zentrale" folgende Hardwareausstattung erforderlich:
   Zu 1) In der Zentrale wird ein Drucker mit hoher Druckgeschwindigkeit gebraucht. In den Tankstellen werden keine zusätzlichen Geräte benötigt.
   Zu 2) Die Tankstellen müssen über einen PC mit CD-ROM-Laufwerk verfügen. Sie könnten dann auch ihrerseits das Verleihgeschäft mit dem eigenen PC überwachen. In der Zentrale wird ein CD-Brenner ge-

braucht, sofern die Herstellung der CD-ROMs nicht an ein externes Unternehmen vergeben wird.

Zu 3) Sämtliche PCs müssen über einen Netzzugang verfügen (in der Regel Internet).

Zu 4) Sämtliche PCs müssen an das Internet angeschlossen sein.

c) Generelle Kriterien für die Nutzung der unter a) aufgeführten Möglichkeiten sind:

Zu 1) Drucklisten sind nur sinnvoll, wenn die Angebotslisten nicht zu umfangreich sind und die Daten sich nur selten ändern bzw. nicht immer aktuell gehalten werden müssen. Falls in den Tankstellen keine Computer vorhanden sind, gibt es ausschließlich diese Informationsmöglichkeit. Die Übermittlung kleinerer Listen könnte auch per Fax erfolgen.

Zu 2) Sind die Voraussetzungen für den Datenträgerversand vorhanden (PCs in den Tankstellen, einheitliche Formate in der Zentrale und in den Tankstellen, Verfügbarkeit von Abfrageprogrammen, Akzeptanz durch die Tankstellenpächter), ist diese Lösung bei großen Angebotslisten eine kostengünstige Alternative. Aktualität ist allerdings ebenso wie bei 1) nicht gegeben.

Zu 3) E-Mail-Systeme verwenden das Internet oder das als sicherer anzusehende geschlossene Übertragungssystem eines Providers (Onlinedienst).

Zu 4) Der elektronische Datenaustausch wird bei niedrigem Datenübertragungsvolumen am preisgünstigsten über das Internet realisiert. Die Zentrale hält die Dateien entweder auf einer Website oder auf einem FTP-Server zum Download verfügbar.

Zu Aufgabe A 2.32

a) (Magnet-)Plattenlaufwerke bestehen aus einem Gehäuse, in dem ein Stapel von mehreren Platten (mit je zwei Oberflächen) um eine Achse rotiert. Die Daten werden bitweise in konzentrischen Spuren auf den Plattenoberflächen gespeichert. Die Gesamtheit aller genau übereinander befindlichen Spuren bildet jeweils einen *Zylinder*. Ein Zylinder hat also so viele Spuren, wie nutzbare Plattenoberflächen vorhanden sind. Der Plattenstapel wiederum hat so viele Zylinder, wie jede Oberfläche Spuren besitzt.

b) Das Schreiben bzw. Lesen der Daten erfolgt mithilfe von Schreib-/Leseköpfen, die von einem Zugriffsmechanismus („Zugriffskamm") jeweils zu der gewünschten Spur bewegt werden. Diese Bewegung verläuft mechanisch und deshalb vergleichsweise langsam. Wenn zusammenhängende Daten *zylinderweise* (und nicht oberflächenweise) gespeichert werden, können größere Datenmengen ohne Bewegung des Zugriffskamms geschrieben bzw. gelesen werden.

Zu Aufgabe A 2.33

Die Vorteile *optischer Speicherplatten* gegenüber *Magnetplatten* sind
- die größere Kapazität,
- die beliebige Austauschbarkeit (einschließlich Transport bzw. Versand) des Datenträgers,
- die niedrigeren Herstellungs- und Vervielfältigungskosten sowie
- die bessere Eignung als Medium für Archivsysteme.

Nachteile sind
- die längeren Zugriffszeiten und
- die fehlende oder eingeschränkte Änderbarkeit der Platteninhalte.

Zu Aufgabe A 2.34

a) Der Einsatz der *CD-ROM* oder der *DVD* als Massenspeicher zur Speicherung großer Datenbestände setzt voraus, dass die Datenbestände nur in längeren Zeitabständen aktualisiert werden müssen. Ist diese Voraussetzung gegeben, kommen die Vorteile
- große Haltbarkeitsdauer des Mediums und
- hohe Kapazität (bis 800 MB pro Medium bei CD und bis zu 8,5 GB pro Seite bei DVD)

zum Tragen. Falls die Daten für einen großen Nutzerkreis von Interesse sind, ist eine kostengünstige industrielle Vervielfältigung möglich. Als nachteilig erweist sich die im Vergleich zu magnetischen Datenträgern höhere Zugriffszeit.

b) Beispiele für Datenbestände, für die die Speicherung auf CD oder DVD in Betracht kommt, sind
- Adress- und Telefonverzeichnisse,
- Bezugsquellennachweise,
- Fahr- und Flugpläne,
- Hotelführer,
- Arzneimittel-, Ersatzteil- und Versandhauskataloge,
- Offlinedatenbanken jeglicher Form (z. B. Nachschlagewerke),
- Programmdateien von Standardsoftware sowie
- Videofilme, Multimediapräsentationen usw.

Zu Aufgabe A 2.35

Für die *elektronische Archivierung* großer Datenbestände kommen folgende Datenträger in Betracht:
- Magnetband als Rolle oder Kassette (online in Robotersystemen oder offline) und
- optische Speicherplatten (CD-ROM, DVD).

Für kleinere Datenbestände kommen in Betracht:
- Magnetbandkassette,
- externe Festplatte,

- Flashspeicher wie z. B. USB-Sticks, und
- Diskette.

Dabei ist zu beachten, dass in modernen PCs ein Diskettenlaufwerk häufig nicht mehr verfügbar ist. Neben der Archivierung auf eigenen Datenträgern ist auch die Nutzung eines webbasierten Speicherservices möglich.

Für die Auswahl ist neben den Anschaffungs- und Betriebskosten entscheidend,
- welchen Umfang die zu archivierenden Datenbestände besitzen,
- welche Aufbewahrungsfristen und Datenschutzauflagen bestehen,
- wie oft die zu archivierenden Bestände ergänzt werden müssen und
- wie häufig und von wie vielen Stellen auf die archivierten Daten zurückgegriffen wird.

Zu Aufgabe A 2.36
Schnittstellen bestehen u. a. zwischen
- Hardwarekomponenten (z. B. Rechner und Drucker),
- Betriebssystemen und systemnaher Software,
- Benutzern und Computern (Benutzeroberfläche als Benutzerschnittstelle),
- Datenübertragungseinrichtungen (Datenendeinrichtungen der Teilnehmer und Datenübertragungseinrichtungen bzw. Übertragungswege der Netzanbieter),
- Anwendungsprogrammen (z. B. Fakturierung und Debitorenbuchhaltung),
- Geschäftspartnern beim elektronischen Datenaustausch.

Zu Aufgabe A 2.37
Auswahlkriterien für die *Hardwarekonfigurierung* von PCs sind
- Prozessor (Typ, Verarbeitungsbreite, Taktfrequenz),
- Arbeitsspeicher (Größe, maximale Ausbaustufe),
- Cachespeicher (Anzahl, Größe),
- Leistung der Grafikkarte,
- Festplatte (Kapazität, Zugriffszeit, Datentransferrate),
- Bussystem und externe Schnittstellen,
- Anzahl Steckplätze für Zusatzkarten usw.,
- eingebaute Peripheriegeräte (z. B. CD-Brenner).

Hinzu kommen Kriterien für die peripheren Geräte wie Bildschirm, Tastatur und Drucker.

Zu Aufgabe A 2.38
Beispiele für *Umweltgifte* in Computerbauteilen sind
- bromhaltige Flammhemmer in Kunststoffgehäusen und Ummantelungen von Bauteilen,
- Polyvinylchlorid (PVC) in Gehäusen und Kabelummantelungen,
- verschiedene Schwermetalle wie Barium, Blei und Cadmium in elektronischen Bauteilen und Lötverbindungen sowie
- Polystyrol (Styropor) in Transportverpackungen.

3 Systembetrieb

Fragen zu Kapitel 3

Frage F 3.1
Wie teilt man *Software* gemäß ISO/IEC 2382-1 ein?

Frage F 3.2
Was versteht man unter *Unterstützungssoftware*?

Frage F 3.3
Welche *Betriebsarten* und *Nutzungsformen* von IT-Systemen werden unterschieden?

Frage F 3.4
Wovon hängen *Betriebsarten* und *Nutzungsformen* von Computern ab?

Frage F 3.5
Worin besteht der Unterschied zwischen *kooperativem* und *preemptivem Multitasking*?

Frage F 3.6
Was versteht man unter einem *Druckerspooler*?

Frage F 3.7
Wie unterscheiden sich *Stapel-* und *Dialogbetrieb*?

Frage F 3.8
Wofür steht die Abkürzung *OLTP* und was verbirgt sich inhaltlich dahinter?

Frage F 3.9
Was versteht man unter *verteilter Verarbeitung*?

Frage F 3.10
Worin besteht die generelle *Aufgabe von Betriebssystemen*?

Frage F 3.11
Was versteht man unter dem *Booten* eines Systems?

Frage F 3.12
Was versteht man unter dem Begriff *Job Management*?

Frage F 3.13
Was ist ein *TP-Monitor*?

Frage F 3.14
Welche Vorgänge werden in der Informationstechnik mit dem Oberbegriff *Migration* belegt?

Frage F 3.15
Wie ist der Begriff *Middleware* zu interpretieren?

Frage F 3.16
Nach welchen Kriterien kann man *Betriebssysteme* einteilen?

Frage F 3.17
Was versteht man beim Betriebssystem Unix unter der *Shell*?

Frage F 3.18
Was versteht man bei Unix- und Linux-basierten Betriebssystemen unter einem *Kernel*?

Frage F 3.19
Was ist unter der *Benutzerschnittstelle* zu verstehen?

Frage F 3.20
Welche Arten der *Benutzerführung* gibt es?

Frage F 3.21
Welche Arten von *Fenstern* kann man bei Betriebssystemen unterscheiden?

Frage F 3.22
Wozu dienen *Symbole* (Icons) bei grafischen Benutzeroberflächen?

Frage F 3.23
Was sind *Style Guides*?

Frage F 3.24
Wie heißen die drei Arten von *Übersetzern* für Computerprogramme?

Frage F 3.25
Worin besteht der Unterschied zwischen einem *Compiler* und einem *Interpreter*?

Frage F 3.26
Warum ist dieselbe *Anwendungssoftware* nicht auf jedem beliebigen Rechner lauffähig?

Aufgaben zu Kapitel 3

Aufgabe A 3.1
Nennen und beschreiben Sie die verschiedenen Arten der *Software*, die für den Einsatz eines IT-Anwendungssystems neben der Anwendungssoftware benötigt werden!

Aufgabe A 3.2
Nennen Sie die Aufgaben der *Dienstprogramme*, die zur Systemsoftware gehören!

Aufgabe A 3.3
Beschreiben Sie für die folgenden Anwendungen eines Filialunternehmens alle vorkommenden *Betriebsarten* und *Nutzungsformen*!
a) In den Filialen fragen die Verkäufer an PCs, die an einen zentralen Server angeschlossen sind, Daten über die Artikel ab und nehmen Kundenbestellungen vor.
b) Die Zentrale ruft am Ende jedes Arbeitstags die in den Kassen bzw. dem Filialserver gespeicherten Daten über den Tagesumsatz bei den Filialen ab.
c) Programmierer in der Zentrale entwickeln auf dem zentralen IT-System ein neues Anwendungsprogramm.
d) In der Filiale werden die PCs für individuelle Anwendungen wie Textverarbeitung, Tabellenkalkulation usw. genutzt.

Aufgabe A 3.4
a) Nennen Sie Beispiele für die Nutzungsform *Stapelbetrieb*!
b) Geben Sie Beispiele für die verschiedenen Formen der *interaktiven Verarbeitung*!

Aufgabe A 3.5
a) Erklären Sie den Unterschied zwischen *Teilhaber-* und *Teilnehmerbetrieb*!
b) Nennen Sie Beispiele für Anwendungen des *Teilhaberbetriebs*!

Aufgabe A 3.6
Beschreiben Sie die Arbeitsweise eines *Transaktionssystems* am Beispiel eines Platzbuchungssystems für Autoreisezüge!

Aufgabe A 3.7
Erläutern Sie das *Timesharingverfahren*!

Aufgabe A 3.8
Erklären Sie die Begriffe *Job*, *Task* und *Thread*!

Aufgabe A 3.9
Beschreiben Sie die Schritte, in denen das Betriebssystem den *Jobablauf* steuert!

Aufgabe A 3.10
Beschreiben Sie die Teilaufgaben des Betriebssystems zur *Datenverwaltung*!

Aufgabe A 3.11
Erläutern Sie kurz die *Arbeitsweise* des Betriebssystems, wenn eine Plattendatei gelöscht werden soll!

Aufgabe A 3.12
Erläutern Sie Gemeinsamkeiten und Unterschiede der Betriebssysteme *Unix* und *Linux*!

Aufgabe A 3.13
a) Geben Sie Beispiele für *Migrationen*!
b) Erläutern Sie den Begriff *Migrationshilfe*!
c) Skizzieren Sie zwei typische *Probleme* der Migration!

Aufgabe A 3.14
Erläutern Sie mögliche Aufgaben von *Middleware* bei der verteilten Verarbeitung in heterogenen IT-Systemen!

Aufgabe A 3.15
Geben Sie Vorteile *offener Systeme* an!

Aufgabe A 3.16
Nennen Sie Vorteile sowie mögliche Restriktionen der *Application-Server-Technik*!

Aufgabe A 3.17
a) Erklären Sie den Begriff *GUI*!
b) Geben Sie die wichtigsten damit verknüpften *Ziele* an!

Aufgabe A 3.18
Erläutern Sie das Akronym *OLE*!

Aufgabe A 3.19
Nennen Sie je ein Beispiel für
a) einen *syntaktischen* und
b) einen *semantischen*
Programmfehler!

Aufgabe A 3.20
Erläutern Sie die spezielle Form der Übersetzung bei *Java-Programmen*!

Antworten auf die Fragen zu Kapitel 3

Zu Frage F 3.1
Nach ISO/IEC 2382-1 wird *Software* in Anwendungs-, System- und Unterstützungssoftware unterschieden.

Zu Frage F 3.2
Unterstützungssoftware ist für spezielle Aufgaben bei der Softwareentwicklung und -wartung sowie beim Einsatz anderer Software zuständig. Zur Unterstützungssoftware gehören Editoren, Kopierprogramme, Datenbankverwaltungssysteme, Übersetzer für Programmiersprachen, Softwareentwicklungswerkzeuge, Accountingroutinen, Virenscanner, Spamfilter u. a.

Zu Frage F 3.3
Betriebsarten sind
- Ein- und Mehrprogrammbetrieb (Singletasking/Multitasking),
- Ein- und Mehrprozessorbetrieb,
- Online- und Offlinebetrieb.

Nutzungsformen sind
- Stapel- und Dialogbetrieb,
- Einbenutzer- und Mehrbenutzerbetrieb (Single-Using/Multi-Using),
- Teilhaber- und Teilnehmerbetrieb,
- zentrale und verteilte Verarbeitung.

Oberbegriff ist Betriebsarten.

Zu Frage F 3.4
Die *Betriebsarten* und *Nutzungsformen* von Computern sind abhängig von
- der Rechnerarchitektur,
- der Hardwarekonfiguration,
- den räumlichen Entfernungen zwischen den Komponenten,
- den Übertragungsraten zwischen den Komponenten und
- den Anforderungen der Anwender insbesondere hinsichtlich der gleichzeitig eingesetzten Anwendungsprogramme und der gleichzeitig tätigen Benutzer.

Zu Frage F 3.5
Der Unterschied zwischen dem kooperativen Multitasking und dem preemptiven Multitasking besteht darin, dass
- beim *kooperativen Multitasking* Unterbrechungen zur Zuweisung des Prozessors an eine andere Task von den Anwendungsprogrammen ausgelöst werden und
- beim leistungsfähigeren *preemptiven Multitasking* das Betriebssystem die Unterbrechungen steuert.

Zu Frage F 3.6

Der *SPOOL* (Simultaneous Peripheral Operations On Line)-Betrieb ist eine Form des Multiprogrammingbetriebs, die sich auf die Eingabe und Ausgabe von Massendaten bezieht. Er dient der Anpassung der verschiedenen Verarbeitungsgeschwindigkeiten beteiligter Komponenten. Speziell für das Drucken läuft der SPOOL-Betrieb (als *Druckerspooler*) wie folgt ab: Die zu druckenden Daten werden zunächst (auf Platte) zwischengespeichert. Die Druckausgabe erfolgt zu einem späteren Zeitpunkt parallel zur Verarbeitung anderer Programme.

Der SPOOL-Betrieb wird auch eingesetzt, wenn von mehreren Programmen, die im Multiprogrammingbetrieb gleichzeitig ablaufen, Druckausgaben erfolgen sollen und nicht entsprechend viele Drucker angeschlossen sind.

Zu Frage F 3.7

Stapelbetrieb und *Dialogbetrieb* unterscheiden sich aus der Sicht der zeitlichen Abwicklung der Benutzeraufträge. Beim Stapelbetrieb muss ein Auftrag erst vollständig beschrieben und als Ganzes erteilt sein, bevor mit seiner Bearbeitung durch den Computer begonnen wird (Beispiel: Lohnabrechnung). Beim Dialogbetrieb werden dagegen im ständigen Wechsel zwischen Benutzer und Computer vom Benutzer Teilaufträge erteilt und vom Computer bearbeitet (Beispiel: Platzbuchung).

Zu Frage F 3.8

OLTP heißt Online Transaction Processing und ist die gebräuchliche Bezeichnung für den Teilhaberbetrieb. Jeder Benutzerauftrag wird als Transaktion bezeichnet. Die einzelnen Anwendungssysteme heißen Transaktionssysteme. Typische Anwendungen sind alle zentralen Buchungs- und Reservierungssysteme.

Zu Frage F 3.9

Man spricht von *verteilter Verarbeitung,* wenn logisch zusammengehörige Aufgaben auf mehrere vernetzte Rechner verteilt werden. Dabei ist festzulegen,
a) auf welchen Rechnern welche Datenbestände verwaltet und
b) auf welchen Rechnern welche Programme oder Programmteile ausgeführt werden sollen.

Zu Frage F 3.10

Die generelle *Aufgabe* von *Betriebssystemen* ist das Verbinden von Hardware und Anwendungsprogrammen. Bei der Verwaltung (Planung, Steuerung und Überwachung der anstehenden Jobs) werden unterschiedliche Aufgabenbereiche unterschieden:
- Betriebsmittelverwaltung (Task Management): Verwaltung der Betriebsmittel (Prozessor, Arbeitsspeicher, periphere Geräte) und betriebsmittelbezogene Zerlegung der Jobs in Tasks;
- Auftragsverwaltung (Job Management): Ablaufsteuerung und Verwaltung der einzelnen Jobs;

- Datenverwaltung (Data Management): Verwaltung der auf den peripheren Speichern befindlichen (logischen) Dateien, Bereitstellung von Zugriffsmethoden bzw. Speicherungsformen und Gewährleistung von Speicherschutzmaßnahmen.

Zu Frage F 3.11
Das erstmalige Laden des Betriebssystems in den Arbeitsspeicher nach dem Einschalten eines Computers wird *Booten* genannt. Das zugehörige Eingabeprogramm heißt Urlader und befindet sich im ROM-Teil des Hauptspeichers. Dem Ladevorgang geht in der Regel ein Systemtest für den Hauptspeicher und die peripheren Geräte voraus.

Zu Frage F 3.12
Als *Job Management* bezeichnet man die Verwaltung aller gleichzeitig zur Bearbeitung anstehenden bzw. in Bearbeitung befindlichen Benutzeraufträge durch das Betriebssystem.

Zu Frage F 3.13
Ein *TP-Monitor* ist ein spezielles Betriebssystem bzw. ein Zusatz zu einem vorhandenen Betriebssystem, mit dem die Transaktionsverarbeitung gesteuert wird.

Zu Frage F 3.14
Unter dem aus dem Lateinischen stammenden Wort *Migration* versteht man laut DUDEN die „Wanderung von Individuen oder Gruppen". In der Informationstechnik bezeichnet man damit generell alle Umstellungen, konkret etwa
- das Umsetzen von Anwendungsprogrammen und Dateien aus einem Betriebssystem in ein anderes (z.B. im PC-Bereich aus Windows in Linux),
- den Übergang von einem Dateiverwaltungssystem in ein Datenbankverwaltungssystem oder von einem Datenbankmodell in ein anderes (z.B. von hierarchisch zu relational) und
- den Wechsel von einer problemorientierten zu einer objektorientierten Programmiersprache.

Zu Frage F 3.15
Allgemein ist *Middleware* eine Kommunikations- und Anpassungssoftware für das Arbeiten in verteilten, heterogenen Netzen. Dabei erfolgt eine Anpassung zwischen Hardware, Betriebssystemen und/oder Anwendungssystemen unterschiedlicher Struktur.

Beim Einsatz von Middleware, z.B. als Schnittstelle zwischen Betriebssystem und Anwendungssoftware, bleibt der Anwendungssoftware und damit dem Benutzer die verwendete Plattform (Betriebssystem wie Windows, Unix, z/OS und die darunter befindliche Hardware) durch die Schaffung einer einheitlichen Benutzeroberfläche im Sinne einer virtuellen Verarbeitung „verborgen".

Zu Frage F 3.16

Zur Einteilung von *Betriebssystemen* können verschiedene Kriterien herangezogen werden. Am wichtigsten sind
- Herstellerabhängigkeit:
  - herstellerspezifisch (proprietär),
  - herstellerunabhängig (offen);
- Einsetzbarkeit für verschiedene Rechnergrößen:
  - Großrechner,
  - mittlere Systeme,
  - Personal Computer (PC);
- mögliche Nutzungsformen:
  - Stapelbetrieb/Dialogbetrieb/Echtzeitbetrieb,
  - Single-Using/Multi-Using,
  - Transaktionsverarbeitung (OLTP, Teilhaberbetrieb);
- Hardwareabhängigkeit:
  - Datenbusbreite (16 Bit, 32 Bit, 64 Bit),
  - Prozessortyp (z. B. Intel Pentium, AMD Athlon),
  - Prozessorarchitektur (RISC, CISC, parallele Systeme).

Zu Frage F 3.17

Die *Shell* ist bei Unix ein Kommandointerpreter zur Vermittlung des Dialogs zwischen Benutzer und Betriebssystem. Sie bildet somit die Benutzerschnittstelle.

Zu Frage F 3.18

Unix und Linux bestehen beide aus zwei getrennten Komponenten. Das eigentliche Betriebssystem zur Prozess-, Speicher- und Dateiverwaltung heißt *Kernel*. Die zweite Komponente ist der Kommandoprozessor (*Shell*) zur Systembedienung. Beide Komponenten werden getrennt voneinander entwickelt. Ein Relase einer Linux-Distribution kann mit unterschiedlichen Kernels ausgeliefert werden.
Hinzu kommt eine Vielzahl von Dienstprogrammen zum Suchen, Sortieren und Verarbeiten von Daten.

Zu Frage F 3.19

Über die *Benutzerschnittstelle* findet der Dialog zwischen dem Benutzer und dem Computer statt. Ihre Gestaltung als Benutzeroberfläche ist entscheidend für die Akzeptanz eines IT-Systems. Zur Vereinfachung der Bedienung wurden die grafischen Benutzerschnittstellen (GUI = Graphical User Interface) entwickelt. Einen Standard hat Microsoft mit dem Betriebssystem Windows gesetzt.

Zu Frage F 3.20

Die *Benutzerführung* legt die Art und Weise fest, wie der Benutzer über die Benutzerschnittstelle mit dem Computer kommuniziert. Dabei werden die kom-

mandogesteuerte, die menügesteuerte und die grafische Benutzerführung unterschieden.
- Die *kommandogesteuerte Benutzerführung* erfolgt mithilfe einer Kommandosprache, die vom Kommandointerpreter des Betriebssystems auf syntaktische Richtigkeit und Ausführbarkeit überprüft wird. Danach werden die Befehle ausgeführt und erneut der Zustand zur Befehlseingabe hergestellt. Die Bedienung führt bei ungeübten Benutzern zu Schwierigkeiten.
- Bei der *menügesteuerten Benutzerführung* wird dem Benutzer eine Auswahl von Befehlen, die einzeln aktiviert werden können, in Form einer Liste angezeigt. Der Aufwand zum Erlernen der Bedienung ist geringer, ferner besteht eine bessere Sicherung gegen fehlerhafte Eingaben als bei kommandoorientierten Benutzeroberflächen.
- Die *grafische Benutzerführung* basiert auf grafischen Benutzeroberflächen, die Informationen und damit mögliche Befehle bzw. Kommandofolgen visuell darstellen. Durch die Verwendung von Fenstern und Symbolen in Verbindung mit der Maus kann sich der Benutzer die Benutzeroberfläche weitgehend selbst gestalten.

Zu Frage F 3.21
Fenster dienen bei grafischen Benutzeroberflächen der Gestaltung des Dialogs zwischen Benutzer und Computer. Sie umfassen definierte Bildschirmbereiche, die sich öffnen, schließen, vergrößern, verkleinern, verschieben, teilen und verstecken lassen. Da mehrere Fenster gleichzeitig sichtbar sein können, wird zwischen aktiven (z. B. durch eine besondere Umrandung oder einen andersfarbigen Kopfbalken hervorgehobenen) und passiven Fenstern unterschieden. Es gibt
- Anwendungsfenster zum Aktivieren von Anwendungen wie Textverarbeitung, Auftragserfassung, E-Mail-Programm;
- Dokumentenfenster zum Anzeigen von Dokumenten wie Brief, Auftrag, E-Mail sowie
- Dialogfenster zum Einblenden von Systemnachrichten wie Änderungen gespeichert, Auftrag fakturiert, E-Mail gesendet.

Zu Frage F 3.22
Unter *Symbolen* (Icons) bei grafischen Benutzeroberflächen versteht man kleine anschauliche Bilder, die beim Aktivieren (in der Regel mit der Maus) bestimmte Funktionen auslösen. Solche Symbole können z. B.
- einen geöffneter Aktenordner für das Laden,
- eine Diskette für das Speichern,
- einen Drucker für das Drucken oder
- einen Papierkorb für das Löschen

von Daten darstellen.

Zu Frage F 3.23
Style Guides sind Richtlinien oder Regelwerke zur (einheitlichen) Gestaltung von Benutzerschnittstellen. Sie beschreiben das Aussehen und das Verhalten von Grundelementen einer Benutzeroberfläche wie das Layout von Masken, die Bedeutung von Funktionstasten, den Aufbau von Menüs usw. Meistens wird die grafische Oberfläche in die drei Schichten
- Präsentationsschicht (statischer Teil),
- Dialogschicht (dynamischer Teil) und
- Anwendungsschicht (algorithmischer oder funktionaler Teil)

zerlegt.

Zu Frage F 3.24
Die drei Arten von *Übersetzern* für Computerprogramme sind Assembler, Compiler und Interpreter. Sie übernehmen die Aufgabe, jedes nicht in der Maschinensprache geschriebene Programm in die Maschinensprache zu übersetzen. Der Interpreter ist streng genommen kein Übersetzungsprogramm, wird aber meistens mit dazu gezählt.

Zu Frage F 3.25
Der *Compiler* übersetzt das in einer höheren Programmiersprache geschriebene Quellprogramm (Source Program) in die Maschinensprache (Ziel- oder Objektprogramm). Vorher wird eine Prüfung auf Syntaxfehler vorgenommen. Solange noch solche Fehler bestehen, wird das Quellprogramm nicht übersetzt. Das Programm kann erst ausgeführt werden, wenn es vollständig übersetzt worden ist.
Der *Interpreter* überprüft nacheinander einzeln jede Anweisung des Programms auf syntaktische Korrektheit und führt sie dann sofort aus, indem er die dazu erforderlichen Befehle der Maschinensprache zur Ausführung bringt. Es entsteht also kein Zielprogramm. Interpreter beschleunigen den Programmtest, dagegen sind die Programmausführungszeiten länger als bei kompilierten Programmen.

Zu Frage F 3.26
Jedes Programm wird in einer bestimmten Programmiersprache verfasst. Es ist danach aber noch nicht lauffähig, sondern muss vom Übersetzungsprogramm in die Maschinensprache umgewandelt werden. Dabei gibt es Einschränkungen, sodass dieselbe *Anwendungssoftware* nicht auf jedem beliebigen Rechner lauffähig ist, und zwar:
a) Die Übersetzungsprogramme sind spezifisch auf das zugrunde liegende Betriebssystem ausgerichtet.
b) Es gibt nicht für jede Programmiersprache Übersetzungsprogramme zu allen Betriebssystemen.
c) Übersetzungsprogramme setzen zum Teil bestimmte Hardwareeigenschaften voraus, z. B. einen 64-Bit-Prozessor.

Musterlösungen für die Aufgaben zu Kapitel 3

Zu Aufgabe A 3.1
Für den Einsatz eines IT-Anwendungssystems werden als *Software* neben der Anwendungssoftware auch Systemsoftware und Unterstützungssoftware benötigt.
Zur *Systemsoftware* gehören
- Betriebssysteme und
- Dienstprogramme (z. B. Hilfsprogramme für das Kopieren von Dateien oder das Sortieren von Datenbeständen);

Zur *Unterstützungssoftware* gehören u. a.
- Datenbankverwaltungssysteme,
- Softwareentwicklungswerkzeuge,
- Middleware als Bindeglied zwischen einer einheitlichen Benutzeroberfläche und (unterschiedlichen) Betriebssystemen,
- Accountingroutinen zur Messung und Bewertung der Inanspruchnahme von Hardwarekomponenten (Prozessor, Arbeitsspeicher, Platten, Drucker) durch einzelne Programme und
- Übersetzungsprogramme (Assembler, Compiler, Interpreter).

Zu Aufgabe A 3.2
Dienstprogramme als Teil der Systemsoftware übernehmen Aufgaben, die eng mit der Ablaufsteuerung zusammenhängen. Zu ihnen werden u. a. gezählt:
- Binder/Lader zur Verknüpfung von Programmteilen,
- TP-Monitore zur Steuerung des Teilhaberbetriebs.

Zu Aufgabe A 3.3
Folgende *Betriebsarten* und *Nutzungsformen* gelangen zum Einsatz:
a) Onlinebetrieb, Dialogbetrieb, Teilhaberbetrieb (mit dem zentralen Server als Mehrbenutzersystem);
b) Onlinebetrieb, Stapelbetrieb;
c) Onlinebetrieb, Dialogbetrieb, Teilnehmerbetrieb (mit dem zentralen Server als Mehrbenutzersystem);
d) Multitasking, Dialogbetrieb, Single-Using-Betrieb. Sind die PCs vernetzt, müssen die Server den Multi-Using-Betrieb gestatten.
Generell besteht verteilte Verarbeitung.

Zu Aufgabe A 3.4
a) Der *Stapelbetrieb* wird dann eingesetzt, wenn Aufträge in geschlossener Form erteilt sein müssen, bevor sie abgearbeitet werden können. Beispiele sind
  - die monatliche Personalabrechnung,
  - das Erstellen einer Liste sämtlicher überfälliger Forderungen für das Mahnwesen der Debitorenbuchhaltung oder

- die Auswertung von Verkaufsdaten im zentralen Server, die vorher aus den PC-Kassen der Filialen abgerufen worden sind.
b) *Interaktive Verarbeitung* ist ein älterer, ursprünglich nur für Großrechner eingeführter Begriff. Er kennzeichnet den ständigen Wechsel zwischen dem Benutzer bzw. der Anwendung einerseits und dem Rechner andererseits. Interaktive Verarbeitung zerfällt in
- Dialogbetrieb und
- Echtzeitverarbeitung (Realtime Processing).

Beim *Dialogbetrieb* werden abwechselnd Aufträge vom Benutzer erteilt und vom Rechner ausgeführt. Beispiele sind
- das Arbeiten mit einem Textverarbeitungsprogramm,
- die Eingabe von Änderungsdaten für die Personalabrechnung oder
- die Eingabe von Behandlungsdaten in einer Arztpraxis.

Echtzeitverarbeitung ist ein Begriff aus der Prozessdatenverarbeitung. Er bezeichnet die Steuerung technischer Prozesse durch einen Rechner, wobei es auf kurze Reaktionszeiten ankommt („Echtzeit"). Beispiele sind
- das Öffnen eines Kesselventils, wenn der Dampfdruck einen festgelegten Wert überschreitet (Regelkreis der Dampfmaschine),
- die qualitätsabhängige Steuerung von Robotern für das Punktschweißen im Karosseriebau oder
- das Schließen von Brandabschnittstüren in einer Kohlengrube bei erhöhter Temperatur unter Tage (Grubenwarte).

Zu Aufgabe A 3.5

a) *Teilhaber-* und *Teilnehmerbetrieb* sind die beiden Nutzungsformen des Multi-Using-Betriebs bei Großrechnern und mittleren Systemen. Beim Teilhaberbetrieb arbeiten mehrere Benutzer am selben Rechner gleichzeitig mit demselben Programm und demselben Datenbestand. Beim *Teilnehmerbetrieb* arbeiten gleichzeitig mehrere Benutzer mit eigenen Programmen und Daten auf demselben Rechner. Der Teilnehmerbetrieb war die früher vorherrschende Form der (interaktiven) Programmentwicklung.
b) Beispiele für Anwendungen des *Teilhaberbetriebs* (so genannte Transaktionssysteme) sind
- rechnergestützte Auskunftssysteme von Zentralbibliotheken,
- Reservierungssysteme von Fluggesellschaften oder
- Warenbestellsysteme, z. B. bei Filialhändlern oder Versandunternehmen.

Zu Aufgabe A 3.6

Die Arbeitsweise des *Transaktionssystems* „Platzbuchung für Autoreisezüge" lässt sich (in vereinfachter Darstellung) durch folgende Schritte beschreiben:
1) Anfrage durch den Kundenberater im Reisebüro (bzw. am Bahnschalter), ob an einem bestimmten Tag in einem bestimmten Zug ein Auto- und ein Bettplatz frei sind;

2) Falls Antwort des zentralen Systems „Ja": Eingabe aller Kundendaten (z. B. Kfz-Kennzeichen, Abmessungen des Pkws) durch den Kundenberater;
3) Prüfung auf Vollständigkeit und Korrektheit durch das System;
4) Eingabe von Korrekturdaten und erneute Prüfung durch das System;
5) Ausführung der Platzbuchung durch das System und Bestätigung am Bildschirm;
6) Auslösung der Druckausgabe nach Einlegen des Platzkartenformulars in den Drucker.

Schritt 6) erfolgt z. B. im Reisebüro oder am heimischen PC ohne Beteiligung des zentralen Systems. Je nach Ablaufgestaltung können auch die Schritte 3) und 4) dezentral ausgeführt werden.

Zu Aufgabe A 3.7
Das *Timesharingverfahren* wird sowohl beim Multitasking- bzw. Multiprogramming- als auch beim Multi-Using-Betrieb eingesetzt. Die CPU-Zeit wird in gleich große Zeitscheiben zerlegt, die vom Betriebssystem nacheinander zyklisch den einzelnen Benutzern zugeteilt werden. Wegen der hohen Verarbeitungsgeschwindigkeit hat jeder Benutzer den Eindruck, der Rechner stünde nur ihm allein zur Verfügung.

Zu Aufgabe A 3.8
Jobs (Aufträge) sind Programm- bzw. Befehlsfolgen, die dem Betriebssystem als geschlossene Ketten zur Verarbeitung übergeben werden.

Die auftragsbezogenen Jobs werden in kleinere, auf die Ausführung bezogene *Tasks* (Aufgaben oder Prozesse) zerlegt. Dabei kann es sich um geräte-, d. h. betriebsmittelbezogene Systemtasks (z. B. Verarbeitung in der CPU), oder um benutzerbezogene Usertasks (Programmfunktionen, die mehrere Betriebsmittel wie z. B. CPU und Drucker beanspruchen) handeln, die nacheinander (beim Singletaskingbetrieb) oder verschachtelt (beim Multitaskingbetrieb) ausgeführt werden.

Der Begriff *Thread* wird unterschiedlich interpretiert. Mehrheitlich versteht man darunter eine weitere Aufteilung der betriebsmittelbezogenen Tasks mit dem Ziel einer verzahnten Inanspruchnahme (z. B. CPU, Arbeitsspeicher oder Drucker) durch eine oder mehrere benutzerbezogene Tasks. Threads haben – im Gegensatz zu Tasks – keinen eigenen Speicherbereich. Multitasking und Multithreading weisen starke Ähnlichkeiten auf.

Zu Aufgabe A 3.9
Betriebssysteme steuern den *Jobablauf* (Prozessablauf) in folgenden prinzipiellen Schritten:
- Einordnung der zur Bearbeitung anstehenden Jobs in eine Warteschlange,
- Zuordnung der Betriebsmittel (außer Prozessor) an die Jobs,
- Einteilung der Jobs in verschiedene Warteschlangen je nach Priorität,
- Planung der Auftragsreihenfolge durch Bildung einer Bereitschaftswarteschlange,

- Laden des unmittelbar zur Bearbeitung anstehenden Programms in den Arbeitsspeicher,
- Start und Abarbeitung des Programms unter Belegung der vorher zugeordneten Betriebsmittel,
- Programmabschluss und Freigabe der zugeordneten Betriebsmittel.

Einfachere Betriebssysteme verzichten auf einzelne der genannten Schritte wie z. B. das Anlegen mehrerer Warteschlangen.

Zu Aufgabe A 3.10

Die *Datenverwaltung* stellt neben der Auftrags- und der Betriebsmittelverwaltung die dritte Aufgabe des Betriebssystems dar. Sie beinhaltet folgende Teilaufgaben:
- Führen eines Dateikatalogsystems,
- Bereitstellung von Zugriffsmethoden,
- Gewährleistung von Schutzmaßnahmen.

Zu Aufgabe A 3.11

Wenn eine Plattendatei gelöscht werden soll, ist zuerst dem Betriebssystem ein Benutzerauftrag zu erteilen, der in der jeweiligen Auftragssteuersprache zu formulieren ist. Die *Arbeitsweise* des Betriebssystems ist dann wie folgt: Sofern sich das Löschprogramm nicht im Arbeitsspeicher befindet, wird es vom Betriebssystem dorthin geladen. Anschließend wird es ausgeführt. Dazu sucht das Programm die zu löschende Datei auf der Platte und löscht sie. Oft wird nicht sofort physisch gelöscht, sondern die Datei nur mit einer Löschkennmarke versehen. Im Dateikatalogsystem wird dazu eine entsprechende Eintragung vorgenommen. Das physische Löschen erfolgt später durch erneutes Überschreiben.

Zu Aufgabe A 3.12

Unix gilt als erstes offenes Betriebssystem. Es erlaubt den Mehrbenutzerbetrieb und besitzt u. a.
- ein hierarchisches Dateisystem zur Unterstützung der Verwaltung einer großen Anzahl von System- und Benutzerdateien,
- Mechanismen zur Bildung von Programmketten für komplexe Funktionen aus einfachen Bausteinen (Pipelines) und
- ein mehrstufiges Sicherheitssystem für den Zugriffsschutz von Programmen und Daten.

Linux ist eine Unixversion, die ursprünglich nur für PC gedacht war, sodass u. a. Funktionen wie eine grafische Benutzerschnittstelle, virtuelle Speichertechnik zur optimierten Ressourcennutzung und eine automatische Hardwareerkennung von besonderer Bedeutung waren. Heute werden Linux-Distributionen auch auf mittleren Systemen – u. a. aufgrund günstiger Softwarekosten – eingesetzt.

Zu Aufgabe A 3.13

a) Beispiele für *Migrationen* sind Umstellungen
- vom Client-Server-Modell auf ein zentrales System mit Thin Clients in Terminalemulation oder von einem Betriebssystem zu einem anderen, z. B. von einem Herstellerbetriebssystem (= proprietäres System) zu Unix oder Linux,
- von einer Programmiersprache in eine andere, z. B. von einer problemorientierten in eine objektorientierte Programmiersprache,
- von der Dateiorganisation auf die Datenbankorganisation,
- von einem hierarchischen in ein relationales Datenbanksystem und
- von einem öffentlichen Netz auf ein anderes (z. B. vom Telefonnetz auf ISDN oder Internet).

b) *Migrationshilfen* sind Programme für die Computerunterstützung von Migrationsvorgängen. Migrationshilfen werden der Unterstützungssoftware zugerechnet. Sie unterstützen bzw. vereinfachen z. B. die Datenübernahme.

c) *Probleme* bei der Migration können u. a.
- beim Wechsel des Betriebssystems oder einzelner Versionen (Releases) durch unvorhergesehene Änderungen in Systemdateien oder durch den Verlust spezifischer, anwendungsbezogener Daten sowie
- generell durch die Unterschätzung des Zeitbedarfs für den Umstellungsvorgang (Schulungsaufwand, Neuorganisation der Datenbestände u. a.)

entstehen. Eine Migration ist häufig nur im Einklang mit einer Umstellung der Ablauforganisation sinnvoll.

Zu Aufgabe A 3.14

Middleware gehört zur Unterstützungssoftware und ist eine generelle Kommunikationssoftware für das Arbeiten mit verteilten heterogenen Systemen. Sie wird z. B. benötigt,
- wenn ein Anwendungssystem so konzipiert werden soll, dass es auf unterschiedliche Datenbanksysteme zugreifen kann oder
- wenn in objektorientiert entwickelten Anwendungssystemen Nachrichten zwischen unterschiedlich realisierten Objekten auszutauschen sind.

Weiterhin zählen EAI (Enterprise Application Integration)-Systeme oder Business Integration Server für die Kopplung innerbetrieblicher bzw. zwischenbetrieblicher Anwendungssysteme zur Middleware. Solche Systeme übernehmen auch oft Koordinations- und Steuerungsfunktionen.

Zu Aufgabe A 3.15

Das Grundziel *offener Systeme* besteht darin, die Anwendung in den Mittelpunkt zu stellen. So soll erreicht werden, dass jede Anwendung unter einer einheitlichen Benutzeroberfläche auf jeder beliebigen (austauschbaren) Hardware und jedem Betriebssystem lauffähig ist. Dadurch ergeben sich u. a. folgende Vorteile:

- Herstellerunabhängigkeit,
- Flexibilität bei der Hardwareauswahl (z. B. zur Kosteneinsparung),
- Portabilität, d. h. Übertragbarkeit von Anwendungssystemen, beispielsweise von einer Rechnerarchitektur auf eine andere,
- Interoperabilität, d. h. Verwendbarkeit von Anwendungssystemen in beliebigen, insbesondere heterogenen Rechnernetzen,
- Skalierbarkeit, d. h. Einsatzfähigkeit auf Rechnern aller Gößenklassen.

Zu Aufgabe A 3.16
Die *Application-Server-Technik* trennt zwischen Anwendungslogik und Benutzerschnittstelle. Die Anwendungslogik wird serverseitig ausgeführt und gewartet, während die grafische Darstellung und die Benutzereingaben vom Client vorgenommen werden. Die Verbindung erfolgt über Standard-Netzwerkprotokolle wie z. B. TCP/IP im Internet. Auf dem Computer des Benutzers ist meist eine spezielle Clientsoftware installiert, wobei sich ein Trend zum Einsatz eines frei verfügbaren, standardisierten Internetbrowsers abzeichnet. Die zentrale Wartbarkeit und Einsparungen bei der Softwarelizenzierung gelten als die bedeutendsten Vorteile der Application-Server-Technik. Der Vorteil des längeren Einsatzes älterer Hardware wird durch steigende Anforderungen bei der grafischen Aufbereitung und die Notwendigkeit, auch andere Anwendungssoftware, die nicht mit der Application-Server-Technik arbeitet, zu betreiben, größtenteils aufgebraucht.

Zu Aufgabe A 3.17
a) Unter dem Begriff *GUI (Graphical User Interface)* versteht man allgemein grafische Benutzeroberflächen.
b) *Ziele* grafischer Benutzeroberflächen sind u. a.
 - höhere Benutzerfreundlichkeit durch Visualisierung,
 - verbesserte Erlernbarkeit durch Symbole,
 - Individualisierbarkeit durch die Möglichkeit, benutzerspezifische Oberflächen („Schreibtisch") zu gestalten.

Zu Aufgabe A 3.18
OLE (Object Linking and Embedding) ist ein Standard von Microsoft und dient der Verknüpfung von Ergebnissen verschiedener Programme in einem Verbunddokument (Compound Document). Texte, Grafiken, Tabellen etc., die mit verschiedenen Anwendungsprogrammen erstellt worden sind, können so zu einem Dokument zusammengefügt werden. Das anbietende Programm heißt Server, das aufnehmende Programm Client. Die einzelnen Programme, die Software mit dieser Verknüpfungsfunktionalität liefern, werden als Komponenten bzw. Komponentensoftware bezeichnet.

Zu Aufgabe A 3.19
a) Die HTML-Anweisung
  <html>
  <head></head>
  <body> Text </body)
  </html>
enthält in der dritten Zeile einen *syntaktischen* (d. h. formalen) *Programmfehler*, weil HTML-Tags von spitzen (und nicht von runden) Klammern umschlossen sein müssen.

b) Die Formel
  Nettopreis = Bruttopreis − Bruttopreis * Mehrwertsteuersatz
enthält einen *semantischen* (d. h. logischen) *Programmfehler*, weil sich der Nettopreis aus Bruttopreis/(100+Mehrwertsteuersatz)*100 berechnet.

Zu Aufgabe A 3.20
Java-Programme werden zunächst in einen maschinenunabhängigen Zwischencode, den so genannten Bytecode, kompiliert, der dann auf unterschiedlichen Zielrechnern durch die jeweilige Java Virtual Machine ausgeführt (interpretiert) wird. Durch dieses Prinzip wird hohe Rechnerunabhängigkeit und gute Verteilbarkeit über das Internet erreicht. Voraussetzung für den Einsatz von Java ist das Vorhandensein einer Virtual Machine auf dem benutzten Rechner.

4 Kommunikationssysteme

Fragen zu Kapitel 4

Frage F 4.1
Was versteht man ganz allgemein unter *Kommunikation*?

Frage F 4.2
Welche *Kommunikationsarten* werden im Hinblick auf die Form der ausgetauschten Informationen unterschieden?

Frage F 4.3
Was versteht man unter dem Begriff *Kommunikationssystem*?

Frage F 4.4
Worin besteht der wesentliche Unterschied zwischen *Individualkommunikation* und *Massenkommunikation*?

Frage F 4.5
Welches sind die Bestandteile von *Datenübertragungssystemen*?

Frage F 4.6
Welche Arten von *Kabelverbindungen* kommen als physische Medien für die Datenübertragung in Betracht?

Frage F 4.7
Welcher Unterschied besteht in den Angaben Bit/s und bd (Baud) bei der *Übertragungsrate* von Leitungen?

Frage F 4.8
Welches sind die wichtigsten *Organisationen*, die sich mit Normen und Standards für die Telekommunikation befassen?

Frage F 4.9
Worin besteht der prinzipielle Unterschied zwischen der *V-Serie* und der *X-Serie* der ITU-T-Empfehlungen?

Frage F 4.10
Welche Empfehlungen decken die *Serien H, T* und *Y* der ITU-T ab?

Frage F 4.11
In welchen *Phasen* läuft jede *Datenübertragung* ab?

Frage F 4.12
Welche Aufgabe haben *Protokolle* für die *Datenübertragung*?

Frage F 4.13
Was ist ein *offenes Kommunikationssystem*?

Frage F 4.14
a) Wozu dient das *ISO-Referenzmodell*?
b) In welche beiden Hauptgruppen werden die *Schichten* des Modells eingeteilt?
c) Wie erfolgt der *Arbeitsablauf* zwischen den Schichten des Modells?

Frage F 4.15
Was versteht man unter der Protokollfamilie *TCP/IP* und in welchem bekannten Netz kommen die Protokolle zum Einsatz?

Frage F 4.16
Welche beiden *Grundvoraussetzungen* moderner Telekommunikation sind für die Bundesrepublik Deutschland seit 1994 in *Artikel 87 f* des Grundgesetzes festgelegt?

Frage F 4.17
Welches sind die wichtigsten Ziele, die mit der in § 2 Abs. 2 des Telekommunikationsgesetzes (TKG) festgelegten *Regulierung* verfolgt werden?

Frage F 4.18
In welche beiden Hauptgruppen lassen sich *standortübergreifende Netze* für die Datenübertragung einteilen?

Frage F 4.19
Worin liegt die entscheidende Beschränkung des *Telefonnetzes* bei der Verwendung für die Datenübertragung?

Frage F 4.20
Wie arbeitet die *Datagrammtechnik*?

Frage F 4.21
Welches sind die wichtigsten Merkmale von *ISDN*?

Frage F 4.22
a) Wofür kann *Bewegtbildübertragung* genutzt werden?
b) Wie lässt sich die Bewegtbildübertragung realisieren?

Frage F 4.23
Was ist *ATM*?

Frage F 4.24
Was versteht man unter *xDSL* und unter der Variante *ADSL*?

Frage F 4.25
Nach welchem Prinzip werden *Mobilfunknetze* aufgebaut?

Frage F 4.26
Wie heißen die wichtigsten *Standards* für Funknetze?

Frage F 4.27
Wie wird die *weltweite Übertragung* von Daten realisiert?

Frage F 4.28
a) Wie wird der Begriff *Mehrwertdienst* definiert?
b) Welches sind die wesentlichen *Anwendungsdienste* innerhalb der Mehrwertdienste?

Frage F 4.29
Was versteht man unter einem *Corporate Network*?

Frage F 4.30
Wofür steht die Bezeichnung *Intranet*?

Frage F 4.31
Welche beiden *Grundtypen* von *Rechnernetzen* werden unterschieden?

Frage F 4.32
Zu welchen *Zwecken* werden Rechner miteinander verbunden?

Frage F 4.33
Welches sind die gebräuchlichen *Netzstrukturen* für Rechnernetze und welche werden für Weitverkehrs- bzw. für lokale Netze eingesetzt?

Frage F 4.34
Was sind die wichtigsten *Zugriffsmethoden* und welche werden
a) in Weitverkehrsnetzen,
b) in lokalen Netzen
eingesetzt?

Frage F 4.35
Was bedeutet *verteilte Verarbeitung*?

Frage F 4.36
Welches sind die Hauptmerkmale des *Client-Server-Modells*?

Frage F 4.37
Wie unterscheiden sich *aktive* und *passive Server*?

Frage F 4.38
In welche Phasen lässt sich das *Netzmanagement* einteilen?

Frage F 4.39
Worin besteht der Unterschied zwischen dem *Leistungsmanagement* und dem *Abrechnungsmanagement*?

Aufgaben zu Kapitel 4

Aufgabe A 4.1
Ein Bauunternehmen führt die monatliche Lohnabrechnung für alle Beschäftigten auf dem zentralen Computersystem der Hauptverwaltung durch. Die einzelnen Baustellen sind regionalen Niederlassungen zugeordnet. Die Uraufschreibungen erfolgen auf den Baustellen handschriftlich auf einheitlichen Vordrucken, die an die zuständigen Niederlassungen abzuliefern sind.
a) Geben Sie alle Möglichkeiten an, die erfassten Daten von den Niederlassungen zur Zentrale zu befördern!
b) Stellen Sie Vor- und Nachteile der einzelnen Möglichkeiten gegenüber!

Aufgabe A 4.2
Geben Sie eine Übersicht über die *physischen Übertragungsmedien*!

Aufgabe A 4.3
Beschreiben sie kurz die Formen der *Übertragungsverfahren* für Daten!

Aufgabe A 4.4
Erläutern Sie die prinzipielle Funktion des *Modems*!

Aufgabe A 4.5
Nennen Sie *ergänzende Gesetze* zum *Telekommunikationsgesetz* und geben Sie kurz das jeweilige Ziel an!

Aufgabe A 4.6
In der Filiale eines Supermarkts fallen pro Stunde von 8 bis 11 und von 15 bis 20 Uhr durchschnittlich 14.000 Datensätze und von 11 bis 15 Uhr durchschnittlich 10.000 Datensätze an. Jeder Datensatz hat eine Länge von 200 Byte. Die Daten werden nachts zwischen 2 und 4 Uhr über eine Wählverbindung (effektive Übertragungsleistung 65 %) an die 50 km entfernte Zentrale übertragen.
a) Ermitteln Sie die mindestens erforderliche *Übertragungsrate*!
b) Berechnen Sie die tatsächliche *Übertragungsdauer* bei ISDN-Übertragung!

c) Stellen Sie eine Formel für die täglichen *Verbindungspreise* auf, wenn der Zeittakt ZT Sekunden beträgt und GE Euro kostet!

Aufgabe A 4.7
Stellen Sie die *Leitungsvermittlung* der *Paketvermittlung* gegenüber!

Aufgabe A 4.8
Nennen Sie zwei Anwendungsfälle, bei denen eine *Datendirektverbindung* oder eine andere permanente Verbindung (z. B. über das Internet) in Betracht kommt!

Aufgabe A 4.9
Als Netzmanager Ihres Unternehmens stehen Sie vor der Entscheidung, welches *standortübergreifende Netz* zur Datenübertragung zwischen der Hauptverwaltung in Hamburg und der Niederlassung in Augsburg eingesetzt werden soll. Daten werden nur gelegentlich übertragen. Wenn aber eine Datenübertragung erforderlich wird, so muss jedes Mal ein großes Datenvolumen möglichst schnell (Datenübertragungsrate > 48.000 Bit/s) und fehlerfrei zum Empfänger gelangen.
a) Nennen Sie die in Frage kommenden Netze!
b) Entwickeln Sie in tabellarischer Form einen Kriterienkatalog, in welchen Fällen die unter a) genannten Netze entweder gut (Symbol +), bedingt (Symbol o) oder überhaupt nicht (Symbol –) geeignet sind!
c) Wenden Sie den Kriterienkatalog auf den eingangs beschriebenen Sachverhalt an und treffen Sie eine Entscheidung!

Aufgabe A 4.10
Nennen Sie Kriterien zur Beurteilung *standardisierter Mobilfunknetze*!

Aufgabe A 4.11
Erläutern Sie den Begriff des *Internets* als „Netz der Netze"!

Aufgabe A 4.12
Nennen Sie kurz *Nutzenpotenziale*, die sich für *Informationsanbieter* im Internet ergeben!

Aufgabe A 4.13
Beschreiben Sie stichwortartig die Gemeinsamkeiten und die Unterschiede zwischen *Weitverkehrsnetzen* und *lokalen Netzen*!

Aufgabe A 4.14
Die Kassen eines Filialgeschäfts sind an einen entfernten Zentralrechner angeschlossen.
a) Begründen Sie, warum bei der Realisierung als Terminalnetz die *Mehrpunktverbindung* gegenüber der *Punkt-zu-Punkt-Verbindung* bevorzugt wird!
b) Beschreiben Sie, welche modernere Lösung in Betracht kommt!

Aufgabe A 4.15
Berschreiben Sie kurz die Zugriffsmethode *CSMA/CD*!

Aufgabe A 4.16
Erläutern Sie die Prinzipien *der strukturierten Gebäudeverkabelung*!

Aufgabe A 4.17
Beschreiben Sie die Aufgabe von *Kopplungseinheiten* für lokale Netze!

Aufgabe A 4.18
Geben Sie Beispiele für Alternativen der Aufgabenverteilung bei *verteilter Verarbeitung*!

Aufgabe A 4.19
Kommentieren Sie die folgende Pressemitteilung!
„Defekte Stromleitungen haben gestern bundesweit die Reisezentren der Deutschen Bahn AG für mehrere Stunden lahm gelegt. Es waren keine Fahrplanauskünfte möglich. Bei Bauarbeiten in der Nähe von München seien wichtige Kabel beschädigt worden, die zum Betrieb des entsprechenden Computersystems erforderlich seien, teilte die Bahn mit. Am Nachmittag war die Störung behoben. Fahrkarten konnten nach Bahn-Darstellung aber an allen Stellen normal verkauft werden."

Aufgabe A 4.20
Skizzieren Sie grafisch den Unterschied zwischen einer *zweistufigen* (= Two-Tier-) und einer *mehrstufigen* (= Multi-Tier-)*Architektur* von Client-Server-Modellen!

Aufgabe A 4.21
Ein Versicherungskonzern hat eine Zentrale in Köln und Niederlassungen in allen größeren deutschen Städten.
a) Entwerfen Sie grafisch ein Konzept für die *Vernetzung* innerhalb der Zentrale und zwischen der Zentrale und den Niederlassungen!
b) Geben Sie an, an welchen Stellen man *Server* für welche Funktionen installieren sollte!
c) Prüfen Sie, in wie weit und wofür das *Internet* genutzt werden könnte, welche *Risiken* damit verbunden sind und welche *Abwehrmaßnahmen* existieren!

Aufgabe A 4.22
Stellen Sie das *Client-Server-Modell* und das *Peer-to-Peer-Modell* gegenüber!

Aufgabe A 4.23
Geben Sie die Phasen für die Vorgehensweise des *Netzmanagements* an und nennen Sie für jede Phase drei typische Aufgaben!

Aufgabe A 4.24
Erläutern Sie den Begriff *Systemmanagement*!

Antworten auf die Fragen zu Kapitel 4

Zu Frage F 4.1
Unter *Kommunikation* versteht man ganz allgemein den Austausch von Informationen.

Zu Frage F 4.2
Nach der Form der ausgetauschten Informationen werden die *Kommunikationsarten*
- Sprachkommunikation,
- Datenkommunikation,
- Textkommunikation und
- Bildkommunikation (Stand- bzw. Bewegtbilder)

unterschieden. Beispielsweise gehören
- Telefongespräche zur Sprachkommunikation,
- die Abfrage von Onlinedatenbanken zur Datenkommunikation,
- briefliche Korrespondenz und E-Mail zur Textkommunikation,
- Telefax zur Bildkommunikation (Standbilder),
- animierte Seiten im World Wide Web (langsame Bewegtbilder) und Videokonferenz (Bewegtbilder) zur Bildkommunikation.

Zu Frage F 4.3
Unter dem Begriff *Kommunikationssystem* wird die Gesamtheit aller Einrichtungen (Geräte, Netze, Übertragungsmedien und -verfahren, Protokolle) verstanden, die die Kommunikation durch die Übertragung von Informationen ermöglichen.

Zu Frage F 4.4
Bei der *Individualkommunikation* erfolgt die Kommunikation innerhalb einer beschränkten Anzahl von Partnern, zwischen denen gezielt Verbindungen über *Vermittlungsnetze* aufgebaut werden (Beispiele: Telefongespräch, Datenübertragung zwischen der Zentrale und einer Verkaufsstelle im Handel). Bei der *Massenkommunikation* versorgt eine einzige Quelle eine große oder unbegrenzte Anzahl von Empfängern mit denselben Informationen über *Verteilnetze* (Beispiele: Hörfunk- und Fernsehübertragung, Bereitstellung von Informationsseiten im World Wide Web).

Zu Frage F 4.5
Datenübertragungssysteme (s. Abb. F 4.5.1) bestehen aus
- zwei oder mehreren Datenstationen, die wiederum je aus einer Datenendeinrichtung zum Senden und Empfangen von Daten und aus einer Datenübertra-

gungseinrichtung mit einem Signalumsetzer, einer Anschalteinheit und evtl. Fehlerschutz- und Synchronisiereinheiten bestehen,
- Übertragungswegen zur Verbindung zwischen den Datenstationen durch physische Übertragungsmedien und
- Übertragungsverfahren, d. h. technischen Verfahren, nach denen die Übertragung erfolgt (Zeichenübertragungs-, Gleichlauf-, Signalübertragungs- und Betriebsverfahren).

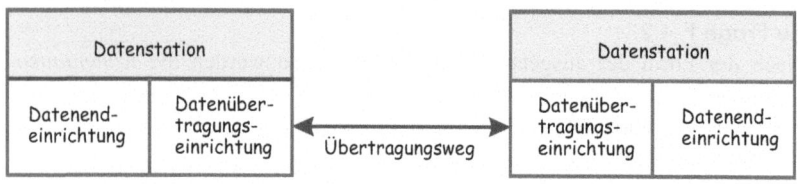

Abbildung F 4.5.1

Zu Frage F 4.6
Als *Kabelverbindungen* für die Datenübertragung kommen Kupferkabel (als verdrillte Adernpaare oder als Koaxialkabel) und Glasfaserkabel (Lichtwellenleiter) in Betracht. Unter bestimmten Voraussetzungen können auch Stromkabel genutzt werden („Powerline").

Zu Frage F 4.7
Korrekt wird die *Übertragungsrate* in Bit/s gemessen. In Baud (abgekürzt bd) wird dagegen die Taktrate (Anzahl Takte pro Sekunde) gemessen. Bei der gebräuchlichen bitseriellen Übertragung, bei der jeweils ein Bit pro Takt übertragen wird, sind die Werte für die Übertragungsrate in Bit/s und für die Taktrate in bd identisch. Dagegen ist bei der bitparallelen Übertragung von jeweils n Bit der Wert der Übertragungsrate in Bit/s gleich dem n-fachen Wert der Taktrate in bd.

Zu Frage F 4.8
Wichtige *Organisationen*, die sich mit Normen und Standards für die Telekommunikation befassen, sind
- auf internationaler Ebene: ITU-T (International Telecommunication Union – Telecommunication Standardization Sector), die aus der CCITT (Comité Consultatif International Télégraphique et Téléphonique) hervorgegangen ist, sowie ISO (International Organization for Standardization) und IEC (International Electrotechnical Commission);
- auf europäischer Ebene: ETSI (European Telecommunication Standard Institute) sowie ECMA (European Computer Manufacturers Association), CEN (Comité Européen de Normalisation), CENELEC (Comité Européen de Normalisation Electrotechnique) und EWOS (European Workshop for Open Systems);

- auf nationaler Ebene: ANSI (American National Standards Institute), IEEE (Institute of Electrical and Electronics Engineers) sowie DIN (Deutsches Institut für Normung).

Zu Frage F 4.9
Die *V-Serie* und die *X-Serie* der ITU-T sind die bekanntesten Empfehlungsserien für Normen bei der (standortübergreifenden) Datenübertragung. Der prinzipielle Unterschied besteht darin, dass sich
- die V-Serie auf das Telefonnetz (analoge Datenübertragung) und
- die X-Serie auf Datennetze (digitale Datenübertragung)

bezieht.

Zu Frage F 4.10
Bei den *Serien H, T* und *Y* handelt es sich um Empfehlungen der ITU-T für die Kommunikation bei Videokonferenzen (Serie H), Multimediasystemen (Serie T) und der so genannten Globalen Informationsstruktur (Serie Y).

Zu Frage F 4.11
Jede *Datenübertragung* läuft in folgenden fünf *Phasen* ab:
- Verbindungsaufbau,
- Aufforderung zur Übertragung,
- Übertragung der Daten,
- Beendigung der Übertragung und
- Verbindungsabbau.

Zu Frage F 4.12
Protokolle für die *Datenübertragung* sind Kommunikationsvereinbarungen, die die Gestaltung und den organisatorischen Ablauf jeder Übertragung festlegen. Dazu gehören Absprachen über den Aufbau, die Überwachung (Fehlermeldungen) und den Abbau von Verbindungen. Insbesondere spezifizieren Protokolle die bei der Übertragung zu benutzenden Datenformate und Kommandos.

Zu Frage F 4.13
Ein *offenes Kommunikationssystem* (OSI = Open Systems Interconnection) ist ein herstellerunabhängiges System, mit dem die Teilnehmer ohne Festlegung auf bestimmte Hardwarehersteller oder Betriebssysteme miteinander kommunizieren können. Es abstrahiert also von der verwendeten Hardware und den Betriebssystemen sowie den benutzten Netzwerkmodellen bzw. -topologien.

Zu Frage F 4.14
a) Das *ISO-Referenzmodell* wurde 1983 von der International Organization for Standardization (ISO) als Rahmenempfehlung für den Aufbau offener Kommunikationssysteme, insbesondere zur Unterstützung der Kommunikation zwischen Datenstationen unterschiedlicher Hersteller, herausgebracht. Es re-

gelt die Datenübertragung, ohne die technische Realisierung vorzuschreiben. Details sind in ISO/IEC 7498 festgelegt.
b) Das ISO-Referenzmodell besteht aus sieben *Schichten* (Layer), die in die beiden Hauptgruppen
  - Transportdienste (Schicht 1 bis Schicht 4), die sich mit den physischen Schnittstellen, den Übertragungsstrecken und dem Netz befassen, und
  - Anwendungsdienste (Schicht 5 bis 7), die den Inhalt und die Darstellungsform der Kommunikation sowie die Betriebssystemebene der Datenstationen betreffen,
  zusammengefasst werden.
a) Der *Arbeitsablauf* im ISO-Referenzmodell erfolgt
  - vertikal zwischen den (jeweils benachbarten) Schichten innerhalb desselben Systems, indem jede Schicht der unmittelbar darunter liegenden Schicht einen Auftrag, erteilt und
  - horizontal zwischen denselben Schichten verschiedener Systeme durch eine virtuelle Verbindung in Form der vom Referenzmodell geregelten Protokollvereinbarungen.

Zu Frage F 4.15
Die Protokollfamilie *TCP/IP* (Transmission Control Protocol / Internet Protocol) ist ein (im Gegensatz zum ISO-Referenzmodell) lediglich aus vier Schichten bestehendes Modell für die Datenkommunikation. IP entspricht dabei in etwa der Schicht 3 (Vermittlungsschicht) im ISO-Referenzmodell, während alle Anwendungsdienste zu einer Schicht zusammengefasst werden. TCP/IP wird vor allem im *Internet* als Übertragungsprotokoll verwendet.

Zu Frage F 4.16
Die in *Artikel 87f* des Grundgesetzes festgelegten *Grundvoraussetzungen* der Telekommunikation besagen, dass
- der Bund im Bereich des Postwesens und der Telekommunikation flächendeckend angemessene und ausreichende Dienstleistungen gewährleistet und
- diese Dienstleistungen von privaten Anbietern (einschließlich Deutsche Post und Deutsche Telekom) erbracht werden.

Zu Frage F 4.17
Die vier wichtigsten von insgesamt neun Zielen der *Regulierung* sind lt. § 2 TKG die Sicherstellung
- die Wahrung der Nutzer-, insbesondere der Verbraucherinteressen auf dem Gebiet der Telekommunikation,
- die Sicherstellung eines chancengleichen und funktionsfähigen Wettbewerbs und die Förderung nachhaltig wettbewerbsorientierter Märkte der Telekommunikation,
- die Sicherstellung einer flächendeckenden Grundversorgung mit Telekommunikationsdiensten (Universaldienstleistungen) zu erschwinglichen Preisen und

Antworten auf die Fragen zu Kapitel 4   73

- die Wahrung der Interessen der öffentlichen Sicherheit.

Zu Frage F 4.18
Standortübergreifende Netze für die Datenübertragung können in
- Festnetze (kabelgebundene Netze, z. B. Datex-P-Netz oder ISDN) und
- Funknetze (kabellose Netze, z. B. alle Mobilfunknetze)

eingeteilt werden. Eine weitere Klassifizierung ist nach Netzen
- mit analoger Übertragungsform (z. B. Telefonnetz) und
- mit digitaler Übertragungsform (z. B. ISDN)

möglich.

Zu Frage F 4.19
Die entscheidende Beschränkung des *Telefonnetzes* liegt darin, dass es für die Übertragung größerer Datenmengen zu langsam und damit auch zu teuer ist. Außerdem ist es problematisch, wegen der geringen Abhörsicherheit sensible Daten über das Telefonnetz zu übertragen.

Zu Frage F 4.20
Bei der *Datagrammtechnik* wird die zu übertragende Nachricht in standardisierte Pakete zerlegt und paketweise gesendet. Die einzelnen Pakete können unterschiedliche Wege durch das Netz nehmen, wobei kurzzeitige Zwischenspeicherungen in den Knoten des Weges erfolgen. Die Übertragung ist ungesichert, der Empfang der Datagramme wird also nicht überwacht. Die Datagrammtechnik ist. u. a. Bestandteil der im Internet verwendeten Protokollfamilie TCP/IP.

Zu Frage F 4.21
ISDN (Integrated Services Digital Network) ist ein weltweit angebotenes Netz für die Sprach- und Datenübertragung. Seine wichtigsten Merkmale sind
- digitalisiertes Telefon- und Universalnetz,
- wenige, international genormte Schnittstellen,
- Leitungsvermittlung,
- Standardübertragungsrate 64 kBit/s pro Basiskanal und
- zwei oder mehr Basiskanäle pro Anschluss.

Zu Frage F 4.22
a) Die *Bewegtbildübertragung* kann für das Bildfernsprechen und für Bild- (oder Video-)konferenzen genutzt werden, ferner für alle Onlinedienste, die Bewegtbilder anbieten.

b) Die Übertragung von Bilddaten in Echtzeit erfordert sehr hohe Übertragungsraten je nach der verlangten Auflösung und der Größe der zu übertragenden Bilder. Neben der Verwendung von Netzen mit sehr hohen Übertragungsraten (z. B. Gigabit-Ethernet, xDSL) und speziellen Übertragungsverfahren (z. B. ATM) wird die Bildkompression (z. B. nach dem Standard MPEG) eingesetzt. Dadurch ist die Übertragung von Bilddaten auch über Netze mit vergleichsweise niedrigen Übertragungsraten möglich (z. B. ISDN).

Zu Frage F 4.23

ATM (Asynchronous Transfer Mode) ist eine Technik, die für die Datenübermittlung im Breitband-ISDN entwickelt wurde. Dabei werden die Vorteile der paketvermittelten und der leitungsvermittelten Übertragung vereint und die Übertragung von Daten, Bewegtbildern und Sprache über dieselbe Leitung nach dem Multiplexprinzip ermöglicht. Die Nachrichten werden in Pakete (Zellen) zu je 53 Byte zerlegt. Die Übertragungsrate kann variabel den Erfordernissen angepasst werden.

Zu Frage F 4.24

Unter *DSL* versteht man die Übertragungstechnik *Digital Subscriber Line* und unter *xDSL* unterschiedliche Varianten dieser Technologie. Sie ermöglicht die schnelle digitale Übertragung auf Telefonkabeln. *ASDL* ist die Ausprägung Asymmetric DSL, die auch in Deutschland angeboten wird und dem Benutzer neben dem Telefonkanal je nach Anbieter verschiedene Übertragungsraten bis zu 768 kBit/s auf der Sende- und 8 MBit/s auf der Empfangsseite zur Verfügung stellt. Generell funktioniert xDSL nur über relativ kurze Distanzen.

Zu Frage F 4.25

Der Aufbau von *Mobilfunknetzen* erfolgt durch eine Einteilung der zu versorgenden Fläche in Zellen. In jede dieser Zellen, deren Gesamtheit das so genannte Zellularsystem bildet, werden Basisstationen (Transceiver) aufgebaut, die die Aufgabe haben, die Funkverbindung zum Mobiltelefon eines Teilnehmers zu gewährleisten. Bei der Übertragung von Daten von einem Sender zu einem Empfänger über ein Mobilfunknetz werden die Daten erst kabellos zur Basisstation des Senders übertragen, von dort in der Regel über Festnetze zur Basisstation des Empfängers befördert und schließlich von dort zum Empfänger wieder kabellos übertragen.

Zu Frage F 4.26

Als *Standard* für die Übertragung von Daten über Funknetze wurde 1987 von einigen europäischen Ländern der *GSM-Standard* (Global System for Mobile Communication) beschlossen. Darin werden die Übergänge zu den Festnetzen (z. B. Telefonnetz, ISDN) standardisiert, die Frequenzbänder einheitlich festgelegt und damit die grenzüberschreitende Kommunikation ermöglicht.

Neben GSM gibt es noch den vom ETSI (European Telecommunication Standards Institute) festgelegten *Standard DCS* (Digital Cellular System), der aufgrund einer anderen Übertragungstechnik höhere Teilnehmerdichten ermöglicht.

Erweiterungen von GSM stellen *GPRS* (General Packet Radio Services) und *EDGE* (Enhanced Data for GSM Evolution) dar, die eine paketorientierte Datenübertragung ermöglichen. Der GSM-Erweiterung *HSCSD* (High Speed Circuit Switched Data) ermöglich eine leitungsvermittelte Datenübertragung.

In Zukunft wird mit der Verwendung des in Deutschland in einem spektakulären Vergabeverfahren lizenzierten *Standards UMTS* (Universal Mobile Telephone System) gerechnet, der Datenübertragungsraten bis 2 MBit/s bietet und damit mobile Breitbandanwendungen ermöglicht. Die Realisierung erfordert hohe Einrichtungskosten.

Zu Frage F 4.27

Die *weltweite Übertragung* von Daten erfolgt auf Basis der Kombination von nationalen Festnetzen (einschließlich Richtfunkstrecken), Seekabelverbindungen und Satellitenkommunikation.

Bei der *Satellitenkommunikation*, die wie die Mobilfunknetze durch ein Zellularsystem realisiert wird, dienen Basisstationen zum einen der Sammlung von Daten und zum anderen der Übertragung zu einem Satelliten, der die Daten dann zu jeder beliebigen Basisstation mit einer sehr hohen Reichweite weiter überträgt.

Zu Frage F 4.28

a) Der Begriff *Mehrwertdienst* wird unterschiedlich definiert. In der Regel versteht man darunter Basis- und Anwendungsdienste, die die vorhandenen Telekommunikationsnetze nutzen und gegen Entgelt zur Verfügung gestellt werden. Mehrwertdienste werden sowohl von den Telekommunikationsanbietern als auch von anderen Unternehmen (Hardwarehersteller, Banken, Versicherungen, Forschungseinrichtungen u. a.) angeboten.

b) Die wesentlichen *Anwendungsdienste* innerhalb der Mehrwertdienste sind
- Speicherdienste, z. B. über einen elektronischen Briefkasten (Electronic Mailbox),
- Verteildienste, z. B. Zustellung von Telefaxsendungen an eine Vielzahl von Empfängern,
- Informationsdienste, z. B. in Form von abrufbaren Informationsangeboten aus Onlinedatenbanken,
- Transaktionsdienste, z. B. Reservierungssysteme im Tourismus,
- Überwachungs-, Steuerungs- und Wartungsdienste, z. B. Störungsmeldungen oder Ablesung von Zählerständen, und
- Verarbeitungsdienste zur Nutzung von Programmen auf externen Rechnern.

Zu Frage F 4.29

Unter einem *Corporate Network* versteht man ein digitales Netz zur integrierten Sprach-, Daten- und Bildübertragung, das für eine Kommunikationsgemeinschaft, d. h. eine geschlossene Benutzergruppe (Beispiel: Automobilhersteller mit Werken, Niederlassungen und Vertragshändlern), eingerichtet wird. Corporate Networks wurden in Deutschland auf Druck der Europäischen Union bereits 1993 gesetzlich erlaubt, obwohl das Recht zur Sprachvermittlung („Tele-

fondienstmonopol") noch bis Ende 1997 bei der früheren Deutschen Bundespost bzw. der Deutschen Telekom lag.
Wenn der Betreiber eines Corporate Network selbst keine eigenen Übertragungswege unterhält, spricht man von einem *Virtual Private Network* (*VPN*). Unter Einsatz der *Tunneltechnik* werden bei Nutzung öffentlich zugänglicher Netze, insbesondere des Internets, verschlüsselte Übertragungskanäle eingerichtet.

Zu Frage F 4.30
Die Bezeichnung *Intranet* steht für die Nutzung der Internettechnik, d. h. des Protokolls TCP/IP und der verschiedenen Dienste wie WWW, E-Mail usw., für die interne Kommunikation eines Unternehmens innerhalb eines Standorts oder zwischen mehreren Standorten.

Zu Frage F 4.31
Rechnernetze sind Kommunikationssysteme, in denen mindestens zwei beteiligte Datenstationen autonome Rechner sind. Die beiden *Grundtypen* von Rechnernetzen sind
- Weitverkehrsnetze: WAN (Wide Area Network) und
- lokale Netze: LAN (Local Area Network).

Weitverkehrsnetze sind Netze, bei denen geografisch entfernte Rechner unter Nutzung standortübergreifender Netze miteinander verbunden werden. Lokale Netze entstehen durch die Vernetzung von Rechnern innerhalb eines Gebäudes oder Betriebsgeländes.

Zu Frage F 4.32
Die *Zwecke* oder *Verbundarten*, zu denen Rechner – entweder über ein Weitverkehrsnetz (WAN) oder über ein lokales Netz (LAN) – verbunden werden, sind
- Datenverbund: Nutzung gemeinsamer, häufig räumlich verteilter Datenbestände durch verschiedene Stellen;
- Geräteverbund (Betriebsmittelverbund): Nutzung von speziellen peripheren Geräten (z. B. Scanner oder Laserdrucker), die nicht an allen Rechnern angeschlossen sind;
- Funktionsverbund: Nutzung von Programmfunktionen, die in einem anderen Rechner verfügbar sind (Programmverbund), oder Nutzung von entfernten Spezialrechnern, z. B. Hochleistungsrechnern für wissenschaftliche Zwecke;
- Lastverbund (Kapazitätsverbund): Kapazitätsausgleich bei Belastungsschwankungen (Sonderfall: Sicherheitsverbund gegen Ausfälle) und
- Kommunikationsverbund (Nachrichtenverbund): Informationsaustausch zwischen den Benutzern von Rechnern an verschiedenen, räumlich getrennten Arbeitsplätzen.

Zu Frage F 4.33
Die gebräuchlichen *Netzstrukturen* für Rechnernetze sind: vermaschte Struktur, Sternstruktur, Ringstruktur, Busstruktur und Baumstruktur.

Für Weitverkehrsnetze werden vor allem die Stern- und die (unvollständige) vermaschte Struktur, für lokale Netze hauptsächlich Bus- und Baumstrukturen eingesetzt.

Zu Frage F 4.34
Zugriffsmethoden sind Steuerungstechniken zur Regelung des Sende- bzw. Empfangsvorgangs in den Datenstationen von Rechnernetzen.

a) In Weitverkehrsnetzen, speziell Terminalnetzen, werden vor allem die Zugriffsmethoden
 - Sendeaufruf (Polling) und
 - Empfangsaufruf (Selecting)

verwendet. Während beim Sendeaufruf die einzelnen Datenstationen von der Zentrale in einer bestimmten Reihenfolge zum Senden aufgefordert werden, schickt beim Empfangsaufruf die Zentrale eine Nachricht an eine ausgewählte Datenstation.

b) Zugriffsmethoden in lokalen Netzen sind
 - die stochastische CSMA/CD-Technik sowie
 - das deterministische Tokenverfahren.

Verbreitet ist vor allem die (vom Ethernet als Standard benutzte) CSMA/CD-Technik, während das Tokenverfahren nur noch selten eingesetzt wird.

Zu Frage F 4.35
Verteilte Verarbeitung bedeutet, dass innerhalb eines Rechnernetzes aus informationstechnischen, organisatorischen oder geografischen Bedingungen eine Verteilung der Aufgaben (Programmverarbeitung, Datenhaltung, Druckausgabe u. a.) auf die beteiligten Rechner vorgenommen wird. Klassische Verteilungsformen sind die horizontale und die vertikale Verteilung einschließlich verschiedener Mischformen. Als moderne Verteilungsform gilt das (ein- und mehrstufige) Client-Server-Modell.

Zu Frage F 4.36
Das *Client-Server-Modell* ist ein weit verbreitetes Konzept der Aufgabenverteilung in Rechnernetzen. Hauptmerkmal ist die Einteilung der Rechner in Server und Clients. Server sind diejenigen Rechner im Netz, die Dienstleistungen wie Datenbereitstellung (Datenserver), Drucken (Druckserver) oder Zugang zu anderen Netzen (Kommunikationsserver) zur Verfügung stellen. Clients sind diejenigen Rechner im Netz, die diese Dienstleistungen in Anspruch nehmen.

Zu Frage F 4.37
Ein *Server* heißt *passiv*, wenn er nur Daten bzw. Programme für die Clients zur Verfügung stellt, und *aktiv*, wenn er zusätzlich selbst Programme ausführt.

Zu Frage F 4.38

Das *Netzmanagement* lässt sich in die drei Phasen
- Planung und Festlegung der Netzstruktur,
- Installierung (Implementierung der Netze) und
- Betrieb (Steuerung und Überwachung des Netzbetriebs)

gliedern.
Die Aufgaben der Betriebsphase liegen im Wesentlichen in der Verwaltung und der Steuerung des Netzes. Sie werden unter dem Oberbegriff *Systemmanagement* zusammengefasst.

Zu Frage F 4.39

Das *Leistungsmanagement* dient der Messung und Erfassung der Netzbelastung (Ermittlung von Netzleistungen wie z. B. Antwortzeiten, Datendurchsatz, Systemabstürze) und der Einleitung von darauf basierenden Tuningmaßnahmen zur Leistungsverbesserung. Das *Abrechnungsmanagement* hingegen bezweckt eine verursachungsgerechte Kostenverrechnung an die Benutzer durch Verbrauchsmessung und -bewertung der in Anspruch genommenen Netzwerkkomponenten (Server, Plattenplatz, Drucker, Anwendungssoftware, Leitungen u. a.).

Musterlösungen für die Aufgaben zu Kapitel 4

Zu Aufgabe A 4.1

a) Für den *Datentransport* in dem Bauunternehmen kommen folgende Varianten in Betracht:
  1) Versand der Erfassungsbelege durch die Briefpost nach vorheriger Prüfung auf sachliche Richtigkeit in der Niederlassung ggf. nach manueller Zusammenfassung auf Sammelbelegen;
  2) Erfassung auf Datenträger in den Niederlassungen und Versand wiederum mit der Briefpost;
  3) Dateneingabe in den Niederlassungen an PCs, die an das zentrale DV-System angeschlossen sind, und anschließend Datenübertragung über ein standortübergreifendes Netz;
  4) Lösung wie 3, jedoch mit Datenübertragung über das Internet.

b) Legt man als Vergleichskriterien zunächst nur die Dauer und die Sicherheit der Datentransporte zugrunde, so bestehen bei einer Gegenüberstellung der Varianten 1 bis 4 die folgenden Vor- und Nachteile:
  - Die Varianten 1 und 2 beanspruchen mehr Zeit für den Datentransport. Sie versagen in zeitkritischen Situationen.

- Bei den Varianten 1 und 2 ist außerdem die Gefahr von Datenverlusten am größten. Bei Variante 4 kann die Vertraulichkeit der übertragenen Daten bedroht sein.

In einen detaillierteren Vergleich müssen die Kosten für
- das Porto bei den Varianten 1 und 2 sowie die Datenträger bei Variante 2,
- die Datenübertragung und die Maßnahmen zur IT-Sicherheit bei den Varianten 3 und 4 sowie
- das zentral und/oder dezentral erforderliche Personal zur Datenerfassung bei allen Varianten

einbezogen werden. Bei den Varianten 2 bis 4 kommen noch Kosten für die Entwicklung bzw. Anschaffung von Programmen zur Dateneingabe (einschließlich Datenprüfungen und -kontrollen) hinzu.

Der Vollständigkeit halber muss erwähnt werden, dass ein direkter Versand der Daten von den Baustellen an die Zentrale nicht in Betracht kommt, weil er zu viele Unsicherheitsfaktoren aufweist.

Zu Aufgabe A 4.2

Physische Übertragungsmedien für die Datenübertragung sind
- Kabelverbindungen, und zwar
  - Kupferkabel (verdrillte Kabel oder Koaxialkabel) und
  - Glasfaserkabel sowie
- Funkverbindungen in Form von
  - terrestrischem Funk (Zellularfunk oder Richtfunk) und
  - Satellitenfunk.

Hinzu kommen noch die (in Spezialfällen genutzten) optischen Verbindungen.

Zu Aufgabe A 4.3

Bei der Datenübertragung werden folgende Formen von *Übertragungsverfahren* unterschieden:

a) Zeichenübertragungsverfahren
  - bitseriell (Übertragung der Zeichen bitweise nacheinander über einen Kanal),
  - bitparallel (gleichzeitige Übertragung mehrerer Bits auf parallelen Kanälen);

b) Gleichlaufverfahren
  - asynchron (Übertragung einzelner Zeichen, die jeweils mit einem Start- und einem Stoppbit versehen werden),
  - synchron (Übertragung zusammenhängender Zeichen in Form von Zeichenfolgen, wobei durch Steuerwörter für die Zeitdauer der Übertragung ein Gleichlauf zwischen Sender und Empfänger hergestellt wird);

c) Signalübertragungsverfahren
  - analog (Übertragung elektrischer Schwingungen, z. B. Telefonnetz),
  - digital (Übertragung elektrischer Impulse, z. B. ISDN);

d) Betriebsverfahren
- simplex (Übertragung ausschließlich vom Sender zum Empfänger),
- halbduplex (Übertragung vom Sender zum Empfänger und nach einer Umschaltung in umgekehrter Richtung),
- (voll-)duplex (Übertragung, bei der Sender und Empfänger gleichzeitig empfangen bzw. senden können).

Zu Aufgabe A 4.4
Das (eigentlich der) *Modem* (Abkürzung für Modulator/Demodulator) ist ein Gerät, das beim analogen Übertragungsverfahren auf der Senderseite die dualen Werte 0 und 1 in zwei verschiedene analoge Signale umsetzt und auf der Empfängerseite den umgekehrten Vorgang ausführt. Es wird deswegen bei allen Übertragungen mit dem Telefonnetz benötigt.

Zu Aufgabe A 4.5
Ergänzende Gesetze zum *Telekommunikationsgesetz* sind u. a.
- das Teledienstegesetz, mit dem einheitliche wirtschaftliche Rahmenbedingungen für die individuelle Nutzung von Telediensten festgelegt werden sollen,
- das Teledienstedatenschutzgesetz, das den Schutz personenbezogener Daten bei der Nutzung von Telediensten gewährleisten soll, und
- das Signaturgesetz, mit dem Rahmenbedingungen für elektronische Signaturen geschaffen werden.

Zu Aufgabe A 4.6
a) *Mindest-Übertragungsrate*:

$$\frac{(14.000 * 8 + 10.000 * 4) * 200 * 8}{0,65 * x} \leq 3 * 60 * 60$$

$$\rightarrow \quad x \geq \frac{152.000 * 1.600}{0,65 * 10.800} \approx 34.644 \text{ Bit/s}$$

Somit reicht ein übliches Telefonmodem mit einer Senderate von 33.600 Bit/s nicht aus. Möglich ist dagegen die ISDN-Übertragung mit 64.000 Bit/s.

b) *Übertragungsdauer*:

$$\frac{152.000 * 1.600}{0,65 * 64.000} = 5.847 \text{ s} \approx 98 \text{ min}$$

c) *Verbindungspreise* (pro Tag):

$$\frac{\text{Übertragungsdauer (s)}}{\text{ZT}} * \text{GE (Euro/Takt)}$$

Die Werte der Parameter ZT und GE sind mittel- und langfristig veränderlich. Für ZT = 60 s (19 bis 7 Uhr, Zone Deutschland) und GE = 0,029 Euro würden die täglichen Verbindungsgebühren 2,84 Euro betragen.

Zu Aufgabe A 4.7
Bei der *Leitungsvermittlung*, die beispielsweise beim Telefonnetz und bei ISDN verwendet wird, besteht für die Dauer der Übertragung, d. h. auch während der Gesprächspausen, eine physische und gebührenpflichtige Verbindung zwischen den Teilnehmern. Den Kommunikationspartnern wird ein ausschließlich von ihnen genutzter Kanal bereitgestellt. Nach dem Verbindungsaufbau werden keine weiteren Adressinformationen mehr benötigt.

Bei der *Paketvermittlung* besteht dagegen nur eine virtuelle, aber keine durchgängige physische Verbindung zwischen den Teilnehmern. Sie basiert auf der Datagrammtechnik. Die zu übertragende Nachricht wird in standardisierte Teile (Pakete) zerlegt und paketweise gesendet. Die Pakete enthalten im Kopf (Header) Adress- und andere Steuerinformationen sowie im Schwanz (Trailer) Sicherungsinformationen. Sie werden von Knoten zu Knoten weitergeleitet und in den Knoten kurzzeitig zwischengespeichert. Weil sie unterschiedliche Wege durch das Netz nehmen können („Routingverfahren"), wird das Netz besser ausgenutzt und es gibt weniger Besetztfälle. Bei hoher Auslastung tritt allerdings eine Verzögerung ein, ferner ist der Anteil der Steuerinformationen am Übertragungsvolumen größer als bei der Leitungsvermittlung. Beim Empfänger muss die Reihenfolge der empfangenen Pakete überprüft und ggf. wieder hergestellt werden. Das bekannteste Netz mit Paketvermittlung ist das Internet.

Zu Aufgabe A 4.8
Eine *Datendirektverbindung* oder eine andere permanente Verbindung kommt in Betracht,
a) wenn zwischen zwei Datenstationen häufig große Datenmengen auszutauschen sind und
b) wenn von einer Datenstation der ständige Zugriff auf die Daten einer anderen Datenstation gegeben sein muss.

Beispiele sind
- zu a) der Anschluss eines wissenschaftlichen Rechners an einen entfernten Supercomputer und
- zu b) der Anschluss von Reisebüros und Fahrkartenschaltern an zentrale Buchungs- oder Reservierungssysteme in einem Zentralrechner und in Banken der Anschluss von Schalterterminals der Filialen an zentrale Kontenverwaltungssysteme ebenfalls in einem Zentralrechner.

Zu Aufgabe A 4.9
a) Folgende *standortübergreifende Netze* kommen in Frage:
  - analoges Telefonnetz,
  - Datex-P-Netz (digitales Netz mit Paketvermittlung),
  - Datendirektverbindung (digitale Standleitung),
  - ISDN (digitales Universalnetz) und

- Internet.
b) Folgende Kriterien sollen für die Beurteilung herangezogen werden:
   - hohe Übertragungsrate,
   - großes Datenvolumen,
   - ständige Verbindung,
   - gelegentliche Übertragung,
   - hohe Leitungsqualität.

   Die Zuordnung zeigt Abbildung A 4.9.1
c) Anwendung des Kriterienkatalogs auf die angegebene Situation:
   - Die Übertragungsrate muss mindestens 48.000 Bit/s betragen.
   - Wenn Daten übertragen werden sollen, so ist mit einem hohen Datenvolumen zu rechnen.
   - Eine ständige Verbindung zur Zentrale wird nicht benötigt.
   - Die Leitungsqualität spielt eine große Rolle.

   Folgerung: Für die Datenübertragung in diesem Fall sind ISDN oder Internet am besten geeignet.

Kriterium	Analoges Telefonnetz	Datex-P-Netz	Datendirekt-verbindung	ISDN	Internet
Hohe Übertragungsrate	O	+	+	+	+
Großes Datenvolumen	O	O	+	+	+
Ständige Verbindung	–	–	+	–	+
Gelegentliche Übertragung	+	+	–	+	+
Hohe Leitungsqualität	O	O	+	+	+

Abbildung A 4.9.1

Zu Aufgabe A 4.10

Kriterien zur Beurteilung *standardisierter Mobilfunknetze* sind hauptsächlich
- die maximalen Übertragungsraten,
- die Flächendeckung,
- der Verbreitungsgrad und
- die Gebühren.

Die maximalen Übertragungsraten hängen von den benutzten Standards und den damit verbundenen Übertragungstechniken ab. Die Flächendeckung bezieht sich auf die Anzahl und Größe der Funkzellen. Je kleiner der Funkzellen sind, um so größer ist die flächenbezogene Kapazität und um so weniger Sendeleistung wird von den Telefonen benötigt. Hohe Verbreitungsgrade, d. h. Benutzerzahlen, stehen in Wechselwirkung zur Verfügbarkeit einer möglichst großen Anzahl von Netzdiensten in vielen Ländern sowie von netzübergreifenden Verbindungen (Roaming) und zugehörigen Abrechnungsverfahren.

Zu Aufgabe A 4.11
Das *Internet* wird auch als „Netz der Netze" bezeichnet, weil es weltweit eine große Zahl von Rechnernetzen verbindet. Gemäß seiner Zielsetzung wurde ein robustes Netz geschaffen, das auf Basis einfacher Protokolle bei dezentraler Steuerung und mit heterogenen Hardware und Softwaresystemen funktioniert. Es ist zu dem Datennetz mit den weltweit meisten Teilnehmern aus dem wissenschaftlichen, kommerziellen und privaten Bereich geworden. Unter der Bezeichnung Intranet wird die Internettechnik auch für unternehmensinterne Kommunikation genutzt. Das Internet integriert eine Reihe von Diensten, die durch verschiedene Protokolle realisiert sind. Zu den bedeutendsten gehören E-Mail und das World Wide Web (WWW). Im Internet gibt es leistungsfähige Suchdienste, die das Informationsangebot bequem verfügbar machen. Mit entsprechenden technischen Einrichtungen kann das Internet auch für die Sprachkommunikation (VoIP = Voice over IP) genutzt werden.

Zu Aufgabe A 4.12
Für *Informationsanbieter* im Internet können sich u. a. folgende *Nutzenpotenziale* ergeben:
- Erschließung eines neuen Mediums als Vertriebskanal (Produktinformationen, Absatzförderung von Produkten) und Marketinginstrument,
- Kontakt (Interaktion) mit Kunden und potenziellen Kunden,
- bei geschlossenen Benutzergruppen schneller Abruf und Austausch benutzerspezifischer Informationen,
- Möglichkeit, Information mit Werbung zu verknüpfen,
- Ermittlung von Kundenprofilen,
- Gewinnung von Basisdaten für die Konzeption künftiger Produktlinien oder Marketingstrategien und
- Imagegewinn.

Zu Aufgabe A 4.13
Zwischen *Weitverkehrsnetzen* (WAN) und *lokalen Netzen* (LAN) bestehen u. a.
a) folgende Gemeinsamkeiten:
 - Verbund unabhängiger Rechner,
 - Verbundarten, d. h. Vernetzungszwecke (Funktions-, Daten, Kommunikationsverbund usw.),
 - teilweise dieselben Netzwerktopologien (Stern, Baum usw.) und

b) folgende Unterschiede:
- Ausdehnung (WAN standortübergreifend, LAN nur im Betriebsgelände),
- Verantwortlichkeit (beim WAN beim Netzbetreiber, beim LAN vollständig beim Anwender),
- Übertragungsraten (beim LAN wesentlich höher),
- Zugriffsmethoden.

Zu Aufgabe A 4.14

a) Beim Anschluss der Kassen eines Filialgeschäfts an die Zentrale wird bei der (klassischen) Realisierung als Terminalnetz der *Mehrpunktverbindung* der Vorrang gegeben, weil bei der *Punkt-zu-Punkt-Verbindung*
- die Verbindungen nur wenig ausgelastet sind und
- insgesamt wesentlich höhere Netzkosten entstehen.

b) Die modernere Lösung besteht darin, die Kassen lokal zu vernetzen und den Anschluss an die Zentrale nach dem Client-Server-Prinzip über einen Kommunikationsserver herzustellen.

Zu Aufgabe A 4.15

CSMA/CD (Carrier Sense Multiple Access with Collision Detection) ist eine Zugriffsmethode, die besonders in lokalen Netzen häufig verwendet wird. Sie beruht auf der Wettbewerbssteuerung. Jede Station darf senden, wenn die Leitung frei ist (dieses wird durch „Abhorchen" der Leitung festgestellt). Bei Kollisionen (gleichzeitiges Senden mehrerer Stationen) werden alle Sendevorgänge abgebrochen und nach kurzer Wartezeit einer nach dem anderen abgearbeitet. Der Zusatz CD bedeutet, dass die sendende Station auch während der Übertragung die Leitung „abhorcht", um Kollisionen zu erkennen.

Zu Aufgabe A 4.16

Die *strukturierte Gebäudeverkabelung* bezieht sich auf die kabeltechnische Infrastruktur für die Einrichtung lokaler Netze für die Daten- und Sprachkommunikation durch den Anwender. Die in mehreren Normen festgelegten Empfehlungen gehen u. a. von einer dreistufigen Bereichshierarchie (Primärbereich: Leitungen im Betriebsgelände, Sekundärbereich: Steigleitungen in Gebäuden, Tertiärbereich: Stichleitungen in Etagen), von Leistungskategorien für Kabel und Anschlusskomponenten sowie von Anwendungsklassen für Datenraten aus. Empfohlen werden z. B. für den Primär- und den Sekundärbereich Glasfaserkabel sowie für den Tertiärbereich neben Glasfaserkabel auch Kupferkabel in Form verdrillter Adernpaare.

Mit der strukturierten Gebäudeverkabelung wird zunächst ein *passives Netzwerk* geschaffen. Durch die Hinzufügung aktiver Komponenten (Repeater, Bridges, Router usw.) entsteht daraus ein *aktives Netzwerk*.

Als Alternative zu Kabelverbindungen muss die Möglichkeit zur Einrichtung von Funkverbindungen für bestimmte Bereiche in Betracht gezogen werden.

Zu Aufgabe A 4.17
Kopplungseinheiten für lokale Netze (Repeater, Bridges, Router u. a.) haben die Aufgabe, lokale Rechnernetze miteinander zu verbinden. Sie unterscheiden sich nach den Schichten des ISO-Referenzmodells, auf denen sie die Verbindung herstellen. Oberhalb der betreffenden Schicht müssen die Protokolle der verbundenen Netze übereinstimmen.

Zu Aufgabe A 4.18
Alternativen der *verteilten Verarbeitung* ergeben sich aus der Aufteilung der drei Aufgaben Datenhaltung, (Programm-)Verarbeitung und (Ergebnis-)Präsentation auf zentrale Rechner bzw. Server einerseits und dezentrale Rechner bzw. Clients andererseits.
Je nach Realisierungsform kann beispielsweise der Client
- lediglich die Ergebnisaufbereitung (z. B. in Form einer Präsentationsgrafik) vornehmen, während Programmverarbeitung und Datenhaltung beim Server bleiben,
- auch die Verarbeitung (ganz oder teilweise) durchführen, wobei der Server weiterhin die Daten zur Verfügung stellt, oder
- die ganze Verarbeitung und dazu anteilig die Datenhaltung übernehmen.

Die Tendenz geht (aus Kosten- und Sicherheitsgründen) zu einer stärkeren Zentralisierung der Datenhaltung und teilweise auch der Verarbeitung (*Rezentralisierung*).

Zu Aufgabe A 4.19
Bei der Deutschen Bahn AG wird offensichtlich die verteilte Verarbeitung genutzt. Die Daten für die Fahrplanauskünfte sind in einem zentralen Computersystem gespeichert, das durch den Stromausfall lahm gelegt wurde. Vermutlich waren auch keine Platzreservierungen möglich, die zwingend eine zentrale Speicherung der Reservierungsdaten erfordern, auf die in der Regel von den dezentralen Stellen mithilfe eines Transaktionssystems zugegriffen wird. Die für den Fahrkartenverkauf erforderlichen Daten (Zugverbindungen, Entfernungen, Tarife, Rabatte usw.) und die zugehörigen Programme sind dagegen in allen dezentralen Stellen vorhanden, bei kleineren Fahrkartenschaltern im Rechner selbst, bei Reisezentren in lokalen Daten- bzw. Anwendungsservern.

Man kann der Bahn vorwerfen, keine Maßnahmen getroffen zu haben, mit denen eine unterbrechungsfreie Stromversorgung gesichert wird. Anscheinend wird der durch den Defekt verursachte Schaden niedriger bewertet als die Kosten für die zu seiner Vermeidung erforderlichen IT-Sicherheitsmaßnahmen.

Zu Aufgabe A 4.20
Abbildung A 4.20.1 zeigt links eine zweistufige und rechts eine dreistufige Client-Server-Architektur. Im Fall der *2-Tier-Architektur* wird die Anfrage des Clients vollständig von einem Server bearbeitet. Bei der *3-Tier-Architektur* erfolgt die Bearbeitung durch den Anwendungsserver unter Rückgriff auf den Da-

tenserver. Für den Client ist unerheblich, ob es sich um eine 2- oder eine 3-Tier-Architektur handelt, da seine Anfrage an den Server gleich bleibt. Je nach Art und Anzahl der Anwendungen können mehrere Anwendungsserver eingerichtet werden.

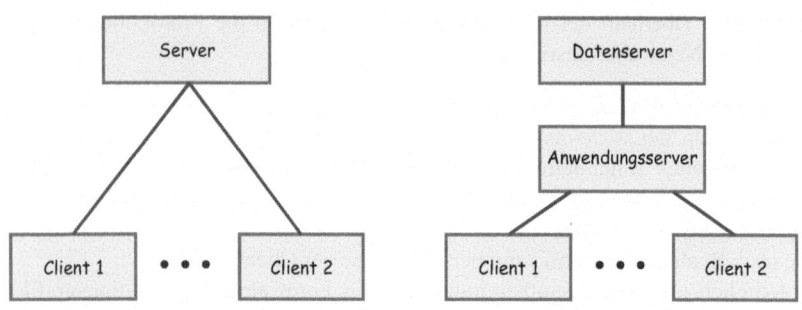

Abbildung A 4.20.1

Zu Aufgabe A 4.21

a) Ein mögliches *Vernetzungskonzept* für den Versicherungskonzern zeigt Abbildung A 4.21.1.

b) *Server* sollten in erster Linie installiert werden als
- (aus Sicherheitsgründen möglichst zentrale) Datenserver für den Zugriff durch sämtliche (berechtigten) Benutzer und Programme,
- Anwendungsserver für zentral genutzte Anwendungssysteme, z. B. ERP-Systeme (speziell auch von SAP),
- Druckserver für gemeinsam genutzte Drucker und den (aus Kostengründen zentralen) Massendruck sowie
- Kommunikationsserver für den Zugang zu öffentlichen Netzen oder dem Internet für die Kommunikation mit unternehmensinternen Stellen und Geschäftspartnern.

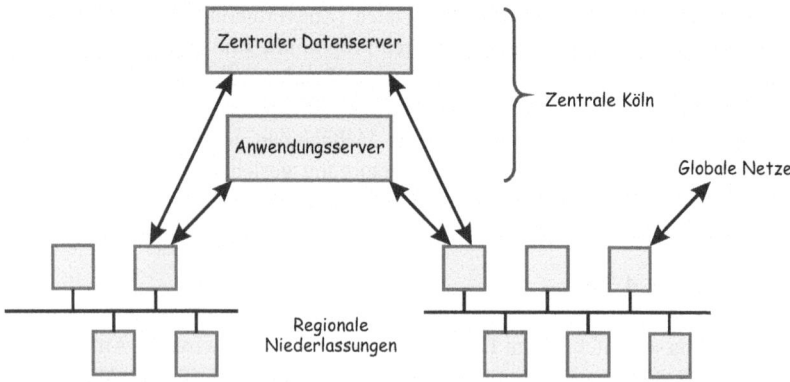

Abbildung A 4.21.1

c) Grundsätzlich kann das *Internet* für alle Formen der Kommunikation innerhalb des Unternehmens („Intranet") oder mit externen Partnern („Extranet") genutzt werden. Auf der Homepage des Unternehmens („Portal") sollten alle für potenzielle Versicherungsnehmer relevanten Informationen bereit gehalten werden, möglicherweise auch Stellenangebote für interessierte Bewerber. Mit der Nutzung des Internets verbundene *Risiken* sind im vorliegenden Anwendungsfall vor allem
1) die Gefährdung der Integrität und der Vertraulichkeit der übertragenen Informationen und
2) die Gefahren des Ausspähens unternehmensinterner Daten durch Hacker und des Einschleusens von Computerviren.

Abwehrmaßnahmen bilden im Fall 1) kryptografische Verfahren und im Fall 2) Firewallsysteme und Virenschutzprogramme („Virenscanner").

Zu Aufgabe A 4.22
Beim *Client-Server-Modell* verwalten die Server die Zugriffsrechte für alle Clients. *Peer-to-Peer-Modelle* kommen dagegen ohne Server aus, weil alle Rechner gleichberechtigt sind und die Verwaltungsaufgaben jeweils gegenseitig übernehmen. Das Peer-to-Peer-Modell ist älter als das Client-Server-Modell. Seine praktische Anwendung ist auf Netze mit einer geringen Anzahl von Rechnern beschränkt.

Zu Aufgabe A 4.23
Die Phasen des *Netzmanagements* sind
- Planung,
- Installierung und
- Betrieb.

Zu diesen Phasen gehören u. a. folgende Aufgaben:
- Planung: Auswahl von Netzen und Geräten, Aufstellung einer Strategie für Kabel- bzw. Funkverbindungen, Festlegung von Sicherheitsmaßnahmen;
- Installierung: Beschaffung und Installierung der ausgewählten Geräte, Realisierung der Vernetzungsstrategie, Schulung der Benutzer;
- Betrieb: Netzverwaltung, Netzsteuerung einschließlich Tuningmaßnahmen, Benutzerverwaltung.

Zu Aufgabe A 4.24
Das *Systemmanagement* ist nach dem ISO-Netzmanagementmodell eine Hauptkategorie für die Aufgaben des Netzmanagements in der Betriebsphase, die sich mit der Netzverwaltung und Netzsteuerung befassen. Dazu gehören:
- Konfigurationsmanagement: Verwaltung sämtlicher Netzkomponenten;
- Leistungsmanagement: Messen und Überwachen der Netzleistung, Einleitung von Tuningmaßnahmen;

- Störungs- und Fehlermanagement: Erkennen und Beseitigen von fehlerhaften Operationen im Netz, Aufstellen von Fehlerstatistiken;
- Abrechnungsmanagement: anwendungsbezogenes Erfassen und Bewerten der Inanspruchnahme des Netzes mit dem Ziel einer verursachungsgerechten Kostenverrechung an die Benutzer;
- Sicherheitsmanagement: Verhinderung von Störungen durch Umwelteinflüsse, Netzausfälle, Stromunterbrechungen und Bedienungsfehler sowie von unbefugten Zugriffen wie Datenmissbrauch, Datenzerstörung und Abhören der Leitungen.

Hinzu kommt die Benutzerverwaltung d. h. die Verwaltung aller Daten der Benutzer des Netzes einschließlich deren Zugriffsrechte auf Geräte, Programme und Daten. Nach moderner Auffassung ist sie Teil des Assetmanagements.

5 Datenorganisation

Fragen zu Kapitel 5

Frage F 5.1
Welche grundsätzlichen Aufgaben haben die unter dem Begriff *Datenorganisation* zusammengefassten Verfahren?

Frage F 5.2
Welche Ziele verfolgt die *Datenorganisation*?

Frage F 5.3
Wie unterscheiden sich *zeichenorientierte* und *bitorientierte Daten*?

Frage F 5.4
Welche *Vorgehensweisen* werden bei der Datenorganisation unterschieden?

Frage F 5.5
Was ist ein *Datenfeld*?

Frage F 5.6
Wie unterscheiden sich *formatierte* und *unformatierte Daten*?

Frage F 5.7
Wie werden die Begriffe *Schlüssel* und *Primärschlüssel* definiert?

Frage F 5.8
Was versteht man unter einem *Ordnungsbegriff*?

Frage F 5.9
Wie werden Daten hinsichtlich ihres *Verwendungszwecks* unterschieden?

Frage F 5.10
Worin unterscheiden sich die Einsatzformen *programmintegrierte* und *dateiintegrierte Verarbeitung* von Daten?

Frage F 5.11
Was sind *vorverarbeitete Daten*?

Frage F 5.12
Welche *Verfahren der Dateiorganisation* unterscheidet man?

Frage F 5.13
Was versteht man unter *Nummerung*?

Frage F 5.14
Wie unterscheidet man *Nummern*
a) nach den verwendeten Zeichen und
b) nach ihrer Funktion?

Frage F 5.15
Welche Funktion hat die *Identnummer* und in welchen Formen wird sie verwendet?

Frage F 5.16
Welchen Formen der *Identnummer* sind
a) die amtlichen deutschen Kraftfahrzeugkennzeichen und
b) die Zugnummern der Deutschen Bahn AG
zuzuordnen?

Frage F 5.17
Welchem Zweck dient die Erweiterung der *Internationalen Artikelnummer (EAN)* zur *EAN 128*?

Frage F 5.18
Was versteht man unter dem Begriff *Parallelnummer*
a) nach DIN 6763 und
b) in der betrieblichen Praxis?

Frage F 5.19
Was sind und wozu dienen *Matchcodes*?

Frage F 5.20
Welche Unterschiede bestehen zwischen
a) den Vorgängen *Sortieren* und *Mischen* und
b) dem *internen* und dem *externen Sortieren*?

Frage F 5.21
Durch welche *Eigenschaften* lassen sich *Dateien* charakterisieren?

Frage F 5.22
Welche grundlegenden *Speicherungsformen* gibt es?

Frage F 5.23
Was ist eine *Indextabelle*?

Frage F 5.24
Wie unterscheiden sich *geordnete* und *ausgeglichene binäre Bäume*?

Frage F 5.25
Wozu werden *Hashfunktionen* benutzt?

Frage F 5.26
Welche *Nachteile der Dateiorganisation* begründen den Übergang zur Datenbankorganisation?

Frage F 5.27
Welches sind die Aufgaben der drei Sichten des *ANSI-Architekturmodells*?

Frage F 5.28
In welchen Schritten wird bei der *logischen Datenbankorganisation* vorgegangen?

Frage F 5.29
Was versteht man unter den Begriffen *Entity* und *Entitytyp*?

Frage F 5.30
Was sind *Kardinalitäten*?

Frage F 5.31
Was bedeutet *Aggregation* im Rahmen der semantischen Datenmodellierung?

Frage F 5.32
Wie werden bei Relationen die Begriffe *Grad* und *Domäne* definiert?

Frage F 5.33
Wozu dient der *Normalisierungsprozess* beim relationalen Datenbankmodell?

Frage F 5.34
Wann befindet sich eine Relation in der *2. Normalform*?

Frage F 5.35
Welche *Standardoperationen* verwendet das relationale Datenbankmodell für Ad-hoc-Abfragen?

Frage F 5.36
Was besagt die so genannte *5∗3-Regel*?

Frage F 5.37
Was versteht man unter der *doppelten Verkettung* und wozu dient sie?

Frage F 5.38
Was ist eine *invertierte Datei*?

Frage F 5.39
Welches sind drei *Hauptanforderungen* an ein *Datenbankverwaltungssystem*?

Frage F 5.40
Welche *Bestandteile* müssen *Datenbankverwaltungssysteme* zwingend besitzen?

Frage F 5.41
Was ist ein *Data Dictionary*?

Frage F 5.42
Welches Verfahren wird hauptsächlich verwendet, um *Konsistenzverletzungen* durch den gleichzeitigen Mehrfachzugriff auf Datenbanken zu verhindern?

Frage F 5.43
Welche *Maßnahmen* lassen sich treffen, um nach einem *Störfall* den korrekten Zustand einer Datenbank wieder herzustellen zu können?

Frage F 5.44
Wozu dient die *Log-Funktion* eines DBMS?

Frage F 5.45
Wie sind die Operationen von *Abfragesprachen* grundsätzlich aufgebaut?

Frage F 5.46
Was versteht man unter einem *View*?

Frage F 5.47
Was soll durch *ODBC* ermöglicht werden?

Frage F 5.48
Was bedeutet *Denormalisierung*?

Frage F 5.49
Wodurch sind *NF2-Datenbanken* charakterisiert?

Frage F 5.50
Was sind *verteilte Datenbanken* und welche Vor- und Nachteile besitzen sie?

Frage F 5.51
Was versteht man unter *Fragmentierung* und welche Arten gibt es?

Frage F 5.52
Welche Verfahren werden zum *Datenabgleich* bei verteilten Datenbanken eingesetzt?

Frage F 5.53
Welcher Unterschied besteht zwischen *verteilten* und *föderierten Datenbanken*?

Frage F 5.54
In welchen Fällen werden *zeitorientierte (temporale) Datenbanken* gebraucht?

Frage F 5.55
Worin unterscheiden sich *Multimediadatenbanken* von herkömmlichen Datenbanken?

Frage F 5.56
Was versteht man unter den Begriffen
a) *Thesaurus* und
b) *Stoppwortliste*?

Frage F 5.57
In welchen *Phasen* erfolgt der Umgang mit *Text-Retrieval-Systemen*?

Frage F 5.58
Was bedeutet *automatische Deskribierung*?

Frage F 5.59
Welche *Verfahren* und *Techniken* unterstützen die *Suche* in *Text-Retrieval-Systemen*?

Frage F 5.60
Wozu dienen *Hypertextsysteme*?

Aufgaben zu Kapitel 5

Aufgabe A 5.1
Erläutern Sie am Beispiel des Einwohnermeldeamts, welche *Anforderungen* an die *Datenorganisation* sich aus den Wünschen der Benutzer (Sachbearbeiter) ergeben!

Aufgabe A 5.2
Erläutern Sie die Begriffe *Datenelement, Datensegment, Datensatz, Datei* und *Datenbank* am Beispiel des Objekts „Handelsartikel"!

Aufgabe A 5.3
Zeigen Sie an einem Beispiel den möglichen Aufbau der *Datensätze* in der Artikeldatei eines Elektrogroßhändlers!

Aufgabe A 5.4
Erläutern Sie den Unterschied zwischen den Begriffen *Schlüssel* und *Nummer* am Beispiel der Datensätze einer Personaldatei!

Aufgabe A 5.5
Nennen Sie die wesentlichen *Dateioperationen*!

Aufgabe A 5.6
Ordnen Sie die folgenden Daten den Kategorien *Stamm-, Bestands-, Bewegungs-* und *Änderungsdaten* zu!
Versichertennummer, Artikelbezeichnung, Geburtsdatum, PIN, Kontostand, Entnahme aus dem Lager, Gehaltserhöhung, Artikelpreis, Gutschrift, Adresse, Änderung des Familienstands, Kundennummer, freie Lagerkapazität, akademischer Titel, offener Posten, Abbuchung, Wegfall eines Artikels.
Anmerkung: Es wird eine tabellarische Lösung empfohlen.

Aufgabe A 5.7
Geben Sie jeweils ein Beispiel für *fortlaufende Verarbeitung* und *wahlfreien Zugriff*!

Aufgabe A 5.8
Entwickeln Sie zur Kennzeichnung Ihrer Schmuckstücke eine *Identnummer* in Form einer *Verbundnummer*, die
a) entweder als hierarchische Nummer aufgebaut ist oder
b) aus voneinander unabhängigen Nummernteilen besteht!
Beide Nummern sollen erkennen lassen,
- ob das Schmuckstück aus Gold, Silber oder einem anderen Material besteht und
- ob es sich um einen Ring, eine Kette, einen Ohrring, ein Armband oder um ein sonstiges Schmuckstück handelt.

Anmerkung: Eine Kombination mehrerer Materialien soll ausgeschlossen werden.

Aufgabe A 5.9
Erläutern Sie die Bedeutung von *Parallelnummern* (nach DIN 6763) am Beispiel der Bestellungen bei einem Versandhaus!

Aufgabe A 5.10
In eine Lagerbestandsdatei mit 4-stelligen Artikelnummern werden nacheinander Artikel mit folgenden Ordnungsbegriffen aufgenommen:
8713, 6205, 3385, 1098, 7615, 4549, 2190, 5875.
Je vier dieser acht Datensätze werden nacheinander auf den Spuren 1 und 2 einer (Magnet-) Platte gespeichert. Legen Sie
- eine *unsortierte Indextabelle*,
- eine nach aufsteigenden Ordnungsbegriffen *sortierte Indextabelle* und
- eine hinsichtlich aufsteigender Ordnungsbegriffe (geschlossene) *verkettete Indextabelle*

an!

Aufgabe A 5.11
Erläutern Sie anhand der sortierten Indextabelle von Aufgabe A 5.10, wie viele und welche Schritte erforderlich sind, um den Datensatz mit dem Ordnungsbegriff 5875 mithilfe der Methode des *binären Suchens* zu finden!

Aufgabe A 5.12
Zeichnen Sie die Ordnungsbegriffe der Aufgabe A 5.10
a) als *geordneten binären Baum* (Reihenfolge des Anfalls wie in A 5.10) und
b) als *ausgeglichenen binären Baum*!

Aufgabe A 5.13
Beschreiben Sie den Unterschied zwischen der *gestreuten Speicherung* mit direkter und mit indirekter Adressierung!

Aufgabe A 5.14
Nennen Sie *Ziele* der *Datenbankorganisation* und erklären Sie die dabei vorkommenden Begriffe *Vielfachzugriff* und *Mehrfachzugriff*!

Aufgabe A 5.15
Erläutern Sie die Begriffe *Entity, Entitytyp, Attribut* und *Attributwert* am Beispiel des Entitytyps „Student"!

Aufgabe A 5.16
Geben Sie je ein Beispiel für die *Beziehungshäufigkeiten* 1:1, 1:n und m:n!

Aufgabe A 5.17
Das Kursprogramm einer Volkshochschule soll mithilfe eines Datenbankverwaltungssystems verwaltet werden.
a) Geben Sie Beispiele für mögliche *Entitytypen* bzw. *Entitys* mit zugehörigen Attributen und Attributwerten!
b) Zeichnen Sie ein grobes *ER-Diagramm* (ohne Attribute und Beziehungshäufigkeiten)!

Aufgabe A 5.18
Geben Sie verbal, d.h. ohne Zeichnung, Beispiele für die Umwandlung von *Beziehungstypen* zu *Objekttypen* im ERM!

Aufgabe A 5.19
Stellen Sie die grundlegenden Eigenschaften des *hierarchischen Datenbankmodells*, des *Netzwerk-Datenbankmodells* und des *relationalen Datenbankmodells* gegenüber!

Aufgabe A 5.20
Ein Großhändler für Elektrogeräte hat für die Belieferung seiner Kunden, die er mit eigenen LKWs vornimmt, Fahrtrouten aufgestellt. Jeder Kunde gehört einer bestimmten Route an. Für die Fahrer wird am Beginn jeder Woche ein Dienst-

plan aufgestellt, in dem festgelegt ist, welcher Fahrer welche Route an welchem Wochentag fährt.
a) Stellen Sie den beschriebenen Sachverhalt grafisch durch ein *ER-Diagramm* (ohne Attribute und Beziehungshäufigkeiten) dar!
b) Formulieren Sie *Tabellen*, um die Beziehungen zwischen Routen und Fahrern in einem relationalen Datenbankmodell aufzunehmen! (Angabe der Spaltenüberschriften genügt)

Aufgabe A 5.21
Erläutern Sie den Begriff des *Fremdschlüssels*!

Aufgabe A 5.22
Eine wirtschaftswissenschaftliche Bibliothek hat die Verleihdaten ihrer Bücher tabellarisch wie in Abbildung A 5.22.0 zusammengestellt.
a) Stellen Sie die vorkommenden Entitys und Beziehungen in einem *ER-Diagramm* (mit Attributen, aber ohne Beziehungshäufigkeiten) dar!
b) Beschreiben Sie die Datenstruktur durch mindestens eine *Baumstruktur* und durch eine *Netzstruktur*!
c) Führen Sie für die Tabelle in Abbildung A 5.22.0 den *Normalisierungsprozess* bis zur 3. Normalform durch! Beachten Sie dabei folgende Hinweise:
- Beschreiben Sie in Worten, wie Sie von der unnormalisierten Relation der Abbildung A 5.22.0 zur 3. Normalform gelangen!
- Für die 1. und 2. Normalform genügt es, nur die Relationen bzw. die Tabellenüberschriften anzugeben; auf die Angabe der Attributwerte in Tabellenform kann verzichtet werden.
- Geben Sie abschließend die Relationen der 3. Normalform tabellarisch mit allen Attributwerten an!

Buch						Entleiher			
Nr.	Autor	Kurztitel	Verlag	Erscheinungsort	Standort Bibliothek	Name	Matrikelnr.	Wohnort	Entleihdatum
BNR	BAU	BTIT	BV	BEO	BS	ENA	ENR	EWO	DT
B01	Mertens	LEXWI	Springer	Heidelberg	S2	Lohse	4711	Melle	11.08.05
						Felix	5423	Osnabrück	19.09.05
B02	Kurbel	HANDWI	Poeschel	Stuttgart	S3	Raps	0815	Rheine	23.08.05
B03	Wöhe	ABWL	Vahlen	München	S1	Abel	8870	Bramsche	09.07.05
						Lohse	4711	Melle	23.08.05
						Felix	5423	Osnabrück	20.09.05
						Raps	0815	Rheine	16.07.05
B04	Schulze	PCLEX	Rowohlt	Hamburg	S2	Kurz	3214	Löhne	03.09.05
B05	Witte	SIMUL	Gabler	Wiesbaden	S4	Abel	8870	Bramsche	15.07.05
B06	Stahlknecht	OR	Vieweg	Braunschweig	S4	Hase	3333	Münster	22.07.05
B07	Stahlknecht	WI	Springer	Heidelberg	S3	Raps	0815	Rheine	05.07.05
						Lohse	4711	Melle	23.08.05

Abbildung A 5.22.0

Aufgabe A 5.23

Ein Großhändler für kosmetische Artikel hat die Bestellungen seiner Kunden tabellarisch wie in Abbildung A 5.23.0 zusammengefasst.

a) Stellen Sie die vorkommenden Objekte und Beziehungen in einem *ER-Diagramm* (mit Attributen, aber ohne Beziehungshäufigkeiten) dar!
b) Beschreiben Sie die Datenstruktur durch mindestens eine *Baumstruktur* und durch eine *Netzstruktur*!
c) Führen Sie für die Tabelle den *Normalisierungsprozess* bis zur 3. Normalform durch! Dabei gelten dieselben Hinweise wie in Aufgabe A 5.22 c.
d) Beantworten Sie mithilfe der Operationen *Projektion, Verknüpfung* und *Auswahl* folgende Frage: „Wie heißen die Kunden, die Zahncreme bestellt haben?"!
e) Die Relationen der 3. Normalform sollen als Tabellen einer SQL-Datenbank dienen. Formulieren Sie eine *SQL-Abfrage*, mit der die Namen und die Bestellmengen derjenigen Kunden ermittelt werden, die Zahncreme bestellt haben!

Anmerkung: Bei der Artikelnummer handelt es sich um eine von dem Großhändler intern vergebene Nummer zur Identifizierung aller bei ihm geführten Artikel.

Kunde			Artikel					
Kunden-nummer KNR	Name KNA	Anschrift KA	Artikel-nummer ANR	Bezeichnung ABZ	Herstel-lernr. HNR	Hersteller-name HNA	Preis APR	Bestell-menge BM
K1	Abel	Osnabrück	A11	Zahncreme	H10	Plendax	1,20	100
			A15	Creme	H04	KMex	1,50	150
K2	Brandt	Bielefeld	A09	Deo	H03	Hankel	5,30	350
K3	Drahe	Münster	A13	Haarspray	H01	Badendorf	7,40	220
			A36	Shampoo	H12	Boyer	6,20	160
			A37	Shampoo	H09	BAFF	5,50	210
K4	Freise	Göttingen	A15	Creme	H04	KMex	1,50	350
K5	Neuber	Kassel	A11	Zahncreme	H10	Plendax	1,20	130
K6	Zernau	Dortmund	A08	Parfüm	H02	Gondi	3,40	200

Abbildung A 5.23.0

Aufgabe A 5.24

Ein Reiseveranstalter erstellt die Buchungsbestätigungen für seine Kunden per Computer. In den standardisierten Text werden folgende Angaben eingefügt:
- über die Reise: Katalognummer, Abfahrtsort, Zielort, Land, Preis pro Person;
- über den Kunden: Kundennummer, Name, Adresse, Telefonnummer;
- über die Buchung: Datum der Buchung, Datum Reisebeginn, Datum Reiseende, Anzahl der gebuchten Plätze.

Stellen Sie eine unnormalisierte Relation auf, in die Sie alle vorkommenden Attribute aufnehmen, und führen Sie unter Verwendung geeigneter Primärschlüssel den *Normalisierungsprozess* bis zur 3. Normalform durch!

Aufgabe A 5.25
Eine Personaldatei enthält die in der Tabelle der Abbildung A 5.25.0 zusammengestellten Datensätze.

a) Erstellen Sie *invertierte Dateien* nach
   - dem erlernten Beruf,
   - dem Eintrittsmonat und
   - der Abteilungszugehörigkeit!

b) Zeigen Sie, wie zur Beantwortung der Frage „In welcher Abteilung ist (im Juli 2005) ein Buchhalter mit mehr als 10-jähriger Firmenzugehörigkeit beschäftigt und wie heißt er?" vorzugehen ist!

Personalnummer	Name	Beruf	Eintrittsmonat	Abteilung
451	Weise	Ingenieur	04/84	B1
453	Pingelig	Buchhalter	10/91	V1
454	Scharf	Buchhalter	01/97	V2
531	Rauh	Schlosser	07/82	B2
535	Ledig	Schlosser	03/96	B2
609	Schulz	Buchhalter	02/00	V1
627	Fein	Techniker	10/91	B1
711	Reich	Kaufmann	04/79	V1
714	Hell	Schweißer	07/89	B1
715	Klug	Diplomingenieur	03/96	B1

Abbildung A 5.25.0

Aufgabe A 5.26
Charakterisieren Sie kurz die folgenden an *Datenbankverwaltungssysteme* gestellten Anforderungen
- Datenunabhängigkeit,
- Benutzerfreundlichkeit,
- Datenschutz,
- Datensicherheit,
- Datenintegrität und
- Redundanzfreiheit!

Aufgabe A 5.27
Erläutern Sie den Begriff der *referentiellen Integrität*!

Aufgabe A 5.28
Erklären Sie die beim *Backup* von Datenbanken verwendeten Begriffe
a) *partielle Sicherung* und
b) *parallele Sicherung*!

Aufgabe A 5.29
Erläutern Sie die verschiedenen Formen der *Partitionierung* (bzw. *Fragmentierung*) von Daten anhand der Geräteverwaltung eines Bauunternehmens mit Niederlassungen an mehreren Standorten!

Aufgabe A 5.30
Geben Sie Beispiele für *unikate, partiell redundante* und *voll redundante Daten* anhand der verteilten Datenbank eines Bekleidungshauses mit Niederlassungen in ganz Europa!

Aufgabe A 5.31
Ein Reisekonzern erwirbt laufend weitere Reiseunternehmen.
a) Erklären Sie den Begriff *föderierte Datenbank* und
b) erläutern Sie, wie der Reisekonzern eine föderierte Datenbank nutzen könnte!

Aufgabe A 5.32
Erläutern Sie die spezielle Eigenschaft von *aktiven Datenbanken*
a) allgemein und
b) am Beispiel der Kundendatenbank eines Kraftfahrzeughändlers!

Aufgabe A 5.33
Erklären Sie die Unterschiede zwischen den folgenden, bei *Text-Retrieval-Systemen* benutzten Begriffen:
a) *Volltextdokument* und *Referenzdokument*,
b) *Dokumentendatei* und *Deskriptorendatei*,
c) *Stichwörter* und *Schlagwörter*!

Aufgabe A 5.34
Erläutern Sie den Unterschied zwischen *organisatorischen* und *referentiellen Links* in Hypertextsystemen!

Antworten auf die Fragen zu Kapitel 5

Zu Frage F 5.1
Die beiden Hauptaufgaben der unter dem Begriff *Datenorganisation* zusammengefassten Verfahren bestehen darin,
a) die Daten hinsichtlich ihrer logischen Zusammenhänge zu strukturieren, d. h. zu analysieren und zu ordnen (*logische Datenorganisation*), und
b) die Datenbestände auf peripheren Speichern zu speichern und für den Zugriff verfügbar zu halten (*physische Datenorganisation* oder *Datenhaltung*).

Zu Frage F 5.2
Die *Datenorganisation* hat das Ziel, die logische Struktur der Daten und ihre physische Speicherung so zu organisieren, dass den folgenden – teilweise gegenläufigen – Anforderungen Rechnung getragen wird:
- Auf die Daten soll ein schneller Zugriff möglich sein.
- Die Daten sollen leicht zu aktualisieren sein.
- Die Daten müssen sich flexibel auswerten und verknüpfen lassen.
- Die Daten sollen vor Verlust oder Zerstörung und unberechtigtem Zugriff geschützt werden.

Im Rahmen des Speichermanagements soll
- die Speicherkapazität wirtschaftlich ausgenutzt und
- das Auftreten von Redundanzen (weitgehend) vermieden werden.

Zu Frage F 5.3
Zeichenorientierte Daten sind Buchstaben, Ziffern und Sonderzeichen, die in codierter Form vorliegen bzw. verarbeitet werden (CI = Coded Information). Sie können formatiert (Datensätze) oder unformatiert (Texte) sein. *Bitorientierte Daten* sind pixel- bzw. bildpunktorientierte Daten wie Grafiken (Image-Daten) sowie Video- und Audiodaten. Sie werden auch als nichtcodierte Informationen (NCI = Non Coded Information) bezeichnet.

Zu Frage F 5.4
In Anlehnung an die Systementwicklung werden bei der Datenorganisation
- die funktionsorientierte,
- die datenorientierte und
- die objektorientierte

Vorgehensweise unterschieden.

Zu Frage F 5.5
Ein *Datenfeld* ist der Platz zur physischen Speicherung eines Datenelements. Davon abweichend wird dieser Begriff auch als Übersetzung des englischen „Array"

benutzt. Damit wird eine Wiederholungsgruppe von gleichartigen Datenelementen bezeichnet.

Zu Frage F 5.6
Die Bezeichnungen formatiert und unformatiert betreffen die Struktur codierter Daten. *Formatierte Daten* werden in einem festen Format (als logische Datensätze mit fester Feldeinteilung für bestimmte Attribute) strukturiert, *unformatierte Daten* dagegen bestehen aus fortlaufendem oder uneinheitlich strukturiertem Text.

Zu Frage F 5.7
Schlüssel sind alle Attribute bzw. alle Attributkombinationen eines Datensatzes, die dazu geeignet sind, den Datensatz zu identifizieren. Der *Primärschlüssel* ist derjenige Schlüssel, der unter allen in Betracht kommenden Schlüsseln zur eindeutigen Identifizierung letztlich ausgewählt wird.

Beispielsweise sind in einer Personaldatei sowohl die Attributkombination {Name, Vorname, Geburtstag} als auch die Attributkombination {Name, Vorname, Geburtsort} Schlüssel (von Ausnahmefällen abgesehen). Als Primärschlüssel könnte man dann willkürlich die erstgenannte Attributkombination verwenden. Bei einer größeren Anzahl von Objekten wird man ohnehin eine Personalnummer als Primärschlüssel einführen.

Zu Frage F 5.8
Der *Ordnungsbegriff* ist in der betrieblichen Praxis eine Nummer, die dem Datensatz als Primärschlüssel „künstlich" hinzugefügt wird. Er dient der eindeutigen Kennzeichnung des Datensatzes, um diesen logisch zu unterscheiden und physisch im Speicher zu finden. Außerdem lassen sich Datensätze nach dem Ordnungsbegriff sortieren. Beispiele sind Artikel-, Kunden-, Personal-, Versicherungs- und Matrikelnummern.

Zu Frage F 5.9
Hinsichtlich ihres *Verwendungszwecks* unterscheidet man
- Stammdaten,
- Bestandsdaten,
- Bewegungsdaten und
- Änderungsdaten.

Während Stamm- und Bestandsdaten Zustände wiedergeben, beschreiben Bewegungs- und Änderungsdaten Ereignisse.

Stammdaten sind Daten, die sich nie oder nur selten ändern (Kontonummer, Name, Anschrift u. a.). *Bestandsdaten* betreffen Bestände (Konto, Lager u. a.) und werden laufend aktualisiert. Daten, die die mengenmäßige Veränderung der Bestandsdaten veranlassen (Zugänge, Entnahmen), heißen *Bewegungsdaten*. *Änderungsdaten* betreffen das Hinzufügen neuer sowie das Ändern oder Löschen bestehender Stammdaten.

Zu Frage F 5.10
Die *programmintegrierte Verarbeitung* (separate Dateiverwaltung) und die *dateiintegrierte Verarbeitung* (gemeinsame Dateiverwaltung) sind die beiden Einsatzformen der Dateiorganisation. Während bei der erstgenannten Form jedes Programm eigene, ihm zugeordnete Dateien besitzt, wobei die Ausgabedateien eines Programms zu Eingabedateien für nachfolgende Programme werden können, benutzen bei der zweitgenannten Form mehrere Programme gemeinsame Dateien. Die dateiintegrierte Verarbeitung ist eine Vorstufe der Datenbankorganisation.

Zu Frage F 5.11
Vorverarbeitete Daten sind Bewegungsdaten, die im Gegensatz zu unmittelbar eingegebenen Originaldaten von anderen Programmen über Schnittstellen (und ggf. Zwischendateien) bereitgestellt werden. Vorverarbeitete Daten sind ein typisches Merkmal der programmintegrierten Verarbeitung.

Zu Frage F 5.12
Bei den *Verfahren der Dateiorganisation* unterscheidet man zwischen
- der Verarbeitungsform, die die Reihenfolge der Verarbeitung von Bewegungsdaten beschreibt (sortierte oder unsortierte Verarbeitung),
- der Zugriffsform, die festlegt, wie auf gespeicherte Daten zugegriffen wird (starr fortlaufend, logisch fortlaufend oder wahlfrei), und
- der Speicherungsform, die das Verfahren zur Datenspeicherung beschreibt.

Zu Frage F 5.13
Der Begriff *Nummerung* umfasst nach der Norm DIN 6763 das Wissen über Nummern und alle auf Nummern bezogene Tätigkeiten. Dabei ist eine *Nummer* eine nach bestimmten Regeln gebildete Folge von Zeichen zum Bezeichnen (Benummern) von Objekten. Die Nummerung ist eine wichtige Aufgabe der betrieblichen Aufbau- und Ablauforganisation. Festzulegen ist stets,
- WAS (Nummerungsobjekt)
- WOZU (Funktion der Nummer) und
- WIE (Aufbau der Nummer)

mit einer Nummer zu versehen ist.

Zu Frage F 5.14
a) Nach den verwendeten Zeichen unterscheidet man bei den *Nummern*
  - alphabetische Nummern (Buchstaben und ggf. Sonderzeichen),
  - numerische Nummern (Ziffern und ggf. Sonderzeichen) und
  - alphanumerische Nummern (beliebige Zeichen).

b) Nach ihrer Funktion unterscheidet man
  - *Identifikationsnummern* (Identnummern), die jedes Objekt eindeutig identifizieren, und
  - *Klassifikationsnummern*, die ein Objekt bezüglich bestimmter Eigenschaften beschreiben und entsprechenden Kategorien zuordnen.

Zu Frage F 5.15

Die *Identnummer* hat die Funktion, ein Objekt eindeutig zu identifizieren. Sie kann
- eine einfache Zählnummer (*systemlose Identnummer*) sein, die das Objekt zwar eindeutig bestimmt, aber inhaltlich nichts über das Objekt aussagt, oder
- als *Verbundnummer* aus identifizierenden und klassifizierenden Teilen aufgebaut sein (*Mischnummer*).

Bei den Verbundnummern ist zu unterscheiden,
- ob die identifizierenden Bestandteile der Nummer von den klassifizierenden abhängig sind (*hierarchische Identnummer*) oder
- ob die identifizierenden und die klassifizierenden Bestandteile der Nummer voneinander unabhängig sind (*Parallelnummer* nach REFA).

Zu Frage F 5.16

a) Bei den amtlichen Kraftfahrzeugkennzeichen handelt es sich um *Verbundnummern* in Form von hierarchischen *Identnummern*. Jedes Fahrzeug wird durch sein Kennzeichen eindeutig identifiziert. Durch den/die ersten Buchstaben wird nach dem Ort (Stadt bzw. Kreis) klassifiziert. Die nachfolgende Buchstaben-Ziffern-Kombination identifiziert das Fahrzeug eindeutig innerhalb dieser Klasse. So kann die Kombination NR 123 durchaus in mehreren Fahrzeugkennzeichen vorkommen, nicht aber in denen desselben Orts.

b) Bei den Zugnummern der Deutschen Bahn AG handelt es sich ebenfalls um Verbundnummern, die aus mehreren Teilen zusammengesetzt sind, wobei aber der identifizierende Teil vom klassifizierenden Teil unabhängig ist. Bei der Zugnummer ICE 670 identifiziert der numerische Nummernteil 670 den Zug eindeutig. Der hinzugefügte alphabetische Nummernteil ICE klassifiziert den Zug als InterCityExpress.

Zu Frage F 5.17

Der 1994 eingeführte *EAN 128*-Standard ermöglicht es, bei der *Internationalen Artikelnummer (EAN)* zusätzlich zu den ursprünglichen EAN-Informationen, (Länderkennzeichen, Betriebsnummer des Herstellers, vom Hersteller vergebene Artikelnummer und Prüfziffer) Informationen für die Logistik (z. B. Packdatum, Gewicht, Abmessungen, Bestellnummer) zu speichern. Diese Angaben werden teilweise alphanumerisch verschlüsselt. Der EAN 128-Standard findet u. a. bei Einsatz der RFID(Radio-Frequency-Identification)-Technik Verwendung.

Zu Frage F 5.18

Unter einer *Parallelnummer* versteht man
a) nach DIN 6763 jede weitere aus einem anderen Nummernsystem stammende Identnummer für dasselbe Nummerungsobjekt, z. B. Matrikelnummer und Krankenversichertennummer eines Studenten, und
b) in der betrieblichen Praxis nach REFA jede aus voneinander unabhängigen Nummernteilen aufgebaute Identnummer, z. B. die Zugnummern der DB AG.

Zu Frage F 5.19
Der *Matchcode* ist eine Kombination mehrerer Attribute oder Attributteile, die einzeln ein Objekt nicht eindeutig identifizieren. Durch die Zusammenstellung kann jedoch eine weitgehende Identifizierung erreicht werden. Matchcodes sind immer dann hilfreich, wenn der Primärschlüssel (z. B. die Kundennummer) nicht bekannt ist. Beispiel für einen Matchcode: Erste vier Buchstaben des Familiennamens gefolgt von der Postleitzahl des Wohnorts.

Zu Frage F 5.20
a) Beim *Sortieren* wird ein Datenbestand in eine vorgegebene Reihenfolge gebracht. Meistens wird nach aufsteigenden Werten der Ordnungsbegriffe sortiert. Beispielsweise werden bei der Fortschreibung umfangreicher Dateien im Stapelbetrieb die Bewegungsdaten vor der Verarbeitung in dieselbe Reihenfolge gebracht wie die gespeicherten Bestandsdaten.
Beim *Mischen* werden zwei oder mehrere Datenbestände zusammengeführt und die Datensätze dabei in eine vorgegebene Reihenfolge gebracht.
b) Beim *internen Sortieren* befindet sich der zu sortierende Datenbestand vollständig im Arbeitsspeicher. Das interne Sortieren findet häufig bei Indextabellen Anwendung.
Beim *externen Sortieren* werden Datenbestände sortiert, die auf peripheren Speichern abgelegt sind. Ein internes Sortieren solcher Datenbestände kommt meistens wegen ihres Umfangs nicht in Betracht. Externes Sortieren wird z. B. beim ersten Anlegen und beim Reorganisieren von indexsequenziell gespeicherten Dateien angewandt.

Zu Frage F 5.21
Dateien lassen sich durch die folgenden *Eigenschaften* charakterisieren:
- Umfang: Anzahl der in der Datei enthaltenen Datensätze und Länge der Datei;
- Umfangsveränderung (Wachstum): Anzahl der Zu- und Abgänge von Datensätzen innerhalb eines bestimmten Zeitraums;
- Benutzungshäufigkeit: zeitliche Häufigkeit, mit der auf die Datei zugegriffen wird;
- Bewegungshäufigkeit: zeitliche Häufigkeit der Veränderung von Satzinhalten;
- Veränderungshäufigkeit: zeitliche Häufigkeit, mit der Zu- und Abgänge von Datensätzen vorkommen.

Die zeitlichen Häufigkeiten werden bei diesen Beurteilungskriterien mit Werten wie „selten", „täglich", „dekadisch", „ständig" usw. angegeben. Die genannten Eigenschaften spielen bei allen (in Dateien oder Datenbanken gespeicherten) Massendatenbeständen eine wichtige Rolle, weil von ihnen die Auswahl der für einen schnellen Zugriff und/oder kurze Verarbeitungszeiten am besten geeigneten Geräte und Datenträger (einschließlich Kapazitäten), Speicherungsformen, Backupmaßnahmen u. a. abhängt. Möglicherweise muss einigen der genannten Eigenschaften schon bei der logischen Datenorganisation, insbesondere der Datenmodellierung, Rechnung getragen werden.

Zu Frage F 5.22

Die vier grundlegenden *Speicherungsformen* sind
1) sequenzielle Speicherung,
2) verkettete Speicherung,
3) Indexverfahren mit
   - indexsequenzieller Speicherung,
   - indexverketteter Speicherung,
   - Speicherung durch binäre Bäume,
4) gestreute Speicherung mit
   - direkter Adressierung,
   - indirekter Adressierung.

Zu Frage F 5.23

Eine *Indextabelle* ist eine Tabelle, die zusätzlich zu dem eigentlichen Datenbestand geführt wird. Die einfachste Form besteht darin, dass von jedem Datensatz einer Datei in einer Indextabelle der Ordnungsbegriff und die Speicheradresse vermerkt werden. Durch die Benutzung von Indextabellen wird der Zugriff auf die Datensätze wesentlich beschleunigt, weil nicht in dem (auf einem Datenträger, z.B. einer Magnetplatte gespeicherten) Datenbestand selbst, sondern in der (im Arbeitsspeicher befindlichen) Indextabelle gesucht wird.

Zu Frage F 5.24

Bei *geordneten binären Bäumen* besteht lediglich ein einheitliches Ordnungsprinzip für den sukzessiven Aufbau, z.B. Verzweigung nach links bei kleinerem, Verzweigung nach rechts bei größerem Wert des Ordnungsbegriffs gegenüber dem Vorgänger.

Ausgeglichene (balancierte) binäre Bäume haben dagegen die Eigenschaft, dass in jedem Knoten die Differenz zwischen der Anzahl der linken und der Anzahl der rechten Nachfolger nicht größer als 1 ist. Ihre Generierung ist entsprechend komplizierter.

Die Suchzeiten sind in ausgeglichenen Bäumen wesentlich kürzer als in lediglich geordneten Bäumen.

Zu Frage F 5.25

Hashfunktionen werden bei der gestreuten Speicherung benutzt. Sie stellen einen rechnerischen Zusammenhang zwischen dem Ordnungsbegriff eines Datensatzes und seiner (absoluten oder relativen) Speicherplatzadresse her. Bei der gestreuten Speicherung mit direkter Adressierung ist dieser Zusammenhang umkehrbar eindeutig, bei der gestreuten Speicherung mit indirekter Adressierung dagegen nicht, sodass Mehrfachbelegungen desselben Speicherplatzes durch zusätzliche Algorithmen verhindert werden müssen.

Zu Frage F 5.26
Der Übergang von der Dateiorganisation zur Datenbankorganisation ist im Wesentlichen in den folgenden *Nachteilen der Dateiorganisation* begründet:
- Da zwischen Programmen und Dateien starke Abhängigkeiten bestehen, bedingen Programmänderungen auch Änderungen in Dateien und umgekehrt. Man spricht dabei von Datenabhängigkeit.
- Die durch die Dateiorganisation bedingte redundante Datenspeicherung erfordert eine aufwändige Datenpflege.
- Eine flexible Auswertung und Verknüpfung der Daten ist nicht möglich, da nur über den Ordnungsbegriff auf die Datensätze zugegriffen werden kann.

Zu Frage F 5.27
Das *ANSI-Architekturmodell* beschreibt Datenbanksysteme durch drei Sichten, und zwar
- die *konzeptionelle* (oder konzeptuelle) Datensicht,
- die *interne* Datensicht und
- die *externe* Datensicht.

Die konzeptionelle Sicht hat die Aufgabe, die logische Struktur aller in die Datenbank aufzunehmenden Daten zu beschreiben. Aufgabe der internen Sicht ist die physische Datenspeicherung auf peripheren Speichern. Die externe Sicht schließlich beschreibt die Datenbank aus der Sicht der Benutzer und legt fest, welcher Benutzer bzw. welches Anwendungsprogramm (z. B. für Abfragen oder Auswertungen) auf welche Daten in der Datenbank zugreift bzw. zugreifen darf.

Zu Frage F 5.28
Bei der *logischen Datenbankorganisation* wird in folgenden drei Schritten vorgegangen:
1) Die logische Datenstruktur wird durch Erfassung und Beschreibung aller relevanten Objekte und der zwischen ihnen bestehenden Beziehungen ermittelt (Datenmodellierung) und in einem semantischen Datenmodell dargestellt, meistens grafisch in Form eines Entity-Relationship-Diagramms.
2) Das semantische Datenmodell wird in ein Datenbankmodell überführt. In Abhängigkeit von dem verwendeten Datenbankverwaltungssystem handelt es sich dabei um das hierarchische, das Netzwerk- oder – wie heute üblich – das relationale Datenbankmodell.
3) Die Beschreibung der Daten und der zwischen ihnen bestehenden Beziehungen erfolgt in der Datenbanksprache des verwendeten Datenbankverwaltungssystems, z. B. bei relationalen Datenbankverwaltungssystemen durch den SQL-Befehl CREATE TABLE.

Zu Frage F 5.29
Nach der von SENKO und CHEN eingeführten Terminologie wird ein zu beschreibendes Datenobjekt als *Entity* bezeichnet. Die Gesamtheit aller gleichartigen Entitys wird *Entitytyp* genannt (Beispiel: Entity Meier, Entitytyp Student).

Die Begriffe Entity bzw. Entitytyp entsprechen den Begriffen Datensatz bzw. Datei der Dateiorganisation.

Zu Frage F 5.30
Als *Kardinalitäten* bezeichnet man die *Beziehungshäufigkeiten* zwischen Entitytypen bzw. Entitys. Es gibt drei Typen von Kardinalitäten:
- 1:1, z. B. ein Kraftfahrzeug hat ein amtliches Kennzeichen,
- 1:n, z. B. das vorliegende Arbeitsbuch hat mehrere Kapitel, und
- m:n, z. B. mehrere Arzneimittel werden in mehreren Apotheken verkauft.

Zu Frage F 5.31
Bei der *Aggregation* werden Objekttypen und zwischen ihnen befindliche Beziehungstypen zu globalen Objekttypen zusammengefasst. Beispielsweise können die Objekttypen „Mieter" und „Haustier" zusammen mit dem Beziehungstyp „besitzt" zu dem (im Mietvertrag geregelten) Objekttyp „Haustierhaltung" zusammengefasst werden.

Zu Frage F 5.32
Der *Grad* einer Relation gibt die Anzahl der Attribute an, die die Relation besitzt. *Domäne* ist die Gesamtheit aller möglichen Ausprägungen eines Attributs. Beide Begriffe gehören zu den Grundmerkmalen des Relationenmodells nach CODD.

Zu Frage F 5.33
Der *Normalisierungsprozess* beim relationalen Datenbanksystem dient dazu, Redundanzen bei den Nichtschlüsselattributen schrittweise zu beseitigen. Aus einer einzigen am Anfang aufgestellten Tabelle (unnormalisierte Relation) werden schrittweise mehrere einfachere Tabellen hergeleitet, die dann die Dateien (Relationen, Tabellen) für das Datenbanksystem bilden. Das ER-Diagramm des Entity-Relationship-Modells führt in der Regel automatisch zur zweiten Normalform des relationalen Datenbankmodells.

Zu Frage F 5.34
Eine Relation befindet sich in der *2. Normalform*, wenn zur Kennzeichnung eines Nichtschlüsselattributs sämtliche Attribute des Primärschlüssels herangezogen werden müssen. Wenn der Primärschlüssel aus nur einem Attribut besteht, ist jede Relation, die sich in der 1. Normalform befindet, automatisch bereits in der 2. Normalform.

Zu Frage F 5.35
Die *Standardoperationen*, die das relationale Datenbankmodell für Ad-hoc-Abfragen verwendet, sind
- *Projektion* (Projection),
- *Verknüpfung* (Join) und
- *Auswahl* (Selection).

Projektion bedeutet das Streichen nicht benötigter Spalten in den heranzuziehenden Tabellen, Verknüpfung das temporäre Verbinden dieser Tabellen und Auswahl das Streichen nicht angesprochener Zeilen in der verknüpften Tabelle.

Zu Frage F 5.36
Die *5∗3-Regel* dient als Merkhilfe für die Grundlagen der Datenbankorganisation. Sie besagt:
1) Das ANSI-Architekturmodell charakterisiert Datenbanksysteme durch <u>drei</u> Sichten.
2) In der konzeptionellen Sicht geht man zur Erfassung und Beschreibung der logischen Datenstruktur im so genannten semantischen Datenmodell in <u>drei</u> Schritten vor.
3) Das aufgestellte semantische Datenmodell kann alternativ in <u>drei</u> Datenbankmodelle umgesetzt werden.
4) Im Normalisierungsprozess des relationalen Datenbankmodells werden nacheinander (meistens) <u>drei</u> Normalformen gebildet.
5) Zur Beantwortung von Abfragen arbeitet das relationale Datenbankmodell mit <u>drei</u> Standardoperationen.

Zu Frage F 5.37
Der Begriff *doppelte Verkettung* bezeichnet die Kombination von Vorwärts- und Rückwärtsverkettung bei der physischen Datenorganisation. Bei der besonders bei Netzwerk-Datenbankmodellen verbreiteten (Adress-)Verkettung verweist zunächst innerhalb jedes logischen Datensatzes ein Zeiger auf die physische Adresse des logisch nachfolgenden Datensatzes (*Vorwärtsverkettung*). Um die Sicherheit zu erhöhen und um die Suche nach Datensätzen zu beschleunigen, wird ein zweiter Zeiger eingeführt, der auf die physische Adresse des logisch vorangehenden Datensatzes verweist. Dieser Vorgang wird als *Rückwärtsverkettung* bezeichnet. Die Verkettung kann sich auf beliebige Attribute bzw. Attributwerte beziehen.

Zu Frage F 5.38
Das Anlegen von *invertierten Dateien* ist eine gebräuchliche Methode der physischen Datenorganisation innerhalb von Datenbanksystemen. Das Datenbankverwaltungssystem legt Tabellen an, in denen zu allen Ausprägungen
- eines Attributs oder
- mehrerer bzw. aller Attribute

die (absoluten oder relativen) Speicheradressen aller Datensätze, die die betreffenden Ausprägungen besitzen, verzeichnet sind. Such- und Verknüpfungsvorgänge werden dann weitgehend mit den invertierten Dateien, jedoch nicht mit dem eigentlichen Datenbestand selbst durchgeführt. Werden z.B. Datensätze gesucht, von denen der Primärschlüssel nicht bekannt ist, verwendet man eine invertierte Datei, die als Suchbegriff einen Sekundärschlüssel (oder den Matchcode) verwendet, über den der Primärschlüssel gefunden werden kann.

Zu Frage F 5.39
An *Datenbankverwaltungssysteme* werden die folgenden drei *Hauptanforderungen* gestellt:
1) Der Datenbestand muss festgelegten Benutzergruppen ganz oder teilweise zugänglich sein und sich für bestimmte andere Benutzergruppen sperren lassen.
2) Der Datenbestand muss nach beliebigen Merkmalen auswertbar und verknüpfbar sein.
3) Abfragen des Datenbestands müssen in kurzer Zeit zu Antworten führen.

Zu Frage F 5.40
Jedes *Datenbankverwaltungssystem* muss mindestens die folgenden *Bestandteile* besitzen:
- Zur Beschreibung der *konzeptionellen* Sicht ist je nach Datenbankmodell eine Datenbeschreibungssprache (DDL = Data Description Language) oder eine Datendefinitionssprache (Data Definition Language) erforderlich. Beide beschreiben die logische Struktur der Daten nach einem der drei Datenbankmodelle.
- Der *internen* Sicht zugeordnet ist die Data Storage Description Language (DSDL), eine Sprache zur Beschreibung der physischen Datenspeicherung. Sie dient hauptsächlich der Festlegung von Zugriffspfaden und der Speicherverwaltung.
- Der *externen Datensicht* werden zwei Sprachen zugeordnet, die dem Benutzer den Umgang mit dem Datenbestand ermöglichen.
  a) Über Datenbanksprachen greift der professionelle Nutzer auf die Daten zu. Man unterscheidet Host-Languages als datenbankbezogene Erweiterungen höherer Programmiersprachen und selbstständige, programmiersprachenunabhängige Sprachen, so genannte Data Manipulation Languages (DML).
  b) Abfragesprachen dienen dem Benutzer ohne detaillierte IT-Kenntnisse. Neben Abfragen ermöglichen sie auch das Erstellen von Berichten.

Mehrere der genannten Sprachen können zu einer einzigen zusammengefasst sein. Beispielsweise umfasst die ursprüngliche Abfragesprache SQL (Structured Query Language) inzwischen auch Funktionen zur Datendefinition, zur Datenmanipulation und zur Datenkontrolle.

Zu Frage F 5.41
Ein *Data Dictionary* (oder Datenbankkatalog) ist eine Ergänzung zum Datenbankverwaltungssystem. Es dient der Verwaltung von Datendefinitionen und -beschreibungen. Dazu enthält es Daten über die in der Datenbank gespeicherten Daten (so genannte Metadaten) und Programme zur Verwaltung dieser Daten, die entweder als separate Software oder als Teil des Datenbankverwaltungssystems verfügbar sind. Besondere Bedeutung kommt dem Data Dictionary bei der Verwaltung verteilter Datenbanken zu.

Zu Frage F 5.42
Zur Vermeidung von *Konsistenzverletzungen* durch den gleichzeitigen Zugriff mehrerer Benutzer auf dieselben Daten wird häufig das Verfahren der *Serialisierung* (oder Synchronisation) eingesetzt. Dabei werden die Transaktionen durch Sperrmechanismen in eine Warteschlange eingeordnet, sodass die Zugriffe nicht unmittelbar gleichzeitig, sondern nacheinander realisiert werden.

Zu Frage F 5.43
Um nach einem *Störfall* den korrekten Zustand einer Datenbank wieder herstellen zu können, sind die folgenden vorbeugenden (*Recovery-*) *Maßnahmen* möglich:
- Before-Image: Anfertigung einer Kopie der zu ändernden Daten unmittelbar vor der Änderung;
- After-Image: Anfertigung einer Kopie der geänderten Daten unmittelbar nach der Änderung;
- Schattendatenbank: Anlegen einer Kopie der Originaldatenbank. Eine zerstörte Originaldatenbank kann mithilfe der Schattendatenbank und sämtlicher nach dem letzten Anlegen der Schattendatenbank angefallenen After-Image-Kopien rekonstruiert werden *(Roll-Forward-Technik)*.

Zu Frage F 5.44
Die *Log-Funktion* eines DBMS unterstützt generell alle Maßnahmen zum Datenschutz, zur IT-Sicherheit und zur Datenintegrität. Hierzu gehören die Protokollierung eingehender und ausgehender Informationen, die Speicherung von Veränderungen sowie die Anfertigung von Fehlerstatistiken. Die Protokolle zeigen Engpässe und häufig aufgetretene Fehler oder Probleme und bilden somit auch eine Basis für Tuningmaßnahmen.

Zu Frage F 5.45
Die Operationen von *Abfragesprachen* sind in ihrer Grundform gemäß den drei Standardoperationen Projektion, Verknüpfung und Auswahl des relationalen Datenbankmodells aus drei Teilen aufgebaut, und zwar
SELECT: WAS soll ausgewählt werden? (Attribute)
FROM: WOHER sollen die Attribute stammen? (Relationen)
WHERE: UNTER WELCHEN BEDINGUNGEN sollen die Attribute ausgewählt werden? (Attributwerte)
Beispiel: SELECT (Wohnort) FROM (Studententabelle) WHERE (Marburg).

Zu Frage F 5.46
Bei Abfragen entstehende Tabellen, die nicht dauerhaft gespeichert werden, heißen virtuelle Tabellen. Ein *View* ist eine virtuelle Tabelle, die auf eine konkrete Benutzersicht ausgerichtet ist und temporär aus Zeilen und Spalten einer oder mehrerer permanent gespeicherter Tabellen zusammengestellt wird.

Zu Frage F 5.47
ODBC (Open Database Connectivity) ist ein von Microsoft festgelegter Standard unter Windows, mit dem einheitliche SQL-Zugriffe auf jede beliebige Großrechner- oder PC-Datenbank ermöglicht werden sollen. Im Prinzip handelt es sich dabei um Middleware, die als Übersetzungsprogramm zwischen den Anwendungsprogrammen und der jeweiligen Datenbank liegt.

Zu Frage F 5.48
Denormalisierung bedeutet, dass der Übergang zur nächsten Normalform aus Gründen der Praktikabilität wieder rückgängig gemacht oder gar nicht erst ausgeführt wird. So werden beispielsweise Entitytypen, auf die meistens gemeinsam zugegriffen wird (z. B. Artikel und Hersteller, Komponist und Oper, Professor und Institut) in einer einzigen Relation belassen und damit Ergebnisse einer sonst notwendigen Operation Verknüpfung (join) von vornherein fest etabliert.

Zu Frage F 5.49
Eine *NF2-Datenbank* (NF2 = Non First Normal Form) ist eine Abwandlung des Relationenmodells und der Normalformen. Entgegen der ursprünglichen Forderung der 1. Normalform werden Wiederholungsgruppen nicht verboten, sondern als „geschachtelte" Relationen erlaubt, deren Attribute selbst wieder Relationen sein können (zusammengesetzte Attribute).
Beispiel: Artikel (Nummer, Bezeichnung, Lieferant (Name, Adresse))

Zu Frage F 5.50
Eine *verteilte Datenbank* ist ein Datenbanksystem, bei dem ein logisch zusammengehörender Datenbestand physisch auf mehrere Rechner eines Netzes verteilt ist.
- Vorteile sind
  - schnellerer Zugriff auf lokal vorhandene Daten,
  - größere Sicherheit bei Netzausfällen,
  - geringere Datenübertragungskosten,
  - kostengünstigere Verteilung der Rechnerkapazitäten und
  - Datenpflege am Ort der Verantwortlichkeit für die jeweiligen Daten.
- Nachteil ist der höhere Aufwand
  - für Maßnahmen zum Datenschutz und zur IT-Sicherheit sowie
  - zur Gewährleistung der Datenintegrität.

Zu Frage F 5.51
Unter dem Begriff *Fragmentierung* (Synonym: Partitionierung) versteht man die logische Aufteilung des Datenbestands einer verteilten Datenbank auf die beteiligten Rechner. Dabei sind zwei Arten zu unterscheiden:
1) *horizontale* Fragmentierung: Die Tupel einer Relation werden zeilenweise aufgeteilt, wobei alle Spalten beibehalten werden.

2) *vertikale* Fragmentierung: Die Spalten einer Relation werden in Attributgruppen aufgeteilt, wobei alle Zeilen beibehalten werden. Den lokalen Benutzern werden jeweils nur bestimmte Teile der Relation (Zeilen bzw. Spalten) zugeordnet.

Zu Frage F 5.52

Der *Datenabgleich* redundant gespeicherter (replizierter) Daten in verteilten Datenbanken erfolgt nach einem der folgenden Verfahren:
- *Zweiphasen-Commit-Verfahren*: Bei jeder Datenänderung veranlasst der zentrale Datenbankserver die sofortige Änderung in allen betroffenen Rechnern (Phase 1). Die Rechner bestätigen jeweils die Änderung (Phase 2).
- *Replikationsverfahren*: Alle Änderungen werden über einen festgelegten Zeitraum in einem dafür eingerichteten Rechner des Netzes, dem so genannten Replication-Server, gespeichert. Dieser Server führt dann zeitversetzt die Aktualisierung der Daten in allen beteiligten Rechnern durch.

Zu Frage F 5.53

Während bei einer *verteilten Datenbank* ein logisch zusammengehöriger, nach einem einheitlichen konzeptionellen Schema strukturierter Datenbestand physisch auf mehrere Rechner verteilt wird (Beispiel: Kundendatenbank eines Filialunternehmens), setzt sich eine *föderierte Datenbank* aus mehreren, und zwar unabhängig voneinander aus individuellen konzeptionellen Sichten entworfenen, autonomen Datenbanken zusammen, die nachträglich koordiniert genutzt werden (Beispiel: Datenbanken für ERP-Systeme bei Unternehmensfusionen).

Zu Frage F 5.54

Zeitorientierte (temporale) Datenbanken werden immer dann gebraucht, wenn ein Datenbestand als Folge zeitlich aufeinander folgender Zustände geführt (historisiert) werden muss. Den historischen und den aktuellen Daten wird jeweils der Zeitpunkt der Änderung (als „Zeitstempel") zugeordnet (Beispiel: Gehaltsentwicklung der Mitarbeiter).

Zu Frage F 5.55

Multimediadatenbanken enthalten im Gegensatz zu herkömmlichen Datenbanken nicht nur codierte Informationen, sondern auch alle Formen nichtcodierter Informationen wie Bilder, Videos, Sprache und Musik. Um den Zugriff zu ermöglichen, werden die gespeicherten Informationen mit einem Index (Dokumentennummer) versehen und häufig zusätzlich durch Stichwörter gekennzeichnet.

Zu Frage F 5.56

a) Unter einem *Thesaurus* wird allgemein eine Sammlung von Wörtern eines bestimmten Fachgebiets verstanden. Speziell bei Text-Retrieval-Systemen ist der Thesaurus die parallel zu der Dokumentendatei geführte Deskriptorendatei der Suchwörter.

b) Eine *Stoppwortliste* (oder Negativliste) ist bei Text-Retrieval-Systemen eine (halb- oder vollautomatisch erstellte) Liste aller „Hochfrequenzbegriffe" (z. B. der, die, das, und, oder), die als Deskriptoren nicht in Betracht kommen.

Zu Frage F 5.57
Der Umgang mit *Text-Retrieval-Systemen* erfolgt in zwei *Phasen*:
- In der Phase *Informationsaufbereitung* wird die Klassifizierung und Indexierung (Zuordnung von Deskriptoren) der zu speichernden Texte vorgenommen.
- In der Phase *Informationswiedergewinnung* (Recherche) werden gespeicherte Texte mit einem bestimmten Inhalt anhand einer gebundenen Recherche (über die Dokumentennummern und / oder die Deskriptoren) oder einer Volltextrecherche gesucht.

Zu Frage F 5.58
Unter dem Begriff *automatische Deskribierung* versteht man computergestützte Verfahren zur Zusammenstellung der Deskriptoren eines Thesaurus für Text-Retrieval-Systeme. Dabei werden die Deskriptoren durch eine maschinelle Analyse der zu speichernden Texte vom Text-Retrieval-System automatisch ermittelt. Zweckmäßig ist es, die Liste der so ermittelten Deskriptoren vor der Aufnahme in den Thesaurus vom Benutzer zu überarbeiten.

Zu Frage F 5.59
Zur *Suche* in Text-Retrieval-Systemen eignen sich grundsätzlich zwei *Verfahren*:
- Bei der *gebundenen Recherche* wird nach bestimmten Texten anhand der Dokumentnummern und/oder der Deskriptoren gesucht.
- Die *Freitextsuche* (Volltextrecherche) entspricht einem „Blättern" (Browsing) durch die gespeicherten Texte.

Techniken zur Unterstützung der Suchverfahren sind u. a.
- hierarchische Strukturierung des Thesaurus,
- Verwendung von Dokumentennummern mit klassifizierenden Nummernteilen,
- Aufbau von invertierten Dateien für die Deskriptoren und
- Clusterbildung der Dokumente und / oder der Deskriptoren.

Zu Frage F 5.60
Hypertextsysteme dienen der Verknüpfung von Informationseinheiten. Sie speichern und verwalten Querverweise und können somit den Wert von Text-Retrieval-Systemen erheblich erhöhen, da sie für den Benutzer (wie in Lexika üblich) schnelle Bezüge zu verwandten oder detaillierteren Informationen herstellen.

Musterlösungen für die Aufgaben zu Kapitel 5

Zu Aufgabe A 5.1
Im Einwohnermeldeamt (neudeutsch Bürgeramt) stellen sich aus Sicht der Benutzer folgende *Anforderungen* an die *Datenorganisation:*
1) Von mehreren Arbeitsplätzen muss gleichzeitig auf denselben Datenbestand zugegriffen werden können.
2) Der Zugriff auf die einzelnen Datensätze muss schnell möglich sein, damit für die Bürger keine unnötigen Wartezeiten entstehen.
3) Die Daten müssen flexible Auswertungen gestatten, z. B. für kommunalpolitische Entscheidungen oder Aktionen wie
   - die Errechnung des Durchschnittsalters aller Bürger in jedem einzelnen Stadtbezirk,
   - die Ermittlung der Anzahl der Kinder unter 6 Jahren je Stadtbezirk (für die Errechnung des Bedarfs an Kindergartenplätzen),
   - die Aufstellung einer Liste aller Bürger, die 80 Jahre oder älter sind, geordnet nach Geburtsdatum (für die Versendung von Glückwunschschreiben).
4) Durch geeignete Maßnahmen ist ein unbefugter Zugriff auf die Daten des Einwohnermeldeamts zu verhindern.
5) Die Daten müssen gegen Hardwareausfälle und fehlerhafte Gerätebedienung gesichert sein.

Hinzu kommen Anforderungen, die die Softwareergonomie betreffen, insbesondere die Dialoggestaltung (nach DIN EN ISO 9241-10) durch benutzerfreundliche Bedienung mithilfe grafischer Oberflächen, Helpfunktionen, verständlicher Fehlerhinweise usw.

Die Anforderungen sind unabhängig davon, mit welcher Hardware, welchen Netzen und welchen Programmen die Anwendungen realisiert werden.

Zu Aufgabe A 5.2
Die Grundbegriffe der Datenorganisation lassen sich wie folgt am Beispiel „Handelsartikel" erklären:
- *Datenelemente* (Attribute): Artikelnummer, Hersteller, Artikelbezeichnung, Preis, Lagerbestand;
- *Datensegment*: Hersteller und Artikelbezeichnung als Einheit (z. B. „Dr. Oetker Puddingpulver");
- *Datensatz*: Artikel mit allen genannten Attributen;
- *Datei*: Zusammenfassung aller Artikel;
- *Datenbank*: Artikeldatei, Lieferantendatei und Beziehungsdatei zur Verknüpfung von Artikeln und Lieferanten (über die Artikel- und Lieferantennummern).

Zu Aufgabe A 5.3
Die *Datensätze* der Artikeldatei eines Elektrogroßhändlers könnten wie in Abbildung A 5.3.1 aufgebaut werden.

Art.-Nr.	Bezeichnung	Hersteller	Preis
35780	DVD-Recorder	Sony	79,00

Abbildung A 5.3.1

Zu Aufgabe A 5.4
Schlüssel dienen der Identifizierung von Datensätzen. Verwenden lassen sich alle Attribute bzw. Attributkombinationen, die dazu geeignet sind, die Datensätze eindeutig zu kennzeichnen. Derjenige Schlüssel, der unter allen möglichen Schlüsseln letztlich zur Identifizierung ausgewählt wird, heißt Primärschlüssel. In einer Personaldatei könnten z.B. die Attribute Name, Vorname, Geburtstag verwendet werden, wobei aber keine Garantie für eine eindeutige Identifizierung gegeben wäre, weil z.B. zwei oder mehr Mitarbeiter die Attributwerte MÜLLER, HANS, 17.05.1971 besitzen könnten.

Eine *Nummer* ist eine spezielle Form des Primärschlüssels, die einem Datensatz hinzugefügt wird, um diesen eindeutig zu identifizieren. Beispiele für solche „künstlichen" Attribute sind Artikel-, Lieferanten-, Kunden- oder eben Personalnummern.

Zu Aufgabe A 5.5
Die wesentlichen *Dateioperationen* sind:
- Suchen: Auffinden eines Datensatzes anhand eines Ordnungsbegriffs,
- Einfügen: Aufnehmen eines neuen Datensatzes in die Datei,
- Ändern: Ändern des Inhalts eines Datensatzes,
- Löschen: Entfernen eines Datensatzes aus der Datei.

Zu Aufgabe A 5.6
Die Zuordnung der vorgegebenen Daten zu den Kategorien *Stamm-, Bestands-, Bewegungs-* und *Änderungsdaten* zeigt die Tabelle der Abbildung A 5.6.1.

Zu Aufgabe A 5.7
Fortlaufende Verarbeitung ist die Kurzbezeichnung für die Kombination von sortierter Verarbeitung und fortlaufendem Zugriff. Beispiel: Im Rechenzentrum einer Sparkassenorganisation werden jede Nacht die im Laufe des Tages eingegangenen Überweisungsaufträge zuerst (in einem Sortierlauf) nach Kontonummern sortiert und dann durch fortlaufenden Zugriff auf die (in sortierter Form gespeicherten) Konten ausgeführt.

Wahlfreier Zugriff ist die Kurzbezeichnung für die Kombination von unsortierter Verarbeitung und wahlfreiem Zugriff. Beispiel: Bei den Fluggesellschaften

	Stamm-daten	Bestands-daten	Bewegungs-daten	Änderungs-daten
Versichertennummer	X			
Artikelbezeichnung	X			
Geburtsdatum	X			
PIN	X			
Kontostand		X		
Entnahme aus dem Lager			X	
Gehaltserhöhung				X
Artikelpreis	X			
Gutschrift			X	
Adresse	X			
Änderung des Familienstands				X
Kundennummer	X			
Freie Lagerkapazität		X		
Akademischer Titel	X			
Offener Posten		X		
Abbuchung			X	
Wegfall eines Artikels				X

Abbildung A 5.6.1

werden Platzbuchungen sofort bei Anfall durch wahlfreien Zugriff auf die Reservierungslisten vorgenommen.

Zu Aufgabe A 5.8

Unabhängig vom Aufbau der Nummern kann man die Materialien und die Formen der Schmuckstücke durch Buchstaben oder durch Ziffern kennzeichnen, beispielsweise wie folgt:
- Material: 1 = Gold, 2 = Silber, 3 = sonstiges Material;
- Form: 1 = Ring, 2 = Kette, 3 = Ohrring, 4 = Armband, 5 = sonstige Form.

Eine *Identnummer* kann dann wie folgt aufgebaut werden:

a) *Verbundnummer als hierarchische Nummer*

   Das Material, aus dem der Schmuck besteht, wird an der ersten Stelle der Nummer angegeben, die Form des Schmuckstücks an der zweiten Stelle. Die Kombination ergibt 15 Klassen, innerhalb derer die Schmuckstücke jeweils fortlaufend (z. B. nach Anschaffungsdatum) nummeriert werden.

b) *Verbundnummer aus voneinander unabhängigen Nummernteilen*

   Die Schmuckstücke werden fortlaufend mithilfe einer Zählnummer über den gesamten Bestand nummeriert. Hinzugefügt wird ein beschreibender Teil, der ebenso aufgebaut ist wie der klassifizierende Teil bei der hierarchischen Identnummer.

Wenn die Nummern „sprechend" werden sollen, sind anstelle der Ziffern die Anfangsbuchstaben der jeweiligen Kategorien zu verwenden.

Zu Aufgabe A 5.9

Eine *Parallelnummer* ist nach DIN 6763 (im Gegensatz zur Auffassung des REFA-Verbands) jede weitere aus einem anderen Nummernsystem stammende Identnummer für dasselbe Objekt. So hat in Versandhauskatalogen jeder Artikel eine Bestellnummer für die Kunden und gleichzeitig eine (den Kunden nicht bekannte) Bestellnummer bei dem Lieferanten, von dem das Versandhaus den Artikel bezieht. Entsprechendes gilt für Produktkataloge im Internet.

Zu Aufgabe A 5.10

Die für die Lagerbestandsdatei anzulegenden *Indextabellen* sind in der Tabelle der Abbildung A 5.10.1 wiedergegeben.

Position	Indextabelle unsortiert		Indextabelle sortiert		Indextabelle verkettet		
NR	OB	SP	OB	SP	OB	SP	NF
1	8713	1.1	1098	1.4	8713	1.1	4
2	6205	1.2	2190	2.3	6205	1.2	5
3	3385	1.3	3385	1.3	3385	1.3	6
4	1098	1.4	4549	2.2	1098	1.4	7
5	7615	2.1	5875	2.4	7615	2.1	1
6	4549	2.2	6205	1.2	4549	2.2	8
7	2190	2.3	7615	2.1	2190	2.3	3
8	5875	2.4	8713	1.1	5875	2.4	2

Abbildung A 5.10.1

Zu Aufgabe A 5.11

Da die Indextabelle acht Datensätze enthält, sind mit der Methode des *binären Suchens* maximal $\log_2 8 = 3$ Vergleichsvorgänge erforderlich.

Schritt 1: 5875 = 4549 ? NEIN
5875 > 4549 ? JA
Fortsetzung der Suche in der unteren Tabellenhälfte

Schritt 2: 5875 = 6205 ? NEIN
5875 > 6205 ? NEIN
Fortsetzung der Suche in dem darüber liegenden Tabellenviertel

Schritt 3: 5875 = 5875 ? JA
Gesuchter Index gefunden; Speicherplatz ist 2.4

Zu Aufgabe A 5.12

Abbildung A 5.12.1 zeigt die Ordnungsbegriffe
- links als *geordneten binären Baum* und
- rechts als *ausgeglichenen binären Baum*.

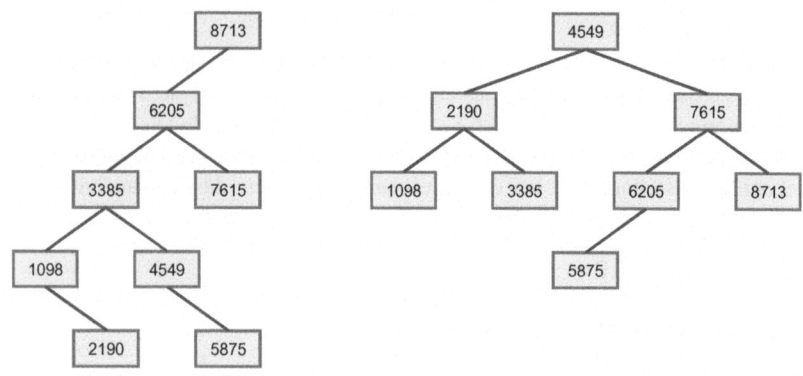

Abbildung A 5.12.1

Zu Aufgabe A 5.13

Bei der *gestreuten Speicherung* sowohl mit direkter als auch mit indirekter Adressierung besteht ein rechnerischer Zusammenhang zwischen dem Ordnungsbegriff und der (absoluten oder relativen) Speicheradresse des Datensatzes. Bei der *direkten Adressierung* ist dieser Zusammenhang umkehrbar eindeutig, bei der *indirekten Adressierung* jedoch nicht. Theoretisch könnte daher bei der gestreuten Speicherung mit indirekter Adressierung eine Mehrfachbelegung desselben Speicherplatzes eintreten. Praktisch wird dieser Fall durch die Einrichtung von so genannten Überlaufbereichen in Verbindung mit Verkettungen der betreffenden Datensätze umgangen. Die gestreute Speicherung mit direkter Adressierung kommt nur für Dateien in Betracht, die keine größeren Lücken im Nummernbereich aufweisen.

Zu Aufgabe A 5.14

Die *Ziele* der *Datenbankorganisation* bestehen darin, alle relevanten Daten zu einem möglichst redundanzfreien Datenbestand so zu aggregieren, dass
- der Vielfachzugriff (und außerdem der Mehrfachzugriff) durch unterschiedliche Benutzer und Programme
- mit flexiblen Auswertungs- und Verknüpfungsmöglichkeiten der Daten
- bei kurzen Zugriffszeiten (für die Benutzer) bzw. Verarbeitungszeiten (für die Programme

ermöglicht wird. Dabei bedeutet *Vielfachzugriff*, dass gleichzeitig auf beliebige Attribute (und nicht nur auf den Ordnungsbegriff) und *Mehrfachzugriff*, dass gleichzeitig durch mehrere Benutzer bzw. Programme auf den Datenbestand zugegriffen werden kann.

Zu Aufgabe A 5.15

Die Begriffe *Entity* und *Entitytyp* sind Bezeichnungen der logischen Datenbankorganisation und gehen auf SENKO und CHEN zurück.

Ein Entity entspricht einem zu beschreibenden Objekt. An einer Hochschule ist das beispielsweise der Student „Andreas Meyer". Alle gleichartigen Entitys werden zu einem Entitytyp (Objekttyp) zusammengefasst. Dieser wäre hier der Entitytyp „Student". Zu jedem Entity gehören Eigenschaften, so genannte *Attribute*, und deren spezifische Werte, die *Attributwerte*. Während die Attribute für alle Entitys eines Entitytyps gleich sind, gelten die Attributwerte nur für das jeweilige Entity. So hat jeder Student die Attribute „Matrikelnummer", „Name", „Vorname" und „Studiengang". Für Andreas Meyer lauten die Ausprägungen der genannten Attribute „536 721", „Meyer", „Andreas" und „BWL". Dabei ist nicht ausgeschlossen, dass mehrere Entitys für einige Attribute dieselben Attributwerte besitzen, z. B. beim Vornamen oder dem Studiengang.

Zu Aufgabe A 5.16
Beispiele für *Beziehungshäufigkeiten* (Kardinalitäten) sind:
- 1:1   Student Andreas Meyer und seine Matrikelnummer,
- 1:n   Professor Klug und seine 5 Assistenten,
- n:m   Studenten und ihre Prüfer.

Zu Aufgabe A 5.17
Die Objekte und Beziehungen in der Volkshochschule lassen sich wie folgt beschreiben:
a) Beispiele für *Entitytypen* bzw. *Entitys* mit zugehörigen Attributen und Attributwerten sind der Tabelle in Abbildung A 5.17.1 zu entnehmen.
b) Ein grobes *ER-Diagramm*, in das die Entitytypen (ohne die Attribute) aus der Tabelle der Abbildung A 5.17.1 übernommen sind, zeigt Abbildung A 5.17.2.

Entitytyp	Entitys	Attribute	Attributausprägungen
Kurs	Word, Englisch, Mechanik	Kategorie Kursnummer Zeit Raum	IT, Sprachen, Technik 023, 147, 251 Di 17-19, Do 18-20, Fr 16-18 V23, G17, U44
Hörer	Lutz, Müller, Schuster	Hörernummer Vorname Anschrift Alter	4951, 6381, 8042 Anja, Katja, Sven Osnabrück, Melle, Lingen 23, 35, 42
Dozent	Dr. Bit, Prof. Gürük, Klug	Dozentennummer Vorname Anschrift Fächer	D17, D51, D83 Paul, Ali, Ludmilla Osnabrück, Münster, Bielefeld IT, Türkisch, Physik
Raum	V23, G17, U44	Gebäude Anzahl Plätze Technik	VHS, Gymnasium, Uni 70, 30, 120 Projektor, Tafel, Beamer

Abbildung A 5.17.1

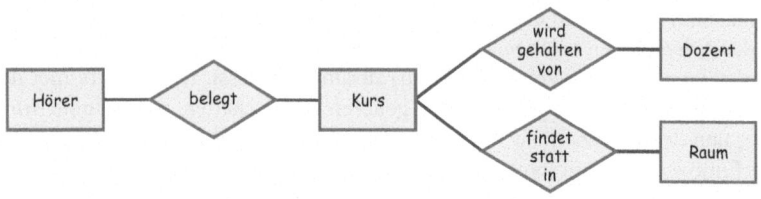

Abbildung A 5.17.2

Zu Aufgabe A 5.18

In *Objekttypen* wird die Gesamtheit aller gleichartigen Entitys zusammenfasst. *Beziehungstypen* dienen der Erfassung und Beschreibung von Beziehungen zwischen Entitytypen oder Entitys. Beziehungstypen können zu Objekttypen umgewandelt werden.
Beispiele:
- Beziehungstyp „mietet" wird zum Objekttyp „Mietvertrag".
- Beziehungstyp „kauft" wird zum Objekttyp „Kaufvereinbarung".
- Beziehungstyp „bestellt" wird zum Objekttyp „Bestellung".

Zu Aufgabe A 5.19

Im *hierarchischen Datenbankmodell* werden die Beziehungen zwischen den Entitytypen grafisch durch eine Baumstruktur dargestellt. Auf der obersten Stufe steht genau ein Entitytyp. Abgesehen von diesem hat jeder Entitytyp des Baums genau einen Vorgänger. Die Anzahl der Nachfolger ist nicht begrenzt. Das Grundproblem des hierarchischen Datenbankmodells besteht darin, dass nur 1:1- und 1:n-Beziehungen darstellbar sind. Eine m:n-Beziehung muss in m verschiedene 1:n-Beziehungen aufgelöst werden.

Im *Netzwerk-Datenbankmodell* werden die Beziehungen zwischen den Entitytypen ebenfalls grafisch dargestellt. Hier kann jeder Entitytyp nicht nur mehrere Nachfolger, sondern im Gegensatz zum hierarchischen Datenbankmodell auch mehrere Vorgänger haben. Auf der obersten Ebene können mehrere Entitytypen stehen. Somit ist auch die Darstellung von m:n-Beziehungen möglich.

Das *relationale Datenbankmodell* verzichtet im Gegensatz zu den beiden anderen Modellen auf die grafische Darstellung. Die Zusammenhänge werden hier in Tabellen erfasst. Der Hauptvorteil des relationalen Datenbankmodells besteht darin, dass sich mit ihm einfacher umgehen lässt.

Zu Aufgabe A 5.20

Das *ER-Diagramm* für den Routenplan zeigt Abbildung A 5.20.1. Der Beziehungstyp „wird gefahren von" entspricht dem Dienstplan.

Für das Datenbankmodell ließen sich folgende *Tabellen* anlegen:
- Tabelle Kunde: Kundennummer, Kundenname, Kundenort, ...
- Tabelle Route: Routennummer, angefahrene Orte, Fahrstrecke, ...

- Tabelle Fahrer: Personalnummer, Name, Geburtsdatum, ...
- Tabelle Routenzugehörigkeit: Kundennummer, Routennummer (nicht mehr!)
- Tabelle Dienstplan: Wochentag (Datum), Routennummer, Personalnummer (nicht mehr!)

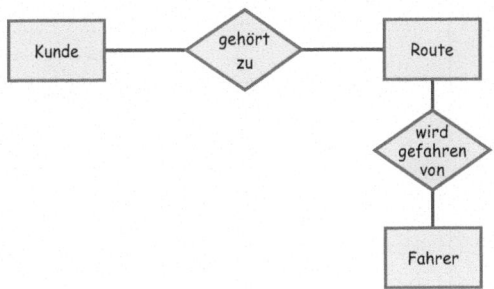

Abbildung A 5.20.1

Zu Aufgabe A 5.21
Ein *Fremdschlüssel* ist ein Attribut einer Relation (Tabelle) A, das auf ein primäres Attribut (und damit auf ein Tupel) einer Relation (Tabelle) B verweist. Beispielsweise ist das in einer Relation „Artikel" (Primärschlüssel: Artikelnummer ANR) vorkommende Attribut „Lieferantennummer" LNR ein Fremdschlüssel, weil es Primärschlüssel der Relation „Lieferanten" ist.

Zu Aufgabe A 5.22
Die Datenstrukturen in der wirtschaftswissenschaftlichen Bibliothek lassen sich wie folgt beschreiben:

a) Abbildung A 5.22.1 zeigt ein *ER-Diagramm* mit einigen zusätzlichen Attributen gegenüber der Tabelle von Abbildung A 5.22.0. Die Primärschlüssel der Relationen sind unterstrichen.

b) Abbildung A 5.22.2 zeigt zwei mögliche *Baumstrukturen*. Abbildung A 5.22.3 zeigt eine *Netzstruktur* unter Verwendung eines Verbindungs-Entitytyps LEIHVER für das Entleihverhältnis, in dem das Entleihdatum DT als Attribut enthalten ist.

c) *Normalisierungsprozess*

Zu Beginn sind die in der unnormalisierten Relation der Abbildung A 5.22.0 vorkommenden Wiederholungsgruppen zu beseitigen. Dazu werden diejenigen Zeilen, in denen Spalten mehrfach mit Attributwerten besetzt sind, in mehrere Zeilen aufgelöst. Mit anderen Worten: In Abbildung A 5.22.0 werden die leeren Felder aufgefüllt, indem die jeweils darüber stehenden Werte übernommen werden.

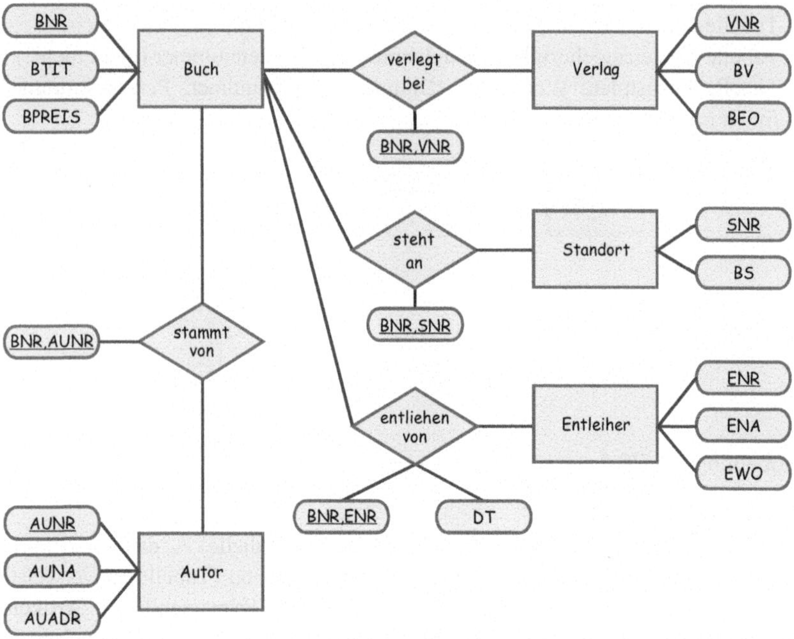

122 5 Datenorganisation

Abbildung A 5.22.1

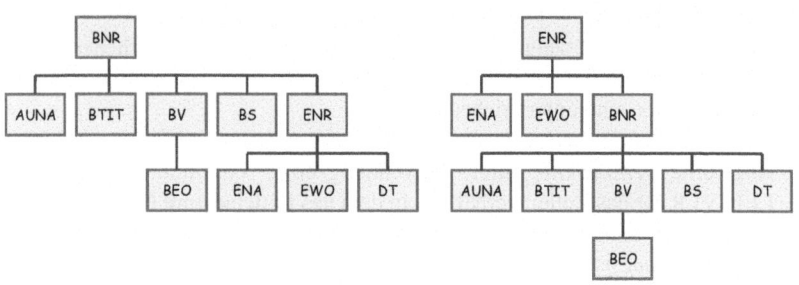

Abbildung A 5.22.2

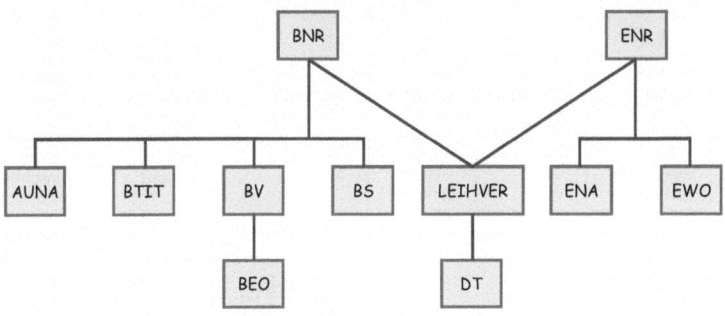

Abbildung A 5.22.3

Das Ergebnis ist die *1. Normalform* in der formalen Schreibweise

(<u>BNR</u>, AUNA, BTIT, BV, BEO, BS, ENA, <u>ENR</u>, EWO, DT),

wobei der Primärschlüssel von den Attributen BNR und ENR gebildet wird. Die 2. Normalform verlangt volle funktionale Abhängigkeit vom Primärschlüssel, d.h. Nichtschlüsselattribute dürfen sich nicht schon aus einem Teil des Primärschlüssels ableiten lassen. Hier hängen
- AUNA, BTIT, BV, BEO, BS   allein von BNR und
- ENA, EWO   allein von ENR

ab.

Somit ergeben sich folgende Relationen der *2. Normalform*:

(<u>BNR</u>, AUNA, BTIT, BV, BEO, BS)
(<u>ENR</u>, ENA, EWO)
(<u>BNR</u>, <u>ENR</u>, DT)

Unterstellt man, dass sich der Erscheinungsort BEO schon allein aus dem Namen BV des Buchverlags ergibt, so hängt BEO nur indirekt (transitiv) vom Primärschlüssel BNR ab. Deshalb ist eine weitere Relation zu bilden, mit der sich insgesamt die folgenden Relationen der *3. Normalform* ergeben:

(<u>BNR</u>, AUNA, BTIT, BV, BS)
(<u>BV</u>, BEO)
(<u>ENR</u>, ENA, EWO)
(<u>BNR</u>, <u>ENR</u>, DT)

In Abbildung A 5.22.4 sind diese vier Relationen mit allen Attributen und Attributwerten tabellarisch zusammengestellt.

BNR	BAU	BTIT	BV	BS
B01	Mertens	LEXWI	Springer	S2
B02	Kurbel	HANDWI	Poeschel	S3
B03	Wöhe	ABWL	Vahlen	S1
B04	Schulze	PCLEX	Rowohlt	S2
B05	Witte	SIMUL	Gabler	S4
B06	Stahlknecht	OR	Vieweg	S4
B07	Stahlknecht	WI	Springer	S3

BV	BEO
Gabler	Wiesbaden
Poeschel	Stuttgart
Rowohlt	Hamburg
Springer	Heidelberg
Vahlen	München
Vieweg	Braunschweig

ENR	ENA	EWO
0815	Raps	Rheine
3214	Kurz	Löhne
3333	Hase	Münster
4711	Lohse	Melle
5423	Felix	Osnabrück
8870	Abel	Bramsche

BNR	ENR	DT
B01	4711	11.08.05
B01	5423	19.09.05
B02	0815	23.08.05
B03	8870	09.07.05
B03	4711	23.08.05
B03	5423	20.09.05
B04	0815	16.07.05
B04	3214	03.09.05
B05	8870	15.07.05
B06	3333	22.07.05
B07	0815	05.07.05
B07	4711	23.08.05

Abbildung A 5.22.4

Zu Aufgabe A 5.23

Die Situation bei dem Kosmetikgroßhändler kann wie folgt dargestellt werden:

a) Abbildung A 5.23.1 zeigt alle Objekte und Beziehungen in einem *ER-Diagramm*. Die Primärschlüssel der Relationen sind unterstrichen.

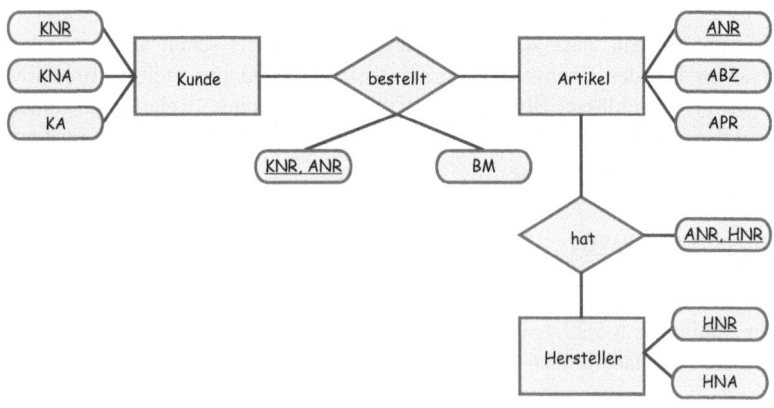

Abbildung A 5.23.1

b) Abbildung A 5.23.2 zeigt zwei *Baumstrukturen*, Abbildung A 5.23.3 eine *Netzstruktur*. In der Netzstruktur ist ein Verbindungs-Entitytyp BEST (für Bestellung) eingeführt, der als Attribut die Bestellmenge BM enthält.

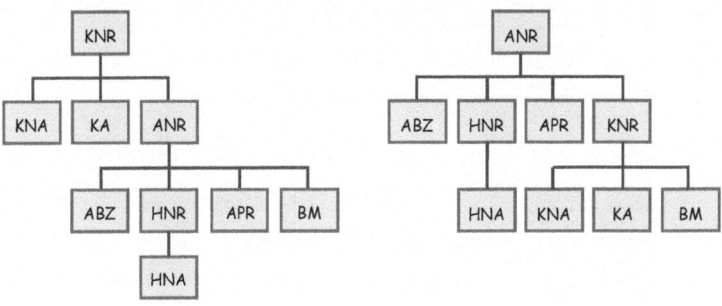

Abbildung A 5.23.2

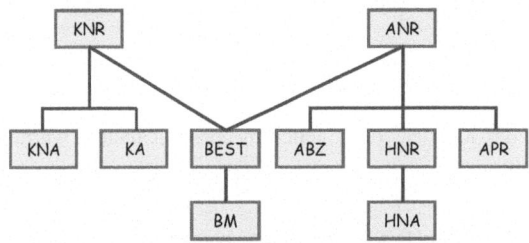

Abbildung A 5.23.3

c) *Normalisierungsprozess*

Unnormalisierte Relation und *1. Normalform* (nach Beseitigung der Wiederholungsgruppen, vgl. Aufgabe A 5.22):
(<u>KNR</u>, KNA, KA, <u>ANR</u>, ABZ, HNR, HNA, APR, BM)

2. Normalform:
(<u>KNR</u>, KNA, KA)
(<u>KNR</u>, <u>ANR</u>, BM)
(<u>ANR</u>, ABZ, HNR, HNA, APR)

3. Normalform:
(<u>KNR</u>, KNA, KA)
(<u>KNR</u>, <u>ANR</u>, BM)
(<u>ANR</u>, ABZ, HNR, APR)
(<u>HNR</u>, HNA)

Die Relationen der 3. Normalform sind in Abbildung A 5.23.4 zusammengestellt.

Tabelle KUNDEN

KNR	KNA	KA
K1	Abel	Osnabrück
K2	Brandt	Bielefeld
K3	Drahe	Münster
K4	Freise	Göttingen
K5	Neuber	Kassel
K6	Zernau	Dortmund

Tabelle BESTELLUNGEN

KNR	ANR	BM
K1	A11	100
K1	A15	150
K2	A09	350
K3	A13	220
K3	A36	160
K3	A37	210
K4	A15	350
K5	A11	130
K6	A08	200

Tabelle ARTIKEL

ANR	ABZ	HNR	APR
A08	Parfüm	H02	3,40
A09	Deo	H03	5,30
A11	Zahncreme	H10	1,20
A13	Haarspray	H01	7,40
A15	Creme	H04	1,50
A36	Shampoo	H12	6,20
A37	Shampoo	H09	5,50

Tabelle HERSTELLER

HNR	HNA
H01	Badendorf
H02	Gondi
H03	Hankel
H04	KMex
H09	BAFF
H10	Plendax
H12	Boyer

Abbildung A 5.23.4

d) Die Namen der Kunden, die Zahncreme bestellt haben, werden formal wie folgt ermittelt:

Projektion
Die Spalten KA, BM, HNR, APR, HNA werden gestrichen.

Verknüpfung
Aus der Verknüpfung der Tabellen KUNDE, BESTELLUNGEN und ARTIKEL ergibt sich Abbildung A 5.23.5.

Auswahl
Aus der mit der Verknüpfung erstellten temporären Tabelle werden alle Zeilen mit ABZ ≠ Zahncreme, d. h. alle Zeilen außer der ersten und der vorletzten, gestrichen.

KNR	KNA	ANR	ABZ
K1	Abel	A11	Zahncreme
K1	Abel	A15	Creme
K2	Brandt	A09	Deo
K3	Drahe	A13	Haarspray
K3	Drahe	A36	Shampoo
K3	Drahe	A37	Shampoo
K4	Freise	A15	Creme
K5	Neuber	A11	Zahncreme
K6	Zernau	A08	Parfüm

Abbildung A 5.23.5

Daraus ergibt sich: Die Kunden, die Zahncreme bestellt haben, heißen wie folgt:
Abel, Neuber

e) Die *SQL-Abfrage* ist wie folgt zu formulieren:
SELECT KNA
FROM KUNDEN, BESTELLUNGEN, ARTIKEL
WHERE ABZ = "Zahncreme"
AND ARTIKEL.ANR = BESTELLUNGEN.ANR
AND BESTELLUNGEN.KNR = KUNDEN.KNR;

Zu Aufgabe A 5.24
Zur Beschreibung der bei dem Reiseveranstalter vorkommenden Objekte werden die folgenden Abkürzungen eingeführt:

Reise
- Katalognummer   KATNR
- Abfahrtsort   AORT
- Zielort   ZORT
- Land   LAND
- Preis pro Person   PREIS

Kunde
- Kundennummer   KDNR
- Name   KNAME
- Adresse   KADR
- Telefonnummer   KTNR

Buchung
- Datum der Buchung   DBU
- Datum Reisebeginn   DRBEG
- Datum Reiseende   DREND
- Anzahl der gebuchten Plätze ANZPL

Normalisierungsprozess

Unnormalisierte Relation und *1. Normalform* (nach Beseitigung der Wiederholungsgruppen, vgl. Aufgabe A 5.22):
(KATNR, AORT, ZORT, LAND, PREIS, KDNR, KNAME, KADR, KTNR, DBU, DRBEG, DREND, ANZPL)

2. Normalform:
(KATNR, AORT, ZORT, LAND, PREIS)
(KDNR, KNAME, KADR, KTNR)
(KATNR, KDNR, DBU, DRBEG, DREND, ANZPL)

3. Normalform:
(<u>KATNR</u>, AORT, ZORT, PREIS)
(<u>ZORT</u>, LAND)
(<u>KDNR</u>, KNAME, KADR, KTNR)
(<u>KATNR</u>, <u>KDNR</u>, DBU, DRBEG, DREND, ANZPL)

Zu Aufgabe A 5.25

a) Die *invertierten Dateien* sind in Abbildung A 5.25.1 zusammengestellt, und zwar
 - nach dem erlernten Beruf in IF1,
 - nach dem Eintrittsmonat in IF2 und
 - nach der Abteilungszugehörigkeit in IF3.

b) Abfrage nach Buchhaltern mit mehr als 10-jähriger Firmenzugehörigkeit (im Juli 2005):
Aus IF 1:   453, 454, 609
Aus IF 2:   711, 531, 451, 714, 453, 627
(453, 454, 609) ∩ (711, 531, 451, 714, 453, 627) = 453
Aus der Originaldatei: Buchhalter Pingelig, Abteilung V1.

IF1	
Buchhalter	453, 454, 609
Diplomingenieur	715
Ingenieur	451
Kaufmann	711
Schlosser	531, 535
Schweisser	714
Techniker	627

IF2	
04/79	711
07/82	531
04/84	451
07/89	714
10/91	453, 627
03/96	535, 715
01/97	454
02/00	609

IF3	
B1	451, 627, 714, 715
B2	531, 535
V1	453, 609, 711
V2	454

Abbildung A 5.25.1

Zu Aufgabe A 5.26

Die an *Datenbankverwaltungssysteme* gestellten Anforderungen lassen sich wie folgt charakterisieren:
- *Datenunabhängigkeit*: Diese Anforderung gliedert sich in vier Teile, und zwar
 1) Unabhängigkeit vom Anwendungsprogramm:
    Die Daten sollen anwendungsneutral (genauer: programmunabhängig) gespeichert werden.
 2) Unabhängigkeit der logischen von der physischen Datenorganisation:
    Der Benutzer muss lediglich die logische Struktur der Daten kennen. Die Prozeduren, die zur Arbeit mit den gespeicherten Datensätzen nötig sind, stellt das Datenbankverwaltungssystem zur Verfügung.
 3) Unabhängigkeit von der Systemplattform:
    Aus Benutzersicht muss es gleichgültig sein, auf welcher Systemplattform (Hardware, Betriebssystem) das Datenbankverwaltungssystem eingesetzt wird.

4) Physische Datenunabhängigkeit:
   Auswahl und Belegung der peripheren Speicher werden automatisch vom Datenbankverwaltungssystem (in Zusammenarbeit mit dem Betriebssystem) vorgenommen.
- *Benutzerfreundlichkeit:* Sowohl für professionelle Benutzer als auch für Endbenutzer soll ein einfacher Umgang mit dem Datenbestand möglich sein. Beispielsweise sollen die Benutzersprachen eine leichte Erlernbarkeit gewährleisten.
- *Datenschutz*: Unberechtigter Zugriff auf die Daten ist zu verhindern. Hierzu ist beispielsweise die Zugriffsberechtigung des Benutzers darauf zu prüfen, ob er das Recht hat, die Daten nicht nur zu lesen, sondern auch zu ändern oder zu verarbeiten.
- *Datensicherheit*: Die Daten sind vor Hardware- und Softwarefehlern sowie vor Netzausfällen zu sichern, indem das Datenbankverwaltungssystem nach einem Störfall den korrekten Zustand der Datenbank wiederherstellt.
- *Datenintegrität*: Die in der Datenbank gespeicherten Daten müssen vollständig, korrekt, aktuell, der Realität entsprechend und widerspruchsfrei sein (Datenkonsistenz).
- *Redundanzfreiheit*: Jedes Datenelement sollte möglichst nur einmal in der Datenbank enthalten sein. Dadurch wird nicht nur Speicherplatz gespart, sondern auch der Gefahr der Inkonsistenz vorgebeugt. Diese Forderung ist idealtypisch, weil dadurch die Zugriffszeit verlängert wird.

Zu Aufgabe A 5.27

Die *referentielle Integrität* ist ein Bestandteil der Datenintegrität. Mit ihr werden die Beziehungen zwischen den Datenobjekten eines Datenbankverwaltungssystems kontrolliert. Verweist ein Attribut einer Tabelle A als Fremdschlüssel auf einen Primärschlüssel einer Tabelle B, darf in A der Wert des Fremdschlüssels nur gespeichert werden, wenn er tatsächlich auch als Wert des Primärschlüssels in B vorhanden ist. So wird z. B. sichergestellt, dass Produkte, die nicht mehr im Sortiment sind, nicht mehr beworben werden können.

Zu Aufgabe A 5.28

Als *Backup* bezeichnet man das Kopieren oder Duplizieren von Datenbeständen in bestimmten Zeitabständen. Es dient der Gewährleistung der Datensicherheit, um nach Störungen den korrekten Zustand der Daten wieder herstellen zu können. Dabei bedeuten:
a) *partielle Sicherung*: Bei der Datensicherung werden für Teilbereiche der Datenbank je nach Benutzungshäufigkeit unterschiedliche Zeitabstände festgelegt.
b) *parallele Sicherung*: Eine Schattendatenbank wird simultan auf mehrere Speichermedien verteilt (Anwendung bei der RAID-Technik).

Zu Aufgabe A 5.29
Generell unterscheidet man zwei Formen der *Partitionierung* bzw. *Fragmentierung*, und zwar
- horizontale Fragmentierung (für Tupel): zeilenweise Auswahl und Zuordnung der Daten einer Tabelle und
- vertikale Fragmentierung (für Attribute): spaltenweise Auswahl und Zuordnung der Daten einer Tabelle.

Im Fall des Bauunternehmens erscheint folgende Verteilung angebracht:
- Zentrale: Komplette Bestandsführung aller Geräte mit allen zugehörigen Angaben wie Nummer, Bezeichnung, Beschreibung, Hersteller, Anschaffungsdatum, Neupreis, Mietsatz sowie augenblicklicher Standort (Niederlassung),
- Niederlassung: Bestandsverwaltung aller der Niederlassung zugeordneten Geräte (horizontale Fragmentierung); Beschränkung auf Nummer, Bezeichnung, Beschreibung und Mietsatz (vertikale Fragmentierung), ferner Einsatzstelle.

Zu Aufgabe A 5.30
Die Daten des Bekleidungshauses könnten wie folgt verteilt werden:
a) *unikate Daten*, d. h. Daten, die sich in genau einem Rechner befinden: Informationen über einen Artikel, der nur in einer Filiale angeboten wird;
b) *partiell redundante Daten*, d. h. Daten, die sich in mehreren, aber nicht in allen Rechnern befinden: Informationen über Artikel, die in mehreren Niederlassungen in Südeuropa angeboten werden, aber für nördliche Regionen uninteressant sind (z. B. Strohhüte) und umgekehrt (z. B. Felljacken);
c) *voll redundante Daten*, d. h. Daten, die sich in allen Rechnern befinden: Informationen über Standardartikel, die in jeder Filiale angeboten werden.

Da das Beispiel zu a), d. h. Artikel nur in einer einzigen Filiale anzubieten, kaum wirtschaftlich ist (mögliche Ausnahme: Werksverkauf von Artikeln zweiter Wahl), kommen als unikate Daten vor allem solche Informationen in Betracht, die zentral für alle angeschlossenen Filialen zum Abruf bereit gehalten werden.

Zu Aufgabe A 5.31
a) Eine *föderierte Datenbank* setzt sich aus mehreren, unabhängig voneinander aus individuellen konzeptionellen Sichten entworfenen, autonomen Datenbanken zusammen, die nachträglich koordiniert genutzt werden sollen.
b) Mit einer föderierten Datenbank kann der Reisekonzern das bisherige Reiseangebot um alle von den erworbenen Unternehmen bisher selbstständig angebotenen Reisen erweitern und mithilfe eines neuen übergeordneten konzeptionellen Schemas einheitlich gestalten. Entsprechendes gilt auf der Kundenseite.

Zu Aufgabe A 5.32

a) *Aktive Datenbanken* haben die spezielle Eigenschaft, dass die Daten selbst Aktionen auslösen, wenn einzelne Attributwerte vorgegebene Werte erreichen. Die Aktionen werden durch so genannte ECA(Event-Condition-Action)-Regeln formuliert.

b) Der Kraftfahrzeughändler kann von einer aktiven Datenbank z. B. automatisch darauf hingewiesen werden,
- ein Jahr nach der letzten Inspektion den Kunden anzuschreiben und diesen an die nächste fällige Inspektion zu erinnern oder
- drei Jahre nach dem Kauf des Wagens mit dem Kunden Kontakt aufzunehmen, um ihm einen Neuwagen zu empfehlen.

Zu Aufgabe A 5.33

Die bei *Text-Retrieval-Systemen* benutzten Begriffe lassen sich wie folgt erklären:

a) In *Volltextdokumenten* werden ganze Texte (z. B. Zeitschriftenaufsätze) gespeichert. In *Referenzdokumenten* werden lediglich Hinweise auf den eigentlichen Text abgelegt, z. B. der Titel und eine kurze Inhaltsangabe.

b) In der *Dokumentendatei* sind die Texte, in der *Deskriptorendatei* die Suchwörter gespeichert. Die Deskriptorendatei wird auch als Thesaurus bezeichnet.

c) *Stichwörter* und *Schlagwörter* bilden die Deskriptoren, die die im Text-Retrieval-System abgelegten Texte beschreiben. Stichwörter sind Wörter, die im Text vorkommen, wogegen Schlagwörter nicht im Text vorkommen (müssen). Die beiden Begriffe werden nicht streng auseinander gehalten.

Zu Aufgabe A 5.34

Hypertextsysteme speichern und verwalten Verknüpfungen zwischen Informationseinheiten. Die Verknüpfungen werden auch als Links bezeichnet. Man unterscheidet organisatorische Links und referentielle Links. Der Unterschied besteht darin, dass die Verknüpfungen
- bei *organisatorischen Links* über die Dokumentnummern und
- bei *referentiellen Links* über die Dokumentinhalte

realisiert werden.

6 Systementwicklung

Fragen zu Kapitel 6

Frage F 6.1
Wie wird in der Organisationstheorie der Begriff *System* definiert?

Frage F 6.2
Was versteht man unter einem *IT-Anwendungssystem*?

Frage F 6.3
Wie wird in der Betriebswirtschaftslehre der Begriff *Wertschöpfung* definiert?

Frage F 6.4
Welche wesentlichen Merkmale weisen *Geschäftsprozesse* auf?

Frage F 6.5
Geschäftsprozesse und *Projekte* haben einen definierten Anfang (Auslöser) und ein definiertes Ende (Ergebnis). Worin liegt der Hauptunterschied?

Frage F 6.6
Welche primären *Ziele* verfolgt die *Geschäftsprozessorientierung*?

Frage F 6.7
Welche *Sichten* auf Anwendungssysteme ergeben sich aus der geschäftsprozessorientierten Vorgehensweise, ?

Frage F 6.8
Wer befasst sich in den Unternehmen mit der *Entwicklung* von Anwendungssystemen?

Frage F 6.9
Welche zwei *Grundfragen* bestimmen maßgeblich die Systementwicklung?

Frage F 6.10
Welche Aufgaben haben *Vorgehensmodelle* der Systementwicklung?

Frage F 6.11
Welche *Phasen* liegen fast allen (phasenorientierten) *Vorgehensmodellen* der Systementwicklung zugrunde?

Frage F 6.12
a) Wer hat die Begriffe *Software Engineering* und *Information Engineering* geprägt?
b) Was versteht man darunter?

Frage F 6.13
Aus welchen Hauptabschnitten besteht der *Softwarelebenszyklus*?

Frage F 6.14
Welche Merkmale besitzen *IT-Projekte*?

Frage F 6.15
In welcher Beziehung stehen *Projektmanagement* und *Phasenkonzept* zueinander?

Frage F 6.16
Welche Gründe sprechen gegen die Einhaltung eines *strengen Phasenkonzepts* bei Systementwicklungsprojekten?

Frage F 6.17
Was versteht man unter *Rapid Prototyping*?

Frage F 6.18
Welche Probleme können sich ergeben, wenn mit *Prototyping* gearbeitet wird?

Frage F 6.19
Aus welcher Sicht erscheint die völlige Abkehr vom *Phasenkonzept* als realitätsfremd?

Frage F 6.20
Was bedeutet *(Software-) Konfigurationsmanagement*?

Frage F 6.21
Was fordern moderne Konzepte hinsichtlich der Planung von *IT-Projekten*?

Frage F 6.22
Wozu können *Kreativitätstechniken* bei der Systementwicklung dienen?

Frage F 6.23
Was ist im *Projektauftrag* für ein IT-Projekt festzulegen?

Frage F 6.24
Umfassen *Projektaufträge* immer alle Stufen des Phasenkonzepts der Systementwicklung?

Frage F 6.25
In welchen Schritten wird
a) in der Phase *Analyse* und
b) bei der *Istanalyse*
vorgegangen?

Frage F 6.26
Die weite Verbreitung betriebswirtschaftlicher Standardsoftware hat zu der Auffassung geführt, dass auf eine detaillierte *Istanalyse* und ein detailliertes *Sollkonzept* weitgehend verzichtet werden kann. Wie begründet sich diese Auffassung?

Frage F 6.27
Wozu muss bei der Istanalyse das *Mengengerüst* erfasst werden?

Frage F 6.28
Zu welchem Zweck werden im Rahmen der Erhebung des Mengengerüsts häufig *ABC-Analysen* durchgeführt?

Frage F 6.29
Welche Vor- und Nachteile besitzen die *Erhebungstechniken*
a) Unterlagenstudium,
b) Fragebogen und
c) Konferenz?

Frage F 6.30
Wie kann man die *Darstellungstechniken* der Systementwicklung grob nach den benutzten Beschreibungsmitteln einteilen?

Frage F 6.31
Wie kann man die bei der *Istanalyse* festgestellten *Schwachstellen* und *Mängel* einteilen?

Frage F 6.32
Aus welchen beiden Fragestellungen ergeben sich die *Anforderungen* an ein geplantes Anwendungssystem?

Frage F 6.33
Wozu muss für jedes geplante Anwendungssystem überhaupt erst ein *Sollkonzept* entwickelt werden?

Frage F 6.34
Welche Aufgabe hat das *Requirements Engineering*?

Frage F 6.35
Wozu dienen *Pflichtenhefte*?

Frage F 6.36
Was ist das Ziel von *Durchführbarkeitsprüfungen*?

Frage F 6.37
Zwischen welchen *Kosten* muss man im Lebenszyklus von Anwendungssystemen unterscheiden?

Frage F 6.38
Welche Schwierigkeiten treten häufig bei der Ermittlung des *Nutzens* geplanter Anwendungssysteme auf?

Frage F 6.39
Lassen sich *quantifizierbare Vorteile* von Anwendungssystemen stets auch monetär bewerten?

Frage F 6.40
Wozu dienen *Multifaktorenmethoden* bei der Entwicklung von Anwendungssystemen und wie wird bei der gebräuchlichsten dieser Methoden vorgegangen?

Frage F 6.41
In welchen Phasen des Systementwicklungsprozesses sollten *Präsentationen* stattfinden?

Frage F 6.42
Welches Ziel verfolgt der *Systementwurf* und welche Teile umfasst er?

Frage F 6.43
Welches sind die grundlegenden *Entwicklungsprinzipien* sowohl des System- als auch des Programmentwurfs?

Frage F 6.44
a) Was besagt das *Geheimnisprinzip* von PARNAS und wann wird es angewandt?
b) Welche gedankliche Assoziation besteht zu einer bekannten Arie aus FRANZ LEHARS Operette „Das Land des Lächelns"?

Frage F 6.45
Bei welchem Typ von Anwendungssystemen sind *Petrinetze* als Darstellungstechnik für den Systementwurf angebracht?

Frage F 6.46
In welche Teile der *Programmspezifikation* gehen die Benutzerwünsche ein?

Frage F 6.47
Welche Nachteile weist der früher übliche *lineare Programmierstil* auf?

Frage F 6.48
Wie wird ein *strukturiertes Programm* entworfen?

Frage F 6.49
Wie heißen die elementaren *Steuerkonstrukte* der Programmierung?

Frage F 6.50
Was ist und wozu dient *Pseudocode*?

Frage F 6.51
Was versteht man unter der *Fortschreibung* von Datenbeständen?

Frage F 6.52
Was bedeutet der Begriff *Gruppenwechsel*?

Frage F 6.53
Worin liegen die Probleme im praktischen Einsatz der *strukturierten Systementwicklung*?

Frage F 6.54
Was ist ein *Objekt* im Sinne der *objektorientierten Systementwicklung*?

Frage F 6.55
Welchen *Nutzen* erhofft man sich von der *objektorientierten Systementwicklung*?

Frage F 6.56
Was versteht man unter *Datenkapselung*?

Frage F 6.57
Welche beiden Vorgehensweisen gibt es, um *Klassenhierarchien* zu bilden?

Frage F 6.58
Was ist eine *abstrakte Klasse*?

Frage F 6.59
Worin besteht der Unterschied zwischen *einfacher* und *multipler Vererbung*?

Frage F 6.60
Wann spricht man von einem *aggregierten Objekt*?

Frage F 6.61
Worin besteht der Unterschied zwischen den Begriffen *Komposition* und *Aggregation* in *UML*?

Frage F 6.62
Welche *Diagrammtypen* werden in *UML* unterschieden?

Frage F 6.63
Was bedeutet *Polymorphismus*?

Frage F 6.64
Was versteht man unter *Persistenz*?

Frage F 6.65
a) Worin besteht der Hauptunterschied zwischen *relationalen* und *objektorientierten* Datenbanksystemen?
b) Was versteht man unter einem *objektrelationalen* Datenbanksystem?

Frage F 6.66
Was versteht man unter *Inlinedokumentation*?

Frage F 6.67
Wie unterscheiden sich *Syntax* und *Semantik* von Programmiersprachen?

Frage F 6.68
Welche *Standarddatentypen* werden bei Programmiersprachen unterschieden?

Frage F 6.69
In welchen Anwendungsfällen werden für die Programmierung noch *maschinenorientierte Programmiersprachen* (Assemblersprachen) eingesetzt?

Frage F 6.70
Was versteht man unter der Abkürzung *4GL*?

Frage F 6.71
Wie ist *SQL* in die Generationen von Programmiersprachen einzuordnen?

Frage F 6.72
Wodurch erreicht die Programmiersprache *Java* Plattformunabhängigkeit?

Frage F 6.73
a) Was sind *Beschreibungssprachen*?
b) Warum haben diese in den letzten Jahren stark an Bedeutung gewonnen?

Frage F 6.74
Was bezeichnet man als *Programmverifikation*?

Frage F 6.75
Wozu dienen *Testhilfen*?

Frage F 6.76
Was bezweckt der Einsatz von *Softwareentwicklungswerkzeugen*?

Frage F 6.77
In welche Kategorien lassen sich *Softwareentwicklungswerkzeuge* einteilen?

Frage F 6.78
Welche Aufgaben übernehmen Werkzeuge zum *Konfigurationsmanagement*?

Frage F 6.79
Wozu dient eine *Entwicklungsdatenbank* (Repository)?

Frage F 6.80
Wie lässt sich der Begriff (betriebswirtschaftliche) *Standardsoftware* hinsichtlich Leistungsumfang und Merkmalen charakterisieren?

Frage F 6.81
Warum setzen die Unternehmen so weit wie möglich *Standardsoftware* an Stelle von Individualsoftware ein?

Frage F 6.82
Welche beiden grundsätzlichen Alternativen der organisatorischen *Anpassung* gibt es bei der Einführung von Standardsoftware?

Frage F 6.83
Zu welchen Gruppen kann man die Kriterien für die Auswahl von *Standardsoftware* zusammenfassen?

Frage F 6.84
Wozu kann die *Nutzwertanalyse* bei der Auswahl von Standardsoftware dienen?

Frage F 6.85
Die Firma *SAP* legt der Einführung ihrer betriebswirtschaftlichen Standardsoftware R/3 ein *Vorgehensmodell* zugrunde. Aus welchen Phasen besteht das Modell?

Frage F 6.86
Wie unterscheiden sich *statische* und *dynamische Qualitätsmaße* für die Softwarequalität?

Frage F 6.87
Wie lässt sich die *Softwareergonomie* in die Kriterien für die Softwarequalität einordnen?

Frage F 6.88
Worauf kann sich die *Zertifizierung* von Software beziehen?

Frage F 6.89
Warum hat die *Produktzertifizierung* von Software kaum noch Bedeutung?

Frage F 6.90
Welche Formen der *Systemdokumentation* benötigen die Fachabteilungen?

Frage F 6.91
Warum sollte die Einführung eines neuen Anwendungssystems einem förmlichen *Abnahmeverfahren* unterliegen?

Frage F 6.92
Aus welchen Gründen ist bei der Systemeinführung von *Parallelläufen* abzuraten?

Frage F 6.93
Was versteht man unter dem Begriff *Reengineering*?

Frage F 6.94
Was verbirgt sich hinter der Abkürzung *CARE*?

Frage F 6.95
Woran denken Sie als Wirtschaftsinformatiker, wenn Sie erfahren, dass der Thomaskantor JOHANN SEBASTIAN BACH (1685-1750) ähnlich wie GEORG FRIEDRICH HÄNDEL (1685-1759) und zuvor schon Komponisten des 15. und 16. Jahrhunderts in neue Kompositionen Teile aus seinen anderen Werken unverändert übernommen hat (sogenanntes *Parodieverfahren*)?

Frage F 6.96
Welche Arten der *Wiederverwendung* von Software werden hinsichtlich des Zeitpunkts ihrer Erstellung unterschieden?

Frage F 6.97
Worin besteht der entscheidende Unterschied zwischen *Klassenbibliotheken* und *Frameworks*?

Frage F 6.98
Was sind *Business Objects*?

Frage F 6.99
Was versteht man unter dem *Object Request Broker (ORB)*?

Aufgaben zu Kapitel 6

Aufgabe A 6.1
Nennen Sie drei typische *Geschäftsprozesse* in einem Unternehmen des Versandhandels!

Aufgabe A 6.2
Ein mittelständischer Betrieb, der medizinische Spezialgeräte vertreibt, will die Auftragsbearbeitung in Zukunft computergestützt abwickeln. Fakturierung und Bestandsführung werden bereits auf einem Computersystem des Unternehmens durchgeführt. Stellen Sie ein Konzept auf, in welchen Schritten – unter Zugrundelegung des *phasenorientierten Vorgehensmodells* der Systementwicklung – bis zur Systemeinführung vorzugehen ist!
Anmerkung: Es soll davon ausgegangen werden, dass die Erstellung von Individualsoftware durch das Unternehmen selbst oder durch Dritte (z. B. eine Softwarefirma) nicht in Betracht kommt.

Aufgabe A 6.3
Nennen Sie Beispiele für *Referenzmodelle* aus verschiedenen Problembereichen!

Aufgabe A 6.4
Zur Unterstützung des Systementwicklungsprozesses wird häufig mit *Prototyping* gearbeitet. Beschreiben Sie,
a) welche Arten von *Prototypen* und
b) welche Arten des *Prototypings*
zum Einsatz gelangen können und geben Sie dafür jeweils Beispiele!

Aufgabe A 6.5
Beschreiben Sie kurz die Merkmale des *Extreme Programming*!

Aufgabe A 6.6
Geben Sie je zwei Beispiele, wie sich mithilfe der *Kreativitätstechniken*
a) *Szenariotechnik* und
b) *Metaplantechnik*
Projektvorschläge erarbeiten lassen!

Aufgabe A 6.7
In einem Supermarkt wird erwogen, das Self-Scanning-Verfahren (Erfassen der Artikelpreise der ausgewählten Waren durch den Kunden selbst) einzuführen. Formulieren Sie *Projekterwartungen*, die in dem Handelsunternehmen daran geknüpft werden und nennen Sie zwei Gründe, die für eine zeitliche Verschiebung des Projekts sprechen könnten!

Aufgabe A 6.8
Kommentieren Sie den Satz „Der Zeitpunkt für die Entwicklung eines neuen bzw. die Reorganisation eines bestehenden IT-Anwendungssystems ist immer falsch."!

Aufgabe A 6.9
Die Zoohandlung WAUWAUMIAU beabsichtigt, ihr Warensortiment mit einem PC zu verwalten. Der Computer soll in der Zoohandlung aufgestellt und dort

von den Mitarbeitern bedient werden. Entwicklung und Einführung des Anwendungssystems werden einem Diplomanden der Wirtschaftsinformatik übertragen.

Zu Beginn der Entwicklung formuliert der Inhaber der Zoohandlung einen *Projektauftrag*. Geben Sie an, was darin festgelegt werden sollte!

Aufgabe A 6.10
Ein Baustoffhändler beabsichtigt, die Verwaltung seiner Warenbestände computergestützt vorzunehmen. Sie sollen zunächst eine *Istanalyse* durchführen. Legen Sie fest,
a) welche Sachverhalte Sie erheben,
b) welche Erhebungstechniken Sie anwenden und
c) wie Sie die Ergebnisse Ihrer Erhebung darstellen!

Aufgabe A 6.11
Formulieren Sie typische Fragen, die bei der *Datenanalyse* im Rahmen der Beschreibung von Geschäftsprozessen bzw. Arbeitsabläufen zu stellen sind und beziehen Sie diese Fragen auf das Beispiel eines Versandhandels für Oberbekleidung!

Aufgabe A 6.12
a) Stellen Sie die wesentlichen Vor- und Nachteile der bei der Istanalyse eingesetzten Erhebungstechniken *Fragebogen* und *Interview* gegenüber!
b) Geben Sie an, wie Sie die beiden Instrumente am zweckmäßigsten einsetzen!

Aufgabe A 6.13
a) Nennen Sie die Basissichten des *ARIS-Konzepts*!
b) Zeigen Sie in einer Tabelle, welchen dieser Sichten die folgenden *grafischen Darstellungstechniken* zuzuordnen sind:
  - Entity-Relationship-Diagramm,
  - Ereignisgesteuerte Prozesskette,
  - Programmablaufplan,
  - Hierarchiediagramm,
  - Datenflussplan,
  - Rasterdiagramm,
  - Entscheidungstabelle!

Aufgabe A 6.14
Ein Elektrogroßhändler möchte seinen gesamten Artikelbestand mithilfe eines PCs überwachen und gleichzeitig das Bestellsystem computergestützt organisieren. Sie sind beauftragt, die *Istanalyse* vorzunehmen.
a) Formulieren Sie einen *Fragebogen* mit zehn Fragen, die Sie stellen werden!

b) Stellen Sie den Arbeitsablauf zwischen den Arbeitsgebieten Lager (Wareneingang, Lagerverwaltung), Verkauf, Auslieferung und Einkauf in einem *Rasterdiagramm* dar!

Aufgabe A 6.15
Bei einem teilautomatisierten Bestellsystem wird wie folgt verfahren:
- Anhand einer (am Bildschirm oder in gedruckter Form) als Liste vorliegenden Lagerbestandsdatei wird für jeden Artikel gleichzeitig geprüft,
  a) ob der Meldebestand unterschritten ist und
  b) ob der Artikel noch im Trend liegt.
- Ist der Meldebestand nicht unterschritten, erfolgt keine Nachbestellung.
- Ist der Meldebestand unterschritten und liegt der Artikel weiterhin im Trend, wird er nachbestellt.
- Liegt der Artikel nicht mehr im Trend, wird die Marktforschungsabteilung beauftragt, unabhängig vom vorhandenen Bestand nach einem aktuellen Nachfolgeartikel zu suchen.

Stellen Sie den beschriebenen Prozess grafisch durch eine *Ereignisgesteuerte Prozesskette* (EPK) dar!

Aufgabe A 6.16
Bei einem Kfz-Hersteller ist für jedes Teil festgelegt, ob es fremdbezogen oder selbst gefertigt wird. Ist der Meldebestand des betreffenden Teils unterschritten, müssen entweder (bei Fremdbezug) der Lieferant und die Bestellmenge oder (bei Eigenfertigung) die Fertigungsmenge ermittelt sowie in beiden Fällen die Bereitstellungstermine festgelegt werden. Nach vollzogener Lieferung bzw. Eigenfertigung wird das Teil eingelagert.

Stellen Sie den beschriebenen Prozess
a) durch eine *Ereignisgesteuerte Prozesskette* (EPK),
b) als *Programmablaufplan* (unter Verwendung der Symbole für Verarbeitung und Verzweigung nach DIN 66001) und
c) in einem *Datenflussplan*

dar!

Hinweis zu c): Überlegen Sie zuerst, welche Dateien bei Fremdbezug bzw. Eigenfertigung gebraucht werden. Sowohl bei Fremdbezug als auch bei Eigenfertigung sollen die Aufträge jeweils in entsprechenden Dateien (Bestelldatei bzw. Auftragsdatei) vermerkt werden.

Aufgabe A 6.17
In einem Programm zur Angebotsbearbeitung werden an Kunden auf Anfrage schriftliche Angebote (per Briefpost, Fax oder E-Mail) über gewünschte Artikel verschickt. Die Schreiben werden aus Textbausteinen, Artikelbezeichnungen und Artikelpreisen zusammengestellt. Die wichtigsten Angebotsdaten werden unter dem Tagesdatum in einer Angebotsdatei abgelegt, um zu einem späteren

Zeitpunkt „Erinnerungsschreiben" versenden zu können, falls das Angebot bis dahin nicht zu einem Auftrag geführt hat.
Zeichnen Sie einen *Datenflussplan* für dieses Programm!

Aufgabe A 6.18
Die Bestellannahme eines Pharmavertriebs ist wie folgt organisiert:
- Die Vertreter melden die am Tag von ihnen in Apotheken und Drogerien entgegengenommenen und schriftlich auf Formularen erfassten Bestellungen an jedem Abend vom PC in ihrer Wohnung per Datenübertragung an die Zentrale Vertriebsleitung (ZVL).
- Die ZVL prüft die Bestellungen auf sachliche Richtigkeit.
- Die ZVL schickt in der Nacht den Vertretern per Datenübertragung eine Liste der von ihr überprüften und ggf. korrigierten Bestellungen.
- Die Vertreter bestätigen am Morgen der ZVL die Liste nochmals per E-Mail.
- Die ZVL beauftragt anschließend das Lager mit der kundenweisen Kommissionierung der bestellten Artikel.
- Die ZVL meldet die von den Vertretern getätigten Verkaufsabschlüsse an das Gehaltsbüro der Personalabteilung zur Berücksichtigung bei der Provisionsabrechnung.
- Das Lager beauftragt die Auslieferung mit der Zustellung der Sendungen.
- Die Auslieferung stellt einen Tourenplan auf und liefert die Sendungen an die Kunden aus.

a) Stellen Sie den beschriebenen Arbeitsablauf in einem *Rasterdiagramm* dar!
b) Zeigen Sie *Schwachstellen* auf, an denen sich der Arbeitsablauf verbessern ließe!

Aufgabe A 6.19
Bei der Erfassung des Wareneingangs in einem Handelsbetrieb wird wie folgt vorgegangen: Beschädigte Artikel werden von vornherein ausgesondert. Von jedem einwandfreien Artikel, der in der Lieferung enthalten ist, wird der Zugang über eine Tastatur eingegeben. Das Programm schreibt den Bestand fort und zeigt den aktuellen Bestand am Bildschirm an. Handelt es sich um einen neuen Artikel, muss vorher ein Artikelstammsatz angelegt werden.
Stellen Sie den skizzierten Ablauf in einer *Entscheidungstabelle* dar!

Aufgabe A 6.20
Bei einem Großhändler soll das Bestellwesen wie folgt organisiert werden:
- Artikel, die eine vorgegebene Bestellgrenze („Warnmenge") unterschreiten, werden täglich zu Geschäftsschluss nachbestellt.
- Artikel, die bei einer Entnahme einen Bestand ausweisen, der weniger als 10 % über der Bestellgrenze liegt, werden nachbestellt, wenn für den betreffenden Tag bereits eine Bestellung bei demselben Lieferanten ansteht.

Stellen Sie die Entscheidungsregeln in einer *Entscheidungstabelle* zusammen!

Aufgabe A 6.21
Ein Getränkemarkt nimmt Kundenaufträge schriftlich, telefonisch und durch Bestellungen bei den Verkaufsfahrern entgegen. Die Auslieferung der Getränke erfolgt entweder durch die Verkaufsfahrer gegen Einzelrechnung oder Lieferschein mit anschließender Sammelrechnung oder durch Selbstabholung des Kunden gegen Barzahlung oder Rechnung. Der Inhaber beabsichtigt, einen PC anzuschaffen und darauf zunächst die Fakturierung und die Lagerverwaltung zu übernehmen. Stellen Sie in einer *Istanalyse* fest, welche möglichen *Schwachstellen* damit beseitigt werden können!

Aufgabe A 6.22
In Fortsetzung der Aufgabe A 6.9 (Zoohandlung WAUWAUMIAU) stellt sich heraus, dass (wegen des überschaubaren Projektumfangs) in der Phase Analyse die Schritte *Istanalyse* und *Sollkonzept* fließend ineinander übergehen. Geben Sie an,
a) wie Sie bei diesen beiden Schritten im Einzelnen vorgehen,
b) was Sie hinsichtlich der informationstechnischen Realisierung festlegen müssen (IT-Systemkonzept) und
c) welche Anforderungen speziell aus Benutzersicht zu stellen sind!

Aufgabe A 6.23
Sie sollen Standardsoftware für Tanzschulen erstellen. Entwickeln Sie in einem *Sollkonzept* Vorschläge
a) welche Tabellen (bei Verwendung eines relationalen Datenbankverwaltungssystems) anzulegen sind,
b) welche Programme zu erstellen sind,
c) wie die Dateneingabe zu organisieren ist und
d) welche Druckausgabe zu erbringen ist!

Aufgabe A 6.24
Ein Ausbildungsinstitut (z.B. Seminarveranstalter, Volkshochschule, Verwaltungs- und Wirtschaftsakademie, Berufsakademie) möchte die Verwaltung seiner Lehrgänge mithilfe eines PCs vornehmen. Geben Sie in einem *Sollkonzept* an,
a) welche Tabellen (bei Verwendung eines relationalen Datenbankverwaltungssystems) Sie anlegen,
b) welche Abfragen und Auswertungen (einschließlich einer Webpräsenz) Sie vorsehen,
c) auf welche Weise Sie die Implementierung leistungsfähiger Software garantieren,
d) welche Hardwarekomponenten Sie benötigen und
e) worauf Sie bei der Auswahl der Hardware besonders achten müssen!

Aufgabe A 6.25
Ein technischer Kundendienst verwaltet die Beschreibungen, Stücklisten, Zeichnungen, Schaltpläne, Reparaturhinweise usw. für die von ihm betreuten Gerätetypen in Aktenordnern. Er erwägt, dafür ein elektronisches Ablagesystem mit optischen Speicherplatten anzuschaffen.

Beurteilen Sie die Verbesserung/Verschlechterung des geplanten Verfahrens gegenüber dem bisherigen mithilfe der *Multifaktorenmethode*! Stellen Sie dazu fünf Kriterien unterschiedlicher Bedeutung (Gewichtsstufen 1 bis 3) auf und vergeben Sie für die Beurteilung Punkte von +3 (erhebliche Verbesserung) bis -3 (erhebliche Verschlechterung)!

Aufgabe A 6.26
Erläutern Sie den Unterschied zwischen den Begriffen *Effektivität* und *Effizienz* und geben Sie dafür ein Beispiel!

Aufgabe A 6.27
Nennen Sie die wesentlichen Anforderungen an die *Module* der *strukturierten Systementwicklung* und geben Sie ein Beispiel anhand des Anwendungssystems Personalabrechnung!

Aufgabe A 6.28
Eine wissenschaftliche Gesellschaft beabsichtigt, alle Verwaltungsarbeiten ihrer Geschäftsstelle mithilfe eines PCs abzuwickeln. Erstellen Sie einen *strukturierten Systementwurf* in Form eines *Funktionsbaums*, indem Sie top-down vorgehen und in hierarchischer Form die in Betracht kommenden Programmbausteine (Module) angeben!

Aufgabe A 6.29
Erstellen Sie einen *strukturierten Systementwurf* in Form eines *Funktionsbaums* für ein Programm zur Lagerverwaltung!

Aufgabe A 6.30
Stellen Sie den Arbeitsablauf für den Wareneingang (bis zur Bezahlung) in einem Handelsunternehmen mithilfe eines *SA-/SD-Datenflussdiagramms* dar!

Aufgabe A 6.31
Ein Ersatzteillager hat zwei getrennte Ausgabeschalter. An jedem Schalter befindet sich ein in ein lokales Netz eingebundener PC. Von dort wird auf eine zentrale Bestandsdatei zugegriffen, die in einem Server bereitgestellt wird. Wird ein Artikel verlangt, lassen sich die mit der Ausgabe befassten Mitarbeiter den aktuellen Bestand anzeigen. Falls eine ausreichende Menge vorhanden ist, wird die Entnahme vorgenommen und die entnommene Menge eingegeben. Andernfalls wird der Einkauf benachrichtigt.

Stellen Sie in einem *Petrinetz* dar, wie verhindert werden kann, dass von beiden Ausgabeschaltern gleichzeitig auf denselben Artikel zugegriffen wird!

Aufgabe A 6.32
Nennen Sie die wichtigsten Angaben, die im Pflichtenheft für die *Programmspezifikation* hinsichtlich der Datenausgabe festgelegt werden müssen!

Aufgabe A 6.33
Ein Kapital K verzinst sich jährlich mit p Prozent. Zu drucken ist eine Liste mit den Kapitalendwerten (Kapital plus Zinsen) am Ende jedes Jahres bis zu dem Jahr, in dem sich das Kapital verdoppelt hat.
a) Zeichnen Sie den entsprechenden *Programmablaufplan*!
b) Formulieren Sie das Programm in *Pseudocode*!

Hinweis zu b): Pseudocode ist eine Form des strukturierten Texts und verwendet u.a. folgende Schlüsselwörter
- für die Reihung: BEGIN, END;
- für die Verzweigung: IF, THEN, ELSE, ENDIF;
- für die Wiederholung: DO, DO WHILE, REPEAT UNTIL, ENDDO.

Aufgabe A 6.34
In einem Unternehmen erhalten Mitarbeiter
- nach 10-jähriger Firmenzugehörigkeit einmalig 500 Euro und
- nach 25-jähriger Firmenzugehörigkeit einmalig 2.500 Euro,

und zwar jeweils im Eintrittsmonat. Im Personalstammdatensatz sind das Eintrittsjahr und der Eintrittsmonat gespeichert. In der Personalabteilung sollen monatlich am Bildschirm die beiden Prämiensummen, die das Unternehmen zu zahlen hat, angezeigt werden.
Beschreiben Sie den Programmablauf in *Pseudocode*! Beachten Sie bei der Lösung der Aufgabe den Hinweis aus A. 6.33!

Aufgabe A 6.35
Sie haben einen multimediafähigen PC erworben und wollen jetzt mehrere Sie interessierende Titel der klassischen Musik bei einem Onlineshop im Internet bestellen.

Wird ein gesuchter Titel im Onlineshop angeboten, bestellen Sie die entsprechende Musik-CD jedoch erst dann, wenn Ihnen die Interpretation beim Anspielen gefällt. Titel, die nicht vorhanden sind oder Ihnen in der vorliegenden Interpretation nicht gefallen, merken Sie für die Suche bei einem anderen Onlinehändler oder in einem Schallplattengeschäft vor. Beschreiben Sie den Bestellvorgang durch einen *Programmablaufplan*!

Anmerkung: Es wird unterstellt, dass sich die vorhandenen Titel auf verschiedenen CDs befinden und außerdem nur in einer einzigen Interpretation angeboten werden.

Aufgabe A 6.36
Aus der OP-Datei einer Debitorenbuchhaltung soll im Stapelbetrieb ermittelt werden, an wie viel Prozent aller Kunden

- Forderungen über 10.000 Euro und
- Forderungen von über 5.000 bis 10.000 Euro

bestehen. Erstellen Sie einen Programmentwurf in Form
a) eines *Programmablaufplans* und
b) eines *Nassi-Shneiderman-Diagramms*!
Benutzen Sie die folgenden Variablen:

I = Zählindex für alle Kunden;
K = Zählindex für Kunden, an die Forderungen über 10.000 Euro bestehen;
L = Zählindex für Kunden, an die Forderungen über 5.000 Euro bestehen;
PK = Prozentsatz der Kunden, an die Forderungen über 10.000 Euro bestehen;
PL = Prozentsatz der Kunden, an die Forderungen über 5.000 Euro bestehen.

Aufgabe A 6.37

Für die Fakturierung eines Handelsunternehmens soll ein Programm zur *Dateiverarbeitung mit Gruppenwechsel* entwickelt werden, das anhand der Lieferscheine am Monatsende Rechnungen erstellt. Ausgangspunkt ist eine temporäre Datei, die nach Kundennummern sortierte Datensätze mit folgenden Angaben enthält: Kundennummer, Artikelnummer, Artikelgruppe, Stückpreis, Lieferdatum, Liefermenge.

Pro Kundennummer kann es mehrere Datensätze geben. Jeder Kunde soll am Monatsende mit der Kundennummer als Überschrift eine Aufstellung mit folgenden Angaben erhalten: Lieferdatum, Artikelnummer, Artikelgruppe, Liefermenge, Einzelpreis je Rechnungsposition, Rechnungssumme.

Ferner soll jeweils am Monatsende eine Liste mit den Umsätzen je Artikelgruppe gedruckt werden. Die Anzahl der Artikelgruppen beträgt N. Zur Vereinfachung soll auf den Ausweis der Umsatzsteuer verzichtet werden.
Beschreiben Sie den Programmablauf
a) durch einen *Programmablaufplan* und
b) durch ein *Nassi-Shneiderman-Diagramm*!

Aufgabe A 6.38

Stellen Sie die *objektorientierte Vorgehensweise* der Systementwicklung den traditionellen Vorgehensweisen (funktions- bzw. datenorientiert) gegenüber!

Aufgabe A 6.39

In vielen Unternehmen, die Anwendungssoftware erstellen, ist der Übergang zur objektorientierten Systementwicklung – zumindest bei allen neuen IT-Projekten – in den letzten Jahren vollzogen worden. Dennoch gibt es noch zahlreiche Unternehmen, die Individualsoftware entwickeln, weil für die betreffenden Anwendungen keine passende Standardsoftware angeboten wird, und dabei Sprachen der 3. Generation (z. B. RPG) oder der 4. Generation (z. B. SQL) verwenden. Formulieren Sie Fragen, die dort beim Übergang zur *objektorientierten Systementwicklung und Programmierung* zu diskutieren sind!

Aufgabe A 6.40
Nennen Sie je drei Beispiele für
a) *Vererbungsbeziehungen* und
b) *Ganz/Teil-Beziehungen*!

Aufgabe A 6.41
Erläutern Sie das *Vererbungsprinzip* der objektorientierten Systementwicklung am Beispiel des Festplattenspeichers als speziellem Massenspeicher von Computersystemen!

Aufgabe A 6.42
a) Erklären Sie die Begriffe *Klasse, Instanz, Attribut* und *Methode* am Beispiel Fahrzeug!
b) Stellen Sie die Klasse Fahrzeug grafisch in der Notation von *UML* dar!

Aufgabe A 6.43
Eine Verwaltungs- und Wirtschaftsakademie hat sämtliche Daten (Hörernummer, Name, Geburtsdatum, Anschrift u. ä.) und Studienleistungen (Noten in den einzelnen Fächern) ihrer Hörer noch auf Karteikarten erfasst. Nachdem der Vorstand beschlossen hat, zur Verwaltung der Hörer und ihrer Studienleistungen ein Computersystem einzusetzen, sollen Sie mit dem Entwurf des Anwendungssystems unter Verwendung der Methode UML beginnen.
a) Stellen Sie die *Klasse* Hörer mit notwendigen Attributen und Methoden grafisch in der Notation von *UML* dar!
b) Die Klasse Hörer erhält ein Attribut „Anzahl", welches angibt, wie viele Hörer an der VWA eingeschrieben sind. Erläutern Sie, warum es sich bei diesem Attribut um ein so genanntes *Klassenattribut* handelt!

Aufgabe A 6.44
Stellen Sie die Beziehung zwischen den Klassen Bankkunde und Girokonto grafisch in der Notation von *UML* dar!

Aufgabe A 6.45
Erklären Sie die Begriffe *Generalisierung* und *Spezialisierung* am Beispiel der Klasse Mitarbeiter!

Aufgabe A 6.46
Stellen Sie die dreistufige *Aggregationshierarchie* zwischen den Klassen Lehrbuch, Kapitel und Abschnitt grafisch in der Notation von *UML* dar!

Aufgabe A 6.47
Erklären Sie den grundsätzlichen Aufbau von *Nachrichten* am Beispiel der Einlagerung von Waren in ein Lagerhaus!

Aufgabe A 6.48
Ein Versandhändler für Computer nimmt Bestellungen per Fax, Telefon, Brief oder E-Mail entgegen.

Privatkunden bezahlen bestellte Produkte in der Regel mit Kreditkarte. Firmenkunden wird je nach Zahlungsmoral ein individuell festgelegter Kreditrahmen gewährt und monatlich eine Rechnung gestellt. Kunden mit schlechter Bonität werden nur gegen Vorkasse beliefert.

Um die Lagerhaltungskosten niedrig zu halten, hat der Händler nur gängige Artikel auf Lager. Diese werden bei Unterschreiten des Meldebestands in einer bestimmten Menge nachbestellt. Selten geordete Artikel bezieht er bei Bedarf von Lieferanten, die ihm bestimmte, vom Artikel abhängige Lieferzeiten garantieren.

Sie sind beauftragt, einen objektorientierten Entwurf für die Kundenauftragsbearbeitung unter Verwendung der Methode *UML* anzufertigen.

a) Erstellen Sie ein *Klassendiagramm* für den dargelegten Sachverhalt!
b) Für die Artikel muss der Mehrwertsteuersatz festgehalten werden. Erläutern Sie, was beim Entwurf des Klassendiagramms beachtet werden muss, wenn der Versandhändler neben Computerhardware auch Fachliteratur für Informatik vertreibt!
c) Entwerfen Sie ein *Interaktionsdiagramm* für das Szenario der Bestellung eines Lagerartikels durch einen Firmenkunden!

Aufgabe A 6.49
Geben Sie eine Übersicht über die *Generationen von Programmiersprachen*!

Aufgabe A 6.50
Erläutern Sie kurz den Hauptunterschied zwischen *prozeduralen* und *deklarativen Programmiersprachen* und erläutern Sie den Unterschied am Beispiel einer Taxifahrt!

Aufgabe A 6.51
Geben Sie
a) eine *prozedurale* und
b) eine *deklarative* Formulierung
für die Aufgabe, eine Liste aller Teilnehmer an der Klausur „Wirtschaftsinformatik" aufzustellen, die die Klausur mit der Note 2,3 oder besser absolviert haben!

Aufgabe A 6.52
Nennen Sie Programmiersprachen der *objektorientierten Programmierung*, indem Sie zwischen rein objektorientierten Sprachen und Hybridsprachen unterscheiden!

Aufgabe A 6.53
Erläutern Sie die Unterschiede
a) zwischen dem *Blackboxtest* und dem *Whiteboxtest* sowie
b) zwischen dem *statischen Test* und dem *dynamischen Test*!

Aufgabe A 6.54
Geben Sie für die strukturierte Systementwicklung an,
a) in welchen Stufen das *computergestützte Testen* abläuft und
b) welche Schritte jeder Stufe zugrunde liegen sollten!

Aufgabe A 6.55
Stellen Sie für den in Abbildung A 6.55.0 dargestellten Programmablaufplan fest, wie viele *Testfälle*
- für die Ausführung aller Anweisungen,
- für die Ausführung aller Zweige und
- für die Ausführung sämtlicher Pfade

erforderlich sind! Geben Sie zu jedem Testfall mithilfe der in der Abbildung enthaltenen Bezeichnungen den Programmablauf an!

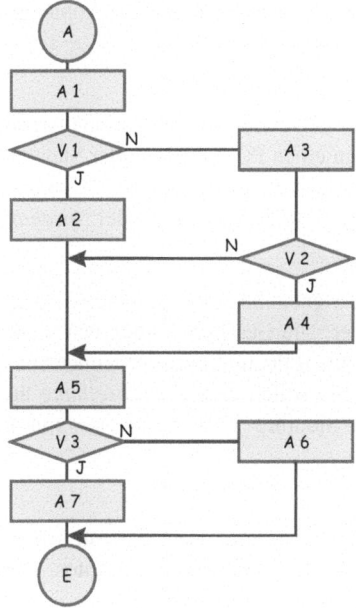

Abbildung A 6.55.0

Aufgabe A 6.56
Der Inhaber einer Reparaturwerkstatt für Küchengeräte möchte seine kaufmännischen Aufgaben zukünftig computergestützt erledigen. In einer Computerzeitschrift liest er von *Shareware*. Beschreiben Sie die Vor- und Nachteile, die sich beim Einsatz solcher Programme ergeben können!

Aufgabe A 6.57
Ein Unternehmen, das Standardsoftware für die Debitorenbuchhaltung anschaffen will, hat bisher Kunden mit hohem Auftragsvolumen erst gemahnt, wenn sie den Zahlungstermin von zwei Monaten überschritten haben. Die angebotene Standardsoftware sieht diese Möglichkeit nicht vor. Skizzieren Sie die beiden grundsätzlichen Alternativen der organisatorischen *Anpassung*!

Aufgabe A 6.58
Beschreiben Sie alle grundsätzlichen Möglichkeiten für das *Customizing* von Standardsoftware!

Aufgabe A 6.59
Sie sollen im Auftrag des Studentenwerks Ihrer Universität *Branchensoftware* zur Verwaltung von Studentenwohnheimen auswählen. Formulieren Sie zehn Fragen, die Sie allen in Betracht kommenden Anbietern entsprechender Programme stellen!

Aufgabe A 6.60
Die Konzertdirektion SONATA will sich zur Rationalisierung ihrer Verwaltungs- und Abrechnungsarbeiten einen PC mit passender Standardsoftware anschaffen. Sie sind beauftragt, alle Vorbereitungen bis zum Vertragsabschluss durchzuführen. Beschreiben Sie Ihre *Vorgehensweise* bei der *Anschaffung* in Stichworten!

Aufgabe A 6.61
IMMERGRÜN ist ein Gartenbaubetrieb mit einer angeschlossenen Reparaturwerkstatt für Rasenmäher. Die Geschäftsleitung beabsichtigt, alle Verwaltungsarbeiten zukünftig mit einem PC und entsprechender Standard- bzw. Branchensoftware abzuwickeln. Sie sollen eine *Ausschreibung* an potenzielle Anbieter vorbereiten. Skizzieren Sie Ihre Vorgehensweise und formulieren Sie einen Ausschreibungstext!

Aufgabe A 6.62
Sie wollen in einem Leasingunternehmen, das mit seinen Kunden Leasingverträge für unterschiedliche Industrieprodukte (Autos, Computer, medizinische Geräte, Maschinen, technische Einrichtungen usw.) abschließt, ein *Workflowmanagementsystem* einführen.

Ihnen liegen drei Angebote A, B und C für Workflowmanagementsysteme vor, die sich – wie in Abbildung A 6.62.0 zusammengestellt –
- im Kaufpreis,
- in der Anzahl der maximal anschließbaren Arbeitsplätze (Grundausstattung, kostenpflichtiger Ausbau),
- in der Verfügbarkeit (bzw. späteren Realisierung) einer Schnittstelle zu einem Dokumentenmanagementsystem (DMS),

- im Leistungsumfang der vorhandenen Funktionen (z. B. Fallanzeige, Bearbeitungshinweise, Bereitstellung der Unterlagen, Anzahl der Folgeaktivitäten usw.) und
- in der Anzahl der Referenzinstallationen

unterscheiden.

	A	B	C
Kaufpreis (Euro)	75.000	65.000	60.000
Maximal anschließbare Arbeitsplätze	20	30	20 mit Ausbaufähigkeit
Schnittstelle zu DMS	ja	ja	kostenpflichtig realisierbar
Leistungsumfang (Funktionen)	voll	beschränkt	beschränkt, aber erweiterungsfähig
Referenzinstallationen	15	30	20

Abbildung A 6.62.0

a) Führen Sie mit Gewichten (Summe 100 %) für die Kriterien und Punktbewertungen für die Angebote (1 = sehr schlecht, 5 = sehr gut), die Sie selbst festlegen, eine *Nutzwertanalyse* durch, und geben Sie eine (kommentierte) Empfehlung, welches Angebot bevorzugt werden sollte!
b) Geben Sie an, welche generelle *Kritik* gegenüber der Nutzwertanalyse vorgebracht wird!

Aufgabe A 6.63
Beschreiben Sie das Prinzip der *SAP-Referenzmodelle* für Geschäftsprozesse bzw. Arbeitsabläufe!

Aufgabe A 6.64
a) Nennen Sie drei wesentliche Kriterien für die *Softwarequalität* nach DIN 66272!
b) Erläutern Sie diese drei Kriterien beispielhaft anhand eines Programms zur Fakturierung!
c) Nennen Sie die weiteren Kriterien aus der Norm DIN 66272, die Sie unter a) nicht berücksichtigt haben!

Aufgabe A 6.65
Erläutern Sie anhand der Dateneingabe für die Zahlungseingänge bei einer Debitorenbuchhaltung in drei Beispielen, wie sich der Grundsatz der *Erwartungskonformität* nach DIN EN ISO 9241-10 hinsichtlich der Forderungen an die Softwareergonomie realisieren lässt!

Aufgabe A 6.66
a) Geben Sie die Hauptziele von *Qualitätssicherungsmaßnahmen* für Software an!
b) Nennen Sie die wesentlichen Qualitätssicherungsmaßnahmen!

Aufgabe A 6.67
Die *Prozesszertifizierung* gewinnt auch bei der Softwareentwicklung zunehmend an Bedeutung. Beschreiben Sie,
a) auf welcher Normenreihe der Zertifizierungsprozess basiert und
b) in welchen Phasen der Zertifizierungsprozess abläuft!

Aufgabe A 6.68
Im Auftrag des IT-Leiters müssen Sie für jedes neu entwickelte bzw. angeschaffte Programm prüfen, ob die Voraussetzungen für die *Systemfreigabe* zur anschließenden Systemeinführung gegeben sind. Stellen Sie eine Checkliste auf, welche Bedingungen erfüllt sein müssen!

Aufgabe A 6.69
Beschreiben Sie alle Alternativen für die *Einführung* eines neuen Anwendungssystems und geben Sie dazu je ein Beispiel!

Aufgabe A 6.70
Geben Sie an, welche Art der *Softwarewartung* in den folgenden Situationen erforderlich wird!
a) In einem Fakturierungsprogramm wird die Rechnungssumme falsch ermittelt.
b) Das bestehende Hilfesystem zu einem Textverarbeitungsprogramm wird von einigen Benutzern als unzureichend empfunden.
c) Für ein Programm zur Personalabrechnung soll eine Exportschnittstelle für die elektronische Datenübertragung zur Hausbank geschaffen werden.
d) Die Antwortzeiten bei einem Führungsinformationssystem verschlechtern sich mit wachsendem Datenbestand.

Aufgabe A 6.71
Die *Wartung* eines seit Jahren im Einsatz befindlichen Programms zur Personalabrechnung bereitet den Verantwortlichen erhebliche Schwierigkeiten, da einige der an der Entwicklung beteiligten Mitarbeiter das Unternehmen verlassen haben und erst jetzt festgestellt wird, dass die Dokumentation unvollständig bzw. von schlechter Qualität ist. Zudem weist das Programm mehrere schwerwiegende Fehler auf. Beschreiben Sie, wie zur Behebung dieses Missstands vorgegangen werden sollte!

Aufgabe A 6.72
Nennen Sie je zwei Beispiele für *wiederverwendbare Softwarekomponenten*
a) aus der strukturierten und
b) aus der objektorientierten
System- und Programmentwicklung!

Antworten auf die Fragen zu Kapitel 6

Zu Frage F 6.1
Als *System* definiert die Organisationstheorie „eine Menge von Elementen, die in einem Wirkzusammenhang stehen". Diese Elemente können z. B.
- von den Organisationseinheiten eines Unternehmens,
- von den Beschäftigten eines Werks,
- von den Hardwarekomponenten eines Computersystems oder
- von den Programmen für ein abgegrenztes betriebliches Anwendungsgebiet (z. B. Personalabrechnung)

gebildet werden.

Zu Frage F 6.2
Unter einem *IT-Anwendungssystem*, kurz *Anwendungssystem*, versteht man im engeren Sinn die Gesamtheit aller Programme für ein konkretes betriebliches Anwendungsgebiet sowie die zugehörigen Daten.

Beispiel: Produktionsplanungs- und -steuerungssystem (PPS) mit Programmen für Lagerhaltung, Materialbedarfsplanung, Fertigungsplanung und Fertigungssteuerung und den zugehörigen Grunddaten (Erzeugnisstrukturen, Stücklisten usw.)

Im weiteren Sinn sind zu einem Anwendungssystem auch die Hardwarekomponenten, die Systemsoftware und die Kommunikationseinrichtungen zu rechnen, die speziell für diese Anwendung benötigt werden.

Beispiele:
- Geräte zur Betriebsdatenerfassung (BDE) für die Fertigungssteuerung,
- Datenbankverwaltungssystem für die Einrichtung eines Data Warehouse,
- lokales Netz für die Vernetzung der Bürobereiche.

Bei einer geschäftsprozessorientierten Vorgehensweise muss man auch die beteiligten Abteilungen bzw. Arbeitsplätze und die Prozessabläufe in die Beschreibung des Anwendungssystems einbeziehen.

Zu Frage F 6.3
Unter *Wertschöpfung* versteht die Betriebswirtschaftslehre die Differenz zwischen der Summe aller vom Unternehmen erbrachten bewerteten Leistungen und dem wertmäßigen Verbrauch der von außerhalb bezogenen Vorleistungen.

Zu Frage F 6.4
Die wesentlichen Merkmale von *Geschäftsprozessen* bestehen darin, dass sie
- für das Unternehmen einen Beitrag zur Wertschöpfung liefern und
- in der Regel kundenorientiert sind, wobei zu den Kunden auch unternehmensinterne Stellen gehören können.

Weitere Merkmale betreffen die Zuordnung zu Leistungs- und Unterstützungsprozessen, die Zusammensetzung aus einzelnen Aktivitäten, den Ablauf des Prozesses, die beteiligten betrieblichen Organisationseinheiten sowie den Auslöser und das Ergebnis des Prozesses.

Zu Frage F 6.5
Geschäftsprozesse und *Projekte* haben zwar jeweils einen definierten Anfang und ein definiertes Ende, der Geschäftsprozess ist jedoch – im Gegensatz zum Projekt – nicht einmalig, sondern ein Routinevorgang im Unternehmen.

Zu Frage F 6.6
Die *Geschäftsprozessorientierung* hat als primäre Ziele
- die Herausarbeitung der Leistungs- und Unterstützungsprozesse des Unternehmens,
- die Definition der für den Unternehmenserfolg maßgeblichen Leistungsprozesse, der so genannten Kernprozesse, sowie
- die Erhöhung der Wettbewerbsfähigkeit durch Konzentration auf die Kernprozesse und Trennung von den anderen Leistungsprozessen, z. B. durch Fremdvergabe.

Sie bildet gleichzeitig die Basis für eine *Geschäftsprozessoptimierung* durch Verbesserungsmaßnahmen, bei deren Einsatz entweder kontinuierlich oder radikal vorgegangen wird.

Zu Frage F 6.7
Aus der geschäftsprozessorientierten Vorgehensweise ergeben sich nach dem ARIS-Konzept von SCHEER zunächst die folgenden vier *Sichten* auf Anwendungssysteme:
- Datensicht: dem Anwendungssystem zugrunde liegende Datenbestände;
- Funktionssicht: die von dem Anwendungssystem unterstützten bzw. auszuführenden Funktionen;
- Organisationssicht: die mit dem Anwendungssystem befassten Organisationseinheiten;
- Prozesssicht: Ablauf der dem Anwendungssystem zugrunde liegenden Prozesse.

Hinzu werden meistens noch gezählt:
- Ressourcensicht: für das Anwendungssystem benötigte IT-Ressourcen;
- Leistungssicht: vom Anwendungssystem erzeugtes Ergebnis (Produktbeschreibung, Qualitätsmerkmale u. a.).

Zu Frage F 6.8
Mit der *Entwicklung* von Anwendungssystemen beschäftigen sich
- Systemanalytiker und Programmierer in den betrieblichen IT-Abteilungen und in Softwarefirmen (professionelle Systementwicklung) sowie
- (unter Beschränkung auf arbeitsplatzbezogene Anwendungen) Benutzer in den Fachabteilungen.

Im letzteren Fall handelt es sich in der Regel um das Arbeiten mit Komponenten von Officepaketen, z. B. Tabellenkalkulation oder Präsentationssoftware.

Zu Frage F 6.9
Die zwei bestimmenden *Grundfragen* der Systementwicklung sind:
a) Welche Aktivitäten sind in welcher Reihenfolge auszuführen?
b) Wer führt wann welche Aktivitäten aus?
Mit der ersten Frage befassen sich die Vorgehensmodelle der Systementwicklung. Die zweite Frage ist Gegenstand des Projektmanagements.

Zu Frage F 6.10
Vorgehensmodelle der Systementwicklung haben die Aufgabe, zu beschreiben, in welchen Schritten bei der Entwicklung von Anwendungssystemen prinzipiell vorzugehen ist. Sie zählen zu den so genannten Referenzmodellen.

Zu Frage F 6.11
Die *Phasen*, die fast allen (phasenorientierten) *Vorgehensmodellen* zugrunde liegen, sind
- Analyse,
- Entwurf,
- Realisierung und
- Einführung.

Zu Frage F 6.12
a) Der Begriff *Software Engineering* wurde 1968 von dem Deutschen F. L. BAUER, der Begriff *Information Engineering* 1989 von dem US-Amerikaner J. MARTIN geprägt.
b) *Software Engineering* beschreibt ganz allgemein die ingenieurmäßige Vorgehensweise bei der Systementwicklung. *Information Engineering* bedeutet sinngemäß die Anwendung ineinander greifender formaler Techniken für die Planung, die Analyse, den Entwurf und die Konstruktion von Informationssystemen auf einer unternehmensweiten Basis. Der Begriff ist so weit gefasst, dass er sich nach Belieben interpretieren lässt.

Zu Frage F 6.13
Die beiden Hauptabschnitte des *Softwarelebenszyklus* (software life cycle) sind
- die Entwicklungszeit und
- die Nutzungszeit, die in der Regel ein Vielfaches der Entwicklungszeit beträgt (umgekehrt wäre die Entwicklung eine Fehlinvestition).

Zu Frage F 6.14
Generell haben *Projekte* die Eigenschaft, dass sie
- einmalig für das Unternehmen sind (im Gegensatz zu den täglichen Routineaufgaben),

- sich in aufeinander folgende, teilweise parallel ablaufende Teilschritte zerlegen lassen,
- interdisziplinär in Teamarbeit durchgeführt werden,
- häufig mit anderen Projekten um Betriebsmittel konkurrieren und
- einen zeitlich definierten Anfang und Abschluss besitzen.

IT-Projekte befassen sich speziell mit der Entwicklung von Anwendungssystemen, wobei die Projektverantwortlichkeit und der überwiegende Teil der Projektarbeit meistens auf Seiten der IT-Abteilung liegen.

Zu Frage F 6.15

Das *Projektmanagement* hat die Aufgabe, für die einzelnen Phasen des *Phasenkonzepts* der Systementwicklung
- die (Beginn- und Fertigstellungs-) Termine,
- den Entwicklungsaufwand (nach Arbeitszeit, z. B. Personenmonaten) und die Entwicklungskosten (für Personal und Sachmittel) sowie
- den Personaleinsatz

zu planen, zu überwachen und zu steuern.

Zu Frage F 6.16

Gegen die Einhaltung eines *strengen Phasenkonzepts* sprechen u. a. folgende Gründe:
- Die endgültigen Anforderungen – sowohl aus fachlicher Sicht als auch aus IT-Sicht – stellen sich erst mit fortschreitendem Erkenntnisstand während der Systementwicklung heraus.
- Aus dem Umfeld kommen Einflüsse (strukturorganisatorische Maßnahmen im Unternehmen, gesetzliche Änderungen, Innovationen auf dem IT-Markt u. a.), die rückwirkend Korrekturen am Sollkonzept oder am Systementwurf erfordern.
- Benutzerwünsche, insbesondere zur Softwareergonomie, lassen sich teilweise erst zu einem relativ späten Zeitpunkt ermitteln und führen deshalb zwangsläufig ebenfalls zu einer zyklischen Vorgehensweise.

Bei unstrukturierten Anwendungssystemen, z. B. wissensbasierten Systemen, lässt sich ein Phasenkonzept ohnehin nur bedingt einhalten.

Zu Frage F 6.17

Unter *Rapid Prototyping* versteht man die Entwicklung von Wegwerfprototypen (von Anwendungssystemen), die lediglich zur Sammlung von Erfahrungen dienen, anhand derer später das endgültige System völlig neu erstellt wird.

Zu Frage F 6.18

Probleme, die sich aus dem Einsatz von *Prototyping* ergeben können, sind
- die Vernachlässigung einer sorgfältigen Vorgehensweise in den Phasen Analyse und/oder Entwurf sowie
- der vorschnelle Einsatz unfertiger und/oder nicht ausreichend getesteter Anwendungssysteme.

Der sinnvolle Einsatz von Prototyping kann daher nur unter bestimmten Voraussetzungen erfolgen („kontrolliertes Prototyping"), z. B. durch die Festlegung, welche Anforderungen ein zu entwickelnder Prototyp tatsächlich abdecken soll.

Zu Frage F 6.19
Die völlige Abkehr vom *Phasenkonzept* wird vor allem vom IT-Management als realitätsfremd abgelehnt, weil ohne jegliche Phaseneinteilung die laufende Überwachung und Steuerung von IT-Projekten erheblich erschwert wird.

Zu Frage F 6.20
Unter *(Software-) Konfigurationsmanagement* versteht man die Verwaltung sowohl der gesamten Entwicklungsdokumentation (Daten- und Programmbeschreibungen einschließlich Testfällen und Benutzungshilfen) als auch der späteren Programmänderungen (Versionsverwaltung). Das Konfigurationsmanagement kann durch Softwareentwicklungswerkzeuge und durch eine Entwicklungsdatenbank (Repository) unterstützt werden. Konfigurationsmanagement gibt es auch für die Hardware und für Netze.

Zu Frage F 6.21
Moderne Konzepte zur Planung von *IT-Projekten* fordern, IT-Projekte für neue Anwendungssysteme nicht isoliert zu entwerfen und kurzfristig festzulegen, sondern als Ergebnis einer langfristig ausgerichteten, aus den Zielen und den Geschäftsprozessen des Unternehmens abgeleiteten Sicht zu begründen.

Zu Frage F 6.22
Kreativitätstechniken wie Brainstorming, Szenarioanalyse u. a. lassen sich bei der Systementwicklung in erster Linie in der Phase Projektbegründung einsetzen. Sie dienen dazu, Projektvorschläge im Rahmen eines Ideenfindungsprozesses zu erarbeiten.

Zu Frage F 6.23
Im *Projektauftrag* für ein IT-Projekt werden
- die Bezeichnung und die Zielsetzung des IT-Projekts,
- der Inhalt des geplanten Anwendungssystems,
- Auflagen und Begrenzungen für die Projektdurchführung sowie
- Vollmachten für die Projektbearbeiter
festgelegt.

Zu Frage F 6.24
Projektaufträge müssen nicht immer alle Stufen des Phasenkonzepts umfassen. Üblich ist die Durchführung einer Vorstudie bis zum Sollkonzept, bei deren Abschluss anhand einer Wirtschaftlichkeitsbetrachtung über die Fortführung oder die Einstellung des Projekts entschieden wird.

Zu Frage F 6.25

a) In der Phase *Analyse*, die in erster Linie die Ermittlung der Systemanforderungen aus der Sicht der späteren Anwender und Benutzer zum Inhalt hat, wird in zwei Schritten vorgegangen, und zwar
- Schritt 1: Durchführung einer Istanalyse,
- Schritt 2: Aufstellung eines Sollkonzepts.

b) Bei der *Istanalyse*, mit der die Schwachstellen der bestehenden Ablauforganisation herausgearbeitet und damit die Voraussetzungen für die Aufstellung eines Sollkonzepts geschaffen werden sollen, wird wiederum in zwei Schritten vorgegangen, nämlich
- Schritt 1: Erhebung (synonym: Erfassung) und Beschreibung des Istzustands und
- Schritt 2: Analyse und Bewertung des Istzustands (Schwachstellenanalyse).

Zu Frage F 6.26

Nach einer aus der weiten Verbreitung betriebswirtschaftlicher Standardsoftware resultierenden Auffassung kann eine detaillierte *Istanalyse* unterbleiben, weil sie zeit- und kostenaufwändig ist und zur Festschreibung des Istzustands verleitet. Die festgestellten Mängel seien im Unternehmensvergleich ohnehin weitgehend identisch und allgemein bekannt. Ein detailliertes *Sollkonzept* ist nach dieser Auffassung ebenfalls nicht erforderlich, weil sich aus den bisherigen Erfahrungen mit der Einführung von Standardsoftware ein Idealkonzept ergeben hat, das sich mit geringem Aufwand kundenindividuell anpassen lässt.

Zu Frage F 6.27

Das *Mengengerüst* (von Massendaten) muss bei der Istanalyse erhoben werden, um bei der nachfolgenden Aufstellung des Sollkonzepts
- die erforderliche Hardwarekonfiguration, insbesondere hinsichtlich Kapazitäten, Zugriffs- und Programmlaufzeiten ermitteln,
- die wirtschaftlichste Form der Datenerfassung bzw. -eingabe finden,
- die Datenorganisation, d.h. die Einrichtung von Dateien und Datenbanken, planen und
- die in Frage kommenden Netze auswählen bzw. einrichten
zu können. Beispielsweise gibt es erhebliche Unterschiede, ob ein Datenbestand aus 1.000 oder 100.000 Datensätzen besteht und ob er zentral oder verteilt gespeichert wird.

Zu Frage F 6.28

Die Durchführung von *ABC-Analysen* bei der Erhebung des Mengengerüsts dient dazu, die erfassten Angaben hinsichtlich ihrer quantitativen Bedeutung zu klassifizieren, z.B. die Artikel eines Lagers hinsichtlich ihres wertmäßigen Anteils am gesamten Lagerbestand. Die Ergebnisse einer ABC-Analyse geben dann z.B. Aufschluss darüber, für welche Artikel welche Form eines computergestützten Bestellsystems in Frage kommt. Für A- und B-Artikel wird meistens die halbautomatische, für C-Artikel die vollautomatische Form gewählt.

Zu Frage F 6.29
Vor- und Nachteile der *Erhebungstechniken* Unterlagenstudium, Fragebogen und Konferenz sind:
a) Unterlagenstudium
 - Vorteile: breite Informationsbasis, unkomplizierte Durchführung;
 - Nachteile: fehlende Systematik, unzureichende Antworten auf konkrete projektbezogene Fragen;
b) Fragebogen
 - Vorteile: systematische Erhebungstechnik, strukturierte Vorgehensweise, Vollständigkeit;
 - Nachteile: unbewusst oder bewusst falsche Eintragungen, fehlende Hintergrundinformationen (außer in Verbindung mit Interview);
c) Konferenz
 - Vorteile: sofortiges Aufdecken von Widersprüchen, Ausgleich von Meinungsverschiedenheiten, Diskussionsmöglichkeit;
 - Nachteile: Zurückhalten von Aussagen, Beeinflussung durch hierarchische Abhängigkeiten oder wortgewandte Argumentationen.

Zu Frage F 6.30
Die *Darstellungstechniken* der Systementwicklung lassen sich grob in
a) grafische,
b) tabellarische und
c) textliche
Beschreibungsmittel einteilen. Auch Kombinationen sind gebräuchlich. Beispiele sind
zu a) Entity-Relationship-Diagramme, Ereignisgesteuerte Prozessketten (EPK), Programmablaufpläne, Datenflusspläne;
zu b) Rasterdiagramme, Entscheidungstabellen;
zu c) strukturierter Text.

Zu Frage F 6.31
Die bei der *Istanalyse* festgestellten *Schwachstellen* können
a) in der Erfüllung der betrieblichen Aufgaben und
b) in den daraus resultierenden Auswirkungen
liegen. Beispiele sind
a) ein desolates, weil nicht computergestütztes Bestellwesen und
b) als Folge hohe Lagerbestände mit einer unwirtschaftlichen Kapitalbindung.
Die *Mängel* sind zu unterscheiden nach
- quantifizierbaren Mängeln, z. B. Lieferverzögerungen, schlechter Servicegrad, hohe Anzahl von Reklamationen, und
- nicht quantifizierbaren Mängeln, z. B. Kundenunzufriedenheit, Imageverluste.

Quantifizierbare Mängel lassen sich häufig, jedoch nicht immer monetär bewerten. Nicht quantifizierbare Mängel lassen sich monetär überhaupt nicht bewerten.

Zu Frage F 6.32
Die *Anforderungen* an ein geplantes Anwendungssystem ergeben sich aus den beiden Fragen
- „Was soll das System leisten?" (Fachentwurf: fachliche Anforderungen) und
- „Wie soll das System realisiert werden?" (IT-Grobentwurf oder Systemkonzept: informationstechnische Anforderungen).

Beispiel:
- Fachentwurf: Vertriebsinformationssystem mit einer Vielzahl von Abfrage- und Auswertungsmöglichkeiten;
- IT-Grobentwurf: Realisierung als neu einzurichtende Datenbank auf der Basis der operativen Datenbanken unter Nutzung der Abfragesprache SQL.

Zu Frage F 6.33
Von jedem geplanten Anwendungssystem muss erst ein *Sollkonzept* entwickelt werden, um
a) die fachlichen Anforderungen im Detail festzulegen und
b) anhand der daraus abgeleiteten informationstechnischen Anforderungen eine Wirtschaftlichkeitsanalyse durchzuführen, nach der definitiv entschieden wird, ob das neue Anwendungssystem entwickelt oder das IT-Projekt eingestellt bzw. verschoben werden soll.

Zu Frage F 6.34
Das *Requirements Engineering* hat die Aufgabe, Methoden, Beschreibungsmittel und Werkzeuge für die Erhebung und Formulierung der Benutzeranforderungen zur Verfügung zu stellen. Die Techniken reichen von strukturierten Checklisten bis zur rechnergestützten Überprüfung von Sollkonzepten auf Vollständigkeit und Widerspruchsfreiheit.

Zu Frage F 6.35
Pflichtenhefte dienen nach DIN 69901 generell dazu, die zur Erreichung der Projektziele erforderlichen Leistungen zu beschreiben. Den Inhalt kann man in
- einen fachinhaltlichen Teil (Beschreibung der von dem Anwendungssystem zu übernehmenden betrieblichen Aufgaben) und
- einen informationstechnischen Teil (Beschreibung der Realisierung durch Geräte, Dateien bzw. Datenbanken, Programme, Netze usw.)
gliedern. Im Verlauf des Systementwicklungsprozesses ist es – als Bestandteil des Konfigurationsmanagements – erforderlich, projektbegleitend Pflichtenhefte mit zunehmender Detaillierung anzufertigen.

Zu Frage F 6.36
Durchführbarkeitsprüfungen haben das Ziel, noch vor der Wirtschaftlichkeitsanalyse die generelle Realisierbarkeit des geplanten Anwendungssystems zum beabsichtigten Zeitpunkt zu überprüfen. Beispielsweise kann es sich empfehlen, Projekte zeitlich zu verschieben,
- wenn das Unternehmen umstrukturiert wird oder Outsourcingmaßnahmen anstehen,
- wenn negative Erfahrungen anderer Anwender bekannt geworden sind (z. B. mit bestimmter Standardsoftware),
- wenn vom Hersteller leistungsfähigere Hardware angekündigt wird,
- wenn grundlegend neue Techniken auf den Markt kommen (z. B. Transponderchips) oder
- wenn erst noch Mitbestimmungsfragen (z. B. bei der Einführung einer automatischen Arbeitszeiterfassung oder eines Projektverfolgungssystems) geklärt werden müssen.

Zu Frage F 6.37
Bei den *Kosten* im Lebenszyklus von Anwendungssystemen muss man zwischen
- einmaligen Kosten und
- laufenden Kosten

unterscheiden. Einmalige Kosten betreffen die Entwicklung und Einführung des Anwendungssystems mit allen dazugehörigen Anschaffungen und Umstellungen, laufende Kosten die Nutzung des Anwendungssystems einschließlich aller Folgekosten für Wartung, Reorganisationen usw.

Zu Frage F 6.38
Schwierigkeiten bei der Ermittlung des *Nutzens* von Anwendungssystemen bestehen häufig darin,
- qualitative Nutzenpotenziale (wie z. B. Kundenzufriedenheit oder Firmenimage) zu bewerten und
- die ersatzweise herangezogenen Verfahren zur Bewertung solcher Nutzenpotenziale objektiv einzusetzen.

Zu Frage F 6.39
Quantifizierbare Vorteile von Anwendungssystemen lassen sich nicht immer monetär bewerten, wie folgende Beispiele zeigen:
- Anfragen über den Stand von Fertigungsaufträgen in der Werkstatt können in wenigen Sekunden statt wie früher erst nach Stunden beantwortet werden.
- Die Lieferbereitschaft des Lagers erhöht sich von 90 % auf 95 %.
- Die Durchlaufzeiten der Aufträge durch den Betrieb verkürzen sich um 10 %.

Im letzteren Fall ließe sich unter Umständen eine monetäre Bewertung vornehmen, wenn die Übernahme weiterer Aufträge unterstellt wird und dafür monetäre Werte geschätzt werden.

Zu Frage F 6.40

Multifaktorenmethoden dienen dazu, bei der Entwicklung von Anwendungssystemen nicht quantifizierbare Nutzenpotenziale dennoch zahlenmäßig zu bewerten. Die gebräuchlichste Methode besteht darin,
- Kriterien zum Vergleich des geplanten Anwendungssystems mit dem bisherigen Arbeitsablauf festzulegen,
- diese Kriterien mittels einfacher Skalenwerte hinsichtlich ihrer Bedeutung zu gewichten,
- die erwartete Veränderung (Verbesserung bzw. Verschlechterung) hinsichtlich jedes Kriteriums einzeln mit einem (positiven oder negativen) Punktwert einer Polaritätsskala zu bewerten und
- die Summe der Produkte aus Gewicht und Punktwert zur Summe der Gewichte ins Verhältnis zu setzen.

Der errechnete Quotient heißt Nutzenkoeffizient. Ist er deutlich größer als 1, so ist die Gesamtheit der qualitativen Veränderungen weitgehend positiv zu beurteilen. Die Ergebnisse der Multifaktorenmethoden sind subjektiv stark beeinflussbar.

Zu Frage F 6.41

Eine *Präsentation* sollte unbedingt zum Abschluss der Phase Analyse stattfinden, damit dann die endgültige Entscheidung über die Fortführung des IT-Projekts getroffen werden kann. Weitere Präsentationen sind möglich
- in der Phase Projektbegründung, um die generellen Einsatzmöglichkeiten eines neuen Anwendungssystems aufzuzeigen,
- zum Abschluss der Istanalyse, um zu klären, ob der Istzustand von den Projektbearbeitern vollständig und korrekt erhoben worden ist,
- zu Beginn der Phase Einführung, um allen Beteiligten den zeitlichen und organisatorischen Ablauf der Systemeinführung zu erläutern, und
- in festen Zeitabständen unabhängig von den einzelnen Phasen, um das Management der beteiligten Unternehmensbereiche über den Projektfortschritt zu informieren.

Zu Frage F 6.42

Der *Systementwurf* verfolgt das Ziel, durch die Detaillierung des in der Phase Analyse entwickelten Sollkonzepts einen vollständigen und widerspruchsfreien informationstechnischen Entwurf des späteren Anwendungssystems zu erstellen. Er umfasst den Daten-, den Funktions- und den Prozessentwurf.

Zu Frage F 6.43

Die grundlegenden *Entwicklungsprinzipien* sowohl des System- als auch des Programmentwurfs sind
- top-down (= Prinzip der schrittweisen Verfeinerung) und
- bottom-up (= Prinzip der schrittweisen Zusammensetzung).

Sie entsprechen den Abstraktionsmechanismen Spezialisierung und Generalisierung. In der Regel werden Anwendungssysteme bzw. Programme top-down konzipiert und bottom-up realisiert (so genanntes Gegenstromverfahren).

Zu Frage F 6.44

a) Das *Geheimnisprinzip* von PARNAS, auch als *Information Hiding* bezeichnet, bezieht sich
 - auf die Module von Programmen in der strukturierten Systementwicklung und
 - auf die Klassen in der objektorientierten Systementwicklung.

 Ein Modul bzw. eine Klasse soll eine abgeschlossene Einheit bilden. Sie erbringt eine Leistung, verbirgt aber ihre interne Arbeitsweise (Blackboxprinzip). Das Geheimnisprinzip lässt sich nur sinnvoll anwenden, wenn Standards bzw. Richtlinien für ein einheitliches Vorgehen der Systementwickler festgelegt sind.

b) Das Geheimnisprinzip weckt eine gedankliche Assoziation zu der Arie „Doch wie's da drin aussieht, geht niemand was an" aus FRANZ LEHARS Operette „Land des Lächelns".

Zu Frage F 6.45

Petrinetze eignen sich besonders dann als Darstellungstechnik, wenn Programme für parallele (nebenläufige) Prozesse zu entwickeln sind. Typisch dafür sind alle Transaktionssysteme. Die dabei möglichen Deadlocksituationen lassen sich durch Petrinetze verständlich beschreiben und einer Lösung (durch Serialisierung der Prozesse) zuführen.

Zu Frage F 6.46

Die Benutzerwünsche betreffen bei der *Programmspezifikation* vor allem
- die Dateneingabe: Gestaltung der Fenster, Symbole und Bildschirmmasken sowie programmierte Prüfungen und Kontrollen;
- die Verarbeitung: Benutzerführung durch Menütechnik und Helpfunktionen;
- die Datenausgabe: Ausgabeformate, Visualisierungen durch Farbe und/oder Grafik sowie Druckausgabe (Listen, Formulare).

Zu Frage F 6.47

Die Nachteile des früher üblichen *linearen Programmierstils* sind u. a.
- zahlreiche Programmverzweigungen mit Vor- und Rückwärtssprüngen („Spaghettitechnik"),
- fehlende Zerlegbarkeit von großen Programmen in mehrere, von verschiedenen Bearbeitern zu erstellende Teile (Programmsegmentierung),
- unübersichtliche Schleifenbildungen und als Folge davon
- schlechte Änderbarkeit bzw. Wartbarkeit der Programme.

Zu Frage F 6.48
Strukturierte Programme werden top-down entworfen, indem das gesamte Programm schrittweise bis auf die Ebene sogenannter Strukturblöcke zerlegt wird, die
- entweder voneinander unabhängig oder vollständig ineinander enthalten sind und
- genau einen Eingang und einen Ausgang besitzen.

Für die Strukturblöcke gilt das Geheimnisprinzip.

Zu Frage F 6.49
Die drei elementaren *Steuerkonstrukte* der Programmierung sind
- Reihung (Sequenz),
- Verzweigung (Selektion) und
- Wiederholung (Iteration, Repetition).

Zu Frage F 6.50
Pseudocode ist eine Ausprägung des strukturierten Texts. Seine Notation basiert auf einer Verknüpfung von Schlüsselwörtern höherer Programmiersprachen mit Ausdrücken in natürlicher Sprache, z. B.

    IF   Note < 4,3
    THEN Klausur bestanden
    ELSE Wiederholung

Er wird benutzt, um eine meistens (als „eingerückte Liste") gegliederte und von einer speziellen Programmiersprache weitgehend unabhängige Programmfassung auf relativ hohem Abstraktionsniveau zu erstellen, anhand derer dann die endgültige Codierung in einer höheren Programmiersprache erfolgt. Diese Umsetzung kann auch mithilfe von Softwareentwicklungswerkzeugen (in Form von Programmgeneratoren) erfolgen.

Zu Frage F 6.51
Als *Fortschreibung* bezeichnet man die Aktualisierung von (großen) Datenbeständen im Stapelbetrieb. Hauptsächlich handelt es sich dabei um die Veränderung von Bestandsdaten durch Bewegungsdaten. Falls erforderlich, werden dabei – als so genannter Änderungsdienst – zusätzlich auch
- Stammdaten geändert,
- bestehende Datensätze gelöscht und
- neue Datensätze eingefügt.

Zu Frage F 6.52
Der *Gruppenwechsel* ist ein wichtiges Merkmal der Dateiverarbeitung. Unter einer Gruppe versteht man eine Menge von Datensätzen mit dem gleichen Wert des Ordnungsbegriffs (bzw. eines Teils des Ordnungsbegriffs),
- die nach derselben Vorschrift verarbeitet und
- für die zusammenfassende Auswertungen

vorgenommen werden. Der Gruppenwechsel tritt ein, wenn sich der Wert des Ordnungsbegriffs (bzw. des jeweiligen Teils davon) ändert. Ein typisches Beispiel für den Gruppenwechsel bilden Auswertungen (z. B. von Umsätzen) nach Postleitzahlgebieten.

Zu Frage F 6.53
Beim Einsatz der *strukturierten Systementwicklung* treten u. a. folgende Probleme auf:
- Daten und Funktionen werden getrennt betrachtet, dargestellt und behandelt.
- Beim Sollkonzept wird in der Darstellung der Arbeitsabläufe meistens entweder vom Datenfluss (Beispiel: Datenflussplan) oder vom Kontrollfluss (Beispiele: EPK, Rasterdiagramm, Entscheidungstabelle) ausgegangen. Beim Entwurf gibt es dann Schwierigkeiten, daraus einen strukturierten Systementwurf abzuleiten, weil im ersten Fall der Kontrollfluss und im zweiten Fall der Datenfluss fehlt.
- Alle Übergänge zwischen und innerhalb der Phasen sind mit Schwierigkeiten verbunden, z. B. in der Phase Entwurf die Umsetzung eines SA-Diagramms (Systementwurf) in ein Struktogramm (Programmentwurf).
- Die Wiederverwendbarkeit von Softwarekomponenten wird nur wenig (z. B. durch die Unterprogrammtechnik), aber nicht generell unterstützt.

Zu Frage F 6.54
Ein *Objekt* ist ein individuelles Exemplar von Personen (z. B. Kunde, Mitarbeiter, Student), Gegenständen (z. B. Buch, Auto) oder abstrakten Begriffen (z. B. Bestellung, Angebot). Im Sinne der *objektorientierten Systementwicklung* besteht ein Objekt aus
- Attributen, die die Eigenschaften und
- Operationen („Methoden"), die das Verhalten
des Objekts beschreiben. Der wesentliche Unterschied zu den Objekten der Datenorganisation liegt also in der Hinzunahme der Operationen. Vereinfacht formuliert sind Daten passiv, Objekte aktiv.

Zu Frage F 6.55
Der erwartete *Nutzen* der *objektorientierten Systementwicklung* besteht wegen der simultanen Betrachtung von Daten und Methoden und des damit gekoppelten phasenübergreifenden Vorgehens in
- einer schnelleren Verständigung zwischen Entwickler und Anwender bzw. Benutzer,
- einer intensiveren Nutzung des Prototypings,
- einer Verkürzung der Entwicklungszeiten und damit einer Reduzierung des Entwicklungsaufwands,
- einer besseren Wartbarkeit und
- einer höheren Wiederverwendbarkeit.

Zu Frage F 6.56
Die *Datenkapselung* ist ein Grundkonzept der objektorientierten Systementwicklung. Sie besagt, dass die Attribute eines Objekts nur durch die Methoden des Objekts selbst, jedoch nicht von außen – und damit unkontrolliert – verändert werden können.

Zu Frage F 6.57
Die beiden Vorgehensweisen zum Bilden von *Klassenhierarchien* sind die auch beim strukturierten Systementwurf benutzten Abstraktionsmechanismen Spezialisierung und Generalisierung. Bei der Spezialisierung werden in einem Topdown-Vorgehen aus Oberklassen Unterklassen abgeleitet, wohingegen bei der Generalisierung in einem Bottom-up-Vorgehen aus Unterklassen Oberklassen abgeleitet werden.

Zu Frage F 6.58
Eine *abstrakte Klasse* ist eine Klasse, die keine eigenen Objekte (Instanzen) besitzt. Sie dient dazu, ein bestimmtes Verhalten (mit den dazugehörigen Eigenschaften) auf abstraktem Niveau zu definieren, das in den zu bildenden Subklassen konkretisiert werden muss (Beispiel: abstrakte Klasse Fahrzeug, Subklassen Auto, Motorrad, Fahrrad).

Zu Frage F 6.59
Der Unterschied zwischen *einfacher* und *multipler Vererbung* besteht darin, dass bei einfacher Vererbung jede Unterklasse (Subklasse) nur eine einzige direkte Oberklasse (Superklasse) besitzt, während bei multipler Vererbung für eine Unterklasse mehrere direkte Oberklassen existieren können. Der Unterschied ist derselbe wie zwischen Baum- und Netzstrukturen.

Zu Frage F 6.60
Ein *aggregiertes Objekt* ist ein Objekt, das mehrere Objekte anderer Klassen enthält. Beispiele sind
- ein Objekt Wohnung, das mehrere Objekte der Klasse Elektrogeräte enthält, und
- ein Objekt Seminar, zu dem mehrere Objekte der Klasse Teilnehmer gehören.

Zu Frage F 6.61
Sowohl bei einer *Komposition* als auch bei einer *Aggregation* in *UML* handelt es sich um so genannte Ganz/Teil-Beziehungen.

In einer *Komposition* sind die Teile abhängig von ihrem Ganzen. Ohne das Ganze können die Teile nicht existieren; umgekehrt kann aber das Ganze ohne seine Teile bestehen. Beispiel: Die Beziehung zwischen den Klassen Gebäude und Zimmer kann als Komposition verstanden werden, denn ein Gebäude kann ohne Zimmer existieren, dagegen ein Zimmer nicht ohne Gebäude.

Im Gegensatz zur Komposition können bei einer *Aggregation* die Teile auch unabhängig vom Ganzen existieren. Beispiel: Die Beziehung zwischen Abteilung und Mitarbeiter kann als Aggregation aufgefasst werden, weil sich eine Abteilung in der Regel aus mehreren Mitarbeitern zusammen setzt, die selbstverständlich auch ohne das Vorhandensein des Ganzen „Abteilung" existieren können.

Zu Frage F 6.62
In *UML* werden folgende *Diagrammtypen* unterschieden:
- Anwendungsfalldiagramme zur Beschreibung der Beziehungen zwischen Akteuren und Geschäftsvorfällen;
- Klassendiagramme zur Beschreibung der einzelnen Klassen und ihrer Beziehungen;
- Verhaltensdiagramme zur Beschreibung des dynamischen Verhaltens eines Systems.

Zu den Verhaltensdiagrammen gibt es eine Reihe von Unterarten. Ferner gibt es Implementierungsdiagramme zur Vorbereitung der Programmierung.

Zu Frage F 6.63
Der Begriff *Polymorphismus* bedeutet in der objektorientierten Systementwicklung, dass dieselbe Nachricht bei verschiedenen Empfängerobjekten unterschiedliche Reaktionen auslösen kann.

Beispielsweise werden durch die Nachricht „Zinsen berechnen" bei einem Sparkonto andere Berechnungsvorgänge als bei einem Darlehenskonto veranlasst. Beim so genannten Rundentrinken bewirkt dasselbe Kommando „ex", dass die meisten Beteiligten das vorgesetzte Glas in einem Zug austrinken, während die anderen den Inhalt heimlich verschütten.

Zu Frage F 6.64
Unter *Persistenz* versteht man die dauerhafte („persistente") Speicherung von Objekten, d.h. die Erhaltung ihres Zustands (Werte der Attribute) und ihrer Beschreibung über die Laufzeit des sie generierenden Programms hinaus (Gegensatz: transiente Objekte). Die Unterstützung der Persistenz ist eine wesentliche Anforderung an objektorientierte Datenbanksysteme.

Zu Frage F 6.65
a) Der Hauptunterschied zwischen *relationalen* und *objektorientierten Datenbanksystemen* besteht darin, dass bei relationalen (und anderen konventionellen) Datenbanksystemen sämtliche Programmoperationen, die mit den gespeicherten Daten ausgeführt werden, außerhalb der Datenbank ablaufen, während bei objektorientierten Datenbanksystemen Methoden (als Bestandteile der Klassen) innerhalb der Datenbank gespeichert, aufgerufen und ausgeführt werden.

b) *Objektrelationale Datenbanksysteme* sind relationale Datenbanksysteme, die Erweiterungen im Hinblick auf die Prinzipien der Objektorientierung enthalten. Diese Erweiterungen können in einer ersten Stufe die Klassenbildung und das Vererbungsprinzip unter Beschränkung auf die Attribute und in weiteren Stufen die Speicherung von Methoden zusammen mit den Attributen und die Ausdehnung des Vererbungsprinzips auf die Methoden umfassen.

Zu Frage F 6.66
Unter *Inlinedokumentation* versteht man das Einfügen von (besonders gekennzeichneten) Kommentarzeilen in Quellprogramme, die beim Kompilieren bzw. Interpretieren überlesen, aber in den angezeigten bzw. gedruckten Programmtext mit aufgenommen werden. Die Inlinedokumentation kann eine separate Programmdokumentation zwar nicht ersetzen, aber sinnvoll ergänzen.

Zu Frage F 6.67
Die *Syntax* einer Programmiersprache beschreibt die formale Richtigkeit der Sprache, d. h. die Form der Sprachzeichen und Worte (Orthographie) sowie die grammatikalischen Regeln. Beispiele für Syntaxfehler sind
- eine nicht geschlossene Klammer oder
- eine fehlende Sprungadresse.

Die *Semantik* einer Programmiersprache legt die Logik der Sprache fest, d. h. die Bedeutung der Sprachzeichen und Wörter und der zwischen den Sprachzeichen und Wörtern bestehenden Beziehungen. Beispiele für Semantikfehler sind
- eine falsche Sprungadresse oder
- ein fehlerhaftes Schleifenabbruchkriterium, das zu einer Endlosschleife führt.

Zu Frage F 6.68
Die wichtigsten *Standarddatentypen*, mit denen alle Programmiersprachen arbeiten, sind
- Integer und Real für ganze bzw. reelle Zahlen,
- Boolean für Wahrheitswerte (true, false) und
- Character für (Schrift-)Zeichen (z. B. ASCII-Zeichensatz).

Zu Frage F 6.69
Maschinenorientierte Programmiersprachen (andere Bezeichnung: *Assemblersprachen*) werden, weil sie die Hardware und das Betriebssystem ihres Rechners besonders gut nutzen, noch für Systemsoftware und für (meistens technische) Programme, bei denen es auf sehr kurze Verarbeitungszeiten und/oder geringen Arbeitsspeicherbedarf ankommt, eingesetzt.

Zu Frage F 6.70
4GL ist die Abkürzung für *Fourth Generation Language*. Über eine exakte Definition der Programmiersprachen der 4. Generation bestehen erhebliche Mei-

nungsunterschiede. Mehrheitlich versteht man darunter nichtprozedurale (deklarative) Abfragesprachen (Endbenutzersprachen) wie z. B. SQL.

Zu Frage F 6.71
Die ursprünglich nur als Abfragesprache konzipierte und inzwischen erheblich erweiterte und in ISO/IEC 9075 genormte Sprache *SQL* (Structured Query Language) wird als nichtprozedurale Endbenutzersprache der 4. Generation der Programmiersprachen zugeordnet.

Zu Frage F 6.72
In *Java* verfasste Programme werden zunächst in einen maschinenunabhängigen Zwischencode, den so genannten Bytecode, übersetzt. Dieser Bytecode kann dann auf allen Rechnern, auf denen die so genannte Java Virtual Machine als Interpreter installiert ist, zur Ausführung gebracht werden. Damit wird im Prinzip eine Plattformunabhängigkeit erreicht, weil die Java Virtual Machine für alle gängigen Systemplattformen verfügbar ist.

Zu Frage F 6.73
a) *Beschreibungssprachen* (engl. Markup Languages) sind zwar streng betrachtet keine Programmiersprachen, aber eng damit verwandt. Sie dienen zur Beschreibung von Druck- und Webseiten, Dokumenten usw., deren Inhalte durch so genannte Tags markiert werden. Die wichtigsten sind SGML, HTML und XML.
b) Die Beschreibungssprachen haben in den letzten Jahren stark an Bedeutung gewonnen, weil sie für den elektronischen Datenaustausch und vor allem bei der Nutzung des Electronic Commerce im Internet Verwendung finden. Besonders XML hat sich zu einer universellen Sprache, z. B. für WWW-Präsentationen, entwickelt.

Zu Frage F 6.74
Mit der *Programmverifikation* wird nachgewiesen, dass die in der Programmspezifikation festgelegten – und in Pflichtenheften festgehaltenen – Anforderungen von dem Programm tatsächlich erbracht werden. Die Programmverifikation ist Aufgabe des Programm- und Systemtests in der Phase Realisierung.

Zu Frage F 6.75
Testhilfen (debugger) sind Programme, die – teilweise als Bestandteile von Softwareentwicklungswerkzeugen – zur systemnahen Software gehören und den Programmtest unterstützen. Man unterscheidet
- statische Testhilfen, d. h. Programme, die zu einem bestimmten Zeitpunkt des Programmablaufs eine Zustandsbeschreibung vornehmen (z. B. Werte von bestimmten Variablen), und
- dynamische Testhilfen, d. h. Programme, die den Programmablauf (insbesondere Schleifen) schrittweise verfolgen und protokollieren (z. B. tracing, backtracing).

Eine weitere, oft verwendete Testhilfe bilden Testdatengeneratoren.

Zu Frage F 6.76

Der Einsatz von *Softwareentwicklungswerkzeugen* (CASE-Tools) bezweckt in erster Linie,
- die Softwareentwicklung zu vereinheitlichen und damit zu vereinfachen und zu beschleunigen sowie
- die Softwarequalität zu verbessern.

Weitere Vorteile resultieren aus der Unterstützung der Programmdokumentation einschließlich der Versionsverwaltung (im Rahmen des Konfigurationsmanagements) und des IT-Projektmanagements.

Zu Frage F 6.77

Softwareentwicklungswerkzeuge kann man danach einteilen, ob sie
- die Phasen Analyse und Entwurf (Bezeichnung: Upper-CASE-Tools),
- die Phase Realisierung, d. h. Programmierung und Test (Bezeichnung: Lower-CASE-Tools),
- das Konfigurationsmanagement, d. h. die Verwaltung, Organisation und Dokumentation des Entwicklungsprozesses, oder
- das IT-Projektmanagement

unterstützen.

Zu Frage F 6.78

Die Werkzeuge zum *Konfigurationsmanagement* übernehmen im Wesentlichen die beiden folgenden Aufgaben:
- Versionsverwaltung: Speicherung aller Komponenten (z. B. ER-Diagramme, Programmtexte) in sämtlichen Ausbaustufen und zeitlichen Varianten;
- Änderungsmanagement: Konsistenz- und Vollständigkeitsprüfungen, Generierungshilfen u. a. bei allen Änderungen und Ergänzungen sowohl im Verlauf des Entwicklungsprozesses als auch bei der späteren Wartung im Systembetrieb.

Zu Frage F 6.79

Eine *Entwicklungsdatenbank* (Repository) dient der Verwaltung und Speicherung aller Informationen über den Softwareentwicklungsprozess. Sie muss den Mehrfachzugriff für alle Entwickler (mit festgelegten Nutzungsrechten) gestatten. Das Repository ist als Weiterentwicklung des Data Dictionary anzusehen. Ihm liegt meistens ein relationales, in modernen Werkzeugen ein objektorientiertes Datenbankverwaltungssystem zugrunde.

Zu Frage F 6.80

(Betriebswirtschaftliche) *Standardsoftware* ist Software, die auf dem Softwaremarkt vom Leistungsumfang

- als integriertes Programmpaket – meistens unter der Bezeichnung ERP-System – für die Unterstützung der klassischen betriebswirtschaftlichen Geschäftsprozesse (z. B. des Rechnungswesens) oder
- als Programmpaket für ein abgegrenztes betriebliches Arbeitsgebiet (z. B. Personalabrechnung)

angeboten wird. Merkmale sind:
- Standardsoftware wird – im Gegensatz zur Individualsoftware – nicht für einen einzelnen Anwender konzipiert, sondern so entwickelt, dass sie bei möglichst vielen Anwendern mit unterschiedlichen Formen der Struktur- und Ablauforganisation eingesetzt werden kann.
- Standardsoftware ist in der Regel für verschiedene Systemplattformen (Hardware, Betriebssysteme) verfügbar.
- Moderne Standardsoftware ist international einsetzbar (Mehrsprachigkeit, Berücksichtigung nationaler Schreibweisen und Formulierungen, länderspezifischer gesetzlicher Anforderungen u. a.)
- Für spezielle Branchen wird Standardsoftware in Form von Branchensoftware angeboten.

Zu Frage F 6.81

Die Unternehmen bevorzugen *Standardsoftware* gegenüber Individualsoftware, weil
- die Kosten für die Anschaffung von Standardsoftware niedriger sind als die für die Eigenentwicklung von Individualsoftware,
- sie schneller verfügbar ist als Individualsoftware,
- sie den Verzicht auf eigenes IT-Personal, insbesondere Systementwickler und Programmierer, ermöglicht,
- durch sie die Risiken der Systementwicklung weitgehend auf den Anbieter verlagert werden, und
- ihre Qualität durch den großen Anwenderkreis (hoffentlich) besser ist als die der vergleichbaren Individualsoftware.

Zu Frage F 6.82

Die beiden grundsätzlichen Alternativen der organisatorischen *Anpassung* bei der Einführung von Standardsoftware sind
- Anpassung der Standardsoftware an die individuellen betrieblichen Anforderungen (Customizing) und
- Anpassung der Ablauforganisation (z. B. durch eine Reorganisation der Geschäftsprozesse) und falls erforderlich auch der Aufbauorganisation des Unternehmens an die Standardsoftware.

In der Regel besteht die zweckmäßigste Lösung in gleichzeitigen Anpassungen sowohl der Standardsoftware als auch der betrieblichen Organisation.

Zu Frage F 6.83
Die Kriterien zur Auswahl von *Standardsoftware* kann man in folgende Gruppen einteilen:
- Fachinhalt: Leistungsumfang, Schnittstellen;
- Systemplattform: Hardware, Betriebssystem, systemnahe Software (z. B. Datenbankverwaltungssystem);
- Netzfähigkeit: Einsetzbarkeit für Client/Server-Modelle unterschiedlicher Stufen, verteilte Verarbeitung, elektronischer Datenaustausch (EDI);
- Softwareergonomie: Benutzerfreundlichkeit, individuelle Gestaltbarkeit;
- Einführung: Anpassung, Schulung, Testmöglichkeiten, Dokumentation;
- Anschaffung: Kaufpreis, Anpassungskosten, Vertragsbedingungen;
- Anbieter: Solidität, Erfahrung, Referenzen.

Zu Frage F 6.84
Die *Nutzwertanalyse* kann im Rahmen einer Feinbewertung dazu dienen, für die im Auswahlprozess für Standardsoftware verbliebenen Angebote einen Vergleich unter Einbezug qualitativer Kriterien anzustellen. Wesentlich ist die Heranziehung möglichst objektiver, voneinander unabhängiger Kriterien.

Zu Frage F 6.85
Das unter der Bezeichnung „Implementation Roadmap" von SAP zur Einführung ihrer Standardsoftware R/3 zugrunde gelegte Vorgehensmodell besteht aus folgenden fünf Phasen:
Phase 1: Projektvorbereitung,
Phase 2: Business Blueprint,
Phase 3: Realisierung,
Phase 4: Produktionsvorbereitung und
Phase 5: Go-Live und Support.
In Phase 2 erfolgt der Entwurf fachlicher Anforderungen (z. B. Ermittlung der von dem Unternehmen benötigten Funktionen von R/3, Modellierung der zukünftigen Geschäftsprozesse). Das Customizing gehört zur Phase 3, die Datenübernahme und die Anwenderschulung zur Phase 4. Phase 5 entspricht der Produktionsunterstützung in der Anfangsphase.

Zu Frage F 6.86
Statische Qualitätsmaße für die Softwarequalität beziehen sich auf die Programmstruktur und -dokumentation, *dynamische* auf den Programmablauf.
    Statische Qualitätsmaße sind u. a. die Kriterien Änderbarkeit und Verständlichkeit, dynamische Qualitätsmaße u. a. die Kriterien Effizienz, Robustheit und Zuverlässigkeit.

Zu Frage F 6.87
Die *Softwareergonomie* ist weitgehend mit dem Qualitätskriterium Benutzbarkeit (Benutzerfreundlichkeit) aus DIN 66272 identisch. Speziell für die Dialog-

gestaltung sind die softwareergonomischen Anforderungen in DIN EN ISO 9241-10 zu sieben Grundsätzen zusammengefasst.

Zu Frage F 6.88
Die *Zertifizierung* von Software kann sich beziehen
- auf das Produkt, d. h. die Software,
- auf den Erstellungsprozess, d. h. den Prozess der Softwareentwicklung, und
- speziell auf sicherheitstechnische Anforderungen an Anwendungssysteme („IT-Sicherheitszertifizierung").

Zu Frage F 6.89
Die *Produktzertifizierung* hat kaum noch Bedeutung, weil es sinnvoller ist, nicht kurzlebige bzw. häufigen Anpassungen oder Veränderungen unterworfene Produkte wie die Software selbst, sondern stattdessen den Herstellungs- bzw. Entwicklungsprozess der Produkte hinsichtlich der Gewährleistung von Qualitätseigenschaften zu zertifizieren.

Zu Frage F 6.90
Die Fachabteilungen benötigen von der *Systemdokumentation*
- die Anwendungsbeschreibung, die den Leistungsumfang erläutert, und
- die Benutzerbeschreibung, die die Systembedienung erklärt.

Zu Frage F 6.91
Mit einem förmlichen *Abnahmeverfahren* soll gewährleistet werden, dass die gesamte Dokumentation und Beschreibung eines neuen Anwendungssystems, insbesondere auch die für die Benutzer bestimmten Teile (z. B. Benutzerbeschreibung, Onlinehandbuch, Beispiele), bei der Einführung des Systems vollständig, korrekt und in verständlicher Form vorliegen.

Der Grund, mit Nachdruck auf einem Abnahmeverfahren zu bestehen, liegt darin, dass die Programmdokumentation das Stiefkind der Programmentwicklung ist. Sie wird häufig nicht projektbegleitend, sondern erst nachträglich und dann unter Zeitdruck unvollständig erstellt. Nicht selten unterbleibt eine ausführliche Dokumentation, weil die Projektbearbeiter bereits neuen Projekten zugeordnet sind.

Zu Frage F 6.92
Parallellauf bedeutet, dass nach der Einführung des neuen Anwendungssystems das bisherige Verfahren aus Sicherheitsgründen noch eine bestimmte Zeit weitergeführt wird. Abgesehen von den Fällen, in denen ein Parallellauf überhaupt nicht möglich ist (z. B. bei völlig neuen Anwendungen), muss von Parallelläufen wegen des damit verbundenen hohen Aufwands für die Doppelarbeit bei der Pflege der Daten grundsätzlich abgeraten werden.

Zu Frage F 6.93
Unter dem Begriff *Reengineering* (Reorganisation) werden alle Maßnahmen zusammengefasst, die der Sanierung, d. h. der Verbesserung der Änderbarkeit bzw. Wartbarkeit vorhandener Software dienen. Die grundsätzliche Funktionalität bleibt von den Maßnahmen unberührt.

Zu Frage F 6.94
CARE steht für Computer Aided Reverse Engineering und damit für Werkzeuge, die im Rahmen der Softwaresanierung eingesetzt werden. Beispiele dafür sind Werkzeuge zur Restrukturierung, Reformatierung und Modularisierung bestehender Programme sowie zur Redokumentation, z. B. durch die Generierung von Programmablaufplänen oder Strukturogrammen aus dem Quellcode.

Zu Frage F 6.95
Das *Parodieverfahren*, mit dem BACH, HÄNDEL und andere Komponisten des Mittelalters Melodienfolgen aus ihren früheren Kompositionen in neue Werke – insbesondere auch von weltlicher in kirchliche Musik – übernommen haben, weckt Assoziationen zur *Wiederverwendung* (von Software) und zu Begriffen wie Business Objects, Komponentensoftware usw.

Zu Frage F 6.96
Bei der *Wiederverwendung* von Software unterscheidet man
- die ungeplante Wiederverwendung, bei der bereits vorhandene Software auf wiederverwendbare Bestandteile hin analysiert wird, und
- die geplante Wiederverwendung, bei der Teile des Systementwurfs und Programmbestandteile schon zum Zeitpunkt ihrer Erstellung für eine mögliche spätere Wiederverwendung konzipiert werden.

IT-Praktiker meinen, die geplante Wiederverwendung erfordere hellseherische Fähigkeiten.

Zu Frage F 6.97
Der entscheidende Unterschied zwischen *Klassenbibliotheken* und *Frameworks* besteht darin, dass zwischen den Klassen eines Frameworks – im Gegensatz zu den Klassen einer Klassenbibliothek – enge Wechselbeziehungen bestehen. Dadurch lässt sich ein Framework in der Regel nur ganzheitlich wiederverwenden, während bei Klassenbibliotheken die Wiederverwendung einzelner Klassen möglich ist.

Zu Frage F 6.98
Als *Business Objects* (Geschäftsobjekte) bezeichnet man Objekte im Sinne der objektorientierten Systementwicklung, die gebräuchliche Begriffe des Geschäftslebens wie Kunde, Lieferant, Artikel, Bestellung, Rechnung, Gutschrift usw. beschreiben. Sie sollen eine stärkere Wiederverwendbarkeit von Software ermöglichen. Eine Zukunftsvision besteht darin, betriebswirtschaftliche Standardsoftware aus Business Objects zusammenzusetzen.

Zu Frage F 6.99
Der *Object Request Broker* (ORB) ist eine Softwarekomponente, die als eine Art Middleware in verteilten Systemen die Kommunikation zwischen den verschiedenen Anwendungsobjekten koordiniert. Letztere werden je nach Rolle als Server oder Clients bezeichnet. Er ist vergleichbar mit einer Telefonzentrale, die Gespräche zwischen verschiedenen Teilnehmern vermittelt.

ORB wurde 1992 von der Object Management Group (OMG) unter der Abkürzung CORBA (Common Object Request Broker Architecture) standardisiert.

Musterlösungen für die Aufgaben zu Kapitel 6

Zu Aufgabe A 6.1
Drei typische *Geschäftsprozesse* in einem Unternehmen des Versandhandels sind
- die Beantwortung einer schriftlich oder telefonisch eingegangenen Kundenanfrage,
- die Abwicklung eines Kundenauftrags und
- die (Nach-) Bestellung eines Sortimentsartikels beim Lieferanten.

Zu Aufgabe A 6.2
Unter Zugrundelegung des *phasenorientierten Vorgehensmodells* der Systementwicklung sollte bis zur Systemeinführung wie folgt vorgegangen werden:

Schritt 1: Projektbegründung
Erhebung der Gründe für die geplante IT-Unterstützung der Auftragsbearbeitung (z.B. gestiegenes Auftragsvolumen, Ausweitung der Inlands- und Auslandsaktivitäten, größeres Produktspektrum), Zusammenstellung der erwarteten Vorteile (z.B. Beschleunigung der Auftragsabwicklung, schnellere Informationen, bessere Übersicht über den Auftragsbestand, intensivere Kundenbetreuung), Bildung eines Projektteams, Terminplanung für die Projektabwicklung.

Schritt 2: Istanalyse
Beschreibung der Form der Auftragseingänge (telefonisch, postalisch, per Fax, E-Mail oder Online-Formular, über Außendienst), Darstellung des bisherigen Arbeitsablaufs mit Schwachstellen, Erhebung des Mengengerüsts (Anzahl Artikel/Artikelgruppen, Kunden/Kundengruppen wie z.B. Ärzte, Fachhandel oder Kliniken, Aufträge pro Tag/Woche/Monat, Anzahl der Innen- und Außendienstmitarbeiter).

Schritt 3: Sollkonzept
Erhebung der Anforderungen an das geplante System (Funktionalität, Benutzerwünsche), Beschreibung des geplanten Ablaufs vom Auftragseingang bis zum Auftragsabschluss, Grobbeschreibung der einzurichtenden Dateien (Arti-

kel, Kunden, Aufträge) bzw. der dafür einzurichtenden Datenbank, Festlegung der Schnittstellen zu vor- und nachgelagerten Arbeitsgebieten (Angebotsbearbeitung, Bestandsführung, Fakturierung).

Durchführbarkeitsprüfung hinsichtlich der vorhandenen Hardware und Systemsoftware, Ermittlung der erforderlichen Erweiterungen (z. B. zusätzliche Bildschirmarbeitsplätze im Vertrieb). Wirtschaftlichkeitsanalyse unter besonderer Berücksichtigung qualitativer Nutzenaspekte.

Schritt 4: Auswahl und Anschaffung der Software
Grobauswahl von Branchensoftware für den medizinischen Fachhandel anhand von Katalogen (unter Einschluss des Internets), Durchführung eines förmlichen Auswahlverfahrens, Entscheidung für einen Anbieter, Vertragsabschluss.

Schritt 5: Systemeinführung
Schulung der Benutzer, Programmanpassungen (Customizing), Einrichtung der Dateien bzw. Datenbank durch Neuerfassung bzw. Übernahme der vorhandenen Datenbestände, Systemstart, kleine Feier mit Belobigung der Projektbearbeiter.

Zu Aufgabe A 6.3

Beispiele für *Referenzmodelle* aus verschiedenen Problembereichen sind
- das ISO-Referenzmodell nach ISO/IEC 7498, das einen Rahmen für die Protokollgestaltung in der Datenkommunikation bildet,
- Vorgehensmodelle für die Systementwicklung, die in der Regel auf dem klassischen Phasenkonzept der Systemtechnik basieren, und als Spezialfall davon Vorgehensmodelle für die Einführung von Standardsoftware sowie
- Beschreibungsmodelle für typische funktions- oder prozessorientierte Anwendungssysteme (z. B. Finanzbuchhaltung oder Auftragsbearbeitung) und für typische branchenspezifische Anwendungssysteme (z. B. PPS- und Warenwirtschaftssysteme).

Zu Aufgabe A 6.4

a) Es gibt folgende Arten von *Prototypen*:
  - Wegwerfprototypen: Die Prototypen dienen lediglich zur Sammlung von Erfahrungen, auf deren Basis das endgültige System völlig neu erstellt wird. Beispiel: Für die Benutzerschnittstelle werden unterschiedliche Prototypen der Benutzeroberfläche erstellt und von den späteren Benutzern getestet, um zu ermitteln, welcher Prototyp die größte Akzeptanz besitzt.
  - Wiederverwendbare Prototypen: Die Prototypen werden durch Wiederverwendung bereits entwickelter Teilsysteme schrittweise verbessert. Beispiel: Die Benutzerschnittstelle wird schrittweise durch Anpassung der Farbgebung und eine übersichtlichere Anordnung der Bildschirmelemente auf die Vorstellungen der späteren Benutzer abgestimmt.
  - Vollständige Prototypen: Die Prototypen beziehen sich auf funktionale Teilsysteme eines Anwendungssystems, die vollständig entwickelt werden. Beispiel: Die Stammdatenverwaltung eines umfassenden Lagerverwaltungs-

systems wird an einem ausgewählten Arbeitsplatz getestet. Sowohl die Benutzerschnittstelle als auch sämtliche Verarbeitungs- und Datenhaltungsfunktionen sind vollständig implementiert.
- Unvollständige Prototypen: Die Prototypen decken nur eine Schicht des Anwendungssystems ab. Beispiel: Für ein Anwendungssystem zur Finanzbuchhaltung wird zunächst die Benutzerschnittstelle prototypisch entwickelt. Verarbeitungs- und Datenhaltungsfunktionen sind nicht vorhanden.

b) Folgende Arten des *Prototyping* werden unterschieden:
- Rapid Prototyping: Dient lediglich zur Sammlung von Erfahrungen (vgl. Wegwerfprototypen).
- Evolutionäres Prototyping: Die entstehenden Prototypen werden schrittweise verbessert (vgl. wiederverwendbare Prototypen).
- Exploratives Prototyping: Konzentriert sich auf die Funktionalität des Anwendungssystems. Beispiel: Entwicklung eines Prototypen, mit dessen Hilfe die Vollständigkeit der bisherigen fachlichen Anforderungen überprüft werden soll.
- Experimentelles Prototyping: Befasst sich mit Alternativen der informationstechnischen Realisierung Beispiel: Datenhaltung mit Tabellen der zweiten oder dritten Normalform des relationalen Datenbankmodells.
- Horizontales Prototyping: Erstellt zunächst nur eine einzelne Schicht des Anwendungssystems (vgl. unvollständige Prototypen).
- Vertikales Prototyping: Umfasst ausgewählte funktionale Teilsysteme eines Anwendungssystems (vgl. vollständige Prototypen).

Zu Aufgabe A 6.5
Extreme Programming ist ein so genanntes agiles bzw. „leichtgewichtiges" Vorgehensmodell der Systementwicklung, das von BECK u. a. in den USA für die Entwicklung von Anwendungssystemen mit sich immer wieder ändernden Anforderungen konzipiert worden ist. Besondere Merkmale sind
- der Verzicht auf das klassische Phasenkonzept,
- enge Bezüge zum Prototyping und zur evolutionären Systementwicklung sowie
- strenge Vorschriften (so genannte Practices) zur Programmierung auf der Basis fester Richtlinien, zum kontinuierlichen Testen, zur Teambildung (einschließlich Anwenderbeteiligung) und zur Arbeitsverteilung im Team („Programmierung in Paaren").

Extreme Programming steht im Widerspruch zu den etablierten Vorgehensweisen der Systementwicklung. Die Kritik an diesem Vorgehensmodell betrifft im Wesentlichen die fehlende Phaseneinteilung und die dadurch erschwerte Projektüberwachung sowie die Beschränkung der Anwendbarkeit auf kleine Projekte.

Zu Aufgabe A 6.6
Projektvorschläge mithilfe der *Szenariotechnik* und der *Metaplantechnik* könnten beispielsweise wie folgt erarbeitet werden:

Szenariotechnik, Beispiel 1
In einem Handelsunternehmen, das eine Kette von Supermärkten betreibt, wird in einem Szenario diskutiert, ob in den Filialen statt mit den vorhandenen Kabelverbindungen mit Funknetzen (für die Kassen, die Regalauszeichnungen und das Self-Scanning) gearbeitet werden könnte.

Szenariotechnik, Beispiel 2
Die Anzahl der Haushalte mit eigenem PC nimmt ständig zu. Die Kochkenntnisse werden dagegen immer geringer. In einer Softwarefirma wird in einem Szenario diskutiert, ob sich wissensbasierte Systeme, insbesondere das fallbasierte Schließen, für die Zubereitung von Mahlzeiten und Menüs in den Küchen nutzen lassen (Bedienung mit hygienischen Tastaturen und Anzeige auf großflächigen Bildschirmen). Falls die Frage bejaht wird, kann ein entsprechendes Entwicklungsprojekt gestartet werden.

Metaplantechnik, Beispiel 1
Von den Verkaufsmitarbeitern einer Baumschule mit breit gefächertem Sortiment wird in einem Bottom-up-Vorgehen diskutiert, ob und falls ja, in welcher Form sich das Unternehmen im Internet präsentieren soll, welche Informationen dort stets aktuell angeboten werden sollen, ob den Kunden Onlinebestellungen ermöglicht werden sollen, wie in solchen Fällen die Bezahlung zu regeln ist usw. Nach einer Gegenüberstellung der voraussichtlichen Kosten und der Nutzenpotenziale wird eine strukturierte Projektbeschreibung erstellt und ein Projekt begründet, in dem in Zusammenarbeit mit einem lokalen Beratungsunternehmen für Kommunikationsdienste ein detailliertes Konzept erarbeitet werden soll.

Metaplantechnik, Beispiel 2
Zur Debatte steht das Stichwort „Prüfung der Zahlungsmoral". In einem Bottom-up-Vorgehen wird diskutiert, ob sich an das vorhandene Anwendungssystem zur Debitorenbuchhaltung ein Programm zur Prüfung der Zahlungsmoral der Kunden anschließen lässt, welcher Aufwand dafür entsteht und welcher Nutzen zu erwarten ist. Die Diskussionsergebnisse werden strukturiert zusammengefasst. Anschließend wird ein Projekt eingerichtet, das die Entwicklung und Einführung eines solchen Programms zum Inhalt hat.

Zu Aufgabe A 6.7

Je nach Position im Unternehmen werden mit dem Self-Scanning-Verfahren die folgenden *Projekterwartungen* verbunden:

Die Geschäftsleitung erwartet, dass sich durch die Verlagerung des Scannens auf die Kunden die Bearbeitungszeiten an den Kassen verkürzen und damit Kassenplätze überflüssig bzw. Mitarbeiter eingespart werden. Erhofft werden auch Umsatzsteigerungen durch größeren Kundenzulauf.

Die Kassiererinnen erwarten einerseits Arbeitserleichterungen (Anfassen der Ware entfällt), befürchten aber andererseits höhere Anforderungen an die Kon-

zentration (Betrugsversuche der Kunden) und vor allem den Verlust des Arbeitsplatzes durch die Einsparung von Kassen.
Eine zeitliche Verschiebung könnte in Betracht kommen,
- weil die Geschäftsleitung grundsätzlich das Fortbestehen einiger Filialen in Frage stellt und
- weil erst Erfahrungen anderer Unternehmen mit der RFID-Technik (Funkchips an den Waren) abgewartet werden sollen, durch die alle Überlegungen zum Self-Scanning hinfällig würden.

Zu Aufgabe A 6.8
Die Meinung, der Zeitpunkt für die Entwicklung eines neuen bzw. die Reorganisation eines bestehenden IT-Anwendungssystems sei immer falsch, rührt aus der Dynamik der Informationstechnik, die ständig neue Entwicklungen bei der Hardware, den Kommunikationseinrichtungen und der System- und Standardsoftware bei einem gleichzeitigen Preisverfall der Geräte hervorbringt, den Anwender aber auch permanent mit (oft nur scheinbar) revolutionierenden organisatorischen Konzepten konfrontiert. Diese fortwährende Dynamik wird häufig als Vorwand verwendet, geplante Projekte zu streichen oder zu verschieben, sollte aber keinen ernsthaften Hintergrund für alle Neuentwicklungen bilden, die echte Verbesserungen versprechen. Es gehört zu den Entscheidungen des IT-Managements, zu einem bestimmten Zeitpunkt den Status quo als verbindlich zu erklären und die Berücksichtigung aller danach eintretenden Entwicklungen einem späteren Zeitpunkt vorzubehalten.

Zu Aufgabe A 6.9
In dem *Projektauftrag* sollte von dem Inhaber der Zoohandlung WAUWAUMIAU Folgendes festgelegt werden:
- Projektbezeichnung in Kurzform, z. B. „Zoohandlungsbestandsverwaltung" (ZOHABV);
- Zielsetzung, z. B. sofortige Auskunftsbereitschaft über die Warenbestände, Auswertungsmöglichkeiten bezüglich des Warensortiments, Bestandsreduzierung, besserer Kundenservice;
- fachlicher Inhalt des Anwendungssystems, z. B. exakte Erfassung aller Warenbestellungen, -bestände und -verkäufe, permanente Inventur, Schnittstellen zu den Kassen und zu weiteren Anwendungssystemen (z. B. Finanzbuchhaltung), Ausbaufähigkeit bei Einrichtung von Filialen;
- Auflagen, z. B. späteste Einführung zum nächsten Jahresbeginn, bei Hardwarebeschaffung Beschränkung auf ortsansässige Anbieter, gängiges Betriebssystem, Branchensoftware von Softwarefirmen mit problembezogenen Erfahrungen, kein Application Service Providing (ASP);
- Mittelbegrenzung, z. B. Maximalpreise für Hard- und Software einschließlich Anpassung;
- Vollmachten für den Projektbearbeiter, z. B. Erlaubnis für Gespräche mit Softwarefirmen, Recht zur Befragung aller Mitarbeiter der Zoohandlung.

Zu Aufgabe A 6.10
Für die Durchführung der *Istanalyse* bei dem Baustoffhändler sind festzulegen:
a) Sachverhalte der Erhebung
   Arbeitsabläufe:
   - Wareneingang/Warenentnahme,
   - physische Lagerorganisation,
   - Warenbestellung,
   - Inventur,
   - Verkaufsorganisation;
   Schnittstellen:
   - zur Auftragsbearbeitung,
   - zur Fakturierung,
   - zum Bestellwesen,
   - zur Wareneingangskontrolle,
   - zur Finanzbuchhaltung und Kostenrechnung,
   - zu Lieferanten;
   Mengengerüst:
   - Artikel,
   - Lieferanten,
   - Kunden,
   - Lagerumschlag je Artikel,
   - wertmäßiger Lagerbestand;
   Kosten:
   - Anzahl Mitarbeiter,
   - Personalkosten,
   - Sachkosten der Lagerverwaltung;
   Schwachstellen:
   - hohe Artikelbestände,
   - ineffizientes Bestellsystem,
   - mangelnde Lieferbereitschaft,
   - fehlende Übersicht;
b) Erhebungstechniken
   - Auswertung schriftlicher Unterlagen,
   - Betriebsbesichtigung,
   - Interviews mit Geschäftsleitung, Lagerverwaltung, evtl. Betriebsrat,
   - Fragebogen (auch für Interviews);
c) Darstellungstechniken
   - für Datenstrukturen:
     - Entity-Relationship-Diagramme,
     - Tabellen (für relationales Datenbanksystem);
   - für Arbeitsabläufe:
     - Ereignisgesteuerte Prozessketten,
     - Datenflusspläne,

- Rasterdiagramme,
- evtl. Entscheidungstabellen;
- für Mengengerüste:
  - Tabellen (Listen),
  - Grafiken.

Zu Aufgabe A 6.11

Typische Fragen, die bei der *Datenanalyse* im Rahmen der Beschreibung von Geschäftsprozessen bzw. Arbeitsabläufen zu stellen sind, lauten:
- Wo fallen welche Daten an (z. B. Bestellungen von Kunden per Bestellkarte im Posteingang, telefonisch bei der Bestellannahme, per Fax oder E-Mail beim Sachbearbeiter)?
- Wer erfasst welche Daten (z. B. der Kunde selbst durch Ausfüllen eines Bestellformulars im Internet oder eine Mitarbeiterin in der Bestellannahme durch Tastatureingabe)?
- Wer bearbeitet welche Daten (z. B. der Versand zur Ausführung des Kundenauftrags)?
- Wer benutzt welche Daten und wie (z. B. der Einkauf zur Nachbestellung von Ware bei Kleiderfabriken oder die Marketingabteilung für gezielte Marketingaktionen)?
- Wer erhält welche Auswertungen und wozu (z. B. die Geschäftsleitung zur Unterstützung strategischer Entscheidungen oder die Einkaufsabteilung, um anhand von Auswertungen über Kundenreklamationen die Lieferanten zu Qualitätsverbesserungen zu bewegen)?
- Wie schnell werden welche Informationen von wem benötigt (z. B. schnelle Bereitstellung von Informationen über Liefertermine und potenzielle Lieferengpässe für die Abteilung Kundenbetreuung)?

Zu Aufgabe A 6.12

a) Beim *Fragebogen* (schriftliche Befragung) sind Vorteile: gute Einstiegsquelle, gezielte Informationsbeschaffung, unbeeinflusste Informationsaufnahme; Nachteile: Möglichkeit zur Missinterpretation von Fragen, fehlende Begründungen von Antworten, Gefahr bewusst oder unbewusst falscher bzw. abgestimmter Antworten.
Beim *Interview* (mündliche Befragung) sind Vorteile: direktes Ansprechen der Anwender bzw. Benutzer, konkrete Fragestellungen, Kennenlernen offener und versteckter Argumente; Nachteile: widersprüchliche Aussagen, unzutreffende Angaben, subjektive Antworten, Ausweichen und Abblocken.

b) Die zweckmäßigste Einsatzform der Erhebungstechniken Fragebogen und Interview besteht darin, das Interview anhand eines vorbereiteten, gut strukturierten Fragebogens zu führen. Damit wird auch die Vergleichbarkeit und die Auswertbarkeit aller durchgeführten Interviews erleichtert.

Zu Aufgabe A 6.13

a) Die vier Basissichten des *ARIS*-Konzepts heißen
- Datensicht,
- Funktionssicht,
- Organisationssicht,
- Prozesssicht.

b) Die Tabelle der Abbildung A 6.13.1 zeigt, wie die vier Basissichten von den grafischen *Darstellungstechniken* abgedeckt werden.

	Daten-sicht	Funktions-sicht	Organisations-sicht	Prozess-sicht
ER-Diagramm	X			
EPK	(X)	X	(X)	X
Programmablaufplan		X		X
Hierarchiediagramm		X	X	
Datenflussplan	X	X		X
Rasterdiagramm		X	X	X
Entscheidungstabelle		X		X

(X) = Erweiterte EPK

Abbildung A 6.13.1

Zu Aufgabe A 6.14

a) Für die *Istanalyse* bei dem Elektrogroßhändler wird folgender *Fragebogen* mit zehn (Haupt-) Fragen aufgestellt:
1) Wie viele Artikel befinden sich im Lager?
2) Wie hoch ist der durchschnittliche Lagerbestand (wertmäßig)?
3) Wie hoch ist der Lagerumschlag je Artikel (Max., Min., Durchschnitt)?
4) Mit wie vielen Lieferanten bestehen Geschäftsbeziehungen?
5) Wie viele Kunden hat das Unternehmen?
6) Wie wird der Wareneingang abgewickelt?
7) Wie ist das Lager organisiert (Lagerform, Regalauszeichnung, Bestandserfassung/Inventur)?
8) Wie wird die Warenauslieferung veranlasst und durchgeführt?
9) Wie werden Bestellungen ausgelöst und ausgeführt?
10) Wo liegen die Schwachstellen des bisherigen Verfahrens?
    (Beispiele: keine genaue Kenntnis über Lagerbestand, zu hohe Bestände, schlechter Servicegrad, zu späte Bestellungen, Papierflut, keine Nutzung des elektronischen Datenaustauschs bzw. des E-Business mit Lieferanten und Kunden)

b) Das *Rasterdiagramm* des Arbeitsablaufs zeigt Abbildung A 6.14.1.

Tätigkeit Nr.	Lager		Verkauf	Auslieferung	Einkauf
	Wareneingang	Lagerverwaltung			
1	Ware annehmen				
2	Ware prüfen				
3		Ware einlagern			
4			Kundenbestellung annehmen		
5			Lieferschein erstellen		
6		Ware entnehmen			
7		Ware bereitstellen			
8				Ware ausliefern	
9		Bestand überprüfen			
10		ggf. Bestellung schreiben			
11					Bestellung vornehmen

Abbildung A 6.14.1

Zu Aufgabe A 6.15
Die *Ereignisgesteuerte Prozesskette* für das beschriebene teilautomatisierte Bestellsystem zeigt Abbildung A 6.15.1.

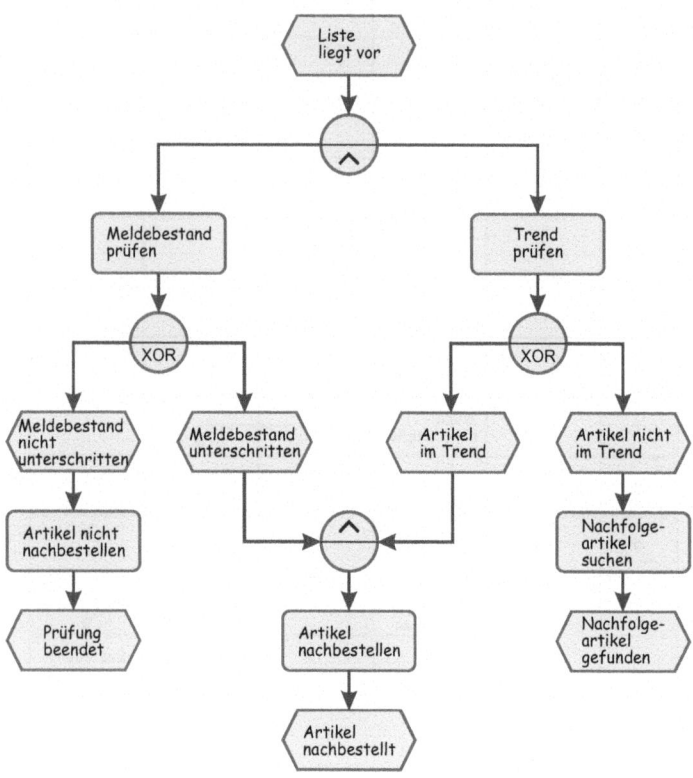

Abbildung A 6.15.1

Zu Aufgabe A 6.16
Den beschriebenen Prozess für die Teilebeschaffung bei einem Kfz-Händler beschreiben
a) Abbildung A 6.16.1 als *Ereignisgesteuerte Prozesskette*,
b) Abbildung A 6.16.2 als *Programmablaufplan* und
c) Abbildung A 6.16.3 als *Datenflussplan*.

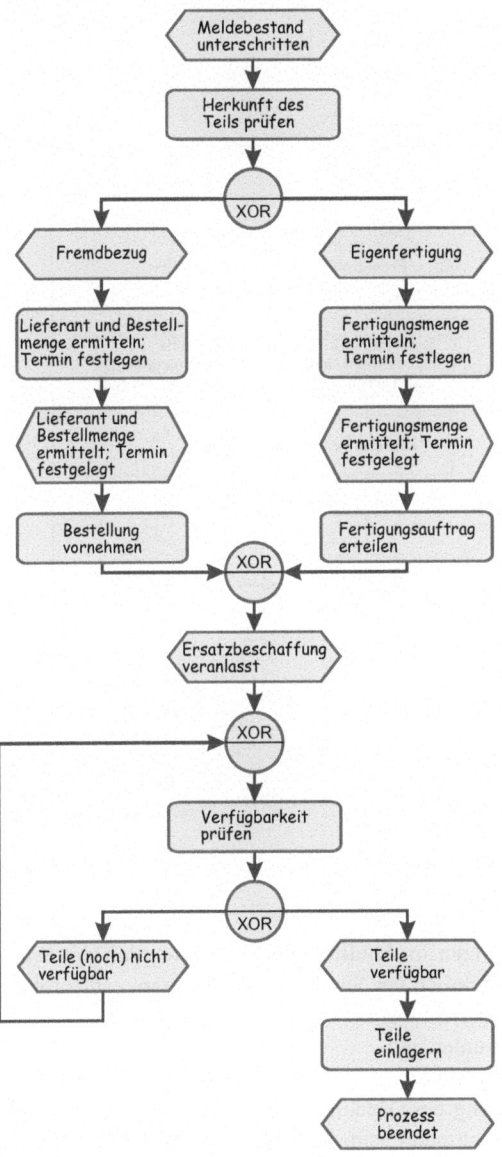

Abbildung A 6.16.1

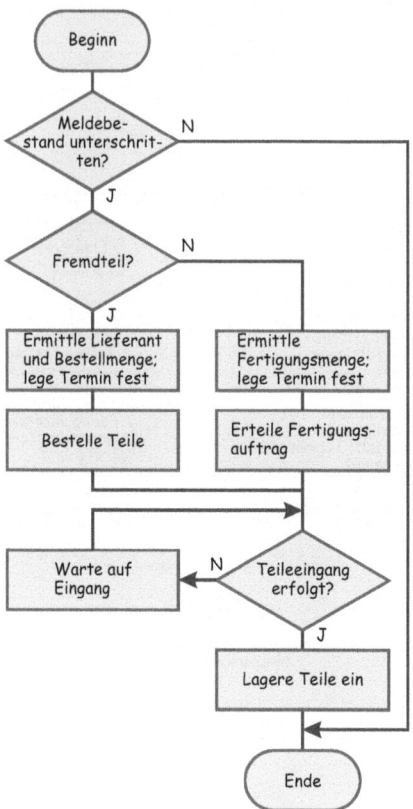

Abbildung A 6.16.2

Bei den Pfeilspitzen in Abbildung A 6.16.2 wurden die Empfehlungen von DIN 66001 hinsichtlich der Sinnbilder für Programmablaufpläne beachtet. Danach sind Vorzugsrichtungen
- von oben nach unten und
- von links nach rechts.

Zur Verdeutlichung des Ablaufs kann auf das jeweils nächstfolgende Sinnbild eine Pfeilspitze gerichtet sein, insbesondere bei Abweichungen von den Vorzugsrichtungen. In Abbildung A 6.16.2 sind Pfeilspitzen dann gesetzt, wenn der Programmablauf
- von unten nach oben oder
- von rechts nach links
gerichtet ist.

Musterlösungen für die Aufgaben zu Kapitel 6 189

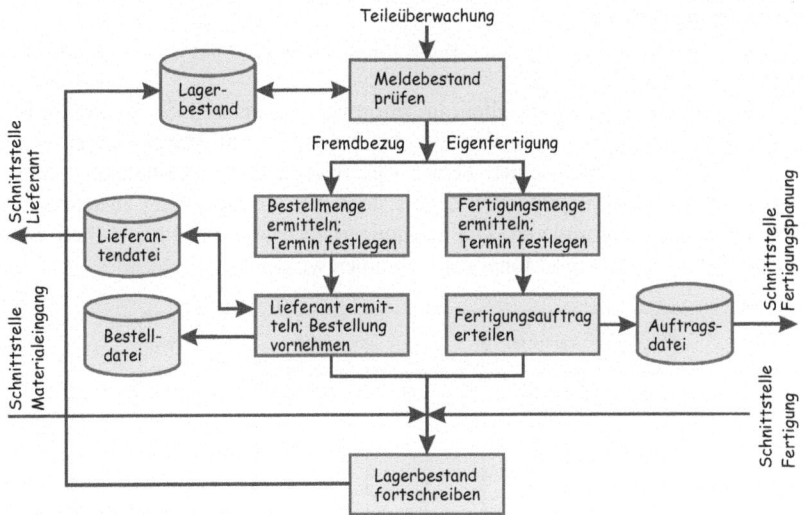

Abbildung A 6.16.3

Zu Aufgabe A 6.17

Den *Datenflussplan* für das Programm zur Angebotsbearbeitung zeigt Abbildung A 6.17.1.

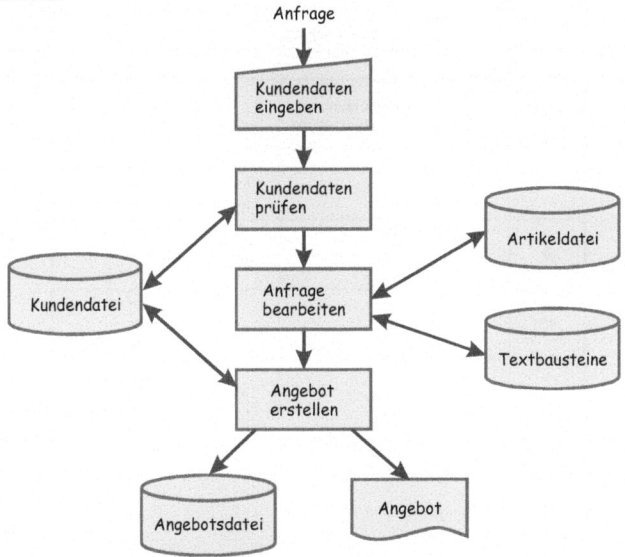

Abbildung A 6.17.1

Zu Aufgabe A 6.18

a) Das *Rasterdiagramm* für den Arbeitsablauf eines Pharmavertriebs zeigt Abbildung A 6.18.1.

b) *Schwachstellen* liegen vor allem im Informationsaustausch. So könnten z. B. die Rückmeldungen an die Vertreter durch die ZVL auf Abweichungen vom Normalfall beschränkt werden. Ferner wäre zu erwägen, die Auslieferung schon parallel zur Beauftragung des Lagers über die zur Zustellung anstehenden Sendungen zu informieren. Die Meldungen an das Gehaltsbüro sollten von der ZVL kumuliert pro Monat vorgenommen werden.

Tätigkeit Nr.	Vertreter	ZVL	Lager	Auslieferung
1	Entgegennahme der Bestellungen			
2	Meldung an ZVL			
3		Prüfung der Bestellungen		
4		Rückmeldung an Vertreter		
5	Bestätigung an ZVL			
6		Beauftragung des Lagers		
7		Meldung an Gehaltsbüro		
8			Kommissionierung der Artikel	
9			Auftrag zur Auslieferung	
10				Aufstellung des Tourenplans
11				Zustellung der Sendungen

Abbildung A 6.18.1

Zu Aufgabe A 6.19
Die *Entscheidungstabelle* (mit drei Regeln R1, R2, R3) für den Arbeitsablauf bei der Erfassung des Wareneingangs zeigt Abbildung A 6.19.1.

	R1	R2	R3
Artikel beschädigt	J	N	N
Artikelstammsatz vorhanden	-	J	N
Artikel aussondern	X		
Artikelstammsatz anlegen			X
Zugang eingeben		X	X

Abbildung A 6.19.1

Zu Aufgabe A 6.20
Die *Entscheidungstabelle* für den Ablauf des Bestellsystems zeigt Abbildung A 6.20.1. Die letzte Zeile ist streng genommen überflüssig.

	R1	R2	R3	R4
Artikelbestand < Bestellgrenze	J	N	N	N
Artikelbestand < 1,1 *Bestellgrenze	-	J	J	N
Bestellung beim Lieferanten vorgesehen	-	J	N	-
Artikel bestellen	X	X		
Lieferant kennzeichnen	X			
Keine Bestellung vornehmen			X	X

Abbildung A 6.20.1

Zu Aufgabe A 6.21
Durch die *Istanalyse* in dem Getränkemarkt wird festgestellt, dass die folgenden möglichen *Schwachstellen* im Istzustand durch den PC-Einsatz beseitigt werden könnten:

a) in der Fakturierung
- umständliches Suchen von Kundennummern und Anschriften,
- Neuerfassung von Stammdaten bei jeder Rechnung,
- Mehrfacherfassung von Daten bei Nachfakturierung (Lieferschein, Rechnung),
- Kundenreklamationen wegen ungenauer Artikelbezeichnungen in den Rechnungen,
- Suchen von Artikelpreisen in Preislisten,
- Suchen von Kundenrabatten in Karteikarten,
- hoher Arbeitsaufwand für die Rechnungserstellung einschließlich Ausweis der Mehrwertsteuer;

b) in der Lagerverwaltung
- fehlende Bestandsübersichten nach Menge und Wert,
- umständliches Suchen von Artikeln im Lager,
- schlechte Auskunftsfähigkeit bei Kundenanfragen,
- mangelhafte Lieferbereitschaft,
- keine Hinweise auf Ladenhüter und Renner;

c) in weiteren Arbeitsgebieten
- kein automatisches Mahnwesen,
- unsystematisches Bestellverfahren,
- schlechte Ausnutzung der Zahlungskonditionen der Lieferanten.

Bei einem späteren Anschluss des PCs an das Internet könnten durch Webpräsenz, Informationsangebote für Kunden, Möglichkeit für Kunden zu Onlinebestellungen, elektronischer Datenaustausch mit Lieferanten u. a. weitere Schwachstellen beseitigt werden.

Zu Aufgabe A 6.22
In dem Projekt ZOHABV lassen sich die ineinander übergehenden Schritte *Istanalyse* und *Sollkonzept* der Phase Analyse stichwortartig wie folgt beschreiben:

a) Vorgehensweise
- Analyse der vorhandenen Unterlagen (Karteikarten, Kundenbestellungen, Ausgangsrechnungen, Kassenbons, Eingangsrechnungen, Lieferscheine);
- Entwurf eines (strukturierten) Fragebogens, evtl. erst für einen Teilbereich (z. B. Tierfutter);
- Interviews mit dem Zoohändler und seinen Mitarbeitern anhand des Fragebogens;
- Beschreibung der bisherigen Arbeitsabläufe;
- Herausarbeitung der Schwachstellen (z. B. Unübersichtlichkeit, mangelhafter Kundenservice, Überstunden bei Inventur);
- vergleichende Auswertung von Produktbeschreibungen zu Branchensoftware für den Zoohandel;
- Entwurf eines Sollkonzepts der zukünftigen Arbeitsabläufe mit Formulierung der fachlichen und technischen Anforderungen;
- Kostenabschätzung für Anschaffung, Einführung und Betrieb;
- Diskussion von Lösungsalternativen mit dem Zoohändler.

b) IT-Systemkonzept (zunächst nur als Grobkonzept)
- Festlegung von Dateien für Artikel, Kunden, Hersteller und Lieferanten;
- Beschreibung folgender (neu gestalteter) Arbeitsabläufe: Kundenanfrage, Kundenbestellung, Artikelverkauf, Artikelbestellung, Bestandsverwaltung;
- Formulierung von Dialogabfragen, Drucklisten, sonstigen Druckausgaben (Rechnungen, Lieferscheine, Etiketten).

Bei der Beschreibung der Arbeitsabläufe muss jeweils die Form der Dateneingabe festgelegt werden, ggf. in Ausbaustufen. Beispielsweise könnten bei der Bestandsverwaltung die Entnahmen

- entweder durch eine Stapelerfassung nach Geschäftsschluss
- oder automatisch durch Einrichtung einer mit der Bestandsverwaltung gekoppelten Kasse

eingegeben werden.

c) Benutzeranforderungen
- garantierte Arbeitserleichterung;
- benutzerfreundliche Bedienung durch übersichtliche Symbole, Fenster und Bildschirmmasken, verständliche Bedienerführung in Deutsch, evtl. Bedienerführungsleiste, Menüsteuerung (Hauptmenü, Pull-down-Menü), maussensitive Felder, Möglichkeit zum „Blättern", eindeutige Fehler-/Korrekturhinweise, anwendungsbezogene Funktionstasten, Statusanzeige, Helpfunktionen (Hilfetaste, Hilfefenster), Undo-Funktion, Matchcodes;
- kurze Einarbeitungszeit, Unterstützung durch den Anbieter;
- ergonomische Hardware (Tastatur, Maus, Barcode-Scanner, Bildschirm, Drucker, später evtl. RFID-Einrichtung).

Zu Aufgabe A 6.23

Das *Sollkonzept* für die Entwicklung von Standardsoftware für Tanzschulen enthält folgende Vorschläge:

a) Im Wesentlichen sind nur Tabellen für (aktuelle und frühere) Kursteilnehmer und Interessenten, die einzelnen Kurse sowie die Kursbelegung anzulegen.

b) Programme sind zu erstellen für
- Stammdatenverwaltung,
- Belegungsübersichten der Kurse,
- Kursabrechnungen,
- Führen von Teilnehmerkonten,
- Mahnungen für Kursgebühren,
- Einladungen, Werbebriefe.

c) Dateneingaben werden erforderlich
- bei der Erfassung von Interessenten,
- bei der Anmeldung von Teilnehmern,
- bei der Änderung oder Löschung von Teilnehmerdaten,
- bei der Verbuchung von Zahlungseingängen.

Die Eingabe erfolgt im Dialog über Bildschirmmasken.

d) Druckausgaben sind zu erbringen für
- Mahnschreiben, ggf. zusammen mit Zahlungsträgern,
- Kursübersichten (Teilnehmer, Abrechnung),
- Einladungsschreiben, Werbebriefe,
- Medaillenspiegel.

Für die Realisierung bietet sich der Einsatz eines (einfachen) Datenbankverwaltungssystems in Verbindung mit einem Programm zur Textverarbeitung an.

Zu Aufgabe A 6.24

In dem *Sollkonzept* für die PC-gestützte Verwaltung des Ausbildungsinstituts werden festgelegt:

a) Tabellen
 - Teilnehmer (Hörer, Studierende),
 - Dozenten,
 - Räume,
 - Veranstaltungen (Kurse, Prüfungen);

b) Abfragen
 - Anschriften,
 - abgelegte Prüfungen,
 - gezahlte Gebühren,
 - Termine (Kurse, Prüfungen),
 - Raumbelegung;

Auswertungen
 - Teilnehmerlisten,
 - Prüfungsspiegel,
 - Terminübersichten;

Webpräsenz
 - allgemeine Informationen über das Ausbildungsinstitut,
 - Übersichten über die angebotenen Lehrgänge,
 - Stoffpläne der Dozenten,
 - kurzfristige Informationen über Verlegung oder Ausfall von Veranstaltungen,
 - Diskussionsforum der Teilnehmer;

c) Implementierung
 - Eigenentwicklung entfällt,
 - Erstellung von Individualsoftware durch Dritte zu teuer,
 - Entwicklung durch Teilnehmer zu unsicher (Pflege, Betreuung),
 - einzige Lösung: Kauf oder Leasing von Standardsoftware, evtl. gekoppelt mit Hardwarebeschaffung;

d) Hardware
 - PC mit Bildschirm, Tastatur, Maus, Festplatte, CD- bzw. DVD-Brenner (zur Datensicherung), Drucker, Datenübertragungseinrichtung (Modem, ISDN-Karte oder DSL-Modem) zur Internetanbindung;

e) Besonderheiten bei der Hardwarebeschaffung
 - Marktstandard des Rechners,
 - Standardbetriebssystem,
 - Ausbaufähigkeit (Arbeitsspeicher, Platte, freie Steckplätze),
 - Anzahl und Art der Schnittstellen,
 - Verbrauchskosten des Druckers,
 - Ergonomie (Bildschirm),
 - Betreuung durch Lieferanten,
 - Preisrabatt für Ausbildungsinstitut.

Zu Aufgabe A 6.25

Die Anwendung der *Multifaktorenmethode* auf die Einführung eines elektronischen Ablagesystems für den technischen Kundendienst ist in der Tabelle der Abbildung A 6.25.1 dargestellt.

Kriterium (1)	Gewicht (2)	Bewertung (3)	Produkt (4) = (2)*(3)
Zugriffszeit auf Dokumente	3	3	9
Mehrfachzugriff auf Dokumente	2	3	6
Änderbarkeit gespeicherter Dokumente	1	-1	-1
Kompatibilität mit anderen Systemen	1	-2	-2
Benutzerfreundlichkeit	2	2	4
Akzeptanz	1	-1	-1
Summe	10	—	15

Nutzenkoeffizient: 15 / 10 = 1,5

Abbildung A 6.25.1

Der Nutzenkoeffizient von 1,5 verspricht insgesamt eine Verbesserung. Vor weiteren Schritten sollte zunächst eine detailliertere Analyse (Berücksichtigung weiterer Kriterien, Sensitivitätsanalysen) vorgenommen werden.

Zu Aufgabe A 6.26

Der Unterschied zwischen den Begriffen *Effektivität* und *Effizienz* besteht darin, dass
- Effektivität die Zielerreichung (Erfolg im Verhältnis zur Auswahl der Mittel) generell und
- Effizienz den Grad der Wirtschaftlichkeit, mit der das Ziel erreicht wird,

beurteilt. Beispielsweise ist es
- effektiv, bei der Systementwicklung konsequent in allen IT-Projekten ein einheitliches Vorgehensmodell zu befolgen, und
- effizient, dadurch 20 % des Entwicklungsaufwands einzusparen.

Beide Begriffe gehören zum Standardvokabular der Organisatoren, insbesondere bei Unternehmensberatungen. Sie streng zu unterscheiden ist ebenso schwierig wie für Süddeutsche, Oldenburg und Osnabrück oder für Norddeutsche, Bamberg und Bayreuth auseinander zu halten.

Zu Aufgabe A 6.27

Die wesentlichen Anforderungen an die *Module* der *strukturierten Systementwicklung* lassen sich wie folgt formulieren: Ein Modul soll
- eine abgeschlossene (Teil-)Aufgabe möglichst vollständig erfüllen,
- möglichst wenige Schnittstellen zu anderen Modulen und nur einen Eingang und einen Ausgang besitzen sowie
- nur erkennen lassen, was es leistet, jedoch nicht, wie es intern arbeitet (Blackboxprinzip).

Außerdem sollen Module sich nicht gegenseitig beeinflussen, d. h. Änderungen an einem Modul sollen keine Änderungen an anderen Modulen nach sich ziehen. Beispiel: In Anwendungssystemen zur Personalabrechnung wird üblicherweise ein Modul „Ermittlung der Lohnnsteuer" verwendet. Eingegeben in das Modul werden die Bruttoeinkünfte und die Steuerklasse, ausgegeben werden vom Modul die steuerlichen Abzüge. Ob die Ermittlung der Steuerbeträge nach Formel oder Tabelle erfolgt, ist von außen nicht zu erkennen.

Zu Aufgabe A 6.28

In Abbildung A 6.28.1 sind die wichtigsten Module für die Verwaltungsarbeiten einer wissenschaftlichen Gesellschaft als *strukturierter Systementwurf* in Form eines *Funktionsbaums* dargestellt.

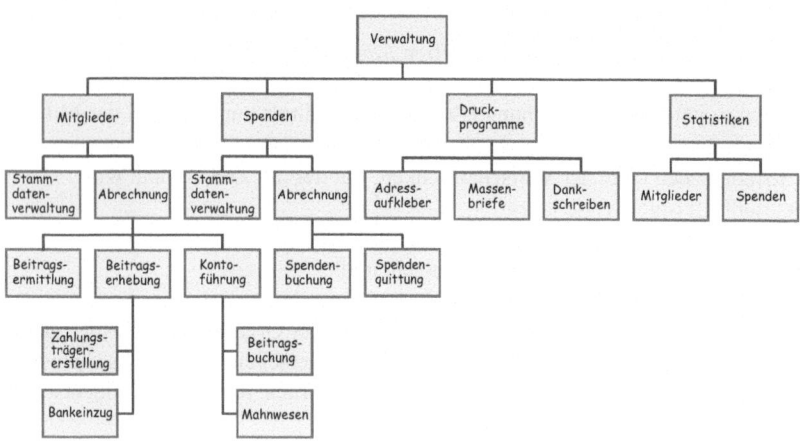

Abbildung A 6.28.1

Zu Aufgabe A 6.29

Abbildung A 6.29.1 zeigt in einem *strukturierten Systementwurf* in Form eines *Funktionsbaums* die wichtigsten Module von Programmen zur Lagerverwaltung. Einzelne Module, z. B. die für unterschiedliche Bewertungsverfahren, lassen sich möglicherweise zu jeweils einem einzigen Modul zusammenfassen, das dann über Parameter gesteuert wird.

Musterlösungen für die Aufgaben zu Kapitel 6 197

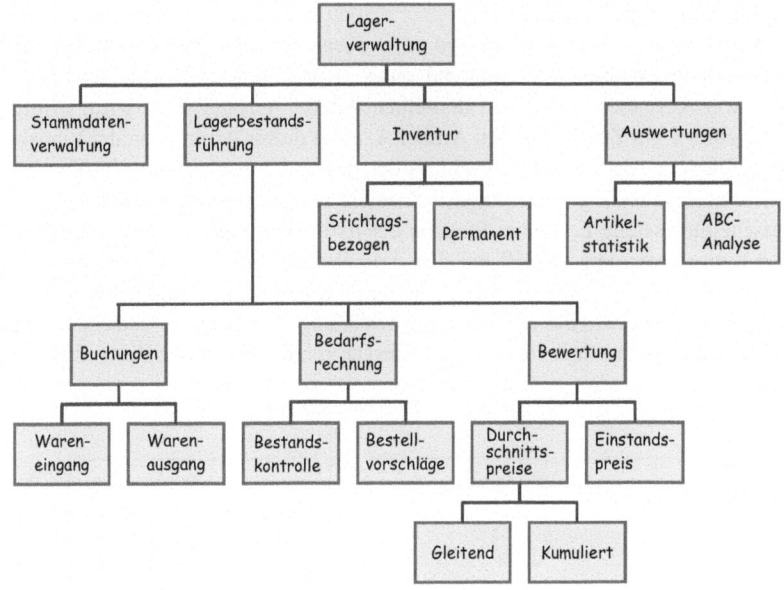

Abbildung A 6.29.1

Zu Aufgabe A 6.30
Ein grobes *SA-/SD-Datenflussdiagramm* für den Arbeitsablauf beim Wareneingang und Zahlungsausgleich zeigt Abbildung A 6.30.1.

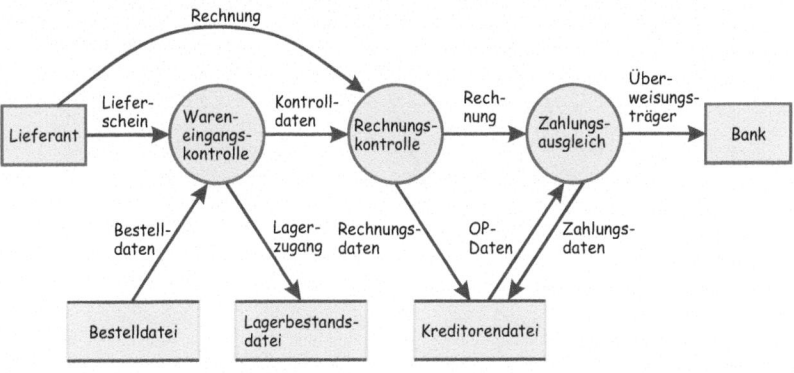

Abbildung A 6.30.1

Zu Aufgabe A 6.31

In Abbildung A 6.31.1 wird anhand eines *Petrinetzes* beispielhaft gezeigt, wie sich verhindern lässt, dass während eines Bearbeitungsvorgangs gleichzeitig von zwei Ausgabeschaltern auf denselben Artikel A zugegriffen wird. Erfolgt an Schalter 1 ein Zugriff auf den Artikel A, muss dieser Artikel von der Eingabe der Artikelnummer bis zum Abschluss der Bestandsfortschreibung für den Zugriff von Schalter 2 gesperrt werden. Erreicht wird das durch Einführung einer Entscheidungsstelle E, die bei Eingabe der Artikelnummer am Ausgabeschalter 1, d.h. noch vor dem Zugriff auf den Artikel, belegt und erst nach Abschluss des kompletten Vorgangs freigegeben wird. Dasselbe gilt spiegelbildlich für Ausgabeschalter 2. In der praktischen Anwendung wird man die Entscheidungsstelle so platzieren, dass sie erst zum Einsatz kommt, wenn der Bestand verändert wird.

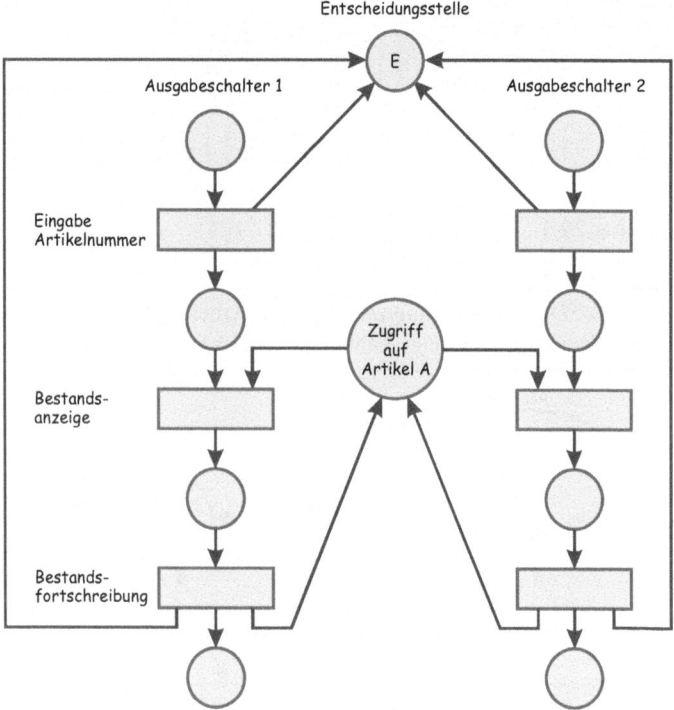

Abbildung A 6.31.1

Zu Aufgabe A 6.32

Im Pflichtenheft muss die *Programmspezifikation* hinsichtlich der Datenausgabe in erster Linie folgende Angaben enthalten:
- Bildschirmanzeigen (Listen, Tabellen, Grafiken, Fenster, Farbgestaltung),

Musterlösungen für die Aufgaben zu Kapitel 6   199

- Druckausgabe (Listen, Formulare, Grafiken; Druckqualität),
- Datenausgabe auf Datenträger für Datenträgeraustausch oder Backup (z. B. Diskette, CD-ROM, DVD),
- akustische Datenausgabe (z. B. bei Bedienungsfehlern),
- Schnittstellen für den elektronischen Datenaustausch (z. B. EDIFACT, XML).

Zu Aufgabe A 6.33

a) Den *Programmablaufplan* zur Verzinsung eines Kapitals K bis zur Verdopplung zeigt Abbildung A 6.33.1.

b) Eine mögliche Formulierung in *Pseudocode* ist in Abbildung A 6.33.2 wiedergegeben.

Das Zeichen := bezeichnet die Zuweisung, das (hier nicht vorkommende) Gleichheitszeichen = die Prüfung auf wertmäßige Gleichheit.

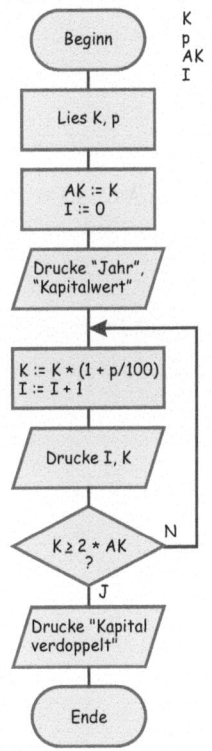

```
BEGIN
    LIES Kapital, Zinssatz
    Kapitalwert := Kapital
    Jahr := 0
    DRUCKE "Jahr ", "Kapitalwert"
REPEAT
    Kapitalwert := Kapitalwert * (1 + Zinssatz/100)
    Jahr := Jahr + 1
    DRUCKE Jahr, Kapitalwert
UNTIL Kapitalwert ≥ 2 * Kapital
DRUCKE "Kapital verdoppelt"
END
```

Abbildung A 6.33.1   Abbildung A 6.33.2

Zu Aufgabe A 6.34
Eine mögliche Formulierung des Programmablaufs für die Prämienzahlung nach Firmenzugehörigkeit in *Pseudocode* zeigt Abbildung A 6.34.1. Das Programm muss einmal monatlich ausgeführt werden.

```
BEGIN
    Eingabe Jahr, Monat
    PS1 := 0, PS2 := 0
    Lies Datensatz Personal
    WHILE Datensätze vorhanden DO
        BEGIN
                IF    Jahr - Eintrittsjahr = 10
                AND   Monat = Eintrittsmonat
                THEN  Addiere 500 zu PS1
                IF    Jahr - Eintrittsjahr = 25
                AND   Monat = Eintrittsmonat
                THEN  Addiere 2500 zu PS2
                Lies Datensatz Personal
        END
    DISPLAY "Prämiensummen" PS1, PS2
END
```

Abbildung A 6.34.1

Zu Aufgabe A 6.35
Den *Programmablaufplan* für den Bestellvorgang zeigt Abbildung A 6.35.1.

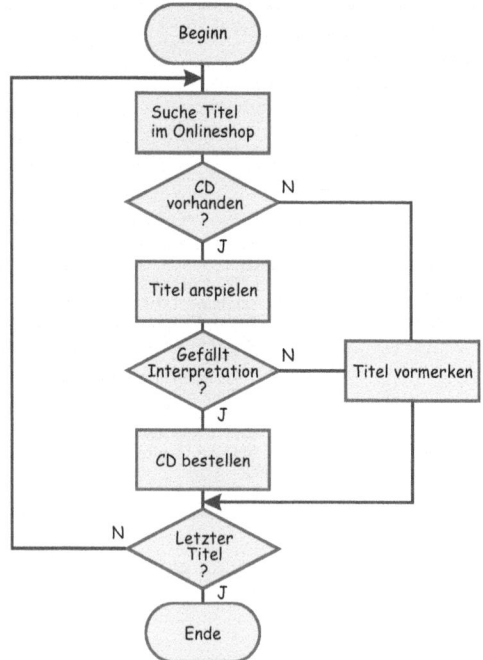

Abbildung A 6.35.1

Zu Aufgabe A 6.36
Das Öffnen und das Schließen der OP-Datei der Debitorenbuchhaltung wird zur Vereinfachung in den grafischen Lösungen nicht dargestellt.

a) Abbildung A 6.36.1 zeigt die Lösung in Form eines *Programmablaufplans*.

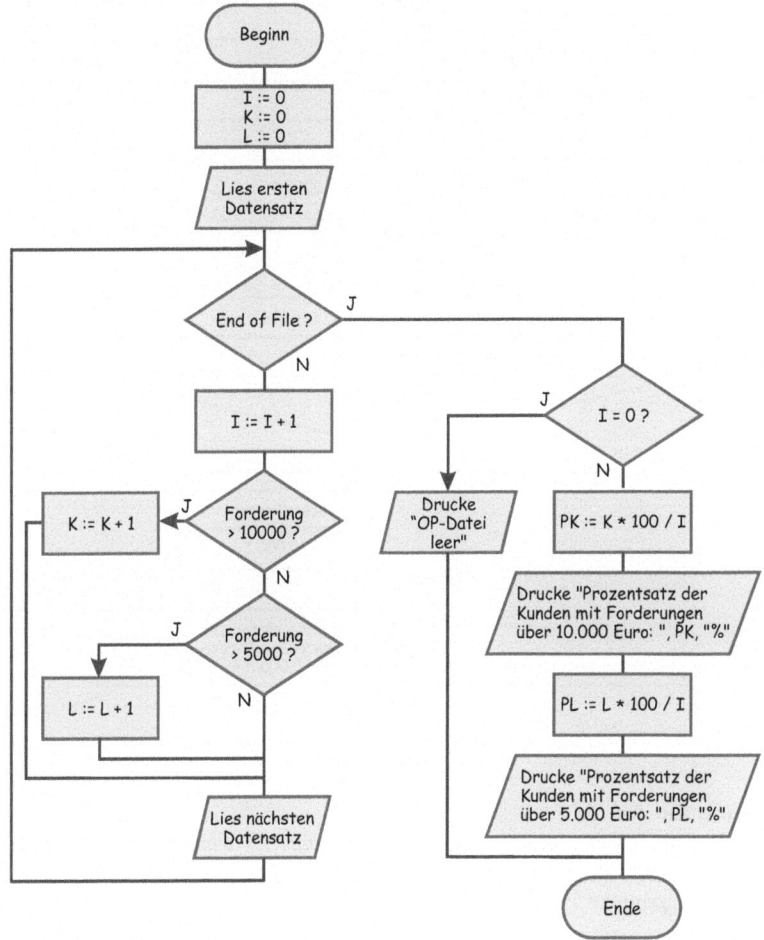

Abbildung A 6.36.1

b) Abbildung A 6.36.1 zeigt die Lösung in Form eines *Nassi-Shneiderman-Diagramms* (Struktogramm).

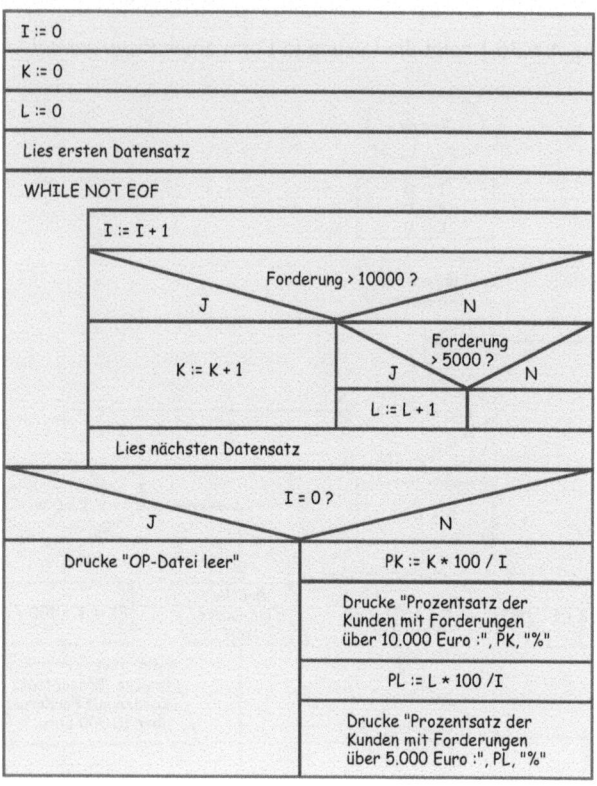

Abbildung A 6.36.2

Zu Aufgabe A 6.37

Für die Entwicklung eines Programms zur *Dateiverarbeitung mit Gruppenwechsel* für die Fakturierung werden zunächst die folgenden Abkürzungen (Variablen) eingeführt:

KDNR	= Kundennummer	DATUM	= Datum
ARTNR	= Artikelnummer	MENGE	= Liefermenge
ARTGRUP	= Artikelgruppe	SUMME	= Rechnungssumme
SPREIS	= Stückpreis	PREIS	= Einzelpreis je Rechnungsposition

a) Den *Programmablaufplan* zeigt Abbildung A 6.37.1 in vier Teilen.

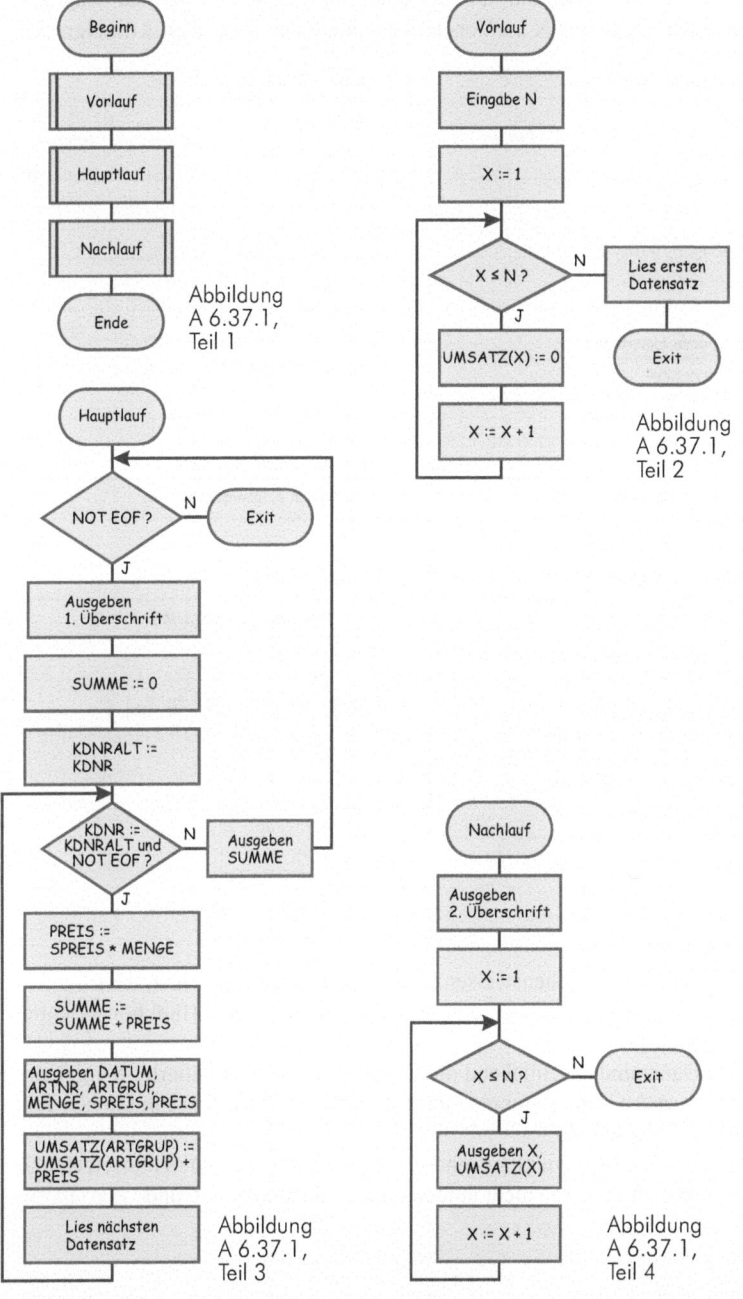

b) Das *Nassi-Shneiderman-Diagramm* zeigt Abbildung A 6.37.2 in vier Teilen. Sowohl im Programmablaufplan als auch im Nassi-Shneiderman-Diagramm entspricht der Laufindex X im Vor- und Nachlauf der jeweiligen Artikelgruppe.

Programm Dateiverarbeitung

Vorlauf
Hauptlauf
Nachlauf

Abbildung A 6.37.2, Teil 1

Unterprogramm Vorlauf

Eingabe N
X := 1
WHILE X ≤ N
UMSATZ(X) := 0
X := X + 1
Lies ersten Datensatz

Abbildung A 6.37.2, Teil 2

Unterprogramm Hauptlauf

WHILE NOT EOF
Ausgeben 1. Überschrift
SUMME := 0
KDNRALT := KDNR
WHILE KDNR = KDNRALT AND NOT EOF
PREIS := SPREIS * MENGE
SUMME := SUMME + PREIS
Ausgeben DATUM, ARTNR, ARTGRUP, MENGE, SPREIS, PREIS
UMSATZ(ARTGRUP) := UMSATZ(ARTGRUP) + PREIS
Lies nächsten Datensatz
Ausgeben SUMME

Abbildung A 6.37.2, Teil 3

Unterprogramm Nachlauf

Ausgeben 2. Überschrift
X := 1
WHILE X ≤ N
Ausgeben X, UMSATZ(X)
X := X + 1

Abbildung A 6.37.2, Teil 4

Zu Aufgabe A 6.38
Die traditionellen Vorgehensweisen sind dadurch gekennzeichnet, dass
- entweder erst die Funktionen und anschließend die Daten (funktionsorientiertes Vorgehen) oder
- erst die Daten und anschließend die Funktionen (datenorientiertes Vorgehen) betrachtet werden. Die getrennte Betrachtung von Daten und Funktionen führt häufig zu Problemen, da
- in den einzelnen Entwicklungsphasen unterschiedliche Darstellungstechniken Verwendung finden, die nicht aufeinander abgestimmt sind, und

- demzufolge Erweiterungen bzw. Anpassungen, die sich im Laufe des Entwicklungsprozesses einstellen, nur unter erheblichem Aufwand vorgenommen werden können.

Mit der *objektorientierten Vorgehensweise* der Systementwicklung wird angestrebt, die beschriebenen Probleme durch die simultane Betrachtung von Funktionen (bzw. Methoden) und Daten in Form von Objekten bzw. Klassen von vornherein zu vermeiden.

Zu Aufgabe A 6.39

Vor Einführung der *objektorientierten Systementwicklung und Programmierung* (im folgenden OOSP abgekürzt) sollten folgende Fragen diskutiert werden:
- Welche Vorteile bringt die OOSP gegenüber der herkömmlichen Programmentwicklung? (Konkret: Führt die OOSP zu besser wartbarer Software? Sind mit OOSP entwickelte Programme bzw. Programmteile tatsächlich wiederverwendbar?)
- Lassen sich die Vorteile quantifizieren (z.B. Verkürzung der Entwicklungszeiten) oder nur qualitativ beschreiben (z.B. Verbesserung der Programmdokumentation)?
- Gelten die Vorteile sowohl für mathematisch-technische als auch für betriebswirtschaftlich-organisatorische Anwendungen?
- Welche Entwurfsmethode soll verwendet werden (vorzugsweise UML)?
- Welche Programmiersprachen kommen in Betracht?
- Stehen für die Programmiersprachen ausgetestete Compiler auf den vorhandenen Rechnern und unter den eingesetzten Betriebssystemen zur Verfügung?
- Sind ausgereifte Klassenbibliotheken (z.B. für Benutzerschnittstellen, Standarddatenstrukturen wie Listen, Bäume usw.) verfügbar?
- Gibt es Softwareentwicklungswerkzeuge, die die gewählte Entwurfsmethode und den gewünschten Compiler unterstützen?
- Lassen sich objektorientierte bzw. objektrelationale Datenbanksysteme einrichten oder können die bestehenden Datenbanksysteme ohne größere Konsequenzen zunächst beibehalten werden?
- Soll die Einführung der OOSP zunächst auf neue IT-Projekte beschränkt werden oder ist mittel- und langfristig eine Umstellung aller bisherigen Anwendungssysteme (mit Programmen in COBOL, FORTRAN, RPG usw.) zu erwägen?
- Gibt es für die Umstellung von Programmen Migrationshilfen?
- Können alle Umstellungen so vorgenommen werden, dass die Benutzer davon völlig unberührt bleiben und für sie keinerlei Nachteile entstehen?
- Wie hoch ist der Schulungsaufwand (Zeit, Kosten) für die Mitarbeiter?
- Sind alle Mitarbeiter der Systementwicklung für das Erlernen der OOSP hinreichend qualifiziert?
- Stößt die Einführung der OOSP auf Akzeptanzprobleme bei den Mitarbeitern der Systementwicklung?

Zu Aufgabe A 6.40

a) Beispiele für *Vererbungsbeziehungen* sind
 - Oberklasse Person, Unterklasse Mitarbeiter;
 - Oberklasse Fahrzeug, Unterklasse LKW;
 - Oberklasse Konto, Unterklasse Sparkonto.

b) Beispiele für *Ganz/Teil-Beziehungen* beschreiben folgende Aussagen:
 - Ein Fahrzeug enthält einen Motor.
 - Einer Abteilung sind m Mitarbeiter zugeordnet.
 - Ein Regal enthält n Regalzellen.

Zu Aufgabe A 6.41

Abbildung A 6.41.1 erläutert das *Vererbungsprinzip* der objektorientierten Systementwicklung am Beispiel Festplattenspeicher. Danach ist der Festplattenspeicher ein Massenspeicher, der
- den direkten Zugriff auf einzelne Datensätze gestattet,
- zu den magnetischen Speichermedien gehört und
- fest im Plattenlaufwerk montiert ist.

Aus der Abbildung geht hervor, dass die Instanzen jeder Klasse die Eigenschaften ihrer Klasse und (über die Vererbung) sämtlicher darüber liegender Klassen besitzen.

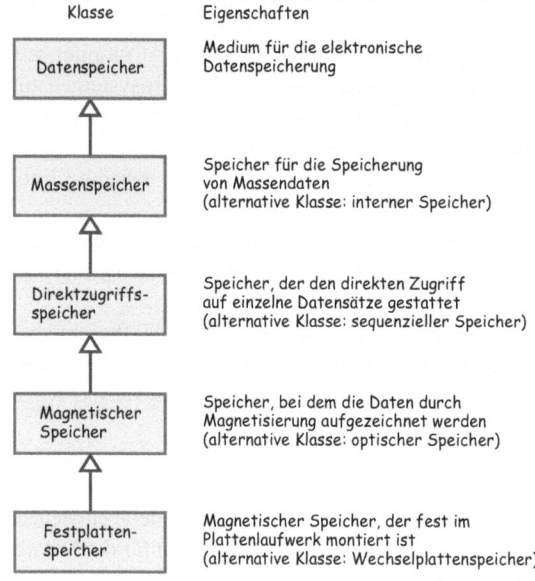

Abbildung A 6.41.1

Zu Aufgabe A 6.42
a) Eine *Klasse* stellt eine Zusammenfassung von Objekten dar, die durch dieselben Eigenschaften und Verhaltensmuster (Methoden) beschrieben werden können. Beispielsweise fasst die Klasse Fahrzeug die Eigenschaften und Verhaltensmuster aller Fahrzeuge zusammen. Weiterhin gilt:
- Eine *Instanz* bzw. ein Objekt bezeichnet eine tatsächliche Ausprägung einer Klasse (Beispiel: Fahrzeug mit der Fahrgestellnummer SH2005).
- Ein *Attribut* repräsentiert eine Eigenschaft, für die jede Instanz einer Klasse einen eigenen Eigenschafts- bzw. Attributwert besitzt (Beispiel: Baujahr).
- Eine *Methode* stellt eine algorithmische Beschreibung eines bestimmten Verhaltensaspekts dar (Beispiel: Beschleunige).

b) Die grafische Darstellung der Klasse Fahrzeug in der Notation von *UML* zeigt Abbildung A 6.42.1.

Klassenname	**Fahrzeug**
Attribute	Besitzer Typ Baujahr Farbe Leistung Geschwindigkeit
Methoden	Beschleunige Bremse

Abbildung A 6.42.1

Zu Aufgabe A 6.43
a) Die grafische Darstellung der Klasse Hörer in der Notation von *UML* zeigt Abbildung A 6.43.1.

Klassenname	**Hörer**
Attribute	Hörernummer Name Geburtsdatum Anschrift Datum der Anmeldung Noten <u>Anzahl</u>
Methoden	Anmelde_Hörer Erstelle_Hörerausweis Eintrage_Note Abmelde_Hörer

Abbildung A 6.43.1

b) Ein *Klassenattribut* beschreibt die Eigenschaften einer Klasse, während Attribute üblicherweise die Eigenschaften der einzelnen Objekte beschreiben. Das Attribut „Anzahl", das angibt, wie viele Hörer an der VWA eingeschrieben sind, lässt sich nur sinnvoll der Klasse und nicht einzelnen Objekten (in diesem Falle den Hörern) zuordnen. Das Attribut „Anzahl" ist somit ein Klassenattribut der Klasse „Hörer". Es existiert auch dann, wenn es zu der Klasse „Hörer" (noch) keine Objekte gibt; in diesem Falle hat es den Wert „0". Klassenattribute (hier: Anzahl) werden in der Notation von UML unterstrichen dargestellt!

Zu Aufgabe A 6.44
Die in der Notation von *UML* dargestellte Beziehung zwischen den Klassen Bankkunde und Girokonto zeigt Abbildung A 6.44.1.

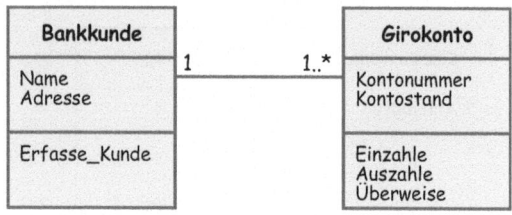

Abbildung A 6.44.1

Zu Aufgabe A 6.45
Bei der *Generalisierung* erfolgt die Bildung der Klassenhierarchie bottom-up. Zu den Klassen „Lohnempfänger" und „Gehaltsempfänger" wird die Superklasse „Mitarbeiter" eingerichtet.

Wird bei der Bildung der Klassenhierarchie top-down vorgegangen, spricht man von *Spezialisierung*. Dabei werden für eine gegebene Klasse durch Hinzufügen von Attributen bzw. von Methoden Subklassen gebildet. Zu der Klasse „Mitarbeiter" werden die Subklassen „Technisches Personal" und „Kaufmännisches Personal" gebildet.

Zu Aufgabe A 6.46
Die dreistufige *Aggregationshierarchie* zwischen den Klassen Lehrbuch, Kapitel und Abschnitt in der Notation von *UML* zeigt Abbildung A 6.46.1.

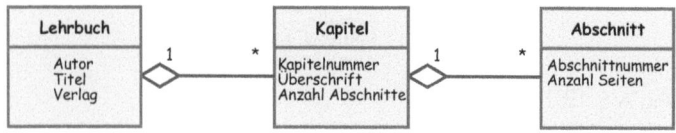

Abbildung A 6.46.1

Zu Aufgabe A 6.47

Den Aufbau einer *Nachricht* zeigt Abbildung A 6.47.1. Jede Nachricht besteht grundsätzlich aus
- einem Empfänger(objekt), das die Nachricht empfangen soll (im Beispiel die Regalzelle_1005),
- einem Selektor, der die auszuführende Operation bezeichnet (im Beispiel die Operation Einlagere), sowie
- optionalen Parametern, die die Ausführung der Operation näher spezifizieren (im Beispiel der Parameter Palette_7326, der die einzulagernde Palette angibt).

Empfänger	Selektor	Parameter
Regalzelle_1005	Einlagere	Palette_7326

Abbildung A 6.47.1

Zu Aufgabe A 6.48

a) Das *Klassendiagramm* für die Kundenauftragsbearbeitung in der Notation von *UML* zeigt Abbildung A 6.48.1.

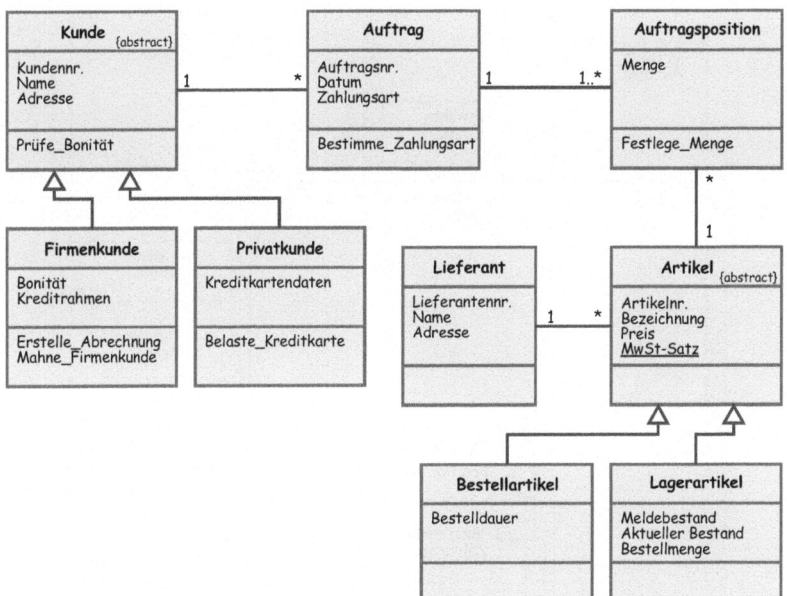

Abbildung A 6.48.1

Die abstrakten Klassen „Kunde" und „Artikel" werden durch den Zusatz {abstract} im Namensfeld gekennzeichnet. Alternativ können in UML abstrakte Klassen durch einen kursiv geschriebenen Namen dargestellt werden.

Von allen Klassen werden so genannte Verwaltungsoperationen wie z. B. „Erfasse_Objekt", „Ändere_Objekt", „Lösche_Objekt" oder „Auswähle_Objekt" benötigt. Diese Verwaltungsoperationen werden in UML-Klassendiagrammen in der Regel nicht explizit modelliert.

b) Wenn der Versandhändler ausschließlich Computerhardware vertreibt, besitzen alle Artikel einen einheitlichen Mehrwertsteuersatz von aktuell 16 %. Das Attribut „MwSt-Satz" der Klasse „Artikel" müsste unter dieser Annahme als *Klassenattribut* modelliert und somit in der Notation von UML unterstrichen dargestellt werden. Vertreibt der Versandhändler zusätzlich Fachliteratur für Informatik, für die der ermäßigte Mehrwertsteuersatz für Bücher von aktuell 7 % gilt, so kann das Attribut „MwSt-Satz" in Abhängigkeit vom jeweiligen Artikel unterschiedliche Werte annehmen. In diesem Falle erfüllt das Attribut „MwSt-Satz" nicht mehr die Merkmale eines Klassenattributs und muss als normales Attribut modelliert werden.

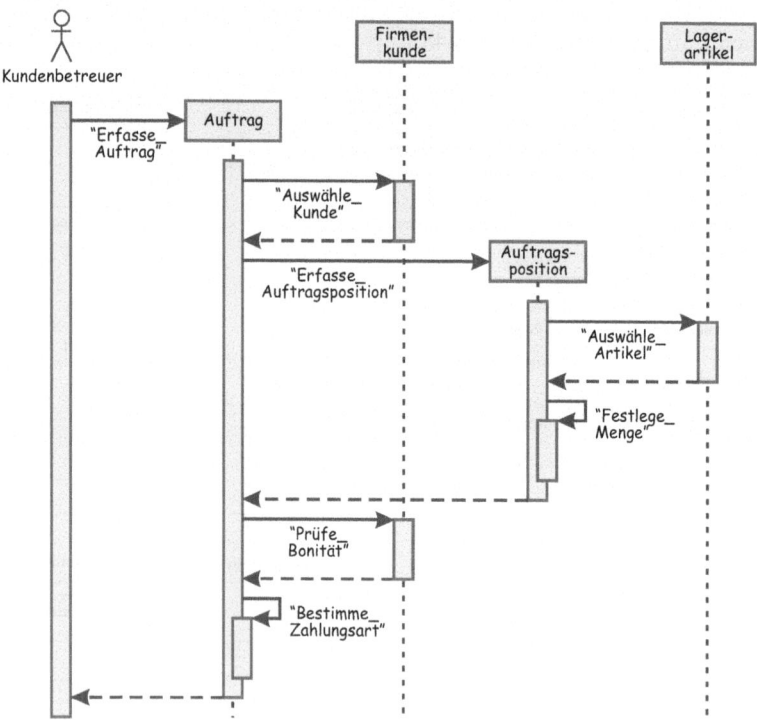

Abbildung A 6.48.2

c) Das *Interaktionsdiagramm* für das Szenario der Bestellung eines Lagerartikels durch einen Firmenkunden ist in Abbildung A 6.48.2 dargestellt.
Die Methoden „Festlege_Menge" und „Bestimme_Zahlungsart" gehören zur Klasse, von der sie aufgerufen werden. In UML-Interaktionsdiagrammen werden solche Methodenaufrufe durch überlappende Aktivierungskästen dargestellt.

Zu Aufgabe A 6.49
Die *Generationen von Programmiersprachen* sind
1. Generation: Maschinensprachen,
2. Generation: maschinenorientierte Sprachen (Assemblersprachen),
3. Generation: höhere oder problemorientierte Sprachen (z.B. BASIC, C, COBOL, FORTRAN, Pascal, RPG u.a.),
4. Generation: nichtprozedurale Sprachen (z.B. ABAP/4, NATURAL, SQL).

Als weitere Generationen werden
- die wissensbasierten Sprachen (LISP, PROLOG u.a.) und
- die objektorientierten Sprachen (C++, Java, Smalltalk u.a.)

angesehen. In moderner Auslegung werden auch
- die Skriptsprachen (Javascript, Perl, TCL u.a.) sowie
- die Beschreibungssprachen (SGML, HTML, XML u.a.)

als Generationen von Programmiersprachen bezeichnet.

Zu Aufgabe A 6.50
Bei *prozeduralen Programmiersprachen* löst jeder sprachliche Ausdruck (Befehl) unmittelbar eine Aktion aus. Die Programme bestehen aus Folgen von Programmbefehlen für nacheinander (sequenziell) auszuführende Operationen.
Bei *deklarativen Programmiersprachen* werden dagegen ganze Aufgaben beschrieben, die ihrerseits aus mehreren Aktionen bestehen.
Bei einer Taxifahrt können Sie dem Taxifahrer Ihren Zielwunsch
- entweder prozedural: fahren Sie bis zur 2. Ampel, dann rechts bis zur nächsten Ampel, dann links usw.
- oder deklarativ: fahren Sie mich zum Hauptgebäude der Universität

angeben. Die prozedurale Formulierung kommt in Betracht, wenn der Taxifahrer keine genauen Ortskenntnisse besitzt.

Zu Aufgabe A 6.51
a) *Prozedurale* Formulierung:
1) lies Datensatz „Student",
2) prüfe, ob Bedingung „Diplomklausur = Wirtschaftsinformatik" und „Klausurergebnis mindestens 2,3" erfüllt,
3) falls JA: übernimm Name in Liste,
4) prüfe, ob alle Studenten (Datensätze) erfasst,
5) falls NEIN: geh zurück zu Schritt 1),
6) falls JA: Ende.

b) *Deklarative* Formulierung:
   Erstelle Liste aller Studenten,
   für die die Bedingungen
   - „Diplomklausur Wirtschaftsinformatik" und
   - „Klausurergebnis mindestens 2,3"
   erfüllt sind.

Zu Aufgabe A 6.52
Programmiersprachen der *objektorientierten Programmierung* sind
- rein objektorientierte Programmiersprachen: Java, Oberon, Simula, Smalltalk;
- Hybridsprachen (konventionelle Programmiersprachen, die mit objektorientierten Elementen angereichert worden sind): C++ als Weiterentwicklung von C, objektorientierte Versionen von COBOL (z.B. Visual-COBOL) und Pascal (z.B. Object-Pascal), Visual Basic sowie CLOS (Common Lisp Object System).

Zu Aufgabe A 6.53
a) Mit dem *Blackboxtest* wird nur die korrekte Ausführung der geforderten Funktionen geprüft, mit dem *Whiteboxtest* werden dagegen die Formulierung und der Ablauf des Programmtexts detailliert getestet.
b) Der *statische Test* bezieht sich auf das Testen der Programmformulierung, der *dynamische Test* auf das Testen der Programmausführung.

Zu Aufgabe A 6.54
a) Das *computergestützte Testen* läuft in einer typischen Bottom-up-Vorgehensweise in den folgenden Stufen ab:
   - Einzeltest (Modultest),
   - Integrationstest (Komponententest),
   - Systemtest,
   - Abnahmetest (Abnahmeverfahren).
b) Die Schritte, die jeder einzelnen Stufe zugrunde liegen sollten, sind
   - Testvorbereitung,
   - Testdurchführung und
   - Testnachbereitung.

Zu Aufgabe A 6.55
Der Programmablaufplan der Abbildung A 6.55.0 enthält
- 7 Strukturblöcke (bzw. Anweisungen),
- 3 Verzweigungen und
- keine Schleifen.

Benötigt werden folgende *Testfälle*:
- für die Ausführung aller Anweisungen (Überdeckungsgrad C0) 2 Testfälle, z.B.
  A, A1, A2, A5, A7, E;
  A, A1, A3, A4, A5, A6, E;

- für die Ausführung aller Zweige (Überdeckungsgrad C1) 3 Testfälle, z. B.
  A, A1, A2, A5, A7, E;
  A, A1, A3, A5, A6, E;
  A, A1, A3, A4, A5, A7, E;
- für die Ausführung aller Pfade (Überdeckungsgrad C) 6 Testfälle, und zwar
  A, A1, A2, A5, A7, E;
  A, A1, A2, A5, A6, E;
  A, A1, A3, A4, A5, A7, E;
  A, A1, A3, A4, A5, A6, E;
  A, A1, A3, A5, A7, E;
  A, A1, A3, A5, A6, E.

Bei Programmablaufplänen ohne Schleifen beträgt die Obergrenze für die Anzahl der Testfälle bei n Verzweigungen 2^n, im vorliegenden Fall also 8. Da bei V1 = J die Bedingung V2 nicht abgeprüft wird, reichen die angeführten 6 Testfälle aus.

Zu Aufgabe A 6.56
Die Vorteile des Einsatzes von *Shareware* sind
- der zumeist niedrige Preis und
- die Möglichkeit, die Software vor dem Kauf einer unverbindlichen und kostenlosen Prüfung unterziehen zu können.

Nachteile ergeben sich insbesondere dann, wenn Sharewareprogramme von Einzelpersonen oder kleinen Firmen erstellt worden sind. In solchen Fällen ist oft nicht sichergestellt, dass
- eine ausreichende Unterstützung bei der Einführung bzw. Nutzung des Programms gegeben wird,
- eventuelle Programmfehler zügig behoben werden und
- das Programm zukünftig weiterentwickelt wird.

Zu Aufgabe A 6.57
Für die organisatorische *Anpassung* gibt es die beiden folgenden grundsätzlichen Alternativen:
- Entweder wird der betriebliche Ablauf angepasst, indem zukünftig bei Mahnungen das Auftragsvolumen keine Rolle spielt, oder
- die Standardsoftware wird angepasst, indem sie entsprechend erweitert wird.

Generell könnte man die Gelegenheit nützen, das ganze Mahnverfahren im Detail zu überprüfen.

Zu Aufgabe A 6.58
Für das *Customizing* von Standardsoftware kommen im Wesentlichen drei Möglichkeiten in Betracht, und zwar
- Parametrisierung: Die gewünschten Programmfunktionen werden durch das Setzen von Parametern initialisiert.

- Konfigurierung: Die gewünschten Programmbausteine werden anhand eines Katalogs von existierenden Modulen (bzw. bei einer stärkeren Verbreitung der Objektorientierung von Business Objects, Frameworks oder allgemein Komponenten) ausgewählt und anschließend mithilfe computergestützter Generierungsverfahren in das Softwarepaket übernommen.
- Ergänzungs- bzw. Individualprogrammierung: Die Standardsoftware wird durch individuelle Programmierung den Anforderungen des Kunden angepasst.

Zu Aufgabe A 6.59

Bei der Auswahl von *Branchensoftware* für die Verwaltung von Studentenwohnheimen sollten mindestens die folgenden zehn Fragen gestellt werden:
1) Welchen Leistungsumfang hat die Software? Beispiele: Verwaltung der Wohneinheiten, Verwaltung der Mietverträge, Mietabrechnung.
2) Welche Abfragen sind im Dialogbetrieb möglich? Beispiele: Belegungsspiegel, Dauer bestimmter Verträge.
3) Welche Schnittstellen bestehen für spätere Erweiterungen? Beispiele: Betriebskostenermittlung, Mahnwesen.
4) Auf welchen Computern bzw. unter welchen Betriebssystemen laufen die Programme? Beispiele: SPARC, Prozessor ab Intel Pentium IV; Windows XP, Linux, UNIX usw.
5) Wie benutzerfreundlich sind die Programme? Beispiele: problemadäquate Menüstruktur, intuitiv verständliche Benutzeroberfläche, Hilfefunktionen.
6) Welche IT-Sicherheitsmaßnahmen sind enthalten? Beispiele: Passworte für autorisierte Benutzer, gesperrte personenbezogene Daten.
7) Welche Qualität besitzt die Dokumentation? Beispiele: Handbücher in Deutsch, Selbsterklärung im Benutzerdialog.
8) Was kostet die Software? Beispiele: Preis für Gesamtpaket oder einzelne Module, Anpassungsaufwand.
9) Welche Garantien werden geboten? Beispiele: kostenlose Probeinstallation, im Softwarepreis enthaltene Benutzerschulung und -einweisung, Softwarewartungsvertrag, Hotline-Service.
10) Welche Referenzen werden genannt? Beispiele: Einsatz in Studentenwerken renommierter Universitäten, Empfehlung durch Hardwareanbieter.

Zu Aufgabe A 6.60

Die *Vorgehensweise* bei der *Anschaffung* einer PC-basierten Standardsoftwarelösung für die Konzertdirektion SONATA bis zum Vertragsabschluss lässt sich wie folgt skizzieren:
1) Istanalyse aller bestehenden Verwaltungsarbeiten und aller relevanten Daten (einschließlich des Mengengerüsts) in der Konzertdirektion SONATA. Dazu gehören:

- Organisation der Veranstaltungen, Vertragsabschlüsse mit Künstlern und Anmieten von Veranstaltungsräumen, Karten(vor)verkauf, Abrechnung von Veranstaltungen;
- Datenverwaltung für Termine, Räume, Künstler, Orchester, Abonnenten, Personal.

2) Systemkonzept für die schrittweise Übernahme der einzelnen Verwaltungstätigkeiten. Dazu gehören:
- Festlegung der Arbeitsgebiete,
- Festlegung der erforderlichen Dateien,
- Formulierung der gewünschten Dialogabfragen,
- Aufstellung der durchzuführenden Auswertungen und Abrechnungen.

3) Software- und Hardwareauswahl. Dazu gehören:
- Ermittlung von Firmen, die Software für Konzertdirektionen anbieten;
- Ausschluss von Software, die die Preisvorstellungen sprengt oder nicht unter gängigen Betriebssystemen läuft;
- Anforderung von schriftlichen Programmbeschreibungen und ggf. Testversionen;
- Ausschluss nach K.-o.-Kriterien wie fehlende deutschsprachige Dokumentation, keine Referenzen;
- Aufforderung der (wenigen) verbleibenden Firmen zu Detailangeboten;
- Feinauswahl nach Einzelgesprächen, Hinzunahme weiterer Kriterien (Hardwarebeschaffung, Garantien, Systempflege, Unterstützung bei Schulung und Einführung, Hotline) und ggf. Nutzwertanalyse.

Im Anschluss an den Vertragsabschluss erfolgen die Systemeinführung mit der Einweisung der Mitarbeiter, die erstmalige Eingabe aller Daten und die schrittweise Umstellung der einzelnen Arbeitsgebiete.

Zu Aufgabe A 6.61

Die Vorbereitung einer *Ausschreibung* durch den Gartenbaubetrieb IMMERGRÜN erfolgt in den üblichen Schritten, d. h.
- Istanalyse mit Erhebung der Arbeitsabläufe und des Mengengerüsts sowie Bewertung der Schwachstellen,
- Sollkonzept mit den schrittweise zu übernehmenden Arbeitsgebieten und der Festlegung eines Kostenrahmens,
- Auswahl der für ein Angebot in Betracht kommenden Firmen anhand von Softwarekatalogen und K.-o.-Kriterien wie Leistungsumfang, Benutzerfreundlichkeit, Hardware, Betriebssystem, Preis, geografische Nähe des Anbieters.

Die in Betracht kommenden Anbieter werden schriftlich zur Angebotsabgabe aufgefordert. Abbildung A 6.61.1 zeigt ein Muster für das Anschreiben.

> Hallo,
>
> wir sind ein Gartenbaubetrieb mit einer angeschlossenen Reparaturwerkstatt für Rasenmäher und andere Gartengeräte. Mit x Mitarbeitern haben wir im vergangenen Jahr einen Umsatz von y Millionen Euro erzielt.
>
> Wir beabsichtigen, unsere Arbeitsabläufe zum 1. Januar nächsten Jahres auf Datenverarbeitung umzustellen, und zwar zunächst die Fakturierung und die Finanzbuchhaltung. Für später planen wir die Übernahme der Lagerbestandsführung, der Ersatzteilbestellung und der Werkstattsteuerung sowie den Aufbau einer umfangreichen Internetpräsenz.
>
> Eine Beschreibung unserer Arbeitsgebiete und der zugehörigen Mengengerüste finden Sie in der Anlage A. In der Anlage B sind unsere Grobanforderungen an die Anwendungssoftware zusammengestellt, insbesondere hinsichtlich der Dialogabfragen, der gewünschten Abrechnungs- und Auswertungsprogramme sowie des Druckoutputs.
>
> Bildschirmarbeitsplätze sind zunächst im Vertrieb und in der Buchhaltung einzurichten, später im Lager und in der Werkstatt.
>
> Der Preis für die Anwendungssoftware sollte 10.000 Euro, in der Ausbaustufe 20.000 Euro nicht übersteigen. Hinsichtlich der benötigten Hardware und Systemsoftware, der Vernetzung der Arbeitsplätze sowie der geplanten Internetanbindung erbitten wir genaue Angaben. Ferner bitten wir um eine Abschätzung der Kosten für den Fall eines späteren Anschlusses unserer Kassen im Verkaufsbereich an das System, insbesondere an die Lagerbestandsführung.
>
> In Ihrem Angebot erwarten wir weiterhin konkrete Angaben über Ihre Unterstützung bei der Mitarbeiterschulung und der Systemeinführung sowie über die spätere Systempflege. Schließlich bitten wir Sie, uns Referenzinstallationen zu benennen.
>
> Bitte senden Sie Ihr Angebot mit einer ausführlichen Beschreibung der Hard- und Software bis spätestens 31. März dieses Jahres an unsere Organisationsleiterin, Frau Erika Heidekraut. Von telefonischen Rückfragen oder Besuchen bitten wir vorläufig Abstand zu nehmen.
>
> Mit freundlichen Grüßen
>
> gez. ppa. Mimose
>
> Gartenbaubetrieb Immergrün GmbH & Co. KG

Abbildung A 6.61.1

Zu Aufgabe A 6.62

a) Die Durchführung und das Ergebnis der *Nutzwertanalyse* zeigt Abbildung A 6.62.1. Danach sollte das Angebot C bevorzugt werden. Für eine deutlichere Abgrenzung der Angebote B und C sollten
  - eine Sensitivitätsanalyse durchgeführt werden, bei der einzelne Gewichte und/oder Punktwerte variiert werden, sowie
  - weitere Kriterien herangezogen werden.

b) Die generelle *Kritik* gegenüber der Nutzwertanalyse bezieht sich auf die subjektive Beeinflussbarkeit des Verfahrens, und zwar
  - bei der Auswahl der Kriterien,
  - bei der Gewichtung der Kriterien und
  - bei der Bewertung der Alternativen.

Kriterium	Gewicht	Punktbewertung der Angebote		
		A	B	C
1 Kaufpreis (Euro)	40 %	2	4	5
2 Maximal anschließbare Arbeitsplätze	15 %	2	4	3
3 Schnittstelle zu DMS	10 %	5	5	2
4 Leistungsumfang (Funktionen)	30 %	5	3	4
5 Referenzinstallationen	5 %	2	4	3
Nutzwert		320	380	400

Abbildung A 6.62.1

Zu Aufgabe A 6.63

Die *SAP-Referenzmodelle* beschreiben in Form von Ereignisgesteuerten Prozessketten oder Rasterdiagrammen die der betriebswirtschaftlichen SAP-Standardsoftware zugrunde liegenden Arbeitsabläufe. Mit der erweiterten Form der Ereignisgesteuerten Prozessketten berücksichtigen sie neben den Funktionen und den Ereignissen (Zuständen) auch die von den Funktionen benutzten bzw. generierten Daten und die daran beteiligten Organisationseinheiten.

Die Referenzmodelle von SAP sollen den Unternehmen helfen, den Arbeitsaufwand für eine Reorganisation ihrer Geschäftsprozesse zu minimieren, indem anhand einer Gegenüberstellung mit den bisherigen Istabläufen bzw. mit einem Sollkonzept beurteilt wird, ob die Arbeitsabläufe des Unternehmens an die Abläufe der SAP-Standardsoftware angepasst werden können oder ob die Standardsoftware angepasst werden muss.

Zu Aufgabe A 6.64

a) Drei wesentliche Kriterien für die *Softwarequalität* nach DIN 66272 sind
 - Zuverlässigkeit,
 - Benutzbarkeit und
 - Änderbarkeit.
b) Bei einem Programm zur Fakturierung könnten diese Kriterien folgende Bedeutung haben:
 - Zuverlässigkeit: Das Programm führt alle Funktionen korrekt aus, auch in vom Normalfall abweichenden Fällen (z. B. Berücksichtigung kundenbezogener Rabatte, Verrechnung von Gutschriften und Vorauszahlungen).
 - Benutzbarkeit: Für die Dateneingabe gibt es verständliche Bildschirmmasken, die der gebräuchlichen Aufteilung von Rechnungen entsprechen. Für den Fall fehlender Kundennummern kann mit Matchcodes gearbeitet werden.
 - Änderbarkeit: Das Programm lässt sich leicht anpassen, wenn sich die Mehrwertsteuersätze ändern oder wenn im Vertrieb mit einer neuen Fremdwährung gearbeitet werden muss.

c) Die weiteren, unter a) nicht aufgeführten Kriterien der Norm DIN 66272 sind
- Funktionalität,
- Effizienz und
- Übertragbarkeit.

Zu Aufgabe A 6.65

Erwartungskonformität ist ein in DIN EN ISO 9241-10 festgelegter Begriff zur benutzerfreundlichen Dialoggestaltung. Bei der Verarbeitung von Zahlungseingängen könnten zur Erwartungskonformität gehören:
- Das Programm bestätigt nach Ablauf von Datenprüfungen und programmierten Kontrollen, dass die Dateneingabe sowohl komplett als auch formal korrekt ist und fragt, ob jetzt die Verbuchung des Zahlungseingangs erfolgen soll.
- Das Programm fragt zurück, wenn im Debitorenkonto gar kein offener Posten ausgewiesen ist.
- Das Programm zeigt auf Anforderung an, wie viele Fälle mit welchem Gesamtzahlungseingang seit Arbeitsbeginn bearbeitet worden sind. Dadurch wird die Bildung von Abstimmkreisen unterstützt.

Zu Aufgabe A 6.66

a) Die Hauptziele von Qualitätssicherungsmaßnahmen sind
  - die Vermeidung von Qualitätsmängeln bei der Software und
  - die Stabilisierung des Softwareentwicklungsprozesses.

b) Die wesentlichen Qualitätssicherungsmaßnahmen sind
  - die Befolgung eines einheitlichen Vorgehensmodells für den Systementwicklungsprozess,
  - die konsequente Anwendung der Prinzipien entweder des strukturierten oder des objektorientierten System- bzw. Programmentwurfs,
  - die Festlegung auf eine für alle Programmierer verbindliche Entwurfsmethode und eine zugehörige Programmiersprache,
  - die Vorgabe einheitlicher Richtlinien zur Organisation und Durchführung des Testbetriebs sowie
  - die Verwendung einer von allen Systemanalytikern und Programmierern zu nutzenden Softwareentwicklungsumgebung.

Zu Aufgabe A 6.67

a) Die Basis der *Prozesszertifizierung* bilden – auch für den Prozess der Softwareentwicklung – die Qualitätsmanagement- und Qualitätssicherungsnormen der internationalen Normenreihe DIN EN ISO 9000 ff.

b) Der Zertifizierungsprozess verläuft in den folgenden Phasen:
  - Phase 1: Auditvorbereitung
    Der Auftraggeber beantwortet einen Fragebogen und lässt die Antworten durch die Zertifizierungsstelle beurteilen.

- Phase 2: Unterlagenprüfung
 Der Auftraggeber erstellt ein Qualitätshandbuch, übergibt es an die Zertifizierungsstelle und lässt es von dieser prüfen.
- Phase 3: Zertifizierungsaudit
 Die Zertifizierungsstelle übergibt den Auditplan an den Auftraggeber und führt das Audit beim Auftraggeber durch.
- Phase 4: Zertifikaterteilung
 Die Zertifizierungsstelle beurteilt das Audit und händigt bei positiver Beurteilung das Zertifikat an den Auftraggeber aus.

Die Inhalte des Fragebogens, des Qualitätshandbuchs und des Auditplans müssen sich bei der Softwareentwicklung detailliert auf den Entwicklungsprozess beziehen. Hilfestellung bietet die Norm DIN EN ISO 9000-3 („Anwendung von DIN EN ISO 9001 auf die Entwicklung, Lieferung und Wartung von Software").

Zu Aufgabe A 6.68

Eine Checkliste für die *Systemfreigabe* müsste mindestens folgende Fragen enthalten:
- Enthält die Dokumentation
 - Leistungsbeschreibungen für den Anwender,
 - Benutzerbeschreibungen für die Benutzer,
 - eine Programmbeschreibung für die Programmierer (Entwicklerdokumentation)[*],
 - Bedienungsanweisungen für das Operating (Betreiberdokumentation)?
- Enthält die Systembeschreibung
 - die detaillierte Erläuterung des fachlichen Inhalts, insbesondere für Ausnahmefälle,
 - alle Programmabläufe und programmierten Programmabschlüsse[*],
 - sämtliche Dateien bzw. den Aufbau des Datenbanksystems,
 - alle Datenprüfungen und -kontrollen für die Dateneingabe,
 - Beispiele und Testfälle?
- Entspricht die Programmbeschreibung generell den internen Richtlinien?[*]
- Sind die Benutzerbeschreibungen
 a) in Form von (gedruckten) Handbüchern,
 b) in Form einer selbsterklärenden Benutzerführung (Onlinehandbuch)
 vollständig und korrekt?
- Sind die Bedienungsanweisungen für das Rechenzentrum (einschließlich des Netzmanagements) vollständig hinsichtlich aller Bereiche, d. h.
 - Arbeitsvorbereitung (z. B. für den Programmstart bei Stapelverarbeitung),
 - Operating (z. B. für Backupmaßnahmen),

---

[*] Dieser Punkt entfällt bei der Anschaffung von Standardsoftware.

- Nachbereitung/Versand (z. B. Falten, Kuvertieren, Frankieren von Druckausgaben),
- Netzbetrieb (z. B. für den elektronischen Datenaustausch mit Geschäftspartnern)?
- Enthält die Dokumentation genaue Anweisungen über Maßnahmen, die beim Auftreten von Fehlern (Sicherung, Wiederanlauf) zu ergreifen sind?
- Liegen schriftliche Bestätigungen für den erfolgreichen Abschluss aller Teststufen (bis zum Abnahmetest) vor?[*)]

Zu Aufgabe A 6.69
Die Alternativen für die *Einführung* eines neuen Anwendungssystems sind
a) schlagartige Einführung zu einem Stichtag („Big Bang"),
b) stufenweise Einführung (entspricht dem vertikalen Prototyping) und
c) Parallellauf.
Von letzterem ist aus organisatorischen und wirtschaftlichen Gründen abzuraten.
Beispiele
zu a): Einführung eines neuen Personalabrechnungssystems zum 01.01.2007,
zu b): Einführung eines neuen Lagerverwaltungssystems für ein Möbelfilialunternehmen zur Erprobung zunächst nur in der Filiale München,
zu c): Parallellauf eines neuen Außendienstunterstützungssystems mit dem bisherigen System auf drei Monate.

Zu Aufgabe A 6.70
Die in der Aufgabenstellung beschriebenen Situationen erfordern die folgenden Maßnahmen der *Softwarewartung*:
a) korrigierende Wartung (Bereinigung von Fehlern),
b) adaptive Wartung (Anpassung an veränderte Anforderungen),
c) enhansive Wartung (Programmerweiterung),
d) perfektionierende Wartung (Qualitätsverbesserung).
Die Abgrenzungen sind z. T. fließend.

Zu Aufgabe A 6.71
Die in der Aufgabenstellung beschriebenen Probleme der *Wartung* lassen auf den ersten Blick eine Sanierung des Programms ratsam erscheinen. Im Rahmen des Reverse Engineering sollte daher zunächst untersucht werden, ob sich
- durch eine Redokumentation die unvollständige und qualitativ schlechte Programmdokumentation verbessern,
- durch ein Redesign der System- bzw. Programmentwurf rekonstruieren und
- durch eine Restrukturierung der Quellcode in einen strukturierten Zustand überführen

lässt. Falls diese Maßnahmen zum Erfolg führen, könnte durch ein anschließendes Forward Engineering, bei dem das übliche Phasenschema der Softwareentwicklung vorwärts durchlaufen wird, die eigentliche Reorganisation des Programms vorgenommen werden.

Parallel zu der beschriebenen Vorgehensweise muss rechtzeitig eine Kostenschätzung durchgeführt werden, bei der die Reorganisation den beiden Alternativen
- Neuentwicklung und
- Anschaffung von Standardsoftware

gegenübergestellt wird. Unter heutigen Aspekten ist die Anschaffung von Standardsoftware, bei der sich das Customizing im vertretbaren Rahmen hält, die zweckmäßigste Lösung.

Zu Aufgabe A 6.72
Beispiele für *wiederverwendbare Softwarekomponenten* sind
a) aus der strukturierten System- und Programmentwicklung
- ein Modul zur Errechnung der Krankenkassenbeiträge in einem Personalabrechnungssystem,
- ein Unterprogramm zur Ermittlung des größten/kleinsten Werts aus einer variablen Wertemenge;

b) aus der objektorientierten System- und Programmentwicklung
- eine Klasse (aus einer Klassenbibliothek) für die Erstellung von Druckausgaben,
- ein Java-Applet zur täglichen Berechnung des DAX-Werts.

7 Anwendungssysteme

Fragen zu Kapitel 7

Frage F 7.1
Wie kann man *Anwendungssysteme* im engeren und im weiteren Sinn gegeneinander abgrenzen?

Frage F 7.2
a) In welche Hauptgruppen lassen sich *Anwendungssysteme* hinsichtlich ihres Verwendungszwecks einteilen?
b) Welche Anwendungssysteme gehören im wesentlichen zu diesen Gruppen?

Frage F 7.3
Was sind *ERP-Systeme*?

Frage F 7.4
Welcher Unterschied besteht zwischen *Administrations-* und *Dispositionssystemen*?

Frage F 7.5
Wie unterscheiden sich *physische Verbindungen* von *informationellen Verbindungen* zwischen betrieblichen Arbeitsgebieten?

Frage F 7.6
Welche Anwendungssysteme lassen sich als *branchenneutral* bezeichnen?

Frage F 7.7
Was versteht man unter *branchenspezifischen* Anwendungssystemen?

Frage F 7.8
Worin besteht der grundsätzliche Unterschied zwischen *operativen Anwendungssystemen* und *Führungssystemen*?

Frage F 7.9
Welche Programme gehören zur Standardsoftware für die *Finanzbuchhaltung*?

Frage F 7.10
Was versteht man unter *Mandantenfähigkeit* eines Programms zur Finanzbuchhaltung?

Frage F 7.11
Was wird in der Finanzbuchhaltung unter der *Direktübernahme von Belegen* verstanden?

Frage F 7.12
Wofür steht die Abkürzung *GDPdU*?

Frage F 7.13
Wozu dienen *Prüfsprachen* für die Finanzbuchhaltung?

Frage F 7.14
Welches sind die wichtigsten computergestützten Teilbereiche der *Kostenrechnung*?

Frage F 7.15
Warum besitzt die Dialogverarbeitung für die *Kostenrechnung* nicht dieselbe Bedeutung wie für die *Finanzbuchhaltung*?

Frage F 7.16
Wie lassen sich Anwendungssysteme des Rechnungswesens zur Verwendung für das *Controlling* ausbauen?

Frage F 7.17
Welches sind die Hauptanwendungssysteme des *Personalwesens*?

Frage F 7.18
Warum sind Programme zur *Personalabrechnung* besonders wartungsintensiv?

Frage F 7.19
Worin besteht bei Programmen zur Zeitwirtschaft der Unterschied zwischen *Positiverfassung* und *Negativerfassung*?

Frage F 7.20
Wodurch kann der Geschäftsprozess *Beschaffung* ausgelöst werden?

Frage F 7.21
Wie lassen sich Dispositionssysteme im *Beschaffungsbereich* grundsätzlich unterscheiden?

Frage F 7.22
Welches sind die wichtigsten Anwendungssysteme im *Vertriebsbereich*?

Frage F 7.23
Was ist unter *Database-Marketing* zu verstehen?

Frage F 7.24
Worin besteht die Grundidee des klassischen *CIM-Konzepts*?

Frage F 7.25
Was sind die Hauptbestandteile von *PPS-Systemen*?

Frage F 7.26
Welche Datenstruktur ist typisch für die *Erzeugnisstrukturen* der betrieblichen Materialwirtschaft in Fertigungsbetrieben?

Frage F 7.27
Was ist ein *elektronischer (Fertigungs-) Leitstand*?

Frage F 7.28
Welche Bedeutung hat die *Betriebsdatenerfassung (BDE)* für PPS-Systeme?

Frage F 7.29
Was versteht man unter den *Grunddaten* von PPS-Systemen?

Frage F 7.30
Welche Aufgabe haben *EDM-Systeme*?

Frage F 7.31
Wie sind die Begriffe *Warenfluss* und *Warenwirtschaftssystem* gegeneinander abzugrenzen?

Frage F 7.32
Welche *dispositiven Aufgaben* unterstützen *geschlossene Warenwirtschaftssysteme*?

Frage F 7.33
Was versteht man im Handel unter *Scannerdaten*?

Frage F 7.34
Wozu dient die *RFID-Technik*?

Frage F 7.35
Welche Dienstleistungen der Kreditinstitute werden unter der Bezeichnung *Electronic Banking* zusammengefasst?

Frage F 7.36
Was bedeutet *belegloser Zahlungsverkehr*?

Frage F 7.37
Welche Aufgaben übernehmen *Cashmanagementsysteme*?

Frage F 7.38
Was verbirgt sich hinter der Abkürzung *HBCI*?

Frage F 7.39
Was bedeutet *Telefonbanking*?

Frage F 7.40
Warum gehören Versicherungsunternehmen zu den Vorreitern bei der Einführung von *Workflowmanagement*- und *Dokumentenmanagementsystemen*?

Frage F 7.41
Wie lässt sich die Aufgabe von *Führungsinformationssystemen* in einem einzigen Satz formulieren?

Frage F 7.42
Auf welchem Führungsprinzip beruhen *Kontrollsysteme* als spezielle Form von Führungsinformationssystemen?

Frage F 7.43
Wie werden die für ein *Führungsinformationssystem* benötigten Daten beschafft und bereitgestellt?

Frage F 7.44
Welche *Nutzungsformen* kommen für den Benutzer computergestützter Führungsinformationssysteme in Betracht?

Frage F 7.45
Was ist ein *EIS-Generator*?

Frage F 7.46
Was versteht man unter *computergestützter Planung*?

Frage F 7.47
Welche Typen von Modellen benutzt die *computergestützte Planung*?

Frage F 7.48
Welcher Unterschied besteht zwischen *definitorischen Gleichungen* und *Verhaltensgleichungen*?

Frage F 7.49
Wofür steht die Abkürzung *EDI*?

Frage F 7.50
Welches sind die wichtigsten Ziele des *elektronischen Datenaustauschs* zwischen Geschäftspartnern?

Frage F 7.51
Wie heißt das Regelwerk (Internationale Norm) für den *elektronischen Datenaustausch*?

Frage F 7.52
Worin besteht der grundsätzliche Unterschied zwischen dem *elektronischen Datenaustausch (EDI)* und dem *elektronischen Markt* in Form von *E-Business* bzw. *E-Commerce*?

Frage F 7.53
In welchen Anwendungsfällen kann im *E-Business* der gesamte *Warenfluss* elektronisch abgewickelt werden?

Frage F 7.54
Welche Vorteile bietet das *B2C-Geschäft* gegenüber dem konventionellen Handel?

Frage F 7.55
Was versteht man unter *Teleshopping*?

Frage F 7.56
Was ist ein *Contentmanagementsystem*?

Frage F 7.57
Wann spricht man von einem *virtuellen Unternehmen*?

Frage F 7.58
Was sind *Onlinedatenbanken* und wie kann man sie klassifizieren?

Frage F 7.59
Was versteht man unter einem *Bürokommunikationssystem*?

Frage F 7.60
Welche Standardanwendungen gehören zu *Officepaketen*?

Frage F 7.61
Welche Anwendungen gehören zur *computergestützten Sprachkommunikation*?

Frage F 7.62
Was bedeutet *Telearbeit*?

Frage F 7.63
Was versteht man unter *Computer Supported Cooperative Work (CSCW)*?

Frage F 7.64
Was ist ein *Workflowmanagementsystem*?

Frage F 7.65
Wie lassen sich die Begriffe *Geschäftsprozess* und *Workflow* gegeneinander abgrenzen?

Frage F 7.66
Welche Aufgaben übernehmen *Dokumentenmanagementsysteme*?

Frage F 7.67
Wie wird der Begriff *Multimediasystem* definiert?

Frage F 7.68
Welche *Einsatzmöglichkeiten* gibt es für *Multimediasysteme*?

Frage F 7.69
Womit befasst sich die ISO/IEC-Arbeitsgruppe *MPEG*?

Frage F 7.70
Welche Forschungsschwerpunkte gehören zur *künstlichen Intelligenz*?

Frage F 7.71
Was versteht man unter *Wissensmanagement*?

Frage F 7.72
Welche Ziele verfolgen *Expertensysteme*?

Frage F 7.73
Was bedeutet *fallbasiertes Schließen*?

Aufgaben zu Kapitel 7

Aufgabe A 7.1
Nennen Sie je drei *Schnittstellen* systemintern oder mit anderen operativen Anwendungssystemen für
a) die Finanzbuchhaltung,
b) den Vertrieb und
c) die Produktionsplanung und -steuerung(PPS)!

Aufgabe A 7.2
Nennen Sie typische Anwendungsbeispiele für *Dispositionssysteme*!

Aufgabe A 7.3
Beschreiben Sie die typische *informationstechnische Struktur* von Administrationssystemen anhand des Anwendungssystems *Finanzbuchhaltung*!

Aufgabe A 7.4
Ein Versandunternehmen hat einem Kunden versehentlich einen Artikel in Rechnung gestellt, der im Bestellauftrag des Kunden nicht enthalten war und

ihm auch nicht geliefert worden ist. Nach Reklamation durch den Kunden wird ihm eine Gutschrift durch Überweisung erteilt. Beschreiben Sie den Ablauf der Bearbeitung der Kundengutschrift als Bestandteil der *Debitorenbuchhaltung* grafisch durch einen Datenflussplan!
Anmerkung: Alle Bearbeitungsvorgänge werden im Dialogbetrieb ausgeführt.

Aufgabe A 7.5
Erläutern Sie, in welchen Formen die Prüfung von Anwendungssystemen nach den *Grundsätzen ordnungsmäßiger Datenverarbeitung (GoD)* vorgenommen werden kann!

Aufgabe A 7.6
Nennen Sie die Hauptkomponenten von Anwendungssystemen zur *Personalabrechnung* aus fachlicher Sicht!

Aufgabe A 7.7
Geben Sie Beispiele für Anwendungen aus dem Bereich der operativen Anwendungssysteme, bei denen mit einer Kombination von *Stapel-* und *Dialogbetrieb* gearbeitet wird!

Aufgabe A 7.8
Beschreiben Sie, welche Aufgaben Standardprogramme zur *Auftragsbearbeitung/Fakturierung* übernehmen und berücksichtigen Sie dabei auch die *Schnittstellen* zu anderen Anwendungen!

Aufgabe A 7.9
Beschreiben Sie den Leistungsumfang von Anwendungssystemen zur *Außendienstunterstützung*!

Aufgabe A 7.10
Erläutern Sie das Schlagwort *CRM-System*!

Aufgabe A 7.11
Nennen Sie die wesentlichen technischen Komponenten des *CIM-Konzepts*!

Aufgabe A 7.12
Beschreiben Sie stichwortartig die Schritte, in denen *PPS-Systeme* vorgehen!

Aufgabe A 7.13
Ermitteln Sie für die in der Abbildung A 7.13.0 dargestellte *Erzeugnisstruktur* die Stückliste, den Teileverwendungsnachweis und die Teilebedarfsliste!

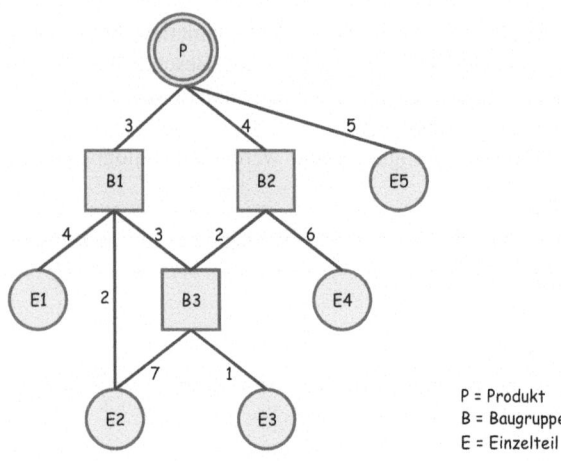

Abbildung A 7.13.0

Aufgabe A 7.14

In einer Werkstatt sollen auf drei nacheinander zu durchlaufenden Maschinen M1, M2, M3 zwei Aufträge A1, A2 mit Bearbeitungszeiten (in Stunden) gemäß Abbildung A 7.14.0 ausgeführt werden.

Zeichnen Sie die grafische Anzeige (Plantafel) am Bildschirm eines *elektronischen Fertigungsleitstands*,
a) wenn mit Auftrag A1 und
b) wenn mit Auftrag A2
begonnen wird, und erläutern Sie, wie man bei einem größeren Auftragsbestand vorgehen könnte!

	M1	M2	M3
A1	3	5	4
A2	4	2	6

Abbildung A 7.14.0

Aufgabe A 7.15
Erläutern Sie das Schlagwort *SCM* und die damit verfolgten Ziele!

Aufgabe A 7.16
Beschreiben Sie die wesentlichen Vorteile und Nachteile des *Just-in-Time-Konzepts*!

Aufgabe A 7.17
Ein Tapetengroßhändler beabsichtigt, sein *Bestellwesen* computergestützt durchzuführen.
a) Nennen Sie die *Schnittstellen*, die das Anwendungssystem Bestellwesen zu anderen Anwendungssystemen besitzen sollte!
b) Geben Sie an, in welchen *Automationsstufen* sich die Unterstützung der Sachbearbeiter durch das Anwendungssystem Bestellwesen realisieren lässt!

Aufgabe A 7.18
Zählen Sie *Nutzenpotenziale* auf, die mit dem Einsatz von *computergestützten Warenwirtschaftssystemen* verbunden werden!

Aufgabe A 7.19
Nennen Sie *branchenspezifische Geräte* für *computergestützte Warenwirtschaftssysteme*!

Aufgabe A 7.20
Nennen Sie die *Vorteile*, die sich für den *Handel*
a) durch den Einsatz von computergestützten Kassen und
b) durch zentral gesteuerte Warenwirtschaftssysteme
ergeben!

Aufgabe A 7.21
In einem Supermarkt sind die Kassen in einem Client-Server-Netz zusammengeschlossen. Jede Kasse ist mit einem EAN-Scanner ausgestattet. Die aktuellen Preise der Artikel sind im Server gespeichert. Beschreiben Sie zwei Alternativen, durch die der Kassenbetrieb auch bei *Ausfall des Servers* gesichert werden kann!

Aufgabe A 7.22
Ein Supermarkt erwägt, jeden Einkaufswagen mit einem fest montierten Scanner für die EAN auszustatten. Der Kunde scannt dann jede Ware selbst, bevor er sie in den Wagen legt (*Self-Scanning*). Wenn er an die Kasse kommt, ruft diese alle erfassten Daten per Funk vom Scanner des Einkaufswagens ab und druckt, nachdem der Kunde bezahlt hat, für ihn wie bisher den Kassenbon aus. Stellen Sie fünf Kriterien auf, anhand derer Sie die mit dem neuen System verbundenen Verbesserungen bzw. Verschlechterungen mithilfe der *Multifaktorenmethode* bewerten und geben Sie anhand des Ergebnisses Ihrer Bewertung eine Empfehlung!

Aufgabe A 7.23
Nennen Sie – getrennt nach Nutzungssorten – die Anwendungsmöglichkeiten der *Kundenselbstbedienung* bei Kreditinstituten!

Aufgabe A 7.24
Beschreiben Sie die Phasen, die beim Ablauf des *Electronic-Cash-Verfahrens* unterschieden werden!

Aufgabe A 7.25
Nennen Sie Kriterien, nach denen man die für *Führungsinformationssysteme* benötigten Informationen klassifizieren kann und erläutern Sie die Quellen, aus denen diese Informationen beschafft werden können!

Aufgabe A 7.26
Sie sollen für die Geschäftsleitung eines mittelständischen Unternehmens, das Kunststoffartikel für den Haushalt (Eimer, Körbe, Schalen, Siebe, Tabletts, Trichter usw.) herstellt, ein *Führungsinformationssystem* entwickeln. Geben Sie an,
a) welche Informationen Sie in das System aufnehmen,
b) wie Sie die Daten beschaffen, aufbereiten und bereitstellen,
c) in welcher Form Sie die Informationen anbieten und
d) wie Sie bei der Entwicklung und Einführung des Systems vorgehen!

Aufgabe A 7.27
Grenzen Sie in einem Satz die Datenbank eines *Data Warehouse* gegenüber den operativen Datenbanken ab!

Aufgabe A 7.28
In einem Unternehmen des Elektrogroßhandels ist ein Führungsinformationssystem eingerichtet worden. Der Umsatz des Elektrogroßhändlers bei Waschmaschinen ist im abgelaufenen Quartal um 20 % niedriger als geplant ausgefallen. Erklären Sie am Beispiel dieser Abweichung das *Drill-down-Verfahren*!

Aufgabe A 7.29
Erläutern Sie den Begriff *OLAP* allgemein und am Beispiel
a) einer Kosmetikfirma, die Sonnencreme vertreibt, und
b) eines Touristikunternehmens, das Ferienreisen verkauft!

Aufgabe A 7.30
Sie sollen für die Geschäftsleitung der Brauerei Byteburger ein *Vertriebsinformationssystem* auf der Basis des Programms Fakturierung entwickeln. Erläutern Sie,
a) welche Informationen Sie in das System aufnehmen,
b) in welcher Form Sie die Informationen der Geschäftsleitung zur Verfügung stellen und
c) welche über die Fakturierung hinausgehenden Informationen Sie zur Aufnahme in das Informationssystem vorschlagen!

Aufgabe A 7.31
Erklären Sie am Beispiel der bei den alljährlichen Tarifrunden diskutierten Lohnerhöhungen, wie bei der *Wirkungsrechnung* und der *Zielrechnung* vorgegangen wird und wie beide computergestützt durchgeführt werden können!

Aufgabe A 7.32
Im Rahmen der *computergestützten Jahresplanung* sollen in einem Unternehmen die Werte der den Umsatz direkt bestimmenden Einflussgrößen mithilfe geeigneter Programme variiert werden.

a) Stellen Sie den Umsatz des Hauptzeugnisses (Produktionsbetrieb) bzw. des Hauptartikels (Handelsbetrieb) als *definitorische Gleichung* dar!

b) Zur Durchführung einer *Risikoanalyse* werden Experten um die Schätzung ihrer Erwartungen hinsichtlich Absatzmengen und zu erzielenden Preisen für das Hauptzeugnis gebeten. Sie kommen zu folgenden Schätzungen:

Absatz
  pessimistisch: 70.000 Stück,   Wahrscheinlichkeit 10%,
  realistisch: 80.000 Stück,   Wahrscheinlichkeit 60%,
  optimistisch: 90.000 Stück,   Wahrscheinlichkeit 30%;

Preis
  pessimistisch: 90 Euro/Stück, Wahrscheinlichkeit 30%,
  realistisch: 100 Euro/Stück, Wahrscheinlichkeit 50%,
  optimistisch: 110 Euro/Stück, Wahrscheinlichkeit 20%.

1) Skizzieren Sie den Ablauf eines Programms zur Risikoanalyse!
2) Ermitteln Sie analytisch, mit welchen Wahrscheinlichkeiten Umsätze von mehr als 7, mehr als 8 und mehr als 9 Millionen Euro zu erwarten sind!

Aufgabe A 7.33
In einem aus drei Teilbetrieben T1, T2 und T3 bestehenden Werk werden aus drei Rohstoffen R1, R2 und R3 über mehrere Zwischenprodukte drei Endprodukte P1, P2 und P3 hergestellt (siehe Abb. A 7.33.0).

a) Stellen Sie ein *Input-Output-Modell* in Gestalt einer *Strukturmatrix* auf, die aus drei linearen Funktionen der Form
$$R1 = f_1 (P1, P2, P3)$$
$$R2 = f_2 (P1, P2, P3)$$
$$R3 = f_3 (P1, P2, P3)$$
besteht! Beachten Sie dabei folgende Hinweise:
- Die in der Abbildung eingetragenen Mengen (alle in Tonnen) sind zur Koeffizientenbildung (Ausbeute- bzw. Verbrauchsziffern) zu verwenden. Die Bezugsgröße („Durchsatz") für jeden Teilbetrieb ist mit einem durchgestrichenen Pfeil gekennzeichnet.
- Die mit Z bezeichneten Zwischenprodukte dürfen in den drei Funktionen der Strukturmatrix nicht vorkommen!

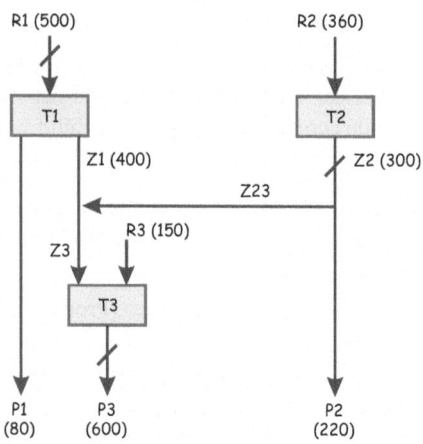

Abbildung A 7.33.0

- Zweckmäßigerweise gehen Sie in folgenden Schritten vor:
  Schritt 1: Formulieren Sie nacheinander für jeden Teilbetrieb alle Gleichungen, die die Beziehungen zwischen den Input- und den Outputgrößen beschreiben!
  Schritt 2: Formen Sie die in Schritt 1 aufgestellten Gleichungen so um, dass am Ende die drei gesuchten Funktionen für R1, R2 und R3 herauskommen, wobei auf den rechten Seiten nur die Endprodukte P1, P2 und P3 stehen dürfen!
b) Führen Sie für das in Abbildung A 7.33.0 eingetragene Produktionsprogramm P1 = 80 t, P2 = 220 t, P3 = 600 t eine *Proberechnung* durch!
c) Berechnen Sie, welche Rohstoffmengen von R1, R2 und R3 für das alternative Produktionsprogramm P1 = 70 t, P2 = 180 t, P3 = 650 t benötigt werden!
d) Erklären Sie den Begriff *Gültigkeitsbereich* der Strukturmatrix!
e) Begründen Sie, in welchen Fällen es sich lohnt, die Berechnungen mit der Strukturmatrix *computergestützt* durchzuführen!

Aufgabe A 7.34

Die Marketingabteilung eines Waschmittelherstellers beabsichtigt, im Rahmen einer *Jahresplanung* den vorgegebenen Werbeetat für Fremdfirmen auf verschiedene Werbeträger wie Hörfunk, Fernsehen, Tageszeitungen, Illustrierte, Plakatsäulen usw. zu verteilen (*Mediaplanung*). Die einzelnen Werbeträger besitzen, wie empirische Erhebungen gezeigt haben, unterschiedliche Reichweiten (= Anzahl der angesprochenen Personen). Als Werbewirkung soll das Produkt

Reichweite * Umfang der Werbung

verstanden werden. Unter Umfang ist dabei die Anzahl der jeweils eingesetzten Werbeeinheiten wie Sendeminuten, Annoncen, Plakatflächen usw. zu verstehen.

Werbeträger Nr.	Kosten je Werbeeinheit (TEuro)	Reichweite je Werbeeinheit (Mio. Pers.)
1	100,0	9,4
2	20,0	4,8
3	0,6	0,33
4	0,2	0,1
5	120,0	0,55

Abbildung A 7.34.0

Die Kosten und die (geschätzten) Reichweiten, mit denen gerechnet wird, sind in Abbildung A 7.34.0 zusammengestellt (TEuro = 1.000 Euro).

Für die einzelnen Werbeträger gibt es individuelle Sättigungsgrenzen, oberhalb derer die Werbung wirkungslos ist. Gefragt ist, in welcher Reihenfolge der Werbeetat auf die Werbeträger zu verteilen ist.

a) Formulieren Sie die Aufgabe als Modell der *linearen Optimierung* (Kurzbezeichnung: *LP-Modell*; LP = Linear Programming)!
b) Lösen Sie die Aufgabe heuristisch durch eine einfache Überlegung!
c) Zeigen Sie, wann es sich bei der vorliegenden Aufgabe lohnt, einen Computer einzusetzen, sodass dann die Bezeichnung *computergestützte Jahresplanung* gerechtfertigt ist!

Anmerkung: Bei dieser Aufgabe werden die in der mathematischen Grundausbildung vermittelten Kenntnisse über die lineare Optimierung vorausgesetzt.

Aufgabe A 7.35

Ein Unternehmen der Prozessindustrie besteht aus zwei im Arbeitsablauf hintereinander folgenden Teilbetrieben T1 und T2 (s. Abb. 7.35.0). Produziert werden
- im Teilbetrieb T1 aus einer Tonne des Rohstoffes R: 0,35 t von Produkt P1 und als Kuppelprodukt 0,3 t von Produkt P2 sowie
- im Teilbetrieb T2 aus einer Tonne von P1: 0,8 t von Produkt P3 und als Kuppelprodukt nochmals 0,15 t von Produkt P2.

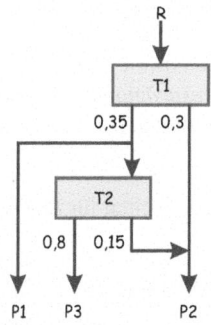

Abbildung A 7.35.0

Der Verkauf erbringt
- für das Produkt P1 einen Deckungsbeitrag von 200 Euro/t,
- für das Produkt P2 einen Deckungsbeitrag von 120 Euro/t und
- für das Produkt P3 einen Deckungsbeitrag von 160 Euro/t.

Nicht verkaufte Mengen werden gelagert.

Einer *Jahresplanung* werden folgende Bedingungen zugrunde gelegt:
- die Verarbeitungskapazität beträgt 2,2 Millionen Tonnen des Rohstoffs R,
- für das Produkt P1 bestehen keine Vorgaben,
- vom Produkt P2 lassen sich nicht mehr als 750.000 t absetzen, und
- für das Produkt P3 ist eine Absatzmenge von 560.000 t fest garantiert.

Zu ermitteln ist, welche Mengen verarbeitet und abgesetzt werden sollen, wenn ein möglichst hoher Deckungsbeitrag angestrebt wird.

a) Formulieren Sie die Aufgabe als Modell der *linearen Optimierung*! (Hinweis: Rechnen Sie in 1.000 t!)

b) Bestimmen Sie die optimale Lösung, d. h. die optimalen Werte für
 - Deckungsbeitrag,
 - Verarbeitungsmenge von R,
 - Einsatzmenge von P1 in T2,
 - Verkaufsmengen und
 - Lagerzugänge!

Geben Sie an, wie sich die Lösung ändert, wenn bei sonst gleichbleibenden Bedingungen keine Lagermöglichkeit besteht!

c) Erläutern Sie den Begriff *MPSX-Format*!

Anmerkung: Zur Bearbeitung der Aufgabe werden die in der mathematischen Grundausbildung vermittelten Kenntnisse über die Simplexmethode der linearen Optimierung vorausgesetzt. Zu empfehlen ist die Verwendung eines Computerprogramms zur linearen Optimierung.

Aufgabe A 7.36
Geben Sie einen systematischen Überblick, mit welchen Partnern ein Großhändler für Elektrogeräte *elektronischen Datenaustausch* betreiben könnte!

Aufgabe A 7.37
a) Definieren Sie den Begriff *Electronic Business*!
b) Nennen Sie die relevanten *Ausprägungen* des Electronic Business, die in der Praxis unterschieden werden, und geben Sie dazu Beispiele!

Aufgabe A 7.38
Nennen Sie Klassifikationsmöglichkeiten für *Bürotätigkeiten*!

Aufgabe A 7.39
Erläutern Sie die Ziele, die mit dem Einsatz von *Bürosystemen* verfolgt werden!

Aufgabe A 7.40
Erläutern Sie das Vorgehen bei der *Istanalyse* im Rahmen der Planung und Einführung bzw. der Reorganisation von *Bürosystemen*!

Aufgabe A 7.41
Die Unternehmensberatung McQuickey beabsichtigt, einen Teil ihrer Arbeit in Form des *mobilen Computings* zu organisieren. Erklären Sie den Begriff mobiles Computing und die verschiedenen Organisationsformen
a) allgemein und
b) am Beispiel der Unternehmensberatung McQuickey!

Aufgabe A 7.42
a) Nennen Sie Tätigkeiten, die für die *Telearbeit* in Betracht kommen, und
b) geben Sie an, welche Vor- und Nachteile die Telearbeit einerseits für das Unternehmen und andererseits für die Mitarbeiter besitzt!

Aufgabe A 7.43
Bei *Gruppenarbeit* können die Mitglieder einer Arbeitsgruppe bzw. eines Teams
- zur selben oder zu verschiedenen Zeiten an der gemeinsamen Aufgabe arbeiten,
- sich am selben Ort oder an verschiedenen Orten befinden.

Entwickeln sie aus den beiden Kriterien „Ort" und „Zeit" eine Vierfeldermatrix und ordnen sie Ihnen bekannte Anwendungen zur Unterstützung der Gruppenarbeit in diese ein!

Aufgabe A 7.44
Beschreiben Sie die verschiedenen Formen von *Konferenzsystemen*!

Aufgabe A 7.45
Definieren Sie den Begriff *Vorgang*, der dem Einsatz von *Workflowmanagementsystemen* zugrunde liegt!

Aufgabe A 7.46
Zeigen Sie, wie die Bearbeitung der schriftlichen Reklamation eines Kunden zu einem von ihm gekauften Klimagerät durch ein *Workflowmanagementsystem* in Verbindung mit einem *Dokumentenmanagementsystem* unterstützt werden kann!
a) Beschreiben Sie den *Vorgang*, wie er ohne und mit diesen Systemen abläuft! Unterstellen Sie dabei, dass die Reklamation nicht sofort abschließend von einem Sachbearbeiter bearbeitet werden kann, sondern dass dieser erst Rücksprache mit dem technischen Kundendienst halten muss!
b) Zeigen Sie auf, welche *Verbesserungen* im Prozessablauf erreicht werden können!

Aufgabe A 7.47
Für die geplante Einrichtung eines *elektronischen Ablagesystems* sollen Sie ein Sollkonzept erstellen. Formulieren Sie sechs Fragen, die Sie dazu stellen werden!

Aufgabe A 7.48
Nennen Sie Anwendungsschwerpunkte von *Multimediasystemen*!

Aufgabe A 7.49
Beschreiben Sie in Stichworten die Komponenten von *Expertensystemen*!

Aufgabe A 7.50
In dem von P. MERTENS als Hauptherausgeber und mehreren anderen Wirtschaftsinformatikern als Herausgebern unter Mitwirkung von knapp 300 Bearbeitern im Springer-Verlag, Heidelberg, erschienenen Sammelwerk „Lexikon der Wirtschaftsinformatik" befindet sich ein von dem Bearbeiter (und gleichzeitigem Herausgeber) STAHLKNECHT verfasstes Stichwort „Anwendungssoftware" in dem u. a. der Begriff „ASP" (Application Service Providing) erklärt wird. Stellen Sie den im vorangegangenen Satz beschriebenen Sachverhalt als *semantisches Netz* dar!

Antworten auf die Fragen zu Kapitel 7

Zu Frage F 7.1
Unter einem *Anwendungssystem* im engeren Sinn versteht man die Gesamtheit aller Programme und die zugehörigen Daten für ein konkretes betriebliches Anwendungsgebiet. Zu einem Anwendungssystem im weiteren Sinne gehören zusätzlich die erforderlichen Systemplattformen (Hardware, Systemsoftware), die Kommunikationseinrichtungen (insbesondere die Netze) und streng genommen auch die Benutzer.

Zu Frage F 7.2
a) Eine grobe Unterscheidung der *Anwendungssysteme* nach dem Verwendungszweck kann in
 - operative Systeme,
 - Führungssysteme,
 - Systeme für den elektronischen Informationsaustausch und
 - Querschnittssysteme

 erfolgen.
b) Zur ersten Gruppe gehören alle klassischen Abrechnungs- und Verwaltungssysteme wie z. B. Fakturierung, Finanzbuchhaltung oder Lagerbestandsführung, ferner Dispositionssysteme wie z. B. Bestellwesen, Werkstattsteuerung oder Tourenplanung.

 Zur zweiten Gruppe gehören Führungsinformationssysteme sowie Planungssysteme für die computergestützte Planung.

 Zur dritten Gruppe gehören Systeme, die den Datenaustausch zwischen Geschäftspartnern, den elektronischen Handel sowie den Zugriff auf externe Datenbanken ermöglichen.

 Zur vierten Gruppe gehören die Bürosysteme einschließlich Workflow- und Dokumentenmanagementsystemen. Bei einer nicht zu eng gefassten Auslegung des Begriffs Querschnittssystem kann man auch die wissensbasierten Systeme, insbesondere die Expertensysteme, zu dieser Gruppe rechnen.

Zu Frage F 7.3
ERP-Systeme (Enterprise-Resource-Planning-Systeme) sind integrierte, als Standardsoftware angebotene betriebliche Anwendungssysteme, die alle wesentlichen operativen und Führungsfunktionen unterstützen. Sie bestehen aus einem Basissystem und verschiedenen funktionsbezogenen Komponenten für unterschiedliche betriebliche Anwendungsgebiete. Diese Komponenten basieren auf einer einheitlichen Datenbank und sind funktional so angelegt, dass auch unternehmensübergreifende Geschäftsprozesse abgebildet werden können. Vor allem

aus den letztgenannten Merkmalen resultiert die starke Verbreitung von ERP-Systemen.
Der Einführung von ERP-Systemen geht oft die Umstellung auf die Geschäftsprozessorientierung voraus.

Zu Frage F 7.4
Administrations- und Dispositionssysteme bilden zusammen die operativen Systeme. Sie unterscheiden sich wie folgt:
- *Administrationssysteme* decken alle betriebswirtschaftlichen Aufgaben ab, in denen Bestände (Artikel, Konten, Verträge) zu verwalten und Abrechnungen (Fakturierung, Buchführung, Kostenrechnung) vorzunehmen sind.
- *Dispositionssysteme* kommen bei dispositiven Entscheidungen zum Einsatz, die meistens eng mit den Administrationssystemen verbunden sind. Beispiele sind: Mahnwesen, Zahlungsausgleich, Liquiditätsplanung, Bestellwesen, Versanddisposition, (Vor-)Kalkulation und Werkstattsteuerung.

Zu Frage F 7.5
Physische Verbindungen zwischen betrieblichen Arbeitsgebieten bestehen, wenn Güter, d.h. physische Objekte wie Materialien oder Waren (z.B. in Form von Materialentnahmen oder Warenlieferungen), ausgetauscht werden. Bei *informationellen* (oder *informatorischen*) *Verbindungen* werden die zugehörigen Informationsobjekte, d.h. Materialentnahmescheine, Lieferscheine, Rechnungen usw., im Sinne von Datenflüssen ausgetauscht.

Zu Frage F 7.6
Als *branchenneutral* lassen sich solche Anwendungssysteme bezeichnen, die in allen Branchen (genauer: Wirtschaftszweigen) weitgehend identisch sind. Im wesentlichen gehören dazu die Finanzbuchhaltung einschließlich der Anlagenrechnung, die Personalabrechnung, die Beschaffung sowie die Fakturierung.

Zu Frage F 7.7
Unter *branchenspezifischen* Anwendungssystemen versteht man Systeme, die auf die Anforderungen einer bestimmten Branche zugeschnitten sind. Beispiele bilden die Fertigungsindustrie, Handelsunternehmen, Kreditinstitute und die Versicherungswirtschaft.

Zu Frage F 7.8
Operative Systeme unterstützen vorwiegend operative Tätigkeiten im Unternehmen wie die Abrechnung von Massendaten, die Verwaltung von Beständen und die Vorbereitung dispositiver Entscheidungen. Demgegenüber ist es die primäre Aufgabe von *Führungssystemen*, in Form von *Führungsinformationssystemen* führungsrelevante Informationen für die oberen Führungsebenen bereitzustellen. Außerdem unterstützen Führungssysteme in Form von *Planungssystemen* die Planung von Aktivitäten, die zur Erreichung der Unternehmensziele erforderlich sind.

Zu Frage F 7.9

Standardsoftware für die *Finanzbuchhaltung* besteht – entsprechend der betriebswirtschaftlichen Gliederung der Finanzbuchhaltung – primär aus Programmen für Debitoren-, Kreditoren- und Sachbuchhaltung einschließlich Saldierung, Abschlüssen usw. Hinzu kommt als klassische Nebenbuchhaltung die Anlagenrechnung. Ergänzende Programme dienen für Vergleichsrechnungen und Analysen.

Zu Frage F 7.10

Mandantenfähigkeit bedeutet, dass ein Programm zur Finanzbuchhaltung die Möglichkeit bietet, mehrere Buchhaltungen für rechtlich selbstständige Organisationseinheiten parallel zu führen. Mandantenfähige Buchhaltungsprogramme werden beispielsweise in Konzernen eingesetzt, in denen das Mutterunternehmen bzw. die Holding die Finanzbuchhaltung für alle Tochterunternehmen bzw. Beteiligungen durchführt.

Zu Frage F 7.11

Unter der *Direktübernahme von Belegen* versteht man in der Finanzbuchhaltung die Belegverarbeitung von Daten, die auf Datenträgern oder durch elektronischen Datenaustausch angeliefert werden. Sie wird in den „Grundsätzen ordnungsmäßiger DV-gestützter Buchführungssysteme" (GoBS), die die Abgabenordnung ergänzen, geregelt. Die Erfüllung der Belegfunktion ist in diesen Fällen durch den Nachweis der Durchführung von Kontrollen und durch die Verfahrensdokumentation zu erbringen.

Zu Frage F 7.12

GDPdU ist die Abkürzung für die seit Anfang 2002 geltenden *Grundsätze zum Datenzugriff und zur Prüfbarkeit digitaler Unterlagen*, die sich aus § 146 (5), § 147 (2), (5), (6) und § 200 (1) AO sowie § 14 (4) UStG ergeben. Sie gestatten dem Finanzamt im Rahmen einer Außenprüfung unmittelbaren Zugriff auf die gesamte maschinelle Buchführung eines Unternehmens und beinhalten das Recht, die Übergabe von Datenträgern zu verlangen. Sie schreiben vor, dass digitale Unterlagen maschinell verwertbar zu archivieren sind und nicht mehr ausschließlich in ausgedruckter Form oder auf Mikrofilm aufbewahrt werden dürfen.

Kommen elektronische Signaturen und kryptografische Verfahren zum Einsatz, müssen auch die entsprechenden Schlüssel aufbewahrt werden. Diese Verschärfung der Aufbewahrungspflichten bildet die Grundlage für die Anerkennung von digitalen Belegen im Steuerrecht.

Zu Frage F 7.13

Als *Prüfsprachen* bezeichnet man die Zusammenfassung von *Prüfprogrammen* zu einem umfassenden, im Dialogbetrieb steuerbaren Programmsystem, das der Unterstützung der Prüfungstätigkeit von Revisoren und Wirtschaftsprüfern dient, wenn die Buchprüfung (als Systemprüfung) elektronisch durchgeführt wird. Die Programme untersuchen z. B. die Funktionen von Finanzbuchhaltungsprogrammen durch Testrechnungen oder vergleichen maschinell die Funktionalitäten unterschiedlicher Programmversionen. Der Verbreitungsgrad von Prüfsprachen ist gering.

Zu Frage F 7.14
Die wichtigsten computergestützten Teilbereiche der *Kostenrechnung* ergeben sich aus der Gliederung der Kostenrechnung in Kostenarten-, Kostenstellen- und Kostenträgerrechnung. Hinzu kommen die *Betriebsergebnisrechnung* oder die *kurzfristige Erfolgsrechnung* (nach Gesamtkostenverfahren oder Umsatzkostenverfahren oder als Deckungsbeitragsrechnung). Eine noch wenig genutzte Anwendung bildet die Prozesskostenrechnung.

Zu Frage F 7.15
Die *Kostenrechnung* erfolgt in den meisten Fällen zeitraumbezogen (z. B. monatlich oder quartalsweise) und übernimmt dazu die Eingabedaten weitgehend periodisch im Stapelbetrieb von anderen Anwendungssystemen (Finanzbuchhaltung, Personalabrechnung, Materialwirtschaft u. a.). Da die Dialogverarbeitung nur voll zum Tragen kommt, wenn die Datenbestände jederzeit aktuell und auskunftsbereit zur Verfügung stehen, besitzt sie hier wegen der fehlenden Aktualität der Daten weniger Bedeutung als für die *Finanzbuchhaltung*.

Zu Frage F 7.16
Anwendungssysteme für das Rechnungswesen lassen sich zur Verwendung für das *Controlling* ausbauen, wenn sie im Bereich der Kosten- und Leistungsrechnung über die Grundfunktionen hinausgehende Funktionen aufweisen. Die Programme müssen insbesondere
- neben der Vollkostenrechnung auch Teilkostenrechnungen gestatten,
- außer den Istwerten auch Planwerte berücksichtigen und damit
- die Voraussetzung für regelmäßige Abweichungsanalysen schaffen.

In einer weiteren Ausbaustufe müssen sie die Bildung aussagefähiger Kennzahlen ermöglichen.

Zu Frage F 7.17
Die Hauptanwendungssysteme des *Personalwesens* sind die Personalabrechnung und die Zeitwirtschaft. Unter Personalabrechnung ist die Lohn- und Gehaltsabrechnung zu verstehen, die sich in die Teile Bruttoabrechnung, Nettoabrechnung, Nachweise und Zahlungsdienst gliedert. Ferner gehören hierzu einige kleinere Anwendungssysteme wie Provisionsabrechnung, Reisekostenabrechnung, Mietabrechnung für Werkswohnungen oder Kantinen- und Belegschaftsverkauf. Die Programme zur Zeitwirtschaft befassen sich mit der Ermittlung der Anwesenheitszeit und/oder Abwesenheitszeit der Mitarbeiter. Sie bilden die Basis für die Lohnabrechnung und für die Verwaltung von Gleitzeiten.

Zu Frage F 7.18

Programme zur *Personalabrechnung* (*Lohn- und Gehaltsabrechnung*) sind besonders wartungsintensiv, weil sie von vielen inner- und überbetrieblichen Einflussfaktoren abhängen, die wiederum häufigen Änderungen und Anpassungen unterworfen sind. Dazu gehören u. a.
- innerbetrieblich: Arbeitsverträge, Betriebsvereinbarungen, Vergütungsregeln, Konten- und Kostenstellenpläne, Verfahren der Arbeitszeiterfassung;
- überbetrieblich: Tarifverträge, Steuerrecht (Lohn- und Kirchensteuer, Solidaritätszuschlag), Sozialversicherungsrecht, Vermögensbildungsgesetz, Pfändungsverordnung; Datenaustausch mit Krankenkassen, Kreditinstituten, Versicherungsträgern usw.

Zu Frage F 7.19

Programme zur Zeitwirtschaft dienen besonders bei flexiblen Arbeitszeitregelungen dazu, die Anwesenheits- bzw. Abwesenheitszeiten der Mitarbeiter zu erfassen. Bei der *Positiverfassung* werden alle Anwesenheiten und die Abweichungen vom Sollzustand erfasst, bei der *Negativerfassung* werden nur die Abweichungen vom Sollzustand (z. B. bei Dienstreise, Freistellung, Krankheit, Urlaub usw.) registriert.

Zu Frage F 7.20

Der Geschäftsprozess *Beschaffung* kann durch eine betriebsinterne Anforderung, eine Anfrage beim Lieferanten, ein Angebot des Lieferanten oder eine Sofortmaßnahme, z. B. bei Unterschreiten des Meldebestands, ausgelöst werden. Der Anstoß kommt von Anwendungssystemen wie Produktionsplanung und -steuerung, Lagerhaltung oder B2B.

Zu Frage F 7.21

Grundsätzlich können Dispositionssysteme des *Beschaffungsbereichs* danach unterschieden werden, ob Beschaffungsmengen plan- oder verbrauchsgesteuert festgelegt werden.

Bei einer plangesteuerten Disposition leitet sich die Bestellmenge deterministisch, z. B. aus einer auf Grundlage der Produktionsplanung erstellten Stückliste der Einzelteile, ab.

Die verbrauchsgesteuerte Disposition kann einerseits aufgrund vergangener und prognostizierter Materialverbräuche erfolgen, z. B. bei weniger wichtigen Materialien, die einen regelmäßigen Verbrauch aufweisen. Andererseits kann sich die Disposition auch am tatsächlichen Verbrauch orientieren, wobei die Beschaffung erst erfolgt, wenn ein bestimmter Meldebestand erreicht wird (Bestellpunktverfahren).

Zu Frage F 7.22

Die wichtigsten administrativen Anwendungssysteme im *Vertriebsbereich* sind Angebotsbearbeitung, Auftragsbearbeitung und Fakturierung mit allen zugehörigen Auswertungen (z.B. Umsatzübersichten nach verschiedenen Kriterien). Hinzu kommen Anwendungssysteme für verschiedene dispositive Aufgaben wie Versanddisposition, Versandlogistik und Außendienststeuerung.

Anwendungssysteme zur Vertriebsunterstützung der Außendienstmitarbeiter werden unter dem Begriff CAS (Computer Aided Selling) zusammengefasst. Sie lassen sich dem mobilen Computing zurechnen.

Bei reinen Handelsbetrieben sind die typischen Anwendungssysteme des Vertriebsbereichs in geschlossene Warenwirtschaftssysteme integriert. Als führungs- bzw. entscheidungsunterstützende Systeme existieren in vielen Unternehmen Vertriebsinformationssysteme.

Von einem Customer-Relationship-Management(CRM)-System spricht man, wenn sämtliche Beziehungen eines Unternehmens mit seinen Kunden (einschließlich Betreuung und Information) in einem Anwendungssystem zusammengefasst werden.

Zu Frage F 7.23
Database-Marketing liegt vor, wenn alle Kunden-, Artikel-, Vertragsdaten usw. in einer zentralen Datenbank verwaltet werden, auf die die Außendienstmitarbeiter des Vertriebs und Servicetechniker über Fest- und Funknetze direkt zugreifen können.

Zu Frage F 7.24
Die Grundidee des klassischen, in den 1970er Jahren für Fertigungsbetriebe entwickelten *CIM-Konzepts* besteht darin,
- alle fertigungstechnischen Arbeitsabläufe und
- alle betriebswirtschaftlich-organisatorischen Steuerungsaufgaben

zu einem Gesamtsystem zu integrieren. Die gleichzeitig aufgekommene Vorstellung, die Integration auf der Basis einer umfassenden gemeinsamen Datenbank vorzunehmen, hat sich als unrealistisch erwiesen. Die informationstechnische Realisierung erfolgt heute durch verteilte, mit eigenen Datenbeständen ausgestattete Systeme, die über Schnittstellen kommunizieren.

Zu Frage F 7.25
Die Hauptbestandteile von *PPS-Systemen* sind
- die Materialwirtschaft, bestehend aus Lagerhaltung und Materialbedarfsplanung,
- die Fertigungsplanung, bestehend aus Terminplanung und Kapazitätsabgleich, sowie
- die Fertigungssteuerung, bestehend aus Werkstattsteuerung und Auftragsüberwachung.

Hinzu kommt die Grunddatenverwaltung für Arbeitspläne, Teilebeschreibungen, Stücklisten usw.

Zu Frage F 7.26

Die typische Datenstruktur für die *Erzeugnisstrukturen* in Fertigungsbetrieben ist die Netzstruktur. Der häufig auftretende Fall, dass das gleiche Teil in mehreren Baugruppen bzw. die gleiche Baugruppe in mehreren Produkten Verwendung findet, entspricht in der Darstellung durch einen Graphen einem Knoten, der mehrere Vorgänger besitzt. Die Baumstruktur ist also nicht anwendbar.

Zu Frage F 7.27

Unter einem *elektronischen (Fertigungs-) Leitstand* versteht man Anwendungssoftware,
- die im Rahmen von PPS-Systemen die Feinterminierung, die Werkstattsteuerung und die Auftragsüberwachung unterstützt und
- in der Regel auf einem separaten (Arbeitsplatz-) Rechner in der Werkstatt installiert ist.

Beispielsweise können die Maschinenbelegung (auch in der Gegenüberstellung Plan/Ist) durch Plantafeln in Form von Balkendiagrammen grafisch dargestellt oder für die Feinterminierung Simulationsrechnungen zur Bearbeitungsreihenfolge durchgeführt werden.

Zu Frage F 7.28

Die *Betriebsdatenerfassung (BDE)* ermöglicht in PPS-Systemen eine effiziente Auftragsüberwachung hinsichtlich Mengen (Materialverbrauch, Fertigungsstückzahlen, Zwischenlagerbestände), Zeiten (Rüstvorgänge, Maschinenbelegung, Störungen, Akkord) und Terminen (Auftragsverfolgung). Sofern ein Fertigungsleitstand installiert ist, wird sie damit gekoppelt.

Zu Frage F 7.29

Grunddaten in PPS-Systemen sind Daten über Betriebsmittel, Erzeugnisstrukturen mit Stücklisten und Teileverwendungsnachweisen, Teilebeschreibungen und Arbeitspläne. Sie entsprechen den Stammdaten der Abrechnungssysteme. Es ist zweckmäßig, die Grunddaten in einer *Datenbank* zu verwalten.

Zu Frage F 7.30

EDM (Engineering-Data-Management)-Systeme haben die Aufgabe, in Form einer Middleware den einheitlichen Zugriff auf die Dateien aller technischen Komponenten des CIM-Konzepts sowohl durch die technischen CAx-Anwendungen als auch durch das PPS-System zu ermöglichen. In einer weiter gehenden Stufe führen sie zu einer Datenbank bzw. einem Dokumentenmanagementsystem (mit codierten und nichtcodierten Informationen) aller technischen Produktdaten, die auch für den elektronischen Datenaustausch mit Geschäftspartnern, d. h. Konstruktionsbüros, Lieferanten, Subunternehmern, Vertragshändlern usw., genutzt werden können.

Zu Frage F 7.31
Der Begriff *Warenfluss* bezeichnet die physische Distribution von Waren. Das *Warenwirtschaftssystem* ist ein Anwendungssystem, das alle Informationen über die Waren und den Warenfluss zusammenfasst.

Zu Frage F 7.32
Geschlossene Warenwirtschaftssysteme unterstützen die *dispositiven Aufgaben* Produktpolitik (Sortimentsgestaltung, Preisfestsetzung und Rabattgestaltung) und Bestellwesen (Festlegung von Bestellmengen und -zeitpunkten, Lieferantenauswahl). Darüber hinaus dienen sie der Entscheidungsunterstützung für kurzfristige Maßnahmen wie Verkaufsplatzorganisation oder Sonderaktionen.

Zu Frage F 7.33
Als *Scannerdaten* bezeichnet man im Handel die Verkaufsdaten, die an mit Scannern ausgestatteten Kassen anfallen. Sie werden auf Wunsch Marktforschungsinstituten oder direkt der Industrie (z. B. Waschmittelherstellern) zur Verfügung gestellt, für die dadurch aufwändige Markterhebungen entfallen. Die Datenübermittlung kann unmittelbar mithilfe des elektronischen Datenaustauschs (EDI) vorgenommen werden.

Zu Frage F 7.34
Die *RFID (Radio-Frequency-Identification)-Technik* dient der Funkübermittlung von Informationen, die auf so genannten Transponderchips gespeichert sind, an Sensoren. Die Transponderchips werden bereits im Herstellungsprozess an den Waren bzw. deren Verpackungen angebracht. Das berührungslose Auslesen der gespeicherten Informationen eröffnet neuartige Anwendungen für Handelsunternehmen, wie z. B. den Wegfall des manuellen Scannens der Waren an der Kasse oder der Speicherung zusätzlicher Artikelinformationen (Verfallsdatum, Hersteller, Zusammengehörigkeit bei mehrteiligen Artikeln). Durch Angaben wie Absender, Empfänger, Art des Transportguts, Abmessungen, Gewicht u. a. kann vor allem die Logistik wesentlich unterstützt werden.

Zu Frage F 7.35
Unter der Bezeichnung *Electronic Banking* wird die gesamte IT-Unterstützung zusammengefasst, die Kreditinstitute ihren Firmen- und Privatkunden anbieten. Dazu gehören in erster Linie
- für Firmenkunden der beleglose Zahlungsverkehr über Datenträger oder elektronischen Datenaustausch, das Cash Management und die elektronische Zahlungsabwicklung beim E-Business;
- für Privatkunden die Kundenselbstbedienung an Automaten, das Homebanking über das Internet oder andere Netzdienste, der Kartenzahlungsverkehr sowie die Kundenberatung, insbesondere bei der Kapitalanlage und der Kreditaufnahme.

Zum Electronic Banking wird auch das Telefonbanking gerechnet.

Zu Frage F 7.36

Beleglose Zahlungsverkehr bedeutet, dass zwischen Banken und Firmenkunden nicht mehr (schriftliche) Belege (Überweisungsformulare, Kontoauszüge, Saldenmitteilungen usw.) ausgetauscht werden. Zunächst wurde der beleglose Zahlungsverkehr mithilfe des Datenträgeraustauschs realisiert. Inzwischen werden die Daten in beiden Richtungen mithilfe der Datenübertragung (als typische EDI-Anwendung) direkt zwischen den Computern der Firmenkunden und der Kreditinstitute ausgetauscht.

Zu Frage F 7.37

Cashmanagementsysteme unterstützen international tätige Unternehmen durch die Bereitstellung der aktuellen Kontostände aller weltweit geführten Konten, die Aufstellung von Liquiditätsübersichten, die Beschaffung von Informationen über den Kapitalmarkt und die elektronische Abwicklung des internationalen Zahlungsverkehrs.

Zu Frage F 7.38

Das *HBCI* (*Homebanking Computing Interface*) ist ein Standard der deutschen Kreditwirtschaft zur Identifizierung der Benutzer und zur Berechtigungsprüfung beim Homebanking. HBCI arbeitet mit einer elektronischen Signatur. Voraussetzung für die Nutzung war ursprünglich ein Chipkartenleser am PC. Bei dem Nachfolgestandard HBCI+ (auch als FinTS – Financial Transaction Services bezeichnet) ist alternativ auch das PIN-TAN-Verfahren ohne Kartenleser möglich.

Zu Frage F 7.39

Telefonbanking bedeutet die Abwicklung von Bankgeschäften über das Telefon. Zum Telefonbanking braucht man keinen Computer, da die Eingaben über die Telefontastatur oder in Form einer Spracheingabe erfolgen. Für die Spracherkennung benutzen die Banken sprecherunabhängige Erkennungssysteme. Die Antworten erfolgen durch automatische Sprachausgabe. Telefonbanking eignet sich für standardisierbare Routinevorgänge wie Kontoabfragen oder das Tätigen von Überweisungen und Aktientransaktionen. In einer weitergehenden Form des Telefonbanking werden *Callcenter* eingerichtet, um dem Kunden (oft nach langen gebührenpflichtigen Wartezeiten) einen individuellen, nicht automatisierten Telefonservice zu bieten.

Zu Frage F 7.40

In der Versicherungswirtschaft treten im großen Umfang standardisierte Geschäftsvorfälle mit einheitlich gestalteten schriftlichen Anträgen, Meldungen, Verträgen usw. auf. Durch die Einführung von *Workflowmanagement-* und *Dokumentenmanagementsystemen* können erhebliche Effizienzgewinne erzielt werden, die sich vor allem aus dem Wegfall oder der Verkürzung von Kopier-, Such- und Transportzeiten ergeben.

Zu Frage F 7.41
Führungsinformationssysteme haben die Aufgabe, Führungskräften die für den Führungsprozess relevanten Informationen rechtzeitig und in geeigneter Form zur Verfügung zu stellen.

Zu Frage F 7.42
Kontrollsysteme stellen Plan- und Istdaten gegenüber und beruhen auf dem Führungsprinzip „Management by Exception". Dieses besagt, dass ein Vorgesetzter nur dann in den Aufgabenbereich eines Mitarbeiters eingreift, wenn (vor allem negative) Abweichungen von den vereinbarten Zielen eintreten.

Zu Frage F 7.43
Die für ein *Führungsinformationssystem* benötigten Daten werden als externe und interne Daten beschafft. Die Bereitstellung erfolgt
- bei externen Daten durch Direktabruf aus externen Informationsquellen einschließlich Onlinedatenbanken oder durch manuelle Direkteingabe und
- bei internen Daten durch Direktübernahme aus den Datenbeständen der operativen Anwendungssysteme mithilfe von Selektion und Aggregation oder wieder durch manuelle Direkteingabe (z. B. der Planwerte).

Sämtliche so bereitgestellten Daten werden in der Datenbank des Data Warehouse zusammengefasst und verwaltet.

Zu Frage F 7.44
Für den Benutzer von Führungsinformationssystemen kommen als *Nutzungsformen* offline die Druckausgabe (Berichtswesen, engl. Reporting) oder online Bildschirmanzeigen in Betracht. Letztere sollten sich nicht auf Tabellen beschränken, sondern durch Grafiken, Symbole u. a. visualisiert werden. Bei der Onlinenutzung kann man zwischen der (passiven) Abfrage und der (aktiven) Nutzung für Prognoserechnungen, Abweichungsanalysen, Zielrechnungen usw. unterscheiden.

Zu Frage F 7.45
Ein *EIS-Generator* ist ein Programm, das die Bereitstellung der Daten für das Data Warehouse durch Selektion und Aggregation und die Auswertung der bereitgestellten Daten, z. B. durch das Drill-down-Verfahren, unterstützt.

Zu Frage F 7.46
Als *computergestützte Planung* bezeichnet man den IT-Einsatz (in Form von Planungssystemen) zur Unterstützung aller mittel- und langfristigen Planungsprozesse. Planung wird dabei als eine Phase des Managementzyklus gesehen, in der die zur Erreichung der Unternehmensziele erforderlichen Maßnahmen definiert werden. Sie unterscheidet sich somit von der kurzfristigen Planung in Dispositionssystemen.

Zu Frage F 7.47
Die *computergestützte Planung* benutzt als Modelle
- definitorische Gleichungen,
- Verhaltensgleichungen und
- komplexe mathematische Modelle.

Diese Modelle dienen dazu, Planalternativen und -varianten computergestützt durchzurechnen.

Zu Frage F 7.48
Der Unterschied zwischen *definitorischen Gleichungen* und *Verhaltensgleichungen* besteht darin,
- dass definitorische Gleichungen gesicherte Zusammenhänge zwischen Ziel- und Einflussgrößen der Planung in Form elementarer Gleichungen erfassen,
- während Verhaltensgleichungen ungesicherte Zusammenhänge berücksichtigen, in die Hypothesen über das Verhalten des Unternehmens oder seiner Umgebung (Konkurrenz, Markt, Verbraucher, Kunden, Lieferanten, usw.) einfließen.

Mathematisch bestehen keine Unterschiede.

Zu Frage F 7.49
EDI steht für *Electronic Data Interchange*. Gemeint ist damit der elektronische Austausch von Handelsdaten zwischen Geschäftspartnern mithilfe der Datenübertragung. EDI kommt bei standardisierbaren Transaktionen und Vorgängen wie Bestellungen, Rechnungen, Überweisungen, Gutschriften usw. zum Einsatz.

Zu Frage F 7.50
Die wichtigsten *Ziele* des *elektronischen Datenaustauschs* sind
- die Vermeidung von Mehrfacherfassungen derselben Daten,
- die Beschleunigung der Kommunikation zwischen Geschäftspartnern,
- die Verkürzung von Arbeitsabläufen,
- die Einsparung von Personal und
- der Abbau von Lagerbeständen durch kurzfristige Bestellungen (Just-in-Time-Prinzip).

Zu Frage F 7.51
Internationale Normen für den *elektronischen Datenaustausch* (EDI) werden aufgrund einer Initiative der Vereinten Nationen unter der Abkürzung *EDIFACT (Electronic Data Interchange for Administration, Commerce and Transport)* aufgestellt. Dabei handelt es sich um ein Regelwerk für den Austausch von Daten zu typischen Geschäftsvorfällen der Verwaltung (z. B. Zollwesen), des Handels und des Transportwesens (z. B. Speditionen, Reedereien). Basisnorm für die Syntaxregeln ist DIN ISO 9735. Wegen der größeren Flexibilität und der breiteren Einsatzmöglichkeiten setzt sich anstelle der EDIFACT-Normen immer

mehr die Verwendung der Beschreibungssprache XML (Extensible Markup Language) als Standard für den elektronischen Datenaustausch durch.

Zu Frage F 7.52
Der grundsätzliche Unterschied zwischen *EDI* und dem *elektronischen Markt* in Form von *E-Business* bzw. *E-Commerce* besteht darin,
- dass bei EDI der Datenaustausch zur Abwicklung des Güter- und Dienstleistungsaustauschs „bilateral" zwischen feststehenden Geschäftspartnern nach vereinbarten Regeln erfolgt,
- während auf dem elektronischen Markt einer Vielzahl von Anbietern eine noch größere Anzahl von Käufern bzw. Kaufinteressenten gegenüber steht, zwischen denen der Gesamtprozess des Güteraustauschs mit den Phasen Information, Vereinbarung und Abwicklung ohne feste Regeln abläuft.

EDI kann allenfalls (in der Form B2B) als Spezialfall des E-Business angesehen werden.

Zu Frage F 7.53
Der gesamte *Warenfluss* kann im *E-Business* dann vollständig elektronisch abgewickelt werden, wenn die Handelsware selbst als *digitalisierte Ware* elektronisch übermittelt werden kann, z.B. in Form von Software, Handbüchern, Musik, Filmen, Computerspielen oder Texten und Abbildungen jeglicher Art.

Zu Frage F 7.54
Vorteile des *B2C-Geschäfts* gegenüber dem konventionellen Handel sind im Wesentlichen
- die „Öffnungszeit" im Internet von 24 Stunden am Tag bei 7 Tagen pro Woche;
- die weltweite Verfügbarkeit mit der Möglichkeit, Preisdifferenzen ausnutzen zu können;
- generell die Möglichkeit des schnellen Preisvergleichs und
- eine „Beratung" in Form von aktuellen Produktinformationen unabhängig von der Verfügbarkeit eines Verkäufers.

Einige dieser Vorteile bieten zwar auch Versandhauskataloge und Werbeprospekte, jedoch mit geringerer Aktualität.

Zu Frage F 7.55
Unter *Teleshopping* versteht man die Bestellung von Artikeln, die im Werbefernsehen angeboten werden, über Telefon oder Briefpost. Dieses Offline-Teleshopping soll zukünftig mithilfe von Set-Top-Boxen verstärkt durch das *interaktive Teleshopping* abgelöst werden, bei dem der Benutzer am Fernseher über Online-Netzdienste oder das Internet Waren auswählt, bestellt und bezahlt.

Zu Frage F 7.56
Ein *Contentmanagementsystem* ist ein Anwendungssystem, das beliebige elektronische Inhalte (Daten, Texte, Bilder, Audio- und Videodateien) unabhängig

von ihrer Präsentationsform verwaltet. Es ermöglicht, dass die Inhalte durch die fachlich zuständigen Sachbearbeiter gepflegt werden, während für die Präsentation andere Personen (auch externe Firmen) zuständig sind, die sich auf die Formatierung der Inhalte für die Ausgabe über verschiedene Medien wie WWW, CD-ROM oder Druckausgabe spezialisiert haben.

Contentmanagemenstysteme sind häufig mit Workflow- und Dokumentenmanagementsystemen kombiniert und werden vor allem für Multimediasysteme genutzt.

Zu Frage F 7.57
Von einem *virtuellen Unternehmen* spricht man, wenn verschiedene, rechtlich selbstständige und unabhängige Unternehmen zeitlich begrenzt kooperieren und gegenüber Dritten als einheitliches Unternehmen auftreten, insbesondere beim E-Business. Gründe für ein solches kurzzeitiges Zusammengehen verschiedener Unternehmen können gemeinsame Produktvermarktung oder das Erschließen neuer Märkte sein.

Zu Frage F 7.58
Onlinedatenbanken sind über das Internet (insbesondere mithilfe einer Suchmaschine) oder über Mehrwert- und Onlinedienste zugänglich. Sie enthalten Informationen, die von öffentlichem Interesse sind. Zu unterscheiden sind Faktendatenbanken und Referenzdatenbanken.

Zu den *Faktendatenbanken* gehören Volltextdatenbanken (z. B. komplette Netzzeitungen) und numerische Datenbanken (z. B. über Aktien- oder Devisenkurse). *Referenzdatenbanken* geben Quellenhinweise, z. B. über Bücher und Fachzeitschriften (bibliografische Datenbanken) oder über Wirtschaftsunternehmen (Nachweisdatenbanken).

Zu Frage F 7.59
Unter einem *Bürokommunikationssystem* versteht man ein Anwendungssystem aus Computerhardware, Software und Kommunikationseinrichtungen (Netze, Endgeräte), mit dem typische Bürotätigkeiten, d. h. das Bearbeiten und das Verwalten von Informationen sowie die Kommunikation mit unternehmensinternen und -externen Stellen, informationstechnisch unterstützt werden.

Zu Frage F 7.60
Die Standardanwendungen von *Officepaketen* umfassen in der Grundversion
- Schreibtischverwaltung, insbesondere Kalendermanagement,
- Textverarbeitung,
- Präsentationsunterstützung,
- Tabellenkalkulation und
- E-Mail-Dienste

sowie in der erweiterten Version zusätzlich
- Datenbankverwaltung.

Zu Frage F 7.61

Zur *computergestützten Sprachkommunikation* gehören
- Sprachboxsysteme (Voice Mail Services) und
- das computergestützte Telefonieren (CIT = Computer-Integrated Telephony) durch automatisches Wählen und durch die automatische Anzeige aller gespeicherten relevanten Daten über den Angerufenen bzw. den Anrufer.

Voraussetzung für CIT ist die Verbindung von Telefonanlage und Computersystem.

Als weitere Anwendung kann die „Internettelefonie" (Voice over IP) angesehen werden.

Zu Frage F 7.62

Unter *Telearbeit* versteht man die Ausübung von Bürotätigkeiten an außerbetrieblichen Arbeitsstätten, z. B. in der eigenen Wohnung oder in einem Nachbarschafts- bzw. Satellitenbüro. Hierbei werden dezentral PCs über öffentliche Netze, Onlinedienste oder das Internet an das zentrale System angeschlossen, sodass die Telearbeiter von außerhalb auf alle diejenigen Programme und Datenbestände des Unternehmens zugreifen können, zu denen Sie eine Zugriffsberechtigung besitzen.

Zu Frage F 7.63

Unter *Computer Supported Cooperative Work (CSCW)* versteht man die computergestützte Gruppen- bzw. Teamarbeit. Die Gruppenmitglieder können sich an räumlich entfernten Standorten befinden und/oder zu unterschiedlichen Zeiten arbeiten und/oder zu unterschiedlichen Unternehmen gehören. CSCW ermöglicht beispielsweise die Führung von gemeinsamen Terminkalendern, das Zugreifen auf zentral verwaltete Dokumente durch alle Gruppenmitglieder und das gemeinsame Abfassen von Texten, wobei die Kommunikation und die Abstimmung der Teammitglieder im Vordergrund stehen.

Realisiert wird CSCW durch Bürowerkzeuge und durch spezielle Software, die als *Groupware* bezeichnet wird.

Zu Frage F 7.64

Ein *Workflowmanagementsystem* ist ein Anwendungssystem, das die Steuerung von Arbeitsabläufen (bzw. Vorgängen), an denen mehrere Arbeitsplätze bzw. Sachbearbeiter beteiligt sind, unterstützt. An jedem Arbeitsplatz lassen sich am Bildschirm das zu bearbeitende Dokument, die damit auszuführenden Tätigkeiten, alle weiteren für die Bearbeitung benötigten Unterlagen und schließlich Hinweise auf die Weitergabe des Vorgangs anzeigen.

Voraussetzung für den Einsatz von Workflowmanagementsystemen ist die Vernetzung aller beteiligten Arbeitsplätze und in der Regel der unterstützende Einsatz eines *Dokumentenmanagementsystems*.

Zu Frage F 7.65

Der *Geschäftsprozess* ist eine Folge (oder Kette) von logisch zusammengehörigen Tätigkeiten, den so genannten Geschäftsvorgängen. Er legt fest, was zu tun ist. Der *Workflow* dagegen beschreibt den ganz oder teilweise automatisierten Ablauf des Geschäftsprozesses. Er legt also fest, wie etwas zu tun ist.

Zu Frage F 7.66

Dokumentenmanagementsysteme übernehmen innerhalb der Vorgangsbearbeitung die Aufgaben der Speicherung (elektronische Ablage) und der Verwaltung von Dokumenten. Hauptsächlich handelt es sich bei diesen Daten um nichtcodierte Informationen. Man unterscheidet im Wesentlichen Archivsysteme und workfloworientierte Systeme.

Zu Frage F 7.67

Ein *Multimediasystem* ist als Querschnittssystem ein Anwendungssystem, das
- mehrere Medien integriert und
- interaktiv genutzt werden kann.

Das letztgenannte Merkmal unterscheidet Multimediasysteme beispielsweise vom herkömmlichen Fernsehen.
Die Medien kann man in
- statische (oder zeitunabhängige) Medien, d.h. Daten, Texte, Grafiken, Zeichnungen, Fotos usw., sowie
- dynamische (oder zeitabhängige) Medien, d.h. Bewegtbilder als Kameraaufzeichnungen oder Computeranimationen und Tonfolgen in Form von (gesprochener) Sprache, Musik oder allgemein Geräuschen,

einteilen.

Zu Frage F 7.68

Als *Einsatzmöglichkeiten* für *Multimediasysteme* kommen vor allem infrage:
- Infotainment (z.B. das elektronische Publizieren von Lexika, Nachschlagewerken und Enzyklopädien);
- elektronische Produktkataloge für Warenpräsentation oder technische Produktbeschreibungen (z.B. durch Versandhäuser);
- Kiosksysteme für die Auskunftserteilung und den Ticketverkauf (z.B. an Bahnhöfen, Flughäfen usw.);
- Kundenberatung (z.B. in Kaufhäusern, Reisebüros und Banken);
- Edutainment für die multimediale Anreicherung von Lehr- und Lerninhalten im Bereich der Aus- und Weiterbildung.

Zu Frage F 7.69

Die ISO/IEC-Arbeitsgruppe *MPEG* (Moving Picture Experts Group) befasst sich mit der Erarbeitung und kontinuierlichen Weiterentwicklung von Standards speziell für die Kompression von Audiodaten und Bewegtbildern. Die von ihr entwickelten Standards tragen ebenfalls den Namen MPEG. Beispielsweise gilt für Multimediaanwendungen MPEG-4. Eine Reihe von MPEG-Standards befindet sich noch in Vorbereitung.

Zu Frage F 7.70

Zur *künstlichen Intelligenz* (KI) gehören folgende Forschungsschwerpunkte:
- Sprachverarbeitung (Verstehen und Analysieren natürlicher Sprache),
- Bildverarbeitung (Verarbeitung, Auswertung und Interpretation von Bildern, insbesondere Foto-, Röntgen- und Ultraschallaufnahmen),
- Mustererkennung (Klassifikation von Sprache und Bildern),
- Robotik (Entwicklung von Robotersystemen, die auf der Basis von Sensoren arbeiten),
- Deduktionssysteme (Beweisen logischer, insbesondere mathematischer Theoreme),
- neuronale Netze (Nachbildung bzw. Nachvollziehen von Vorgängen im menschlichen Gehirn),
- Expertensysteme (Erfassung und Speicherung des Wissens von Experten zur automatischen Lösung einer breiten Vielfalt von Problemen durch Schlussfolgerungsprozesse) und als Spezialfall davon
- fallbasiertes Schließen (Problemlösung unter Rückgriff auf Erfahrungen aus vergleichbaren Fällen).

Da alle Arbeitsgebiete der künstlichen Intelligenz von Wissen ausgehen, das in Wissensbasen gespeichert ist, spricht man auch von *wissensbasierten Systemen*.

Zu Frage F 7.71

Gegenstand des *Wissensmanagements* ist es, nicht nur explizites Faktenwissen zu verarbeiten, sondern auch implizites Wissen, das bisher nirgends aufgeschrieben ist, im Kontext abzubilden, zu speichern und für das Unternehmen nutzbar zu machen. Implizites Wissen ist in diesem Zusammenhang insbesondere das Erfahrungswissen von Mitarbeitern, das durch das Wissensmanagement auch für andere Personen im Unternehmen und sogar über das Ausscheiden von Mitarbeitern hinaus verfügbar sein soll. Wissensmanagement wird häufig in Unternehmensberatungsgesellschaften praktiziert, da das Wissen der Mitarbeiter das Kapital solcher Unternehmen und die Weitergabe dieses Wissens deren Leistung bilden. Nutzungsmöglichkeiten bestehen z. B. auch bei Insolvenzberatern.

Zu Frage F 7.72

Die Ziele von *Expertensystemen* bestehen darin,
- das Wissen menschlicher Experten auf speziellen Fachgebieten zu sammeln, aufzubereiten und zusammen mit Schlussfolgerungsmechanismen einem breiten Anwenderkreis zur Nutzung zur Verfügung zu stellen, sowie
- Experten selbst von Routinearbeiten zu entlasten, damit sie Zeit für neue kreative Tätigkeiten gewinnen.

Darüber hinaus bieten Expertensysteme Möglichkeiten,
- auch für schlecht strukturierte Probleme Lösungen zu finden und
- heuristisches Wissen („fallbasiertes Schließen") und intuitive Vorgehensweisen zu berücksichtigen.

Zu Frage F 7.73
Fallbasiertes Schließen (CBR = Case Based Reasoning) ist ein Verfahren, mit dem versucht wird, Probleme unter Rückgriff auf Erfahrungen mit der Lösung früherer, vergleichbarer Fälle zu behandeln. Die Erfahrungen werden in einer Wissensbasis („Fallspeicher") in Form von Fallbeispielen gespeichert. Zu dem aktuellen Problem muss dann in dieser Wissensbasis der Fall mit der größten Übereinstimmung gesucht werden. Die zuvor bewährten Lösungen werden – ggf. nach Modifikation – auf das aktuelle Problem angewandt. Am Ende wird der neue Fall zusammen mit seiner Lösung in die Wissensbasis aufgenommen.

Musterlösungen für die Aufgaben zu Kapitel 7

Zu Aufgabe A 7.1
Schnittstellen operativer Anwendungssysteme bestehen beispielsweise
a) für die Finanzbuchhaltung
   - zwischen Kreditorenbuchhaltung und Sachbuchhaltung,
   - zwischen Debitorenbuchhaltung und Fakturierung und
   - zwischen Sachbuchhaltung und Personalabrechnung;
b) für den Vertrieb
   - zwischen Auftragsbearbeitung und Fakturierung,
   - zwischen Auftragsbearbeitung und Lagerbestandsführung und
   - zwischen Lagerbestandsführung und Bestellwesen;
c) für PPS-Systeme
   - zwischen Fertigungsplanung und Materialbedarfsplanung,
   - zwischen Materialbedarfsplanung und Lagerhaltung und
   - zwischen Fertigungssteuerung und Personalabrechnung.

Zu Aufgabe A 7.2
Typische Anwendungsbeispiele für *Dispositionssysteme* sind
- im Finanzwesen das Cashmanagement,
- in der Finanzbuchhaltung das Mahnwesen,
- in der Kostenrechnung die (Plan-) Kalkulation,
- im Vertrieb die Außendienststeuerung und die Tourenplanung,
- in der Fertigung der Materialbeschaffung und die Werkstattsteuerung,
- im Handel die Sortimentsgestaltung und das Bestellwesen sowie
- in der Industrie und im Handel die Belegung von Hochregallagern.

Zu Aufgabe A 7.3
Die typische *informationstechnische Struktur* von Administrationssystemen unterteilt sich grob in
- Datenverwaltung,
- Verarbeitung,
- Auskünfte und
- Auswertungen.

Speziell für die *Finanzbuchhaltung* gilt folgende Struktur:
- Die Datenverwaltung hat die Aufgabe, die Stamm- und Bestandsdaten zu verwalten, hier die Personen- und Sachkonten.
- Die Verarbeitung betrifft die Bewegungsdaten, und zwar hier die Belegverarbeitung, d. h. die (auch automatische) Eingabe von Belegen und deren eigentliche Verarbeitung (Buchung).
- Bei den Auskünften handelt es sich vorwiegend um Kontenabfragen, Saldennachweise usw.
- Auswertungen sind Journal, Konten- und Saldenlisten, Statistiken über Mahnungen und Zahlungsaufträge sowie die Abschlüsse (Bilanz, GuV) und Analysen.

Zu Aufgabe A 7.4
Den Arbeitsablauf für die Bearbeitung der Kundengutschrift im Rahmen der *Debitorenbuchhaltung* zeigt Abbildung A 7.4.1.

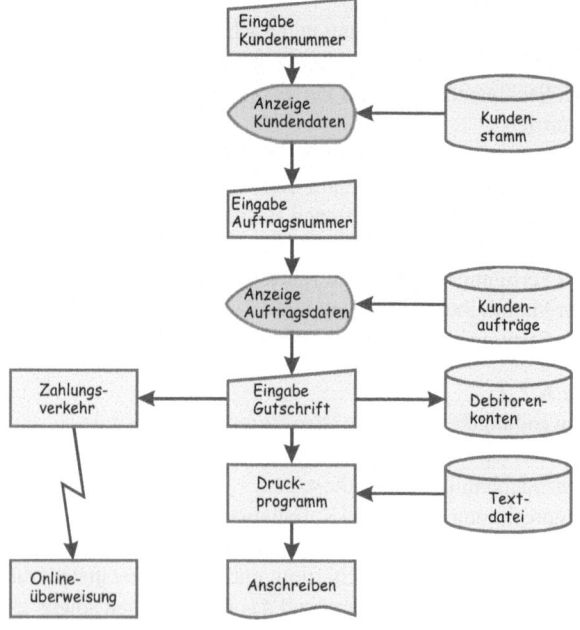

Abbildung A 7.4.1

Zu Aufgabe A 7.5

Die Prüfung von Anwendungssystemen nach den aus den Grundsätzen ordnungsmäßiger Buchführung (GoB) abgeleiteten *Grundsätzen ordnungsmäßiger Datenverarbeitung* (GoD) kann als Einzelprüfung oder als Systemprüfung durchgeführt werden und ex post (nachträglich) oder ex ante (im Voraus) erfolgen. Die Einzelprüfung wird anhand stichprobenartig ausgewählter Daten vorgenommen. Die Systemprüfung erstreckt sich vorrangig auf die Korrektheit der Programme, die Dokumentation der Datenorganisation und der Programmabläufe, die IT-Sicherheit der Arbeitsabläufe und die Gewährleistung des Datenschutzes. Zur Unterstützung der Prüfungstätigkeit gibt es Prüfprogramme und -sprachen.

Zu Aufgabe A 7.6

Die Hauptkomponenten von Anwendungssystemen zur *Personalabrechnung* aus fachlicher Sicht sind
- Bruttoabrechnung: Errechnung des Bruttolohns bzw. -gehalts;
- Nettoabrechnung: Ermittlung der Abzüge für Lohn- und Kirchensteuer, Solidaritätszuschlag, Kranken- und Rentenversicherung usw.
- Nachweise/Auswertungen: Verdienst-, Beitragsnachweise, Statistiken;
- Zahlungsdienst: Überweisungen an Lohn-/Gehaltsempfänger, Finanzverwaltung, Krankenkassen usw.

Zu Aufgabe A 7.7

Beispiele für die Kombination von *Stapel-* und *Dialogbetrieb* bei operativen Anwendungssystemen sind:

Beispiel 1: Mahnwesen
Im Stapelbetrieb wird eine Liste der offenen Posten gedruckt. Die Mahnungen werden anhand dieser Liste individuell im Dialogbetrieb erstellt.

Beispiel 2: Lohnabrechnung
Die variablen Lohndaten (geleistete Arbeitsstunden, Zuschlagsarten u. a.) werden im Dialogbetrieb vom Sachbearbeiter eingegeben. Die Lohnabrechnung erfolgt im Stapelbetrieb.

Beispiel 3: Lagerbestandsführung
Die Zugänge und Entnahmen werden vom Lagerverwalter im Dialogbetrieb eingegeben. Im Stapelbetrieb wird einmal täglich eine Bestandsliste gedruckt.

Beispiel 4: Bestellwesen
Das Programm „Bestelldisposition" erstellt im Stapelbetrieb eine Liste mit Bestellvorschlägen. Die Bestellung selbst erfolgt durch den Sachbearbeiter im Dialogbetrieb anhand dieser Liste.

Zu Aufgabe A 7.8
Standardprogramme zur *Auftragsbearbeitung/Fakturierung* übernehmen das Erfassen, Prüfen und Ausführen von Kundenaufträgen. *Schnittstellen* werden benötigt, um zu prüfen
- in Verbindung mit der Debitorenbuchhaltung, wie die Zahlungsmoral des Kunden beschaffen ist,
- in Verbindung mit der Lagerbestandsführung, ob die vom Kunden gewünschten Artikel vorhanden sind, und
- in Verbindung mit dem Bestellwesen, zu welchem Termin der Auftrag ausgeführt werden kann, wenn die Ware nicht vorhanden ist und nachbestellt werden muss.

Nach (positivem) Abschluss aller Prüfungen wird eine Auftragsnummer vergeben. Anschließend erfolgen
- (optional) die Auftragsbestätigung an den Kunden sowie
- die Weiterleitung der Auftragsdaten an die Fakturierung.

Die Fakturierung erstellt anhand des Kundenauftrags, der Artikelpreise und spezieller Konditionen (Staffelpreise, Rabatte, Zuschläge für Verpackung, Transport)
- bei Vorfakturierung die Rechnung einschließlich der Versandpapiere,
- bei Nachfakturierung zunächst den Lieferschein und die Versandanweisungen und in einem zweiten Arbeitsgang die Rechnung.

Eine weitere Schnittstelle besteht in der Weiterleitung der Rechnungsendsummen von der Fakturierung an die Debitorenbuchhaltung.

Zu Aufgabe A 7.9
Anwendungssysteme zur *Außendienstunterstützung* umfassen unter dem Oberbegriff Computer Aided Selling (CAS) die Besuchsplanung und -vorbereitung, die Angebotserstellung und Auftragsannahme direkt beim Kunden sowie die Besuchsberichterstattung. Die Außendienstmitarbeiter können dazu Notebooks benutzen und über Fest- und Funknetze auf zentrale Datenbestände (z.B. Kundeninformationssysteme) zugreifen (mobiles Computing).

Zu Aufgabe A 7.10
Das Schlagwort CRM-System steht für *Customer-Relationship-Management-System*. Darunter versteht man ein Anwendungssystem, das sämtliche Beziehungen eines Unternehmens mit seinen Kunden zusammenfasst. Es dient der Koordination der kundenorientierten Prozesse in Marketing, Verkauf und Service sowie der Optimierung dieser Prozesse im Sinne der Kundenzufriedenheit. CRM-Systeme umfassen hauptsächlich folgende Komponenten:
- Computer-Aided-Selling(CAS)-System zur Unterstützung der Außendienstmitarbeiter bei der Besuchsplanung und -vorbereitung, der Angebotserstellung und der Auftragsannahme direkt beim Kunden sowie bei der Besuchsberichterstattung;
- Kundeninformationssystem zur Sammlung aller relevanten, auf den einzelnen Kunden bezogenen Informationen;

- Verwaltung und Überwachung schwebender Angebote und Aufträge,
- Versandwegverfolgung;
- Reklamationsbearbeitung;
- Unterstützung des (technischen) Kundendiensts;
- Callcenterunterstützung.

Weil das CRM-System viele Informationen aus den operativen Systemen bezieht, sind Schnittstellen dazu unbedingt erforderlich. Da beispielsweise die Auftragsbearbeitung in der Regel Bestandteil eines ERP-Systems ist, muss der Kundenberater im Callcenter über das CRM-System Zugriff auf die Daten der Auftragsbearbeitung im ERP-System haben.

Zu Aufgabe A 7.11
Die wesentlichen technischen Komponenten des *CIM-Konzepts* sind
- CAD (Computer Aided Design): computergestütztes Entwerfen, Zeichnen und Konstruieren;
- CAP (Computer Aided Planning): computergestützte Arbeitsplanung, d.h. Festlegung des technischen Fertigungsablaufs (Arbeitsplanerstellung) und Verwaltung aller dazugehörigen Daten (Arbeitsplanverwaltung);
- CAM (Computer Aided Manufacturing): computergestützte Fertigung mithilfe von numerisch gesteuerten Werkzeugmaschinen, Robotersystemen und Transporteinrichtungen (innerbetriebliche Logistik).

Zu Aufgabe A 7.12
Die so genannte Logistikkette, in der *PPS-Systeme* vorgehen, besteht in der Regel aus den Schritten
1) Primärbedarfsplanung,
2) Materialbedarfsplanung,
3) Grobterminierung (Terminplanung),
4) Kapazitätsabgleich,
5) Werkstattsteuerung und
6) Auftragsüberwachung.

Moderne Programmpakete (z.B. ERP-Systeme) legen allen Schritten der PPS-Systeme eine gemeinsame Datenbank zugrunde. Dadurch werden nicht nur beliebige Verknüpfungen und Auswertungen der Daten, sondern auch der Zugriff von Anwendungssystemen außerhalb des PPS-Systems (z.B. Beschaffung oder Kostenrechnung) ermöglicht. Es kann zweckmäßig sein, diese Datenbank als verteilte Datenbank auf mehreren untereinander vernetzten Rechnern zu führen.

Zu Aufgabe A 7.13
In Abbildung A 7.13.1 sind die folgenden zu der *Erzeugnisstruktur* der Abbildung A 7.13.0 gehörenden Listen zusammengestellt:
- Stückliste,
- Teileverwendungsnachweis,
- Teilebedarfsliste.

Stückliste	Teileverwendungsnachweis	Teilebedarfsliste
P: 3 * B1, 4 * B2, 5 * E5	E1: 4 * in B1	P: 12 * E1
B1: 4 * E1, 2 * E2, 3 * B3	E2: 2 * in B1, 7 * in B3	125 * E2
B2: 2 * B3, 6 * E4	E3: 1 * in B3	17 * E3
B3: 7 * E2, 1 * E3	E4: 6 * in B2	24 * E4
	E5: 5 * in P	5 * E5
	B1: 3 * in P	
	B2: 4 * in P	
	B3: 3 * in B1, 2 * in B2	

Abbildung A 7.13.1

Zu Aufgabe A 7.14

Am Bildschirm des *elektronischen Fertigungsleitstands* werden alternativ die beiden in Abbildung A 7.14.1 zusammengefassten Maschinenbelegungspläne (so genannte Plantafeln) angezeigt.

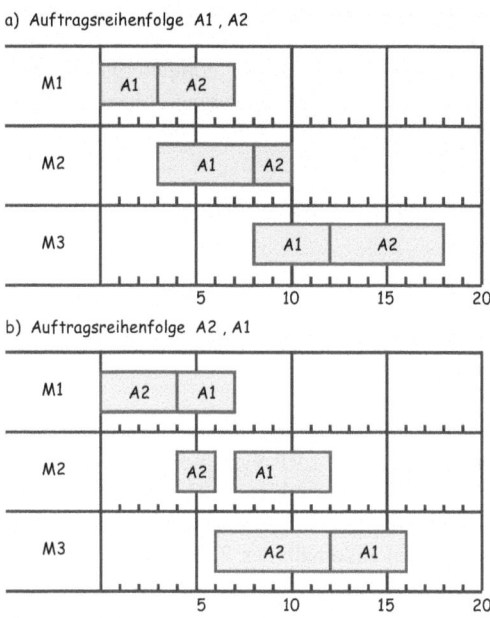

Abbildung A 7.14.1

Die Gesamtdurchlaufzeit für die beiden Aufträge A1 und A2 beträgt
a) bei der Auftragsfolge A1 → A2 18 Stunden und
b) bei der Auftragsfolge A2 → A1 16 Stunden (trotz einer Stillstandszeit von einer Stunde auf Maschine 2 zwischen den beiden Aufträgen).

Bei einem größeren Auftragsbestand könnte man mithilfe eines mit dem elektronischen Fertigungsleitstand gekoppelten Simulationsprogramms analysieren, welche Durchlaufzeiten und Maschinenauslastungen sich u. a. bei folgenden alternativen Prioritätsregeln ergeben:
- Reihenfolge des Eintreffens der Aufträge („FIFO-Regel"),
- kürzeste (längste) Bearbeitungszeit auf der nächsten Maschine,
- kürzeste (längste) Bearbeitungszeit auf allen noch ausstehenden Maschinen,
- frühester Endtermin,
- geringste Zeitreserve zwischen Endtermin und noch ausstehenden Bearbeitungszeiten,
- höchster Auftragswert,
- irgendeine vorgegebene Dringlichkeit.

Zu Aufgabe A 7.15
Unter dem Schlagwort *Supply Chain Management (SCM)*, zu deutsch *Lieferkettenmanagement*, werden Geschäftsprozesse über das eigene Unternehmen hinaus auf alle beteiligten Partner der Wertschöpfungskette ausgedehnt, also z. B. auch auf Lieferanten, Logistikunternehmen und verschiedene andere Dienstleistungsanbieter. Sowohl der Material- als auch der Informationsfluss werden über den gesamten Wertschöpfungsprozess hinweg computergestützt koordiniert. Ziele sind die Minimierung der Fertigungszeit und die Optimierung der Fertigungskosten.

Ein Beispiel für das Lieferkettenmanagement bildet in der Automobilindustrie die enge, computergestützte Koordination der Fertigung nach dem Just-in-Time-Prinzip. Hier werden die Zulieferer rechtzeitig über die Terminplanung informiert, sodass sie ihre Fertigungsprozesse darauf abstimmen können. Gleichzeitig lassen sich die Logistikdienstleister so frühzeitig in die Planung einbeziehen, dass sie die Tourenplanung und die Belegung ihrer LKW koordinieren und damit eine Anlieferung der Teile in der Reihenfolge der gefertigten Fahrzeugtypen vornehmen können.

Zu Aufgabe A 7.16
Vorteile des *Just-in-Time-Konzepts* in der Fertigung sind hauptsächlich
- genau am aktuellen Bedarf ausgerichtete Fertigungszahlen,
- Möglichkeit zu kleinen Fertigungslosen,
- hohe Termintreue und
- niedrige Material- und Zwischenlagerbestände.

Nachteile bestehen in der Anfälligkeit des Konzepts bei auftretenden Störungen und den daraus resultierenden Folgekosten und generell im Wegfall einiger für die Wirtschaftlichkeit maßgeblicher Voraussetzungen (hohe Stückzahlen, wenige Produktvarianten u. a.). Nachteile können auch für Zulieferbetriebe entstehen, die – beispielsweise durch elektronischen Datenaustausch – in das JIT-Konzept einbezogen werden, weil sie gezwungen sind, sich dem Fertigungsrhythmus ihrer Auftraggeber anzupassen. Schließlich hat JIT eine stärkere Belastung der Straßennetze und damit der Umwelt zur Folge.

Zu Aufgabe A 7.17

a) Das Anwendungssystem *Bestellwesen* des Tapetengroßhändlers sollte mindestens Schnittstellen zu den Anwendungssystemen
- Lagerbestandsführung und
- Wareneingangsprüfung (Rechnungskontrolle)

haben.

b) Die *Automationsstufen*, in denen sich die Sachbearbeiter durch das Anwendungssystem Bestellwesen unterstützen lassen, sind
- Vollautomation: Das Programm disponiert automatisch, d.h. Bestellungen bei bestimmten Lieferanten werden automatisch ausgelöst.
- Teilautomation: Das Programm macht automatisch einen Vorschlag für die Bestellung bei einem bestimmten Lieferanten, die der Sachbearbeiter bestätigen oder ändern kann.
- Programmunterstützung: Anhand von spezifischen Eingabedaten des Sachbearbeiters macht das Programm einen Vorschlag.
- Registrierung: Die Eingabedaten des Sachbearbeiters werden lediglich registriert. Der Sachbearbeiter disponiert ohne Programmunterstützung.

In der betrieblichen Praxis wird bevorzugt mit der Teilautomation gearbeitet.

Zu Aufgabe A 7.18

Nutzenpotenziale, die mit dem Einsatz von *computergestützten Warenwirtschaftssystemen* verbunden werden, sind u.a.
- artikelgenaue Wareneingangs- und -ausgangserfassung,
- Beschleunigung der Verkaufsvorgänge,
- Reduzierung der Lagerbestände,
- Erhöhung der Warenpräsenz,
- attraktivere Sortimentsgestaltung,
- Optimierung der Regalbelegung,
- Vermeidung von Inventurdifferenzen,
- Rationalisierung des Bestellwesens,
- Einsparung von Personal.

Zu Aufgabe A 7.19

Branchenspezifische Geräte für computergestützte Warenwirtschaftssysteme sind Daten- und PC-Kassen, die die Preisbeistellung und die Textbeistellung ermöglichen. An diese Kassen sind (Bon-)Drucker, Displays, Lesegeräte (Scanner), Rückgeldgeber, Waagen sowie Leseeinrichtungen für Maestro-, Kredit- oder Geldkarten anschließbar.

Neuere Entwicklungen, die weitere branchenspezifische Geräte notwendig machen, sind
- über Funk- oder Infrarotverbindungen vernetzte Kassen,

- Displays für die (funkgesteuerte) elektronische Regalauszeichnung (ESL = Electronic Shelf Labels),
- Self-Scanning-Geräte für die Preiserfassung durch den Kunden selbst (Handscanner am Einkaufswagen),
- Sender bzw. Sensoren für das vollautomatische Bezahlen durch Funkübertragung der Preise von einem an der Ware befestigten Transponderchip (*RFID-Technik*) direkt zur Kasse und
- Infotheken (elektronische, multimediagestützte Kundeninformation an – meistens berührungsempfindlichen – Bildschirmen).

Zu Aufgabe A 7.20
Für den *Handel* ergeben sich u. a. folgende *Vorteile*:
a) durch den Einsatz von computergestützten Kassen:
  - Beschleunigung des Verkaufvorgangs,
  - Verringerung des Erfassungsaufwands und Vermeidung von Eingabefehlern,
  - Möglichkeit zu kurzfristigen Preisänderungen,
  - Textbeistellung,
  - artikelgenaue Warenverfolgung ausgehend vom Point-of-Sale (POS);
b) durch zentral gesteuerte Warenwirtschaftssysteme:
  - stärkere Ausnutzung von Lieferantenrabatten,
  - wirtschaftlichere Lagerhaltung,
  - transportkostenoptimale Warenverteilung,
  - Filialvergleiche auf der Basis eines einheitlichen Berichtswesens und
  - Verfügbarkeit von Führungsinformationen zur zentralen Entscheidungsfindung.

Zu Aufgabe A 7.21
Zwei Alternativen, um den Kassenbetrieb auch bei *Ausfall des Servers* zu sichern, sind
a) die Installation eines zweiten Servers als fehlertolerantes System (teure Lösung!) und
b) Überspielen der im Server gespeicherten Daten (Preise, Texte) auf alle angeschlossenen Kassen unmittelbar nach jeder Änderung.

Zu Aufgabe A 7.22
Die Anwendung der *Multifaktorenmethode* zur Überlegung, in einem Supermarkt das *Self-Scanning* durch die Kunden in der beschriebenen Form einzuführen, zeigt Abbildung A 7.22.1. Da der Nutzenkoeffizient mit 0,45 deutlich kleiner als 1 ist, muss von dem Vorhaben abgeraten und nach anderen Lösungen gesucht werden. Erfolg versprechender erscheint z. B. die in einigen Supermärkten eingeführte Variante, bei der der Kunde alle von ihm ausgewählten Artikel an einem so genannten Selbstzahlerterminal selbst scannt und die Rechnung anschließend per Karte bezahlt *(Self-Checkout)*.

Kriterium (1)	Gewicht (2)	Bewertung (3)	Produkt (4) = (2)*(3)
Ablauf des Verkaufsvorgangs	3	3	9
Kundenakzeptanz	2	-2	-4
Betrugssicherheit	1	-1	-1
Installationskosten	3	-1	-3
Personalbedarf	2	2	4
Summe	11	—	5

Nutzenkoeffizient:
5 / 11 ≈ 0,45

Abbildung A 7.22.1

Zu Aufgabe A 7.23
Die Möglichkeiten zur *Kundenselbstbedienung* bei Kreditinstituten bestehen
- in der Bankfiliale an Geldautomaten, Kontoauszugsdruckern, Geldkartenladestationen sowie multifunktionalen Geräten;
- in der Wohnung des Kunden durch Nutzung des Homebanking für Kontoabfragen, Überweisungen, Einrichtung von Daueraufträgen u. a. sowie
- am Point-of-Sale (in Apotheken, Bahnhöfen, Kaufhäusern, Reisebüros, Tankstellen, Theatern usw.) durch Bezahlung mit Maestro-, Kredit- oder Geldkarte.

Zu Aufgabe A 7.24
Beim Ablauf des *Electronic-Cash-Verfahrens* werden die Autorisierungs- und die Clearingphase unterschieden.

In der *Autorisierungsphase* wird nach dem Einlesen der Karte eine Wählverbindung zur zuständigen Autorisierungszentrale über den Netzbetreiber hergestellt. Anhand der eingegebenen PIN des Kunden prüft die Autorisierungszentrale die Kaufberechtigung und die Autorisierung. Die Phase wird mit der Zahlungsbestätigung für den Kunden (Belegdruck) sowie der Datenspeicherung beim Händler abgeschlossen.

In der *Clearingphase* werden vom Händler die Kassendaten an seine Hausbank übermittelt, die Zahlungsbeträge durch die Händlerbank von den Kundenkonten bei den Kundenbanken abgebucht und dem Händler gutgeschrieben sowie die Gebühren mit den Kartenausgebern und Händlern abgerechnet.

Zu Aufgabe A 7.25
Die für *Führungsinformationssysteme* benötigten Informationen lassen sich
- nach ihrer *Herkunft* in unternehmensinterne und -externe Informationen;
- nach ihrer *Zuordnung* zu den einzelnen Phasen des Führungsprozesses (z. B. Orientierungsinformationen für die Phasen Zielsetzung und Planung, Kontrollinformationen für die Phase Kontrolle);
- nach ihrer *Dimensionierung* in Mengen, (monetäre) Werte, Personaldaten und Kennzahlen sowie
- nach ihrer *Verwendung* in passiv und – im Rahmen entscheidungsunterstützender Systeme – aktiv nutzbare Informationen

klassifizieren.

Die *Quellen*, aus denen die Informationen beschafft werden können, sind
- unternehmensintern die betrieblichen operativen Systeme wie Kostenrechnung, Personalabrechnung, Auftragsbearbeitung/Fakturierung usw., und zwar sowohl mit Ist- als auch mit Plan- bzw. Sollwerten;
- unternehmensextern Markterhebungen und -prognosen, Branchendaten von Wirtschaftsvereinigungen, volkswirtschaftliche Kennzahlen von Wirtschaftsforschungsinstituten und Statistiken aus Online-, insbesondere Wirtschaftsdatenbanken.

Zu Aufgabe A 7.26

a) Aufgenommen werden sollten in das *Führungsinformationssystem*
   - die aktuellen (auf den Berichtszeitraum bezogenen und/oder kumulierten) Umsatz- und Absatzzahlen für die Kunststoffartikel, ggf. unter Aufsplittung nach den wichtigsten Produkten und Abnehmergruppen, jeweils in der Gegenüberstellung Plan/Ist;
   - der vorhandene Auftragsbestand hinsichtlich Wert und Realisierungszeit;
   - die Auslastung der einzelnen Fertigungslinien (Universal-, Spezialpressen);
   - wichtige betriebsinterne Kennzahlen (z. B. über Durchlaufzeiten, Betriebsstörungen, Krankenstand);
   - Zahlen zur Liquidität wie kurzfristige Forderungen und Verbindlichkeiten und
   - aktuelle externe Daten (Rohstoffpreise, Zins- und Wechselkursentwicklung, Konjunkturdaten, Inflationsrate).

b) Die Daten werden
   - aus den Vorgaben der betrieblichen Jahresplanung (Planwerte);
   - aus den betrieblichen operativen Systemen, insbesondere der Fakturierung, dem Rechnungswesen sowie aus dem Produktionsplanungs- und -steuerungssystem einschließlich der Betriebsdatenerfassung (Istwerte), und
   - aus unternehmensexternen Quellen (Wirtschaftspresse, Marktforschungsinstitute, Statistische Ämter)

   beschafft. Sie werden einer Selektion und Aggregation unterworfen und dann in das Data Warehouse, die Datenbank des Führungsinformationssystems, überführt.

c) Die Informationen können als Druckausgabe oder als Bildschirmanzeigen angeboten werden, jeweils in möglichst anschaulicher Form (Grafiken, Bilder). Bei der Bildschirmanzeige ist noch zu unterscheiden, ob der Benutzer die Informationen lediglich abfragen oder selbst Manipulationen und Auswertungen (z. B. für Alternativrechnungen) vornehmen will. Dafür wären ihm dann geeignete Programme zur Verfügung zu stellen.

d) Die Vorgehensweise bei der Entwicklung und Einführung des Führungsinformationssystems orientiert sich am Phasenschema der Systementwicklung. Es empfiehlt sich aber – besonders in der Phase Sollkonzept bei der Ermittlung der Benutzanforderungen – mit Prototyping zu arbeiten, da die Vorstellungen zum Inhalt und zur Gestaltung des Systems bei den Führungskräften erfahrungsgemäß nur iterativ festzulegen sind.

Zu Aufgabe A 7.27
Während die operativen Datenbanken, z. B. die des Rechnungs- oder des Personalwesens, originäre Daten enthalten, werden in der Datenbank des *Data Warehouse* aus den operativen Datenbanken durch Selektion und Aggregation abgeleitete Daten gespeichert, die um zusätzliche, vorwiegend aus externen Quellen stammende Daten ergänzt werden.

Zu Aufgabe A 7.28
Mithilfe des *Drill-Down-Verfahrens* könnte man beispielsweise eine Aufsplittung der Planabweichung bei Waschmaschinen top-down nach Vertriebsgebieten, Vertreterbezirken und Orten vornehmen. Eine andere Aufsplittungsmöglichkeit wäre nach Herstellern und darunter nach Maschinentypen und -größen.

Zu Aufgabe A 7.29
Der von CODD stammende Begriff *OLAP (Online Analytical Processing)* wird durch die Abkürzung FASMI (Fast Analysis of Shared Multdimensional Information) beschrieben. Sie besagt, dass Führungskräften durch einen schnellen, im Mehrbenutzerbetrieb nutzbaren Zugriff eine mehrdimensionale Analyse aller betrieblichen Informationen möglich sein soll.

a) Die Kosmetikfirma will wissen, welche ihrer Sonnencremes (Artikel nach Packungsgröße, Sonnenschutzfaktor usw.) wann (Jahreszeit, Monat, Saison) von wem (Apotheken, Drogeriemärkte, Kaufhäuser usw.) in welchen Mengen bzw. mit welchen Umsätzen gekauft worden sind, möglichst im Vergleich zum Vorjahr, zu Produkten der Konkurrenz und zu Veränderungen des Verbraucherverhaltens.

b) Das Touristikunternehmen interessiert, für welche Zielländer (in Europa, Amerika, Asien) wann (Jahreszeit) von wem (Singles, Paare, Familien, Gruppen, Altersklassen) welche Arten von Ferienreisen (Hotel, Ferienwohnung; Flugzeug, Schiff usw.) gebucht worden sind, und zwar ebenfalls wieder im Vergleich zu früheren Perioden und zum Markt.

Zu Aufgabe A 7.30
a) In das *Vertriebsinformationssystem* der Brauerei Byteburger sollen aus der Fakturierung aktuelle Auswertungen und Plan-Ist-Vergleiche nach folgenden Kategorien aufgenommen werden:
- Umsätze / Absatzmengen (als Rangliste),
- Produkte (Biersorten, Flaschen / Fässer),
- Abnehmergruppen (Groß-/ Einzelhändler, Warenhäuser / Supermärkte, Hotels / Gaststätten, Privatkunden),
- Gebiete (z. B. Postleitzahlbereiche, Inland / Ausland, Bundesländer) und
- Vertreter / Kundenbetreuer (soweit Umsätze zurechenbar).

b) Die Informationen werden der Geschäftsleitung zur Verfügung gestellt:
- als monatliche bzw. periodische Übersichten in Form von Drucklisten, ggf. kampagnenweise (z. B. Karneval, Oktoberfest, Silvester), und/oder
- in Form von Direktabfragemöglichkeiten der unter a) aufgeführten Daten im Bildschirmdialog.

In der äußerlichen Gestaltung ist auf
- Übersichtlichkeit, z. B. durch Tabellen und unterschiedliche Farben, und
- Grafikunterstützung, z. B. durch Sektor- oder Säulendiagramme,

zu achten.

c) Als Zusatzinformationen, die über die Daten der Fakturierung hinausgehen, könnten z. B. aufgenommen werden:
- Kapazitätsauslastung des Braubetriebs einschließlich der Abfüllanlage,
- Preisentwicklung auf dem Rohstoffmarkt (Gerste, Hopfen),
- Verbraucherverhalten (z. B. hinsichtlich alkoholfreier Sorten),
- Marktanteile (soweit aktuell beschaffbar),
- Informationen über die Wettbewerber bzw. die Branche.

Zu Aufgabe A 7.31

Bezeichnet man die im Unternehmen durchschnittlich im Monat geleisteten Lohnstunden mit H und den durchschnittlichen Lohnsatz pro Stunde mit s, so errechnet sich die monatliche Lohnsumme L des Unternehmens zu

$$L = H * s.$$

Wird eine Lohnerhöhung um p % diskutiert, so ergäbe sich die neue Lohnsumme zu

$$L = H * (1 + \frac{p}{100}) * s.$$

Mit der *Wirkungsrechnung* wird untersucht, wie sich alternative Werte der Einflussgröße p auf die Zielgröße Lohnsumme L auswirken. Mit der *Zielrechnung* wird die Frage beantwortet, wie die Lohnsumme L unverändert bleiben könnte, wenn es gelänge, bei einer Erhöhung des Lohnsatzes um p % gleichzeitig die Lohnstunden H (z. B. durch Rationalisierung, Kurzarbeit usw.) zu reduzieren.

Derart einfache Wirkungs- und Zielrechnungen wie hier kann man natürlich auch mit einem Taschenrechner vornehmen. Der Computereinsatz bietet aber die Möglichkeit, sämtliche Variablen innerhalb beliebiger Intervalle schrittweise zu verändern und die Ergebnisse in Form von farbigen Säulen- oder Sektordiagrammen anschaulich aufzubereiten.

Zu Aufgabe A 7.32

a) Führt man in Bezug auf das Haupterzeugnis die Variablen
   A = Absatz in Stück,
   p = Verkaufspreis in Euro/Stück,
   U = Umsatz in Euro
ein, so lautet die *definitorische Gleichung* trivialerweise

$$U = p * A.$$

b) Die *Risikoanalyse* wird mit den Primärvariablen A und p und der Sekundärvariablen U durchgeführt. Die Rechenformel ist die in a) aufgestellte definitorische Gleichung. Die Schätzungen für die Primärvariablen beschränken sich hier auf jeweils drei Werte („Stützstellen" der Häufigkeitsverteilungen).

1) Programme zur Risikoanalyse müssen in der Lage sein, mit beliebigen Rechenformeln zu arbeiten. Für die hier vorliegende sehr einfache Rechenformel ergäbe sich der folgende Programmablauf:
   - Aus den beiden diskreten Häufigkeitsverteilungen für A und p werden durch Kumulation und Interpolation kontinuierliche Wahrscheinlichkeitsverteilungen hergeleitet.
   - Mithilfe eines Zufallszahlengenerators werden paarweise Werte für A und p generiert, die den vorgegebenen Verteilungen genügen.
   - Für jedes Wertepaar wird das Produkt $U = p * A$ gebildet.
   - Nach einer hinreichend großen Anzahl von Fällen wird eine Häufigkeits- bzw. Wahrscheinlichkeitsverteilung für U aufgestellt.

2) Im vorliegenden Beispiel lassen sich die Ergebnisse mithilfe des Multiplikations- und des Additionssatzes der Wahrscheinlichkeitsrechnung auch analytisch ermitteln. Man erhält folgende Schätzungen für den Umsatz:

mehr als 7 Mio. Euro: Wahrscheinlichkeit   92 %,
mehr als 8 Mio. Euro: Wahrscheinlichkeit   42 %,
mehr als 9 Mio. Euro: Wahrscheinlichkeit   6 %.

Zu Aufgabe A 7.33

a) Aufstellung der *Strukturmatrix*:

Teilbetrieb T1: $Z1 = \dfrac{400}{500} R1 = 0{,}8\, R1$

$P1 = \dfrac{80}{500} R1 = 0{,}16\, R1$ $\rightarrow R1 = 6{,}25\, P1$

Teilbetrieb T2: $R2 = \dfrac{360}{300} Z2 = 1{,}2\, Z2$

$P2 = Z2 - Z23$

Teilbetrieb T3: $Z3 = Z1 + Z23$

$Z3 = \dfrac{480}{600} P3 = 0{,}8\, P3$

$R3 = \dfrac{150}{600} P3$ $\rightarrow R3 = 0{,}25\, P3$

Um die noch fehlende Gleichung für R2 zu bestimmen, geht man zweckmäßigerweise wie folgt vor:
R2 = 1,2 Z2 = 1,2 (P2 + Z23)
= 1,2 P2 + 1,2 (Z3 - Z1)
= 1,2 P2 + 1,2 * 0,8 P3 - 1,2 * 0,8 R1
= 1,2 P2 + 0,96 P3 - 0,96 * 6,25 P1
→ R2 = -6 P1 + 1,2 P2 + 0,96 P3

Die mit der Strukturmatrix gebildete (Vektor-)Gleichung für die Abhängigkeit des Inputs R1, R2, R3 vom Output P1, P2, P3 lautet also

$$\begin{pmatrix} R1 \\ R2 \\ R3 \end{pmatrix} = \begin{pmatrix} 6,25 & 0 & 0 \\ -6 & 1,2 & 0,96 \\ 0 & 0 & 0,25 \end{pmatrix} \begin{pmatrix} P1 \\ P2 \\ P3 \end{pmatrix}$$

b) Proberechnung:
R1 = 6,25 * 80 t = 500 t
R2 = -6 * 80 t + 1,2 * 220 t + 0,96 * 600 t = -480 t + 264 t + 576 t = 360 t
R3 = 0,25 * 600 t = 150 t

c) Für das alternative Produktionsprogramm ergibt sich folgender Rohstoffbedarf:
R1 = 6,25 * 70 t = 437,5 t
R2 = -6 * 70 t + 1,2 * 180 t + 0,96 * 650 t = -420 t + 216 t + 624 t = 420 t
R3 = 0,25 * 650 t = 162,5 t

d) Der *Gültigkeitsbereich* der Strukturmatrix wird bestimmt durch
- die Kapazitäten der Teilbetriebe,
- die durch die Technologie bedingten Gültigkeitsgrenzen der Ausbeute- bzw. Verbrauchsziffern und
- durch die formale Forderung, dass in Input-Output-Modellen sämtliche Haupt- und Zwischenprodukte rein rechnerisch keine negativen Werte annehmen dürfen. So muss beispielsweise im vorliegenden Modell
Z2 ≥ P2
sein. Daraus folgt wegen R2 = 1,2 * Z2
R2 ≥ 1,2 P2 bzw. -6 P1 + 1,2 P2 + 0,96 P3 ≥ 1,2 P2 bzw. -6 P1 + 0,96 P3 ≥ 0.
Eine formale Bedingung für den Gültigkeitsbereich des Modells lautet also
P1 ≤ 0,16 P3.

e) Die *computergestützte* Durchführung lohnt sich immer dann, wenn – beispielsweise im Rahmen von Planungsrechnungen – viele Alternativen durchgerechnet werden müssen, zumal in der betrieblichen Praxis die Modelle wesentlich größer als hier im Beispiel sind.

Zu Aufgabe A 7.34
Die einzelnen Werbeträger (gemessen in Werbeeinheiten) sollen mit W1 bis W5 bezeichnet werden. Zu maximieren ist die Werbewirkung W. Die Gesamtkosten K sind durch den Werbeetat E limitiert, der voll ausgeschöpft werden soll.

	W1	W2	W3	W4	W5	
W	9,4	4,8	0,33	0,1	0,55	= Max!
K	100,0	20,0	0,6	0,2	120,0	= E

Abbildung A 7.34.1

a) Die Formulierung der Aufgabe als *LP-Modell* zeigt Abbildung 7.34.1. Hinzu kommt für jede der Variablen W1 bis W5 als obere Schranke die Sättigungsgrenze S1 bis S5. Die Variablen W1 bis W5 sind nichtnegativ.

b) Da (neben den Sättigungsgrenzen) als einzige Nebenbedingung die Kostenrestriktion besteht, entscheidet das Verhältnis
  Reichweite / Kosten
über die Reihenfolge der Verteilung des Werbeetats. Dabei wird der Etat jeweils bis zum Erreichen der Sättigungsmenge so lange in Anspruch genommen, bis er erschöpft ist. Die optimale Reihenfolge ist somit
  W3, W4, W2, W1, W5.
Bei einer Reduzierung des Werbeetats wird in umgekehrter Reihenfolge auf die betreffenden Werbeträger verzichtet, sofern die Sättigungsgrenzen unverändert bleiben.

c) Der Einsatz eines Computers, der die Bezeichnung *computergestützte Jahresplanung* rechtfertigen würde, erweist sich dann als sinnvoll, wenn eine große Anzahl von Alternativrechnungen durchgeführt werden soll, in denen die Werte für
- den vorgegebenen Werbeetat,
- die Anzahl der Werbeträger,
- die Kosten je Werbeeinheit,
- die Reichweite je Werbeeinheit und
- die individuellen Sättigungsgrenzen
zu variieren sind.

Zu Aufgabe A 7.35

Zur Aufstellung eines Modells der *linearen Optimierung* werden folgende Variablen eingeführt:

DB   = Deckungsbeitrag   AP1 = Absatzmenge von P1
RT1 = Einsatzmenge von R in T1 AP2 = Absatzmenge von P2
P1T2 = Einsatzmenge von P1 in T2 AP3 = Absatzmenge von P3

a) Die Formulierung der Aufgabe als *LP-Modell* zeigt Abbildung A 7.35.1. Die (hier nicht explizit erwähnten) Schlupfvariablen der Zeilen 2 bis 4 entsprechen den Lagerzugängen (= nicht verkaufte Mengen) der Produkte P1, P2 und P3. Wenn keine Lagermöglichkeit besteht, muss in den Zeilen 2 bis 4 der Spalte RHS statt ≥ 0 jeweils = 0 stehen.

			Produktion		Verkauf		
			Teilbetrieb T1	Teilbetrieb T2	Produkt 1	Produkt 2	Produkt 3
			1	2	3	4	5
		RHS	R	P1T2	AP1	AP2	AP3
		UP	2200			750	
		LO					560
1	DB	MAX!			200	120	160
2	P1	≥ 0	0,35	-1	-1		
3	P2	≥ 0	0,3	0,15		-1	
4	P3	≥ 0		0,8			-1

Abbildung A 7.35.1

b) Die optimale Lösung lautet wie folgt:

	Mit Lagermöglichkeit	Ohne Lagermöglichkeit
Deckungsbeitrag	193,6 Mio. Euro	190,1 Mio. Euro
Einsatzmenge RT1	2.200.000 t	2.150.000 t
Einsatzmenge P1T2	700.000 t	700.000 t
Absatzmenge AP1	70.000 t	52.500 t
Absatzmenge AP2	750.000 t	750.000 t
Absatzmenge AP3	560.000 t	560.000 t
Lagerzugang (von P2)	15.000 t	--

c) Von den Großrechnerprogrammen zur Lösung von LP-Problemen hat das schon seit Ende der 1960er Jahre verfügbare Programm MPSX (Mathematical Programming System Extended) von IBM die stärkste Verbreitung gefunden. Das *MPSX-Format* ist das bei diesem Programm angewendete Format für die Modellformulierung, an dem sich auch Abbildung A 7.35.1 orientiert.

Zu Aufgabe A 7.36

Ein Großhändler für Elektrogeräte könnte – wie fast jeder andere Händler – *elektronischen Datenaustausch* (EDI = Electronic Data Interchange) hauptsächlich
- mit Lieferanten (Bestellwesen) und
- mit Kunden (Auftragsabwicklung)

betreiben. Ferner kommen
- die Abstimmung mit dem technischen Kundenservice,
- die Abwicklung von Bankgeschäften und
- die Kommunikation mit dem Finanzamt und den Trägern der Kranken-, Renten- und Sozialversicherung bzw. mit dem Steuerberater, wenn dieser die entsprechenden Aufgaben als Dienstleister durchführt,

für den elektronischen Datenaustausch in Betracht.

Zu Aufgabe A 7.37

a) Man spricht von *Electronic Business*, wenn der Gesamtprozess des Güter- oder Dienstleistungsaustauschs (bestehend aus Informationsphase, Vereinbarungsphase und Abwicklungsphase) – soweit es die informationellen Beziehungen betrifft – zwischen Computern über das Internet abgewickelt wird. Da die meisten Prozesse den Handel betreffen, wird synonym auch der Begriff Electronic Commerce verwendet.

b) In der Praxis werden die folgenden relevanten *Ausprägungen* unterschieden:
- B2B (Business to Business), d. h. Austausch zwischen Unternehmen (z. B. Materialbestellungen),
- B2C (Business to Consumer), d. h. Austausch zwischen Unternehmen und Privatkunden (z. B. Produktinformationen),
- B2A (Business to Administration), d. h. Austausch zwischen Unternehmen und Behörden (z. B. Steueranmeldungen).

B2B entspricht einer Ausweitung des elektronischen Datenaustauschs (EDI) zwischen Geschäftspartnern.

Zu Aufgabe A 7.38

Für *Bürotätigkeiten* gibt es mehrere Klassifikationsmöglichkeiten:

1) Nach dem so genannten *Verrichtungsprinzip* kann man die Bürotätigkeiten zu folgenden Gruppen zusammenfassen:
   - Generieren von Informationen, z. B. Briefe, Mitteilungen, Referate;
   - Verwalten und Wiederauffinden von Informationen, z. B. Verträge, Dokumente, Prüfungsunterlagen;
   - Verarbeiten von Informationen, z. B. Kreditanträge, Schadensmeldungen, Statistiken;
   - Weitergeben und Austauschen von Informationen, z. B. Postversand, Telefongespräch, Konferenz.

2) Klassifiziert man danach, ob die Bürotätigkeit auf einen Büroarbeitsplatz beschränkt ist oder ob sie Informationsaustausch zwischen mehreren Arbeitsplätzen erfordert, so gelangt man zu der Unterscheidung zwischen *Büroautomation* und *Bürokommunikation*:
- Büroautomation:
  - Bearbeiten: Schreiben, Rechnen, Auswerten, Zeichnen;
  - Verwalten: Sortieren, Ablegen, Vernichten, Überwachen;
- Bürokommunikation:
  - Kommunizieren: Korrespondieren, Telefonieren, E-Mail-Austausch;
  - Besprechen: Interviewen, Verhandeln, Konferieren.

Eine strenge Trennung zwischen Büroautomation und Bürokommunikation lässt sich in der Regel jedoch nicht vornehmen. Zur zweiten Gruppe der Büroautomation gehört übrigens der an Hochschulen verbreitete „studentische Dreikampf" der wissenschaftlichen Hilfskräfte ohne Abschluss („Hiwis") mit den Tätigkeiten Kopieren, Lochen und Heften.

3) Hinsichtlich der *betrieblichen Aufgabenbereiche* kann man die Bürotätigkeiten nach
- Führungsaufgaben,
- Sachbearbeitungs- und Fachaufgaben sowie
- Unterstützungsaufgaben (z. B. Sekretariatsdienste)

klassifizieren.

Zu Aufgabe A 7.39

Generelle Ziele, die mit dem Einsatz von *Bürosystemen* verfolgt werden, sind:
- Verbesserung der Ablauforganisation,
- Steigerung der Arbeitsproduktivität,
- Beschleunigung des Informationsflusses zwischen den Arbeitsplätzen,
- Erhöhung der Arbeitsqualität,
- Intensivierung der Kundenbeziehungen und
- Erhöhung des Servicegrads sowohl intern als auch gegenüber Kunden.

Konkretisieren lassen sich diese generellen Ziele u. a. durch folgende Einzelziele:
- Kosteneinsparungen,
- Personalabbau,
- Vermeidung von Spitzenbelastungen und damit von Überstunden,
- Beseitigung von Doppelarbeiten sowie
- Zeitersparnis bei der Erledigung der Arbeitsgänge und damit Verkürzung von Durchlaufzeiten.

Zu Aufgabe A 7.40

Im Rahmen der *Istanalyse* für *Bürosysteme* müssen zunächst die Bürotätigkeiten nach Art und Häufigkeit erhoben werden. Hierzu ist die Klassifikation der anfallenden Vorgangstypen nach dem Grad ihrer Formalisierbarkeit sinnvoll:
- einzelfallorientierte Vorgänge, die nicht formalisierbar sind (Beispiel: Anfertigung einer speziellen Grafik);
- sachfallorientierte Vorgänge, die zumindest teilweise formalisierbar sind (Beispiel: Bearbeitung einer Kundenanfrage);
- routinefallorientierte Vorgänge, die nahezu vollständig formalisierbar sind (Beispiel: Information der Kunden über TÜV-Termine).

Danach empfiehlt es sich, die W-Fragen zu stellen. Mit ihnen wird erfasst, welche Tätigkeiten (was), wie, von wem, wann und in welcher Menge (wie viel) erledigt werden und welche Arbeitsplätze dabei kommunizieren. Darüber hinaus sind die Schwachstellen der bisherigen Büroarbeit zu ermitteln, wobei die Fehlerquellen, insbesondere die Ursachen für Verzögerungen der Arbeitsabläufe (z. B. durch Transportzeiten für Akten, Belege usw.), analysiert werden müssen. Für das nachfolgende Sollkonzept sind möglichst schon bei der Istanalyse Optimierungspotenziale und Möglichkeiten für die Beschleunigung der Vorgänge zu identifizieren.

Zu Aufgabe A 7.41

a) Allgemein bezeichnet man es als *mobiles Computing*, wenn computergestützte Bürotätigkeiten nicht an einem festen Arbeitsplatz im Betrieb, sondern an davon entfernten Einsatzorten ausgeübt werden. Die Bürotätigkeiten können beispielsweise im Schreiben von Briefen oder in der Ausübung von routinemäßigen Sachbearbeitungstätigkeiten bestehen, wobei Telefon und E-Mail genutzt werden und häufig auf zentrale Datenbestände des Unternehmens zugegriffen wird.

Der Einsatzort kann variabel oder fest sein. Typische Anwendung des mobilen Computings mit festem Einsatzort ist die Telearbeit, die (als „Heimarbeit") zu Hause oder in Nachbarschafts- und Satellitenbüros ausgeübt werden kann.

b) Speziell die Mitarbeiter der Unternehmensberatung McQuickey haben bei ihrer Projektarbeit variable Einsatzorte, nämlich abwechselnd die Räume des Kunden, das häusliche Arbeitszimmer oder gelegentlich das Büro im eigenen Unternehmen. Durch das mobile Computing ist es ihnen – unabhängig vom Einsatzort – möglich, Kollegen aus anderen Projekten zu unterstützen, an mehr als einem Projekt mitzuarbeiten oder auf Projektdokumentationen, die in der Zentrale gespeichert sind, zuzugreifen. Das Erstellen von Präsentationen und Projektberichten, die Vorbereitung von Interviews und Besprechungen, die Anfertigung von Tätigkeitsberichten, die Abrechnung von Reisekosten usw. führen sie in der Regel entweder zu Hause oder im eigenen Unternehmen durch. Dort ist ihnen möglicherweise kein fester Schreibtisch zugeordnet.

Zu Aufgabe A 7.42

a) Als Tätigkeiten für die *Telearbeit* kommen vor allem Schreib- und Übersetzungsarbeiten, routinemäßige Sachbearbeitungsaufgaben und die Programmierung in Betracht. Generell handelt es sich um Tätigkeiten, die nicht die ständige Anwesenheit des Mitarbeiters im Unternehmen erfordern und über räumliche Entfernungen zu koordinieren sind.

b) Vorteile der Telearbeit sind
  - für das Unternehmen flexibler Personaleinsatz, Einsparung von Raumkosten und (erwartete) höhere Arbeitsproduktivität,
  - für die Mitarbeiter (weitgehende) Freizügigkeit in der Arbeitszeitgestaltung, Wegfall von An- und Abreisezeiten zum betrieblichen Arbeitsplatz und bessere Möglichkeit zur Wahrnehmung familiärer Aufgaben, z.B. der Betreuung von Kindern.

Nachteile bestehen
  - für das Unternehmen hauptsächlich in den Kosten für die Einrichtung der außerbetrieblichen Arbeitsplätze einschließlich der Maßnahmen zur Gewährleistung der Vertraulichkeit und der IT-Sicherheit und

- für die Mitarbeiter im Verlust an persönlicher Kommunikation, d. h. dem dienstlichen Erfahrungsaustausch und dem sozialen Umgang mit Kollegen.

Zu Aufgabe A 7.43

Die Vierfeldermatrix, die Anwendungen zur Unterstützung der *Gruppenarbeit* nach den Kriterien Ort und Zeit ordnet, ist ein grundlegendes Klassifikationsinstrument im Bereich des *Computer Supported Cooperative Work (CSCW)*. Die so genannte Raum-Zeit-Matrix kann in Form der Abbildung A 7.43.1 aufgebaut werden. Sie ist zwar kein Instrument für eine überschneidungsfreie Klassifikation, eignet sich aber als Basis für weitere Detaillierungen.

	Selbe Zeit	Verschiedene Zeiten
Selber Ort	Präsentationssysteme Sitzungsunterstützungssysteme	Elektronisches schwarzes Brett Dokumentenmanagementsysteme Workflowmanagementsysteme
Verschiedene Orte	Konferenzsysteme (Audio- und Videokonferenzen)	E-Mail-Systeme Dokumentenmanagementsysteme Workflowmanagementsysteme Personal-Information-Management-Systeme

Abbildung A 7.43.1

Zu Aufgabe A 7.44

Konferenzsysteme ermöglichen es, Konferenzen durchzuführen, auch wenn sich die Teilnehmer an entfernten Orten befinden. Man unterscheidet folgende Formen:
- Computerkonferenz: Die Kommunikationspartner tauschen zeitversetzt unter Nutzung von E-Mail oder von anderen Diensten im Internet Informationen aus (Diskussionsforen oder -räume).
- Audiokonferenz mittels einer Telekommunikationsanlage: Die Teilnehmer können sich zur selben Zeit hören, aber nicht sehen (reine Sprachkommunikation).
- Videokonferenz: Die Teilnehmer können sich zur selben Zeit sehen und hören, dabei aber auch gemeinsam elektronische Dokumente betrachten, bearbeiten und austauschen. Früher mussten dafür mit speziellen Geräten ausgestattete Räume eingerichtet werden. Nachteile waren, dass die Ausstattung sehr teuer war und die Konferenzteilnehmer ihre gewohnte Arbeitsumgebung verlassen mussten. Inzwischen ist es an jedem Arbeitsplatz möglich, Videokonferenzen mithilfe von speziell ausgerüsteten PCs durchzuführen (Desktop-Videoconferencing).

Zu Aufgabe A 7.45
Unter einem *Vorgang*, der dem Einsatz von *Workflowmanagementsystemen* zugrunde liegt, versteht man eine Arbeit, die aus mehreren Arbeitsschritten (Tätigkeiten) besteht, an der mehrere Arbeitsplätze beteiligt sind und die nach festgelegten Regeln abläuft. Zur Beschreibung jedes Vorgangs sind
- die Bearbeiter (Arbeitsplätze),
- die Art der Tätigkeiten,
- die Reihenfolge der Tätigkeiten,
- die gegenseitigen Abhängigkeiten der Tätigkeiten,
- die Fristen für den Abschluss der Tätigkeiten bzw. des Vorgangs und
- die Verantwortlichkeiten

festzulegen. Die betrieblichen Vorgänge kann man in
- strukturierte Fälle (Routinearbeiten), z. B. das Ausstellen einer Lohnbescheinigung,
- semistrukturierte Fälle, z. B. die Bearbeitung eines Kreditantrags, und
- unstrukturierte Fälle, z. B. die Erstellung eines Vortragsmanuskripts für den Vorstandsvorsitzenden,

unterteilen.

Zu Aufgabe A 7.46
a) Ohne den Einsatz eines *Workflow-* und eines *Dokumentenmanagementsystems* würde der *Vorgang* wie folgt ablaufen:
  - In der Poststelle wird die Eingangspost sortiert und die Kundenreklamation dem zuständigen Verkaufssachbearbeiter zugeordnet.
  - Die Reklamation wird physisch (durch Boten, Rohrpost usw.) zu dem Verkaufssachbearbeiter transportiert.
  - Der Verkaufssachbearbeiter bearbeitet die Reklamation. Er holt sich dazu aus den Verkaufsakten die Vertragsunterlagen des Kunden und sucht außerdem in den Akten, wie früher in vergleichbaren Fällen verfahren worden ist. Er stellt fest, dass die Garantiezeit abgelaufen ist und dass er den technischen Kundendienst einschalten muss.
  - Der Verkaufssachbearbeiter kopiert die Kundenreklamation. Die Kopie wird physisch zum technischen Kundendienst transportiert.
  - Der technische Kundendienst stellt fest, dass sich die Anlage reparieren lässt, die erforderlichen Ersatzteile aber erst beschafft werden müssen. Er vermerkt seine Stellungnahme auf der Kopie der Kundenreklamation.
  - Die Kopie der Kundenreklamation wird zum Verkaufssachbearbeiter zurück transportiert.
  - Der Verkaufssachbearbeiter erstellt ein Antwortschreiben an den Kunden und teilt ihm mit, welcher Teil der Reparaturkosten als Kulanz übernommen würde und welchen Teil der Kunde zu tragen hätte. Eine Zweitschrift nimmt er zu den Kundenakten.
  - Das Antwortschreiben wird zur Poststelle transportiert.
  - Die Poststelle versendet das Antwortschreiben an den Kunden.

Beim Einsatz eines Workflowmanagementsystems in Verbindung mit einem Dokumentenmanagementsystem würden sich folgende Veränderungen ergeben:
- Unabhängig von den beiden Systemen wird grundsätzlich jeder innerbetriebliche Transport von Belegen nicht mehr physisch, sondern elektronisch ausgeführt. Für den internen Informationsaustausch, der nicht an Originalbelege gebunden ist, wird mit E-Mail gearbeitet.
- Im vorliegenden Fall wird die Kundenreklamation wie jede andere schriftliche Eingangspost bereits in der Poststelle gescannt und elektronisch dem zuständigen Verkaufssachbearbeiter zugeleitet.
- Dem Verkaufssachbearbeiter werden durch Zugriff auf das Dokumentenmanagementsystem ohne das zeitaufwändige Suchen in Akten sofort alle Vertragsunterlagen des Kunden am Bildschirm angezeigt.
- Durch Zugriff auf das Workflowmanagementsystem erfährt der Verkaufssachbearbeiter, wie er im vorliegenden Fall zu verfahren hat, nämlich den technischen Kundendienst einzuschalten. Außerdem gibt ihm das System einen Hinweis, wie vor und nach Ablauf der Garantiezeit in Abhängigkeit vom Verkaufspreis zu verfahren ist.
- Der technische Kundendienst erhält durch Rückgriff auf das Dokumentenmanagementsystem – ebenfalls ohne Suche in papiergebundenen Unterlagen – unmittelbar die komplette technische Produktbeschreibung einschließlich der benötigten Angaben über die Ersatzteilsituation.
- Das Workflowmanagementsystem gibt dem Sachbearbeiter Hinweise, wie er bei der Antwort an den Kunden zu verfahren hat.
- Am Ende der Bearbeitung speichert der Verkaufssachbearbeiter den gesamten Vorgang im Dokumentenmanagementsystem, damit bei der weiteren Verfolgung des Vorgangs (nach Rückäußerung des Kunden) darauf zurückgegriffen werden kann.

b) Die *Verbesserungen* im Prozessablauf, die durch den Einsatz von Workflowmanagement- und Dokumentenmanagementsystemen erreicht werden können, gehen bereits aus der unter a) gegebenen Detailbeschreibung hervor. Sie liegen
- generell in der Verkürzung von Transport-, Liege- und Bearbeitungszeiten,
- speziell beim Workflowmanagementsystem in den Hinweisen, wie im vorliegenden Fall zu verfahren ist, und
- beim Dokumentenmanagementsystem in der Möglichkeit, an allen Stellen im Unternehmen schnell auf sämtliche benötigten Unterlagen ohne physisches Suchen oder langwierige Rückfragen zugreifen zu können.

Der Einsatz der beiden Systeme gestattet es, Kundenanfragen bis zu einem bestimmten Grad auch dann zu beantworten, wenn der zuständige Sachbearbeiter nicht anwesend ist.

Hier liegt allerdings auch ein Grund für eine Ablehnung der Systeme durch einzelne Mitarbeiter, weil diese befürchten, im Unternehmen überflüssig zu werden. Ihre Argumente verstärken sich bei einem Ausbau des Dokumentenmanagementsystems zu einem Wissensmanagementsystem.

Zu Aufgabe A 7.47
Bei der Entwicklung des Sollkonzepts für die Einrichtung eines *elektronischen Ablagesystems* könnten die folgenden sechs Fragen gestellt werden:
1) Wie viele Dokumente welchen Umfangs sind zu speichern?
2) Wie verändert sich die Menge der zu speichernden Dokumente im Zeitablauf?
3) Wo, d. h. an welchen Stellen im Unternehmen, fallen die Dokumente an?
4) Wo, d. h. durch wen und an welchen Stellen, wird auf die Dokumente zugegriffen?
5) Wie oft wird auf die Dokumente zugegriffen?
6) Wie oft erfolgen durch wen Änderungen an bzw. Ergänzungen zu den Dokumenten?

Für ein detailliertes Sollkonzept sind die Fragen weiter zu spezifizieren.

Zu Aufgabe A 7.48
Anwendungsschwerpunkte von *Multimediasystemen* sind
- Information und Präsentation,
- Verkaufsunterstützung und Kundenberatung,
- Auskunftserteilung,
- Kommunikation und kooperatives Arbeiten (z. B. bei Telefon- und Videokonferenzen),
- Ausbildung und
- Unterhaltung.

Der Nutzen von Multimediasystemen liegt in der Visualisierung von Produktbeschreibungen und Arbeitsabläufen. Der Einsatz von dynamischen Medien fördert die Aufnahme- und Lernfähigkeit bei komplexen Zusammenhängen, insbesondere bei Präsentationen und generell bei der Ausbildung.

Zu Aufgabe A 7.49
Die Komponenten von *Expertensystemen* sind
- die Wissensbasis zur Aufnahme von Wissen und Fakten,
- die Wissenserwerbskomponente zur Formulierung und Eingabe („Wissenseditor") des Expertenwissens,
- die Problemlösungskomponente (Inferenzmaschine) für den Schlussfolgerungsprozess,
- die Erklärungskomponente zur Begründung der Vorgehensweise der Problemlösungskomponente und
- die Dialogkomponente zur Führung des Benutzerdialogs.

Zu Aufgabe A 7.50
Ein *semantisches Netz*, das den Zusammenhang zwischen allen in der Aufgabenstellung vorkommenden Objekten zum Lexikon der Wirtschaftsinformatik beschreibt, zeigt Abbildung A 7.50.1.

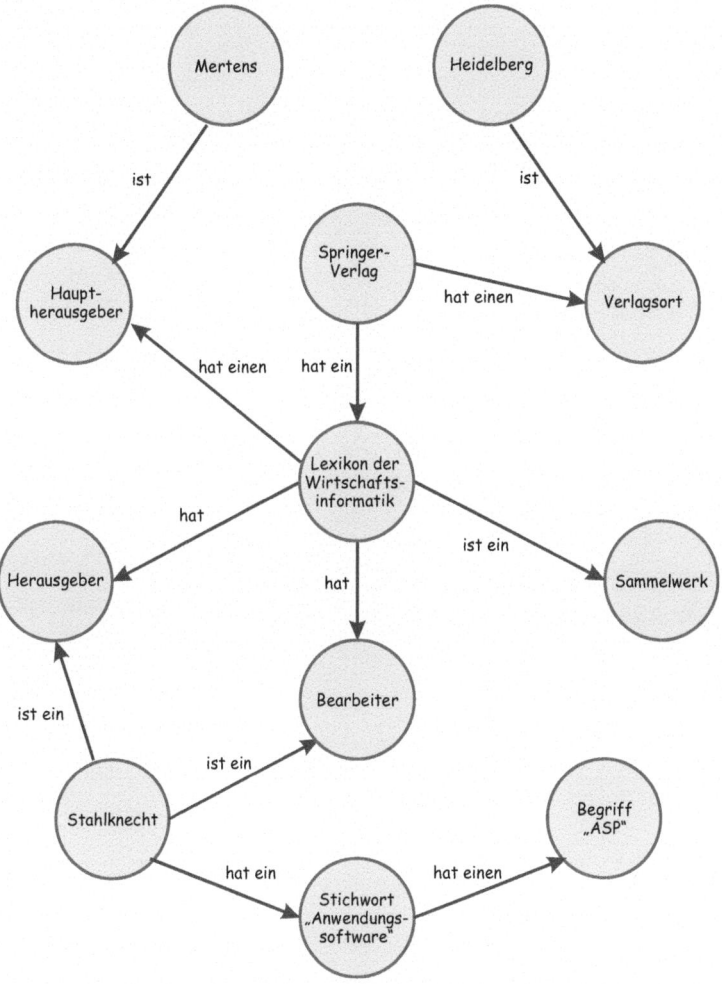

Abbildung A 7.50.1

8 IT-Management

Fragen zu Kapitel 8

Frage F 8.1
Welches sind die beiden Hauptaufgaben des *Informationsmanagements*?

Frage F 8.2
Durch welche IT-Anwendungssysteme wird die *Informationsstruktur* eines Unternehmens realisiert?

Frage F 8.3
Was versteht man unter dem Begriff *IT-Verteilung*?

Frage F 8.4
Von welchen beiden Hauptfragen sollte man nach moderner Auffassung bei allen Entscheidungen über die *IT-Verteilung* ausgehen?

Frage F 8.5
Welches sind die drei Grundformen der *IT-Verteilung* nach informationstechnischen Gesichtspunkten?

Frage F 8.6
Was versteht man unter *Rezentralisierung*?

Frage F 8.7
Was bedeutet *RZ-Konzentration*?

Frage F 8.8
Wozu gibt es in vielen Unternehmen *IT-Richtlinien*?

Frage F 8.9
Welche Aufgabe hat der in vielen Großunternehmen eingerichtete *IT-Lenkungsausschuss*?

Frage F 8.10
Unter welchen beiden Aspekten ist die *Aufbauorganisation* der IT-Abteilung zu sehen?

Frage F 8.11
Aus welchen Hauptbereichen bestehen in der Regel betriebliche *IT-Abteilungen*?

Frage F 8.12
Was versteht man unter *IT-Outsourcing*?

Frage F 8.13
Wann spricht man von *IT-Offshoring*?

Frage F 8.14
Wie funktioniert *Application Service Providing (ASP)*?

Frage F 8.15
Was versteht man unter *Outsourcing des Outputmanagements*?

Frage F 8.16
Worin unterscheidet sich beim *IT-Outsourcing* die *Auslagerung* von der *Ausgliederung*?

Frage F 8.17
Welches sind die Hauptaufgaben *betrieblicher Rechenzentren*?

Frage F 8.18
Was bedeutet *Assetmanagement*?

Frage F 8.19
Welche drei Strategien für *Speicherarchitekturen* sind zu unterscheiden?

Frage F 8.20
Was versteht man unter *Fernwartung*?

Frage F 8.21
Welche Anforderungen werden an *IT-Projektleiter* gestellt?

Frage F 8.22
Welche Aufgaben gehören bei der *Systementwicklung*
a) zur Projektplanung,
b) zur Projektüberwachung und
c) zur Projektsteuerung?

Frage F 8.23
Welche beiden weiteren Größen (außer den Lines of Code) werden mindestens gebraucht, wenn der Gesamtaufwand für ein IT-Projekt (in Personalzeit) nach der *LOC-Methode* geschätzt werden soll?

Frage F 8.24
Was sind *Skillfaktoren* und wobei spielen sie eine Rolle?

Frage F 8.25
Wozu dient die *Function-Point-Methode* und wie arbeitet sie?

Frage F 8.26
Was versteht man unter der *Analogiemethode*?

Frage F 8.27
Welche Maßnahmen der *Projektsteuerung* lassen sich ergreifen, wenn bei einem IT-Projekt die geplanten Termine nicht eingehalten werden können?

Frage F 8.28
Wozu dienen *Benutzerservicezentren* und welches sind ihre Hauptaufgaben?

Frage F 8.29
Welche Aufgaben haben *SAP-Kompetenzzentren*?

Frage F 8.30
Welches sind die wichtigsten Steuerungsinstrumente des *IT-Controllings*?

Frage F 8.31
Für das IT-Controlling werden von Unternehmensberatungen, Anwendervereinigungen und so genannten Analysten *IT-Kennzahlensysteme* angeboten. Worin bestehen die Vor- und Nachteile von solchen universellen IT-Kennzahlensystemen?

Frage F 8.32
Was versteht man unter dem Begriff *Total Cost of Ownership (TCO)*?

Frage F 8.33
Wovon hängt es ab, ob der *IT-Kosten- und -Leistungsverrechnung* Kosten oder Preise zugrunde zu legen sind?

Frage F 8.34
Aus welchen Schritten besteht das *Abrechnungsmanagement*?

Frage F 8.35
Auf welcher Basis können Preismodelle für das *Application Service Providing* gebildet werden?

Frage F 8.36
Was sind *Service Level Agreements*?

Frage F 8.37
Welche Aufgaben sind den folgenden *IT-Berufen* zuzuordnen:
a) Netzmanager,
b) Datenbankadministrator,
c) Systementwickler,
d) IT-Controller,
e) SAP-Berater,
f) Webdesigner?

Frage F 8.38
Wie lassen sich *IT-Sicherheit* und *Datenschutz* gegeneinander abgrenzen?

Frage F 8.39
Wie kann man bei der *IT-Sicherheit*
a) die konkreten *Bedrohungen* des IT-Einsatzes und
b) die dagegen wirkenden *IT-Sicherheitsmaßnahmen*
gliedern?

Frage F 8.40
Wozu dienen *USV-Anlagen* und in welchen *Betriebsarten* können sie betrieben werden?

Frage F 8.41
Was bezweckt das *IT-Grundschutzhandbuch*?

Frage F 8.42
Was versteht man unter dem *Generationsprinzip*?

Frage F 8.43
Wie wird die *RAID-Technik* für die *IT-Sicherheit* genutzt?

Frage F 8.44
Was ist ein *Katastrophenhandbuch*?

Frage F 8.45
Was sind *Programmmanipulationen*?

Frage F 8.46
Was sind *Antivirenprogramme*?

Frage F 8.47
Welcher Unterschied besteht zwischen *Zugangskontrollen* und *Zugriffskontrollen*?

Frage F 8.48
Was ist der Unterschied zwischen *Authentifizierung* und *Autorisierung*?

Frage F 8.49
Welche Ziele werden mit dem Einsatz *kryptografischer Verfahren* in der Informationstechnik verfolgt und nach welchen Prinzipien arbeiten sie?

Frage F 8.50
Was versteht man unter den Begriffen *Key Escrowing* und *Trust Center?*

Frage F 8.51
Was ist eine *Firewall*?

Frage F 8.52
Wozu dienen *Spamblocker*?

Frage F 8.53
Fällt der Schutz von vertraulichen Daten über die Entwicklung eines neuen Fahrzeugtyps, die im IT-System eine Automobilherstellers gespeichert sind, unter die Vorschriften des *Bundesdatenschutzgesetzes*?

Frage F 8.54
Welche Rechte sind im *Bundesdatenschutzgesetz* für diejenigen Personen festgelegt, über die an so genannten verarbeitenden Stellen Daten gespeichert sind?

Frage F 8.55
Welche kriminellen Handlungen werden nach dem Strafgesetzbuch zur *Computerkriminalität* gerechnet?

Frage F 8.56
Was versteht man unter *Softwarepiraterie*?

Frage F 8.57
Was versteht man unter *IT-Akzeptanz*?

Frage F 8.58
Welche Möglichkeiten gibt es für den Arbeitgeber, die *IT-Akzeptanz* bei den Mitarbeitern zu erhöhen?

Frage F 8.59
Was umfasst die *IT-Ergonomie*?

Frage F 8.60
Was gehört zur *Umgebungsergonomie* von IT-Arbeitsplätzen?

Frage F 8.61
In welchen Fällen können die Arbeitnehmer nach dem *Betriebsverfassungsgesetz* bei der Entwicklung und Einführung von IT-Anwendungssystemen Rechte geltend machen?

Aufgaben zu Kapitel 8

Aufgabe A 8.1
Sie wollen sich als Unternehmensberater, Firmenneuling oder Besucher einen schnellen Überblick über die *Informationsstruktur* und die *IT-Infrastruktur* eines Unternehmens verschaffen. Für einen ersten Überblick sollen 12 Fragen genügen. Formulieren Sie diese Fragen!

Anmerkung: Es wird unterstellt, dass allgemeine Fragen über das Unternehmen (Umsatz, Beschäftigte, Branche, Produkte, Standorte usw.) bereits im Vorfeld beantwortet worden sind.

Aufgabe A 8.2
Grenzen Sie das *strategische* und das *operative IT-Management* gegeneinander ab und geben Sie je ein Beispiel!

Aufgabe A 8.3
Geben Sie einen Überblick über die wichtigsten Aufgaben
a) des *strategischen IT-Managements* und
b) des *operativen IT-Managements*!

Aufgabe A 8.4
Den Ausgangspunkt für strategische Entscheidungen über die *IT-Verteilung*, d. h. die Verteilung der IT-Ressourcen, bilden die Geschäftsprozesse des Unternehmens.
a) Formulieren Sie die beiden Grundfragen, die dabei zu stellen sind!
b) Beantworten Sie diese beiden Fragen für einen Handelsbetrieb!
c) Beschreiben Sie die Lösung zu b) durch einen im Handelsbereich feststehenden Begriff!

Aufgabe A 8.5
Diskutieren Sie Alternativen der *IT-Verteilung* für Unternehmen
a) mit *heterogener Struktur*, z. B. Mehrbereichskonzerne oder Holdinggesellschaften, und
b) mit *homogener Struktur*, z. B. Banken/Sparkassen, Filialunternehmen des Handels oder öffentliche Verwaltungen!

Aufgabe A 8.6
Ein Filialunternehmen des Möbelhandels besteht aus einer Zentralverwaltung und ca. 100 über ganz Deutschland verteilten Möbelgeschäften.
a) Formulieren Sie die wichtigsten Anforderungen des Unternehmens an die Informationsverarbeitung aus der Sicht sowohl der Zentrale als auch der Filialen!
b) Entwickeln Sie ein Konzept für die Verteilung der IT-Ressourcen!
c) Diskutieren Sie Alternativen zu dem von Ihnen in b) entwickelten Konzept!

Aufgabe A 8.7
Nennen Sie die Hauptaufgaben, die in einem organisatorisch und geografisch verteilten Unternehmen dem *zentralen Server* zukommen!

Aufgabe A 8.8
Begründen Sie, warum man für jede Umstellung im IT-Bereich eine *Migrationsstrategie* benötigt!

Aufgabe A 8.9
In einem Konzern mit starker organisatorischer und geografischer Verteilung soll die bisher dezentrale Betreuung der SAP-Benutzer auf eine zentrale Betreuung umgestellt werden. Entwickeln Sie eine *Migrationsstrategie*!

Aufgabe A 8.10
Geben Sie je drei Gründe an, die in Großunternehmen
a) für eine *Zentralisierung* und
b) für eine *Dezentralisierung*
der *Systementwicklung/Programmierung* – der auch die Auswahl, Anpassung und Einführung von Standardsoftware obliegt – sprechen!

Aufgabe A 8.11
Beschreiben Sie die Alternativen für die *Einordnung der IT-Abteilung* in die Unternehmensorganisation!

Aufgabe A 8.12
Nennen Sie Beispiele für *partielles IT-Outsourcing*!

Aufgabe A 8.13
Sie werden beauftragt, die Entscheidung über das *IT-Outsourcing des Benutzerservicezentrums* vorzubereiten.
a) Zeigen Sie Alternativen für das geplante Outsourcing!
b) Diskutieren Sie die Vor- und Nachteile der anstehenden Entscheidung!

Aufgabe A 8.14
Beschreiben Sie grafisch den Arbeitsablauf im *Rechenzentrum* am Beispiel der monatlichen Lohnabrechnung in einem Bauunternehmen unter Berücksichtigung der Schnittstellen zum Lohnbüro und zu externen Stellen!

Aufgabe A 8.15
Begründen Sie, warum der *Massendruck* auch bei dezentral organisierten Unternehmen zweckmäßigerweise an zentraler Stelle vorgenommen wird!

Aufgabe A 8.16
Grenzen Sie die *Systementwicklung* und das *IT-Projektmanagement* gegeneinander ab!

Aufgabe A 8.17
Diskutieren Sie die Problematik der *Aufwandschätzung für IT-Projekte* mithilfe formaler Rechenverfahren!

Aufgabe A 8.18
Nennen Sie die Aufgabe und die Instrumente der *Projektüberwachung*!

Aufgabe A 8.19
Entwickeln Sie wie folgt einen *Tätigkeitsschlüssel*, der in den Tätigkeitsberichten der mit der Systementwicklung/Programmierung befassten Mitarbeiter verwendet werden soll:
a) Geben Sie zuerst an, welche Aussagen der Schlüssel liefern sollte!
b) Beschreiben Sie davon ausgehend den Aufbau des Tätigkeitsschlüssels!

Aufgabe A 8.20
Sie sind in einem Unternehmen des Versandhandels Leiter eines aus zehn Mitarbeitern bestehenden IT-Projekts für die Entwicklung eines neuen Anwendungssystems zur Bearbeitung von Kundenbestellungen, das wegen der Umgestaltung des Angebotskatalogs – verbunden mit einer Neufassung der Internetpräsentation – und der sich darauf beziehenden Bestellungen zwingend zum 15. August eingeführt werden muss. Nachdem etwa zwei Drittel der Programme codiert und getestet sind, fallen drei Projektarbeiter wegen plötzlicher Erkrankung bzw. eines Unfalls für längere Zeit aus. Geben Sie an,
- welche Handlungsmöglichkeiten Sie für die *Projektsteuerung* besitzen und
- wie Sie welche Entscheidungen treffen!

Aufgabe A 8.21
a) Formulieren Sie die Anforderungen, die an die Mitarbeiter von *Benutzerservicezentren* gestellt werden!
b) Begründen Sie die Einrichtung eines *mehrstufigen Benutzersupports*!

Aufgabe A 8.22
Nennen Sie je drei Kennzahlen des *IT-Controllings* für die Bereiche
- Rechenzentrum,
- Systementwicklung und
- Benutzerservicezentrum!

Aufgabe A 8.23
a) Formulieren Sie die beiden Hauptziele der *IT-Kosten- und -Leistungsverrechnung*!
b) Geben Sie einen Überblick über die bei der IT-Kostenverrechnung zu berücksichtigenden *Kostenarten* und *Kostenstellen* sowie die für die Verrechnung in Betracht kommenden *Bezugsgrößen* (Kostenträger bzw. Produkte)!

Aufgabe A 8.24
Diskutieren Sie die gesamte Problematik der *innerbetrieblichen Verrechnung* von IT-Kosten und -Leistungen!

Aufgabe A 8.25
Üblicherweise sind die Arbeitsplätze in den Fachabteilungen mit (unterschiedlich konfigurierten) PCs ausgestattet, die über ein lokales Netz untereinander vernetzt sind und als Clients auf verschiedene, sich ebenfalls im Netz befindli-

che Server (Datenserver, Druckserver usw.) zugreifen. Unterbreiten Sie einen pragmatischen Vorschlag für die *IT-Kostenverrechnung* an die Fachabteilungen (einschließlich der Kosten für den Benutzersupport)!

Aufgabe A 8.26
Geben Sie einen strukturierten Überblick über
a) die *IT-Berufe* innerhalb der IT-Abteilung und
b) die außerhalb der IT-Abteilung mit IT-Aufgaben befassten unternehmensinternen Abteilungen, Stellen und Personen sowie die externen Firmen, die IT-Dienstleistungen für das Unternehmen erbringen!

Aufgabe A 8.27
Nennen Sie die Einrichtungen, die in Deutschland eine *Ausbildung* in *Wirtschaftsinformatik* mit anerkanntem Abschluss durchführen!

Aufgabe A 8.28
Formulieren Sie die drei *Grundgefahren*, die den internationalen Kriterien für die Bewertung der IT-Sicherheit zugrunde liegen, und geben Sie dafür je ein Beispiel!

Aufgabe A 8.29
Analysieren Sie mögliche *Bedrohungen* für die Informationsverarbeitung und daraus resultierende *Auswirkungen*
a) für einen Automobilhersteller und
b) für eine Universität!

Aufgabe A 8.30
a) Erklären Sie den Begriff *biometrische Verfahren*!
b) Nennen Sie solche Verfahren, die sich in der Informationstechnik nutzen lassen!
c) Nennen Sie Gründe für die bisher nur sehr geringe Verbreitung dieser Verfahren!

Aufgabe A 8.31
Erläutern Sie den Begriff der *IT-Sicherheitszertifizierung*!

Aufgabe A 8.32
Die vorliegende vierte Auflage des Arbeitsbuchs Wirtschaftsinformatik hat die Internationale Standardbuchnummer (ISBN) 3-540-26361. Dabei ist die erste Ziffer 3 die Gruppennummer für den deutschsprachigen Raum. 540 ist die dem Springer-Verlag, Heidelberg, von der Buchhändler-Vereinigung in Frankfurt/M. zugeteilte Verlagsnummer, 26361 ist eine vom Springer-Verlag intern vergebene laufende Nummer.

Zu der Standardbuchnummer gehört eine *Prüfziffer*. Berechnen Sie diese Prüfziffer nach dem 11er-Verfahren, indem Sie – von rechts beginnend – die Faktoren 2 bis 10 benutzen!

Aufgabe A 8.33
In der Reklamationsabteilung eines Versandunternehmens werden den Kunden gewährte Gutschriften per Überweisung erstattet. Jeder Datensatz für die Eingabe der entsprechenden Daten enthält folgende Datenelemente:
- Kundennummer (zugleich Kontonummer des Kunden in der Debitorenbuchhaltung),
- Nummer der Rechnung, auf die sich die Gutschrift bezieht,
- Datum der betreffenden Rechnung,
- Höhe der Gutschrift,
- Nummer des belasteten Firmenkontos,
- Bankleitzahl des Firmenkontos.

Geben Sie Beispiele für *programmierte Kontrollen*, die sich bei der Eingabe dieser Daten vornehmen lassen!

Aufgabe A 8.34
Stellen Sie in einer Tabelle mögliche *Auswirkungen* und in Betracht kommende *IT-Sicherheitsmaßnahmen* für die folgenden drei Risiken zusammen:
Fall 1: fehlerhafte Dateneingabe in der Finanzbuchhaltung;
Fall 2: unbefugter Zugriff auf Forschungsdaten eines Chemiekonzerns;
Fall 3: Ausfall des Zentralservers einer Bank!

Aufgabe A 8.35
In der Datenbank eines Personalabrechnungs- und -informationssystems sind über jeden Mitarbeiter der Abteilung Systementwicklung folgende Daten gespeichert:

1) Personalnummer,
2) Name/Vorname/Titel,
3) Anschrift,
4) höchster Ausbildungsabschluss (z. B. Master),
5) Eintrittsdatum in das Unternehmen,
6) Kostenstelle,
7) Gehalt,
8) Gehaltsentwicklung (jeweils Datum/Gehaltshöhe),
9) Steuerklasse,
10) weitere Angaben für die Gehaltsabrechnung
11) Sprachkenntnisse,
12) Teilnahme an betrieblichen Bildungsmaßnahmen.

Legen Sie die *Zugriffsrechte* in einer Tabelle (*Zugriffsliste*) – unterteilt nach Zugriffsarten – für
- den Leiter der IT-Abteilung und den Leiter der Abteilung Systementwicklung,
- den Leiter der Personalabteilung,
- die mit der Gehaltsabrechnung befassten Personalsachbearbeiter sowie
- den Leiter der Abteilung Fort- und Weiterbildung
fest!

Aufgabe A 8.36
Erklären Sie grafisch das Prinzip der *kryptografischen Verschlüsselung* nach dem *One-Time-Pad-Verfahren* unter Verwendung
- des Buchstaben R (im ASCII-Code: 0101 0010) und
- des 8-stelligen Schlüssels 1100 0110!

Aufgabe A 8.37
Stellen Sie die Hauptunterschiede zwischen den *symmetrischen* und den *asymmetrischen Verschlüsselungsalgorithmen* der Kryptografie gegenüber!

Aufgabe A 8.38
a) Zählen Sie auf,
  - welche Arten der Behandlung personenbezogener Daten das *Bundesdatenschutzgesetz* unterscheidet und
  - welche Rechte der Bürger hinsichtlich der Behandlung seiner Daten besitzt!
b) Erklären Sie die in der Anlage zu § 9 BDSG aufgeführte Kontrollmaßnahme *Eingabekontrolle*!

Aufgabe A 8.39
Ein Student „knackt" die Passwörter eines Prüfungsamts und verschafft sich dadurch Einsicht in Klausuraufgaben. Außerdem „korrigiert" er bereits feststehende Klausurnoten zu seinen Gunsten. Erläutern Sie die *Rechtslage*!

Aufgabe A 8.40
Die Leitung eines Unternehmens mit zahlreichen geografisch verteilten Standorten gibt an alle Sekretariate die Anweisung, im Schriftverkehr unternehmensintern ausschließlich und mit Geschäftspartnern so viel wie möglich mit E-Mail zu arbeiten. Erläutern Sie, wie diese Umstellung
a) die *Arbeitsabläufe*,
b) die *Arbeitsmittel* und
c) die *Arbeitsinhalte*
der betroffenen Mitarbeiter verändert!

Aufgabe A 8.41
Nennen Sie
a) die wichtigsten Gründe für die mangelnde *Akzeptanz* neuer IT-Anwendungssysteme bei den Betroffenen und
b) die Maßnahmen, die die Akzeptanz positiv beeinflussen können!

Aufgabe A 8.42
Die Geschäftsführung eines mittelständischen Fertigungsbetriebs plant, für die Werkstattsteuerung einen elektronischen Fertigungsleitstand einzurichten und dazu in der Werkstatt Betriebsdatenerfassungsgeräte (BDE-Geräte) zu installieren, an denen eine mit einem Strichcode auf den Auftragsbegleitpapieren verschlüsselte Auftragsnummer mithilfe einer Lesepistole zu erfassen ist. Be-

schreiben Sie, wie sich eine *partizipative Innovationsgestaltung* in Form einer *Benutzerbeteiligung* realisieren lässt!

Aufgabe A 8.43
Ein Handelsunternehmen beabsichtigt, ein computergestütztes Bestellwesen (Electronic Procurement) einzuführen. Für die mit dem Einkauf befassten Mitarbeiter werden dazu neue Bildschirmarbeitsplätze eingerichtet. Nennen Sie je drei *ergonomische Anforderungen*
a) zur Hardwareergonomie,
b) zur Umgebungsergonomie und
c) zur Softwareergonomie,
die von den betroffenen Mitarbeitern gestellt werden könnten!

Aufgabe A 8.44
Erläutern sie am Beispiel der Aufgabe A 8.43, wie sich *Erlernbarkeit* messen lässt!

Aufgabe A 8.45
Nennen Sie Fälle aus dem IT-Bereich, in denen sich Betriebsräte auf *§ 87 Abs. 1 Ziff. 6 BetrVG* (Mitspracherechte der Arbeitnehmer bei technischen Einrichtungen, die dazu bestimmt sind, das Verhalten oder die Leistung der Beschäftigten zu überwachen) berufen können!

Antworten auf die Fragen zu Kapitel 8

Zu Frage F 8.1
Die beiden Hauptaufgaben des *Informationsmanagements* sind
a) die Bereitstellung der an den Arbeitsplätzen aller Unternehmensebenen benötigten Informationen in einer geeigneten *Informationsstruktur* und davon abgeleitet
b) die Planung, Beschaffung und der Einsatz der dafür erforderlichen informationstechnischen und personellen Ressourcen in einer entsprechenden *IT-Infrastruktur* oder *IT-Architektur*.

Zu Frage F 8.2
Die *Informationsstruktur* leitet sich aus den Unternehmensaufgaben und -zielen ab. Sie wird
- für die operativen Ebenen durch operative bzw. ERP-Systeme (mit den Komponenten Finanzbuchhaltung, Personalabrechnung, Bestellwesen, Auftragsbearbeitung u. a.) und
- für die Führungsebenen durch Führungssysteme (Führungsinformations- und Planungssysteme)
realisiert, die jeweils durch Querschnittssysteme (Bürosysteme, Workflowmanagementsysteme, wissensbasierte Systeme u. a.) unterstützt werden.

Zu Frage F 8.3
Unter *IT-Verteilung* versteht man die strategische, d. h. meist langfristig festgelegte Verteilung bzw. Zuordnung aller IT-Ressourcen im Unternehmen (IT-Systeme, Kommunikationseinrichtungen, Datenbanken, Anwendungssoftware; ferner Personal, Gebäude usw.) nach informationstechnischen, geografischen und organisatorischen Gesichtspunkten.

Zu Frage F 8.4
Bei allen Entscheidungen über die *IT-Verteilung* sollte man davon ausgehen,
a) von welchen Geschäftsprozessen die betriebliche Wertschöpfungskette gebildet wird und
b) welche Organisationseinheiten bzw. Arbeitsplätze an diesen Geschäftsprozessen (in Form primärer oder sekundärer Aktivitäten) beteiligt sind.

Zu Frage F 8.5
Die drei Grundformen der *IT-Verteilung* nach informationstechnischen Gesichtspunkten sind
1) die klassische zentrale Lösung, bei der Terminals und/oder in der Funktionalität stark eingeschränkte PCs an einen Zentralserver angeschlossen sind,

2) die klassische verteilte Lösung, die hierarchisch von einem Zentralserver und mehreren daran angeschlossenen Abteilungs- bzw. Filialservern mit daran jeweils wieder angeschlossenen Terminals und/oder PCs gebildet wird, und
3) das Client/Server-Modell, bei dem PCs und Server flexibel untereinander vernetzt sind, wobei es zwei- oder mehrstufige (Multi-Tier-Architektur) Lösungen gibt. Der Zentralserver kann in allen Fällen aus Clustern von mehreren Servern bzw. Großrechnern bestehen.

Zu Frage F 8.6
Unter *Rezentralisierung* versteht man die Rückverlagerung früher dezentralisierter Lösungen auf zentrale Stellen, z.b. auf zentrale Datenserver (*Datenkonsolidierung*) oder Anwendungsserver (*Anwendungskonsolidierung*). Unter den Begriff fallen auch die Ablösung vieler kleiner Server durch wenige große am selben Ort (*physische Konsolidierung*) und die Zusammenlegung geografisch verteilter Server in ein zentrales Rechenzentrum. Gründe sind u.a. die mangelnde IT-Sicherheit, der höhere Personalaufwand und Koordinationsprobleme bei dezentralen Lösungen. Rezentralisierungsentscheidungen sollten durch das IT-Controlling im Rahmen der strategischen Planung in größeren Zeitabständen auf ihren Erfolg überprüft werden.

Zu Frage F 8.7
RZ-Konzentration bedeutet, dass Unternehmen mit einer größeren Anzahl von geografisch verteilten Rechenzentren diese zu wenigen (noch größeren) Rechenzentren konzentrieren, häufig an strategisch günstigen Standorten. Maßgeblich sind in erster Linie Kosteneinsparungen (bei Personal, Lizenzgebühren, Wartung u.a.) und höhere IT-Sicherheit.

Zu Frage F 8.8
In vielen Unternehmen gibt es *IT-Richtlinien*, um darin alle Zuständigkeiten und Verantwortlichkeiten hinsichtlich
- der Realisierung der beschlossenen IT-Verteilung,
- der Beschaffung und des Einsatzes aller IT-Ressourcen sowie
- der Vertretung des Unternehmens in IT-Fragen nach außen (Repräsentanz, Zusammenarbeit mit Geschäftspartnern und wissenschaftlichen Einrichtungen usw.)

festzulegen.

Zu Frage F 8.9
Der in vielen Großunternehmen eingerichtete *IT-Lenkungsausschuss* ist ein Steuerungsgremium, in dem die an zentralen und dezentralen Stellen für den IT-Einsatz zuständigen Führungskräfte gemeinsam IT-Strategien erarbeiten und aktualisieren sowie Entscheidungen über deren zeitliche Realisierung, die Kostenübernahme und die zugehörigen Verantwortlichkeiten treffen.

Zu Frage F 8.10
Die *Aufbauorganisation* der IT-Abteilung ist unter den beiden Aspekten
a) Einordnung der IT-Abteilung in die Unternehmensorganisation und
b) interne Struktur der IT-Abteilung
zu sehen.

Zu Frage F 8.11
Die Hauptbereiche betrieblicher *IT-Abteilungen* sind der Systembetrieb mit Rechenzentrum und Netzmanagement, die für die Entwicklung von IT-Anwendungssystemen bzw. den Einsatz von Standardsoftware zuständige Systementwicklung und der Benutzerservice (User Support, Helpdesk). Zunehmende Bedeutung erlangt das IT-Controlling.

Zu Frage F 8.12
Unter *IT-Outsourcing* versteht man die Vergabe von – ursprünglich im Unternehmen selbst wahrgenommenen – IT-Aufgaben an Fremdfirmen, wobei
- aus funktionaler Sicht zwischen totalem und partiellem IT-Outsourcing sowie
- aus zeitlicher Sicht zwischen befristetem und dauerhaftem IT-Outsourcing
zu unterscheiden ist. Am gebräuchlichsten ist das partielle dauerhafte IT-Outsourcing, z. B. des Netzmanagements, Teilen des RZ-Betriebs (Datenerfassung, Server-, Speichermanagement) oder des Benutzerservices.

Zu Frage F 8.13
Der Begriff *IT-Offshoring* wird verwendet, wenn das IT-Outsourcing in andere Länder bzw. Kontinente, insbesondere in Niedriglohnländer (z. B. RZ-Betrieb nach Irland, Programmierung nach Indien), vorgenommen wird.

Zu Frage F 8.14
Beim *Application Service Providing (ASP)* der gebräuchlichsten Form stellt ein Serviceprovider in einem Rechenzentrum Standardsoftware, meistens ERP-Systeme, mit Zugriff über das Internet (oder andere Netze) zur allgemeinen Nutzung zur Verfügung. Er trägt auch die Softwarekosten. Die Nutzer bezahlen je nach Inanspruchnahme. ASP ist ein Spezialfall des IT-Outsourcings.

Zu Frage F 8.15
Beim *Outsourcing des Outputmanagements* wird der Druck (einschließlich des Versands) von Massendrucksachen (Beitragsrechnungen, Mitgliederrundschreiben, Werbebriefe u. a.) an Fremdfirmen vergeben. Die Möglichkeit wird vor allem bei Spitzenbelastungen durch saisonal bedingte oder unvorhergesehene Druck- und Versandaktionen genutzt, weil dann die Unternehmen die dafür erforderlichen Kapazitäten nicht permanent selbst vorhalten müssen.

Zu Frage F 8.16
Beim *IT-Outsourcing* unterscheidet man (wie allgemein beim Outsourcing) zwischen

a) der *Auslagerung*, d. h. der generellen Vergabe von IT-Aufgaben an Fremdfirmen (z. B. in Form des partiellen IT-Outsourcings des Netzmanagements oder des Benutzerservices), und
b) der *Ausgliederung* (Inhouse Outsourcing), d. h. der Überführung der eigenen IT-Abteilung in ein selbstständiges Unternehmen in Form einer Tochter- oder Beteiligungsgesellschaft, die dann meistens sowohl für das Mutterunternehmen als auch (in geringerem Umfang) für weitere Kunden tätig ist.

Zu Frage F 8.17
Die Hauptaufgaben *betrieblicher Rechenzentren* sind
- die Verwaltung der zentralen Datenbestände und Programme für den Zugriff bzw. die Nutzung durch alle berechtigten Benutzer (Beispiel: Datenbank des Rechnungswesens),
- die korrekte und termingerechte Durchführung der Stapelarbeiten (Beispiel: monatliche Personalabrechnung) und
- der Netzbetrieb zur Gewährleistung der unternehmensinternen und -übergreifenden Kommunikation (Beispiel: Bürosysteme, Supply Chain Management, Customer Relationship Management).

Die Gesamtheit der Aufgaben ist unter der Bezeichnung *Systemmanagement* in der Norm ISO/IEC 7498-4 zusammengefasst.

Zu Frage F 8.18
Unter *Assetmanagement* versteht man die computergestützte Verwaltung sämtlicher im Unternehmen vorhandenen Hardware- und Softwarekomponenten, möglichst mit detaillierten Beschreibungen sowie Angaben über Anschaffungstermine, Vertragsdaten, Einsatzorte, Benutzer u. a. Das Assetmanagement unterstützt sowohl den Benutzerservice als auch das IT-Controlling.

Zu Frage F 8.19
Das Speichermanagement unterscheidet folgende drei Strategien für *Speicherarchitekturen*, wobei das Ziel in allen Fällen eine strenge Trennung zwischen logischer und physischer Datenorganisation ist:
1) DAS (Direct Attached Storage): Hier besteht eine direkte Verbindung zwischen dem Host (Mainframe, Server, PC) und dem Speichersystem. Diese Strategie wird kaum noch eingesetzt.
2) NAS (Network Attached Storage): Host und Speichersysteme sind in einem Netzwerk (LAN; WAN) untereinander zusammengefasst. Diese Strategie entspricht dem klassischen Client-Server-Prinzip.
3) SAN (Storage Area Network): Das Speichersystem wird aufgeteilt in die mit dem Host verbundenen Datenserver, die nur noch die logische Datenverwaltung übernehmen, und in ein getrenntes Netz von Speichereinheiten, die für die physische Datenspeicherung zuständig sind. Die Vorteilhaftigkeit dieser Strategie steigt mit dem Anwachsen der Datenbestände.

Zu Frage F 8.20
Bei der *Fernwartung* protokolliert das Computersystem die Betriebszustände und auftretende Fehler in so genannten Log-Dateien. Diese werden periodisch oder auf Abruf an die für die Wartung des Systems zuständige Stelle übermittelt. Durch die Möglichkeit, eine Vielzahl von Übertragungsprotokollen und Netzen zu verwenden, kann der Servicetechniker praktisch von jedem Ort aus die Wartungsarbeiten vornehmen. Neben Softwareaktualisierungen und ggf. der Beseitigung von Softwarefehlern können z.T. auch Hardwarefehler (z.B. durch Sperren defekter Speicherbereiche) behoben werden.

Zu Frage F 8.21
IT-Projektleiter sollten detailliertes Fachwissen (sowohl im IT- als auch im Anwendungsbereich) besitzen und über Organisationstalent, Motivationsfähigkeit sowie vor allem Führungseigenschaften wie Durchsetzungsvermögen, Verantwortungsbewusstsein usw. verfügen.

Zu Frage F 8.22
Bei der *Systementwicklung* gehören
a) zur Projektplanung
  - zu Projektbeginn: die Abschätzung des Projektaufwands und die Erarbeitung von Terminvorschlägen,
  - während des Projekts: die Planung des Mitarbeitereinsatzes und der zugehörigen Termine und
  - nach Projektabschluss: ein Plan-/Ist-Vergleich des Projektaufwands;
b) zur Projektüberwachung die laufende Überprüfung der Einhaltung aller Vorgaben über den fachlichen Inhalt des Anwendungssystems, die Termine und den Einsatz von Personal, Sachmitteln und Kosten;
c) zur Projektsteuerung die Veranlassung geeigneter personeller und/oder organisatorischer Maßnahmen bei Plan-/Ist-Abweichungen.

Zu Frage F 8.23
Wenn der Projektaufwand nach der *LOC-Methode* geschätzt werden soll, braucht man neben den Lines of Code mindestens noch
- die Programmiererproduktivität (LOC pro Zeiteinheit) und
- den prozentualen Anteil der Phase Realisierung (bzw. Programmierung) am Gesamtprojekt (Prozentsatzmethode).

Zu Frage F 8.24
Das englische Wort „Skill" bedeutet wörtlich übersetzt „Fähigkeit" oder „Geschicklichkeit". Bei der IT-Projektentwicklung versteht man unter den *Skillfaktoren* eines Projektbearbeiters
- seine Qualifikation und Berufserfahrung (z.B. in der Programmierung) sowie
- seine spezifischen projektbezogenen Fachkenntnisse (z.B. über Kostenrechnung oder Produktionsplanung).

Die Skillfaktoren spielen eine wesentliche Rolle bei der Abschätzung des Entwicklungsaufwands für IT-Projekte.

Zu Frage F 8.25
Die *Function-Point-Methode* ist ein von IBM vorgeschlagenes Verfahren zur Aufwandschätzung für IT-Projekte. Bezugsgrößen sind (anwenderbezogene) Funktionen, so genannte Geschäftsvorfälle, die u. a. aus der Art und Anzahl der zu verarbeitenden Eingaben, der zu erstellenden Ausgaben und der zu verwaltenden Datenbestände (Dateien bzw. logische Datengruppen) bestehen. Aus diesen Geschäftsvorfällen wird anhand unternehmensinterner, aus abgeschlossenen Projekten empirisch ermittelter Umrechnungsfaktoren eine Schätzung für den Projektaufwand errechnet.

Zu Frage F 8.26
Die *Analogiemethode* ist das einfachste (und gebräuchlichste) Verfahren, um den Aufwand für neue IT-Projekte abzuschätzen. Das zu entwickelnde Anwendungssystem wird in Module (allgemein: Komponenten) zerlegt, für die sich der Entwicklungsaufwand von erfahrenen Softwareentwicklern aufgrund vergleichbarer früherer Projekte einigermaßen realistisch abschätzen lässt. Das Schätzverfahren kann durch eine Softwarefaktorenbibliothek, in der quantitative Angaben über alle früheren Projekte (z. B. als Ergebnisse eines Projektverfolgungssystems) gespeichert sind, unterstützt werden. Der Vorteil der Analogiemethode liegt darin, dass sie sowohl bei der klassischen (strukturierten) Systementwicklung als auch bei moderneren, insbesondere objekt- bzw. komponentenorientierten Entwicklungsmethoden einsetzbar ist.

Zu Frage F 8.27
Mögliche Maßnahmen der *Projektsteuerung* bei Nichteinhaltung der Termine von IT-Projekten sind
- Überstunden und Urlaubssperren,
- Verschiebung der Termine des Gesamtprojekts,
- Verstärkung des Projektteams durch zusätzliche interne und/oder externe Mitarbeiter,
- Verringerung des Projektumfangs durch Abspaltung nicht zeitkritischer Teilprojekte.

Zu Frage F 8.28
Benutzerservicezentren haben die Aufgabe, die Benutzer in den Fachabteilungen
- bei der Bedienung von PCs und angeschlossenen Geräten (z. B. Druckern),
- beim Umgang mit Officepaketen zur Textverarbeitung, Tabellenkalkulation, Präsentation usw.,
- beim Zugang zum World Wide Web und der Nutzung von E-Mail sowie

- bei (arbeitsplatzbezogenen) Fragen zur Gewährleistung des Datenschutzes und der IT-Sicherheit (z. B. Backupmaßnahmen),
zu beraten und zu unterstützen (*User Support*). Dazu gehören sowohl die Schulung und Einweisung als auch kurzfristige Hilfen (*Helpdesk*) bei auftretenden Schwierigkeiten.

Zu Frage F 8.29
SAP-Kompetenzzentren, die wegen der intensiven Verwendung von SAP-Standardsoftware in vielen Unternehmen eingerichtet worden sind, haben die Aufgabe, alle damit befassten Mitarbeiter (z. B. im Rechnungswesen, in der Personalabteilung oder im Einkauf) im Umgang mit dieser Anwendungssoftware zu beraten. SAP-Kompetenzzentren werden auch (als eine Form des IT-Outsourcings) von mehreren Unternehmen gemeinsam betrieben.

Zu Frage F 8.30
Die wichtigsten Steuerungsinstrumente des *IT-Controllings* sind
- ein permanent geführtes Berichtswesen,
- ein aussagefähiges Kennzahlensystem und
- die verursachungsgerechte Verrechnung der IT-Kosten bzw. -Leistungen an die Anwender.

Zu Frage F 8.31
Der Vorteil universell angebotener *IT-Kennzahlensysteme* besteht darin, dass sie eine systematische und strukturierte Übersicht über alle für den betrieblichen IT-Einsatz denkbaren Kennzahlen geben. Nachteil ist, dass sie – wie jedes andere allgemein gehaltene Kennzahlensystem – keine generelle Gültigkeit für alle Branchen und für jedes Unternehmen besitzen. Um beispielsweise die IT-Durchdringung der Arbeitsplätze zu beurteilen, kommen für eine Bank andere Kennzahlen in Betracht als für einen Industriebetrieb.

Darüber hinaus unterliegen Kennzahlensysteme über den IT-Einsatz im besonderen Maße der Veralterung. Das zeigen u. a. die in den letzten Jahren eingetretenen Veränderungen hinsichtlich De- und Rezentralisierung, IT-Outsourcing, E-Commerce usw.

Dem IT-Management obliegt die Aufgabe, unter Anlehnung an allgemeine Kennzahlensysteme ein aussagefähiges individuelles Kennzahlensystem für die konkrete Unternehmenssituation zu entwickeln, möglicherweise im Rahmen branchenspezifischer Verbände oder Vereinigungen.

Zu Frage F 8.32
Unter dem von dem Beratungsunternehmen Gartner Group eingeführten Begriff *Total Cost of Ownership (TCO)* verstand man ursprünglich die Gesamtkosten, die ein PC während seiner Nutzungszeit im Unternehmen verursacht. Dazu gehören die Anschaffung, der Betrieb, der technische Support sowie die schwer abschätzbaren (Ausfall-)Zeiten für die zweckentfremdete Nutzung (z. B. für

Computerspiele oder privates Surfen im Internet). Inzwischen wird der Begriff auch auf alle Arten von Computerhardware (z. B. Server) und auf Standardsoftware angewandt.

Zu Frage F 8.33
Bei der *IT-Kosten- und -Leistungsverrechnung* hängt die Bewertung der zu verrechnenden IT-Leistungen von der Organisationsform der IT-Abteilung ab. Handelt es sich bei ihr lediglich um eine Kostenstelle, genügen im Rahmen der innerbetrieblichen Kostenverrechnung (auf geeignete Kostenträger bezogene) Kostensätze. Wird die IT-Abteilung als Profit Center geführt, sind (kosten- oder marktpreisorientierte) Verrechnungspreise angebracht. Ist der IT-Bereich (z. B. nach einem Inhouse Outsourcing) ein rechtlich selbstständiges Unternehmen, sind Marktpreise zwingend erforderlich.

Zu Frage F 8.34
Das für die IT-Kosten- und -Leistungsverrechnung benötigte *Abrechnungsmanagement* besteht nach der Norm ISO/IEC 10164-10 aus den drei in der betrieblichen Praxis fast selbstverständlichen Schritten
1) Verbrauchserfassung,
2) Kostenzuordnung und
3) Rechnungsstellung.

Zu Frage F 8.35
Preismodelle für das *Application Service Providing* kann man auf der Basis von Festpreisen, variablen Preisen sowie einer Kombination aus beiden bilden. Mögliche Bezugsgrößen für variable Preise sind
- die Nutzungsdauer,
- die Transferleistung,
- die beanspruchte Speicherkapazität oder
- die Anzahl in Anspruch genommener Lizenzen.

Zu Frage F 8.36
Service Level Agreements (Abkürzung: SLA) sind vertragliche Festlegungen zwischen den Anbietern von IT-Leistungen und deren Kunden, die die Qualität der Leistung (z. B. Systemverfügbarkeiten, Antwortzeiten, Termintreue, Personalbereitschaft im Benutzerservicezentrum u. a.) betreffen. Bei Nichteinhaltung ist der Kunde zu Preisabschlägen berechtigt.

Zu Frage F 8.37
Die den aufgezählten *IT-Berufen* zuzuordnenden Aufgaben lassen sich kurz wie folgt skizzieren:
a) *Netzmanager*: Planung, Einführung und Steuerung des Netzbetriebs, insbesondere Auswahl öffentlicher Netze und Mehrwertdienste (Telekom, andere Anbieter), Einrichtung von lokalen Netzen und Internetzugängen, Überwa-

chung der Nutzung sämtlicher standortbezogener und -übergreifender Netze und der zugehörigen Endgeräte;
b) *Datenbankadministrator*: Verwaltung aller zentralen Datenbestände mithilfe der von der Systemsoftware bereitgestellten Datei- und Datenbankverwaltungssysteme, Gewährleistung des Datenschutzes und der IT-Sicherheit durch geeignete Maßnahmen;
c) *Systementwickler*: Professionelle Entwicklung von IT-Anwendungssystemen nach den Prinzipien, Methoden und Verfahren des Softwareengineering;
d) *IT-Controller*: Koordination aller betrieblichen Aktivitäten zur Planung, Überwachung und Steuerung des IT-Einsatzes und Bereitstellung der dafür erforderlichen Informationen (Berichte, Kennzahlen usw.) für das IT-Management;
e) *SAP-Berater*: Beratung aller Anwender und Benutzer von SAP-Standardsoftware im Unternehmen;
f) *Webdesigner*: Gestaltung und Pflege der Webpräsenz des Unternehmens im Internet.

Zu Frage F 8.38
Als *IT-Sicherheit* bezeichnet man die Bewahrung von IT-Systemen (Rechner, Netze, Daten, Programme) vor Beeinträchtigungen, insbesondere durch Verlust, Zerstörung oder Verfälschung, und vor Missbrauch. Unter *Datenschutz* wird die Bewahrung aller schutzwürdigen Belange von Betroffenen, d. h. natürlichen oder juristischen Personen, vor Beeinträchtigungen bei der Speicherung oder Verarbeitung ihrer Daten verstanden. In der Gesetzgebung (Datenschutzgesetze) und im Sprachgebrauch beschränkt sich der Begriff auf personenbezogene Daten natürlicher Personen.

Zu Frage F 8.39
Bei der *IT-Sicherheit* kann man
a) die *Bedrohungen* in Katastrophen und höhere Gewalt, technische Störungen sowie unbeabsichtigte (zufällige) und beabsichtigte (vorsätzliche) menschliche Handlungen und
b) die *IT-Sicherheitsmaßnahmen* in bauliche, technische, personelle und organisatorische Maßnahmen
einteilen.

Zu Frage F 8.40
USV-Anlagen dienen zur unterbrechungsfreien, d. h. einer von Ausfällen des Stromnetzes und/oder Schwankungen der Stromspannung unbeeinträchtigten Stromversorgung für IT-Systeme. Bei den *Betriebsarten* unterscheidet man zwischen dem Mitlaufbetrieb, wenn die Umschaltung auf die USV-Anlage erst im Störungsfall erfolgt, und dem Dauerbetrieb, wenn die USV-Anlage ständig mitläuft. Nur der letztgenannte Fall garantiert eine völlig schwankungsfreie Stromversorgung.

Zu Frage F 8.41
Das vom „Bundesamt für Sicherheit in der Informationstechnik" (BSI) herausgegebene *IT-Grundschutzhandbuch* bezweckt, einem breiten Empfängerkreis detaillierte Empfehlungen für Maßnahmen zur IT-Sicherheit zu geben, auch im PC-Bereich. Dadurch sollen in den Unternehmen das Sicherheitsniveau von IT-Systemen angehoben und die Entwicklung von IT-Sicherheitskonzepten erleichtert werden.

Zu Frage F 8.42
Das *Generationsprinzip* ist eine organisatorische Datensicherungsmaßnahme. Bei Änderung (oder Fortschreibung) eines Datenbestands wird der ursprüngliche (ungeänderte) Datenbestand einschließlich der Bewegungs- und/oder Änderungsdaten so lange aufbewahrt, bis der geänderte Datenbestand erneut geändert worden ist. Die Aufbewahrung kann auch auf mehrere Änderungsläufe ausgedehnt werden.

Das Generationsprinzip ist eine vorbeugende Maßnahme gegenüber unbeabsichtigtem Verändern oder Löschen. Es stammt von der fortlaufenden Verarbeitung sequenziell organisierter (Magnetband-)Dateien.

Zu Frage F 8.43
Bei der in verschiedenen Realisierungsstufen praktizierten *RAID* (Redundant Array of Inexpensive Disks)*-Technik* werden die Daten auf mehrere verknüpfte Plattenlaufwerke verteilt, um die Zugriffszeiten zu verkürzen. Gleichzeitig kann sie für die Erhöhung der *IT-Sicherheit* genutzt werden, wenn auch Duplikate der Originaldaten und/oder zusätzliche (redundante) Prüf- bzw. Korrekturdaten auf die Laufwerke verteilt werden. Am gebräuchlichsten ist die bloße Datenspiegelung (Stufe RAID-1).

Zu Frage F 8.44
Das *Katastrophenhandbuch* gehört zu den organisatorischen Sicherheitsmaßnahmen. Es beinhaltet einen Notfallplan, der
- die vorbeugenden Maßnahmen für den Katastrophenfall festlegt,
- das Verhalten im Katastrophenfall regelt und
- die einzelnen Schritte für den Wiederanlauf nach dem Katastrophenfall beschreibt.

Die Wirksamkeit des Handbuchs ist allerdings nur bei rechtzeitiger und ständiger Unterweisung aller, insbesondere auch neu eingetretener Mitarbeiter garantiert.

Zu Frage F 8.45
Unter *Programmmanipulationen* versteht man die vorsätzliche zerstörerische Veränderung von Programmen oder Daten durch andere Programme zum Schaden des Betroffenen. Die bekannteste Form bilden *Computerviren*.

Zu Frage F 8.46
Bei *Antivirenprogrammen* („Virenscanner") handelt es sich um Software, die durch die laufende Überprüfung der im Einsatz befindlichen Programme und Datenbestände das Auftreten von Computerviren verhindern bzw. zumindest frühzeitig erkennen soll. Wegen der großen Vielfalt bisher registrierter und ständig neu hinzukommender Viren ist die Nutzung des Internets ohne ständig aktualisierte Antivirenprogramme hochgradig riskant. Ergänzende Abwehrmaßnahmen sind im organisatorischen Bereich erforderlich.

Zu Frage F 8.47
Unter *Zugangskontrollen* versteht man bauliche und technische Maßnahmen, mit denen der Zugang von Personen zu Gebäuden und Räumen geregelt und gesteuert wird (Beispiele: Videoüberwachung, Personenschleusen). *Zugriffskontrollen* dagegen dienen der Verhinderung des unbefugten Zugriffs auf Geräte, Daten und Programme (Beispiele: Ausweisleser an Kassen, Passwörter).

Zu Frage F 8.48
Authentifizierung ist der Nachweis der Identität eines Benutzers, z. B. durch biometrische Verfahren. *Autorisierung* ist die Zuweisung von Zugriffsrechten nach der Authentifizierung eines Benutzers.

Zu Frage F 8.49
Kryptografische Verfahren dienen der Verschlüsselung elektronisch übertragener Daten, um
- die Vertraulichkeit zu schützen,
- die Unverfälschtheit zu gewährleisten und
- die Rechtsverbindlichkeit herzustellen.

Die einzelnen Zeichen einer Information werden mithilfe eines Algorithmus, dem so genannten *Chiffrierschlüssel*, beim Absender chiffriert und beim Empfänger mit einem *Dechiffrierschlüssel* wieder dechiffriert. Man unterscheidet zwischen symmetrischer und asymmetrischer Verschlüsselung je nachdem, ob sich der Dechiffrierschlüssel aus dem Chiffrierschlüssel ableiten lässt oder nicht.

Zu Frage F 8.50
Unter *Key Escrowing* versteht man die Hinterlegung von Schlüsseln kryptografischer Verfahren bei öffentlichen Zertifizierungsstellen, die als *Trustcenter* bezeichnet werden. Allgemein haben solche Trustcenter die Aufgabe, elektronische Signaturen zu vergeben und zu verwalten. Für so genannte qualifizierte elektronische Signaturen mit Anbieterakkreditierung ist nach dem Signaturgesetz die Akkreditierung der Zertifizierungsstelle durch die Regulierungsbehörde für Post und Telekommunikation (seit 2005 „Bundesnetzagentur") vorgeschrieben. Trust Center haben bisher nur eine geringe Akzeptanz gefunden.

Zu Frage F 8.51
Eine *Firewall* dient der IT-Sicherheit in Netzen. Sie ist ein Sicherungssystem, das das unerwünschte Eindringen in unternehmensinterne Netze, insbesondere aus dem Internet, verhindern soll. Der gesamte Datenverkehr von und nach außen wird über die Firewall geleitet, die als Filtersystem arbeitet. Sämtliche (versuchten) Zugriffe werden geprüft und protokolliert. Die Eingangskontrolle übernimmt Software, die mit entsprechenden Schutzmechanismen ausgestattet ist und auf einem Router oder einem eigenständigen Rechner (Bastion Host), dem ggf. ein Router vor- und ein weiterer Router nachgeschaltet sind, installiert wird.

Zu Frage F 8.52
Mit *Spam* bezeichnet man unerwünschte, häufig unseriöse E-Mails, die über das Internet verschickt bzw. verteilt werden. *Spamblocker* sind Programme, mit denen solche E-Mails so weit wie möglich erkannt und abgefangen werden sollen, z. B. durch das Erkennen zweifelhafter Inhalte oder dubioser Absender.

Zu Frage F 8.53
Der Schutz von Entwicklungsdaten eines Automobilherstellers fällt nicht unter das *Bundesdatenschutzgesetz*, weil sich dieses nur mit dem Schutz personenbezogener Daten befasst.

Zu Frage F 8.54
Das *Bundesdatenschutzgesetz* legt Rechte der Bürger an der Verarbeitung personenbezogener Daten und damit indirekt Pflichten für diejenigen Stellen fest, die mit der Verarbeitung personenbezogener Daten befasst sind. Sie betreffen
- die Benachrichtigung bei erstmaliger Speicherung,
- die Auskunft über gespeicherte Daten,
- die Berichtigung unrichtiger Daten sowie
- die Löschung bzw. Sperrung unzulässiger und strittiger Daten.

Zu Frage F 8.55
Nach dem Strafgesetzbuch werden zur *Computerkriminalität* das Ausspähen von Daten, der Computerbetrug, die Fälschung beweiserheblicher Daten, die Täuschung im Rechtsverkehr bei Datenverarbeitung, die Datenveränderung und die Computersabotage gerechnet. Verstöße können mit Freiheitsstrafen bis zu fünf Jahren bestraft werden.

Zu Frage F 8.56
Unter *Softwarepiraterie* versteht man Verstöße gegen das Urheberrecht durch die Anfertigung von Raubkopien und die illegale Nutzung von Software. In den Unternehmen gibt es Richtlinien und Maßnahmen zur Verhinderung. Auf den Privatbereich lässt sich oft das Sprichwort anwenden: „Wo kein Kläger ist, gibt es auch keinen Richter." Mehrere Softwareanbieter haben die „Software-

Alliance" gegründet, die mit Anzeigenkampagnen und Strafverfolgung gegen die Softwarepiraterie vorgeht.

Zu Frage F 8.57
Unter *IT-Akzeptanz* versteht man den Grad der Bereitschaft jedes einzelnen Mitarbeiters im Unternehmen, die Möglichkeiten der Informationstechnik am eigenen Arbeitsplatz zu nutzen. Die Stufen der Akzeptanz reichen von begeisterter Zustimmung bis zu entschiedener Ablehnung. Die Akzeptanz wird von betrieblichen, arbeitsplatzspezifischen und persönlichen Faktoren beeinflusst.

Zu Frage F 8.58
Der Arbeitgeber kann die *IT-Akzeptanz* bei seinen Mitarbeitern durch eine frühzeitige Information über beabsichtigte Veränderungen, die Berücksichtigung von Vorschlägen der Mitarbeiter, rechtzeitige Schulungsmaßnahmen und vor allem durch die Beteiligung der Mitarbeiter vor und während der Einführung neuer Anwendungssysteme erhöhen, ferner durch eine ausführliche Erläuterung der erwarteten Vorteile für die Benutzer.

Zu Frage F 8.59
Die *IT-Ergonomie* umfasst die Hardware-, die Umgebungs- und die Softwareergonomie.

Zu Frage F 8.60
Zur *Umgebungsergonomie* (von IT-Arbeitsplätzen) gehört im Wesentlichen die Gestaltung der Bildschirmarbeitsplätze. Hierzu zählen die Arbeitsplatzgestaltung (Platzbedarf, Mobiliar u. a.), die Beleuchtung, die Umgebungsakustik und das Raumklima.

Zu Frage F 8.61
Arbeitnehmer können nach dem *Betriebsverfassungsgesetz* bei der Entwicklung und Einführung von Anwendungssystemen Rechte geltend machen, wenn es sich dabei um die Gestaltung von Arbeitsverfahren, d. h.
- um die Einführung grundlegend neuer Arbeitsmethoden (§ 111 Abs. 5) oder
- um die Planung und Änderung von Arbeitsverfahren und -abläufen (§ 90 Abs. 3) oder der Arbeitsplätze (§ 90 Abs. 4)

handelt. In die Kategorie der Änderung von Arbeitsabläufen fällt die größte Anzahl von Neuentwicklungen. Bei entsprechender Interpretation von § 80 Abs. 2 Ziff. 2 hat die Personalvertretung darüber hinaus das Recht, Einblick in die gesamte Systemdokumentation zu verlangen.

Musterlösungen für die Aufgaben zu Kapitel 8

Zu Aufgabe A 8.1
Um rasch einen Überblick über die *Informationsstruktur* und die *IT-Infrastruktur* eines Unternehmens zu bekommen, könnte man die folgenden 12 Fragen stellen:
1) Welches sind die (Kern-) Geschäftsprozesse und die wichtigsten darauf ausgerichteten Anwendungssysteme im Unternehmen?
2) Für welche Anwendungssysteme wird welche Standard- bzw. Branchensoftware eingesetzt?
3) Für welche Anwendungsbereiche sind Datenbanken unter wessen Verantwortlichkeit eingerichtet?
4) Welche IT-Systeme sind an welchen Stellen, in welchen Konfigurationen und mit welchen Betriebssystemen installiert?
5) Welche Vernetzungen bestehen
   - unternehmensintern und
   - mit Geschäftspartnern

   und wie weit wird dafür das Internet (als Intranet oder Extranet) genutzt?
6) Wie ist die IT-Abteilung in die Unternehmensorganisation eingeordnet bzw. in welcher Form ausgegliedert?
7) Wie ist die IT-Abteilung intern gegliedert und wie viele Mitarbeiter sind in den einzelnen Bereichen beschäftigt?
8) Welche Vorgehensmodelle, Softwareentwicklungswerkzeuge und Programmiersprachen werden für die Entwicklung von Individualsoftware eingesetzt?
9) Welche Richtlinien bestehen hinsichtlich der Entscheidungskompetenzen über die Beschaffung und den Einsatz von IT-Ressourcen, der Genehmigung und Abwicklung von IT-Projekten, der System- und Programmdokumentation, der Inanspruchnahme von IT-Ressourcen usw.?
10) Gibt es ein IT-Controlling und mit welchen Instrumenten arbeitet es?
11) Wie hoch ist das jährliche IT-Budget (absolut und prozentual zum Umsatz des Unternehmens), und erfolgt eine interne IT-Kosten- und -Leistungsverrechnung an die Anwender?
12) Welche langfristigen Strategien gibt es für den IT-Einsatz in den nächsten Jahren?

Zu Aufgabe A 8.2
Das *strategische* und das *operative IT-Management* lassen sich grundsätzlich – wie alle Managementaufgaben – nach ihren Zeithorizonten abgrenzen. Das stra-

tegische Management betrifft eher langfristige, das operative kurzfristige Zeiträume und Entscheidungen. Beispiele sind
- für eine strategische Entscheidung, ob man einen Outsourcingvertrag für bestimmte IT-Aufgaben mit einem externen Anbieter abschließt, und
- für eine operative Entscheidung, ob man in einem in Terminverzug geratenen IT-Projekt kurzfristig Fremdprogrammierer einsetzt.

Zu Aufgabe A 8.3

a) Die wichtigsten Aufgaben des *strategischen IT-Managements* bestehen darin, langfristig zu planen,
- wie die Informationsverarbeitung noch intensiver genutzt werden kann, um die generellen Unternehmensziele (Umsatz steigern, Marktanteile erhalten, Arbeitsplätze sichern, Kundenbindung verstärken, Firmenimage verbessern usw.) zu unterstützen, und
- welche IT-Ressourcen (Hardware, Software, Netze; Mitarbeiter) dafür bereitzustellen und unter wirtschaftlichen Gesichtspunkten zu verteilen und einzusetzen sind.

Gekoppelt damit sind u. a. Fragen über Outsourcingmaßnahmen im IT-Bereich und die Bindung an bestimmte Anbieter von Standardsoftware.

b) Die wichtigsten Aufgaben des *operativen IT-Managements* umfassen
- die Bereitstellung einer leistungsfähigen Hardwareausstattung einschließlich aller Kommunikationseinrichtungen mit einem hohen Servicegrad,
- die Einrichtung, Bereitstellung und Pflege der (möglicherweise verteilten) Datenbestände,
- die Entwicklung, Einführung und Wartung der individuell erstellten Anwendungssysteme durch qualifizierte Systemanalytiker und Programmierer,
- die Auswahl, Anpassung, Einführung und Wartung von Standardsoftware,
- die Beratung und Unterstützung der Fachabteilungen in allen Fragen der Informationstechnik und
- die Durchführung geeigneter Maßnahmen für die Gewährleistung des Datenschutzes und der IT-Sicherheit.

Zu Aufgabe A 8.4

a) Die beiden Grundfragen, die für strategische Entscheidungen über die *IT-Verteilung* zu stellen sind, lauten:
- Von welchen Geschäftsprozessen wird die betriebliche Wertschöpfungskette gebildet?
- Welche Organisationseinheiten sind an diesen Geschäftsprozessen beteiligt (und damit entsprechend durch die Informationstechnik zu unterstützen)?

b) In Handelsbetrieben
- wird der wesentliche Geschäftsprozess („Kernprozess") durch die Vorgangskette Beschaffung – Lagerung – Verkauf gebildet,

- an dem die Bereiche Einkauf, Lager und Verkauf mit primären Aktivitäten beteiligt sind.
c) Die Unterstützung durch die Informationstechnik erfolgt im Fall b) durch ein geschlossenes *Warenwirtschaftssystem*.

Zu Aufgabe A 8.5

a) Bei Unternehmen mit *heterogener Struktur* (z. B. Mehrbereichskonzerne, Holdinggesellschaften) empfiehlt sich keine echte *IT-Verteilung*. Die einzelnen Konzerngesellschaften richten am besten an ihren Standorten Rechenzentren, Systementwicklungsabteilungen usw. ein und verwalten dort die eigenen Datenbestände und die eingesetzten Programme. Für die Konzernspitze ist unter Zugriff auf die dezentralen Datenbestände ein zentrales Data Warehouse aufzubauen, das die Basis für ein zentrales Führungsinformationssystem bildet. Zu überlegen sind allerdings eine RZ-Konzentration, die konzerninterne Nutzung des Application Service Providing mit Standardsoftware externer Anbieter und der Betrieb eines zentralen Benutzerservices.

b) Bei Unternehmen mit *homogener Struktur* hängt die *IT-Verteilung*, insbesondere die der Hardwareressourcen, davon ab, ob die Datenbestände zentral (z. B. bei Banken und Touristikunternehmen), partiell redundant verteilt (z. B. in der Finanzverwaltung) oder voll redundant verteilt (z. B. bei Filialunternehmen des Handels) gespeichert werden. Für die Programme bieten sich zentrale Anwendungsserver an. Die Systementwicklung bzw. die Softwareauswahl erfolgen zweckmäßigerweise an zentraler Stelle.

Unabhängig von den Unternehmensstrukturen sind immer die Möglichkeiten zum partiellen oder totalen IT-Outsourcing sowie zur kompletten Ausgliederung der IT-Bereiche zu prüfen.

Zu Aufgabe A 8.6

Für das Filialunternehmen des Möbelhandels ergibt sich folgende Situation:
a) Anforderungen an die Informationsverarbeitung
- Die Zentrale muss in der Lage sein, die Bestandsverwaltung für alle Filialen, die Warenbeschaffung bei den Möbelfabriken, die Fakturierung der Kundenrechnungen und die Auslieferungsdisposition durchzuführen sowie den Kundenservice zu betreiben. Die Geschäftsleitung verlangt – neben den üblichen Geschäftsabschlüssen – ein Informationssystem mit aussagefähigen Kennzahlen.
- In den Filialen müssen einheitliche Informationen über alle im gesamten Unternehmen angebotenen Artikel verfügbar gehalten werden. Ferner ist dort der aktuelle Bestand der betreffenden Filiale zu führen. Ist ein Artikel nicht verfügbar, muss die Möglichkeit bestehen, bei der Zentrale Auskunft einzuholen, ob der Artikel von einer anderen Filiale geliefert oder beim Lieferanten nachbestellt werden kann. Für örtlich begrenzte Werbemaßnahmen muss in jeder Filiale der regionale Kundenbestand geführt werden.

b) IT-Verteilung

Aus den unter a) genannten Anforderungen ergibt sich, dass ein Teil der Daten partiell redundant und ein anderer Teil voll redundant zu speichern und zu pflegen ist. Hinsichtlich der Hardwareverteilung resultiert daraus ein Rechnernetz, das aus einem Zentralrechner und sternförmig angeschlossenen Filialrechnern besteht, die in lokale Client-Server-Modelle eingebunden sind. Das zweckmäßigste Netz für die Datenübertragung hängt von der Intensität der Kommunikation ab. Die Systementwicklung erfolgt auf jeden Fall in der Zentrale.

c) Alternativen zu b)

Um den Personalaufwand für die IT-Aktivitäten in den Filialen zu minimieren, kann es zweckmäßig sein, alle Daten zentral zu führen und die Filialen lediglich mit PCs auszustatten, die entweder direkt als Terminals oder indirekt über einen Kommunikationsserver auf die Daten der Zentrale zugreifen. Dezentral wird lediglich die Nutzung von Officepaketen vorgesehen. Eine weitergehende Dezentralisierung kommt ohnehin nicht in Betracht, weil sich dann keine zentrale Bestandsverwaltung, Beschaffung und Auslieferung vornehmen ließen, für die wiederum wirtschaftliche Gründe sprechen.

Zu Aufgabe A 8.7

Die Hauptaufgaben des *zentralen Servers* sind
- die Verwaltung großer Datenbestände für den Zugriff durch eine hohe Anzahl von Benutzern,
- die Abwicklung der Transaktionsverarbeitung und
- die Überwachung und Steuerung des Netzbetriebs innerhalb des Unternehmens und mit Geschäftspartnern.

Weitere Aufgaben sind
- die permanente Überprüfung der Hardware und Systemsoftware in allen Rechnern des Netzes,
- die Versorgung aller dezentralen Server mit den aktuellen Versionen der dezentral eingesetzten Anwendungsprogramme,
- die periodische Sicherung aller dezentralen Datenbestände (Backup) und
- die Aktualisierung der zentral und dezentral installierten Antivirenprogramme in festen Zeitabständen.

Zu Aufgabe A 8.8

Umstellungen im IT-Bereich („IT-Migrationen") sind für das IT-Management im Sinn eines permanenten Veränderungsmanagements an der Tagesordnung. Alle derartigen Umstellungen sind mit beträchtlichem Aufwand und erheblichen Risiken verbunden, zumal sie oft Strukturen verändern, die über lange Zeit gewachsen sind. Sie können daher in der Regel nur schrittweise vollzogen werden. Deswegen werden *Migrationsstrategien* benötigt, die die einzelnen Schritte sorgfältig definieren, begründen und vorbereiten.

Zu Aufgabe A 8.9

Eine *Migrationsstrategie* zur Umstellung von einer dezentralen auf eine zentrale SAP-Betreuung ("SAP-Kompetenzzentrum") könnte aus folgenden Schritten bestehen:

1) Auswahl und Versetzung von Mitarbeitern von den dezentralen Betreuungsstellen zur zentralen Betreuung, ggf. Einstellung und Ausbildung neuer Mitarbeiter.
2) Einrichtung einer zentralen Hotline (Telefon, E-Mail, online) für einen mehrstufigen User Support.
3) Übertragung von Aufgaben des kurzfristigen Helpdesk, die möglicherweise bisher von den dezentralen SAP-Kompetenzzentren mit wahrgenommen worden sind, auf die weiterhin dezentral verbleibenden allgemeinen Benutzerservicezentren.
4) Abstimmung mit SAP über die organisatorischen Veränderungen; Benennung der zukünftig zentralen Ansprechpartner für SAP.
5) Unterrichtung aller mit SAP-Software befassten Mitarbeiter über die organisatorischen Veränderungen.
6) Benennung von Kontaktpersonen an den dezentralen Stellen, die in enger Zusammenarbeit mit dem zentralen Kompetenzzentrum die veränderten Arbeitsabläufe beobachten und über auftretende Mängel und Nachteile berichten (Zweck: Tuningmaßnahmen).

Zu Aufgabe A 8.10

Die Frage nach *Zentralisierung* oder *Dezentralisierung* der *Systementwicklung/ Programmierung* entsteht, wenn die Geschäftstätigkeiten eines Unternehmens organisatorisch (z. B. verschiedene Konzerngesellschaften) und/oder geografisch (z. B. verschiedene Standorte) verteilt sind.

a) Für eine Zentralisierung sprechen u. a.
   - einheitliche Systementwicklung (bzw. Softwareauswahl) nach verbindlichen Richtlinien,
   - Vermeidung von Doppel- und Mehrfacharbeit,
   - straff organisierte IT-Schulung.

b) Für eine Dezentralisierung sprechen u. a.
   - engerer Kontakt zu den dezentralen Fachabteilungen,
   - ausgeprägtes Know-how der Systementwicklung über die spezifischen Geschäftstätigkeiten in der Tochtergesellschaft bzw. am betreffenden Standort,
   - größere Flexibilität der dezentralen Bereiche durch unmittelbare Verfügbarkeit von eigenem IT-Personal.

Zu Aufgabe A 8.11

Die *Einordnung der IT-Abteilung* in die Aufbauorganisation des Unternehmens kann alternativ wie folgt vorgenommen werden:

a) Stabsabteilung als zentraler Dienstleistungsbereich direkt unter der Unternehmensleitung,
b) Linienabteilung gleichrangig zu anderen Hauptabteilungen wie Produktion, Vertrieb, Finanz- und Rechnungswesen usw.,
c) Linienabteilung innerhalb einer Hauptabteilung, insbesondere dem Finanz- und Rechnungswesen, oder
d) selbstständiges Tochterunternehmen (Inhouse Outsourcing).

Von den Fällen a) bis c) bildet Fall a) die beste Voraussetzung, um die IT-Abteilung als Profitcenter (und nicht nur als Kostenstelle) zu führen.

Zu Aufgabe A 8.12

Beispiele für *partielles IT-Outsourcing* sind das Outsourcing
- des RZ-Betriebs, insbesondere des Speichermanagements, bestimmter Anwendungsserver (zur Nutzung für das Application Service Providing) oder der Druckausgabe,
- des Netzmanagements und
- des Benutzerservicezentrums, speziell auch des SAP-Kompetenzzentrums.

Zu Aufgabe A 8.13

a) Zum *IT-Outsourcing des Benutzerservicezentrums* gibt es u.a. die folgenden Alternativen:
  - Umstellung vom bisher zentralen auf einen dezentralen Service und umgekehrt;
  - funktionale Aufteilung des Benutzerservices in einen First-Level-Support, der im Unternehmen verbleibt, und einen Second-Level-Support, der ausgelagert wird.

b) Wie bei jedem Outsourcing sind die wesentlichen
  - Vorteile: Übergang von fixen zu variablen Kosten, Einsparung von Spezialisten und dadurch Wegfall von Personalbeschaffungs- und Schulungsmaßnahmen;
  - Nachteile: Abhängigkeit von Fremdfirmen, Verlust eigener IT-Kompetenz, Verständigungs- und Abstimmungsprobleme.

Zu Aufgabe A 8.14

Den Arbeitsablauf der üblicherweise im Stapelbetrieb durchgeführten monatlichen Lohnabrechnung im *Rechenzentrum* zeigt Abbildung A 8.14.1.

Alternativen für die Datenerfassung sind die Verlagerung in das Lohnbüro und/oder die automatische Datenübernahme aus der Zeitwirtschaft.

Der Datenaustausch erfolgt in der Regel als elektronischer Datenaustausch (EDI) u.a. mit der Hausbank, den Finanzämtern und den Sozialversicherungsträgern. In Einzelfällen wird noch mit Datenträgeraustausch (DTA) gearbeitet.

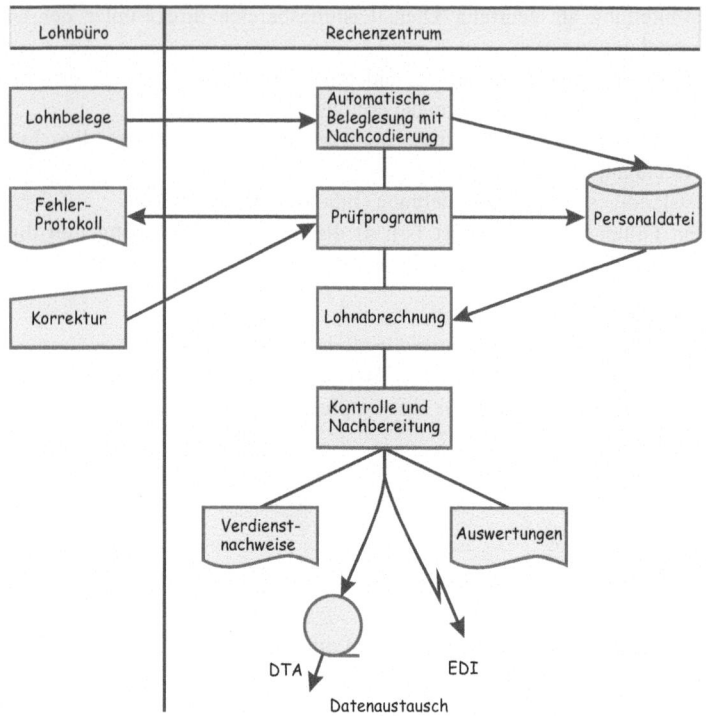

Abbildung A 8.14.1

Zu Aufgabe A 8.15
Der *Massendruck* erfolgt in der Regel an zentraler Stelle, weil
- die Hochleistungsdrucker wesentlich kostengünstiger arbeiten als viele kleinere Drucker,
- die Druckerbedienung in der Summe weniger Personal erfordert und
- die Nachbereitungsaufgaben einschließlich Sortierung, Kuvertierung, Frankierung usw. an zentraler Stelle ebenfalls wirtschaftlicher durchzuführen sind als an mehreren dezentralen Stellen.

Zu Aufgabe A 8.16
Die *Systementwicklung* befasst sich mit der Entwicklung neuer und der Wartung bestehender Anwendungssysteme, in der Regel nach einem in Phasen eingeteilten Vorgehensmodell. Das Vorgehensmodell beschreibt, WIE, d.h. in welchen Schritten und nach welchen Prinzipien, Methoden und Verfahren, vorzugehen ist. Das *IT-Projektmanagement* begleitet die Phasen der Systementwicklung und legt fest, WER WANN WAS (und zu WELCHEN KOSTEN) auszuführen hat.

Zu Aufgabe A 8.17

Der *Aufwandschätzung für IT-Projekte* mithilfe formaler Rechenverfahren werden üblicherweise
- der Programmumfang,
- der Schwierigkeitsgrad des Programms bzw. des Projekts,
- die verwendete Programmiersprache,
- die Qualifikation und die Problemkenntnisse der Projektbearbeiter (Skillfaktoren) und
- die Programmiererproduktivität

zugrunde gelegt. Damit ist folgende Problematik verbunden:
- Die genannten Einflussfaktoren beziehen sich nur auf die Phase Realisierung (Programmierung/Test) des Systementwicklungsprozesses.
- Der Umfang des zu entwickelnden Programms ist im Voraus nicht bekannt.
- Der Programmumfang ist stark vom individuellen Programmierstil bzw. von dem eingesetzten Softwareentwicklungswerkzeug abhängig.
- Die Programmiererproduktivität ist aus organisatorischen Gründen kaum, aus Mitbestimmungsgründen möglicherweise überhaupt nicht zu messen.

Wegen dieser Schwierigkeiten werden formale Rechenverfahren zur Aufwandschätzung in der betrieblichen Praxis kaum benutzt. Gebräuchlich ist die auf den Erfahrungen der Vergangenheit basierende *Analogiemethode*. In einigen Fällen wird die *Function-Point-Methode* verwendet, die Schätzungen anhand anwenderbezogener „Geschäftsvorfälle" (z. B. Entwicklung bzw. Einrichtung von Eingabemasken, Drucklisten, logischen Datengruppen u. a.) vornimmt.

Zu Aufgabe A 8.18

Die Aufgabe der *Projektüberwachung* ist die laufende Überwachung der Einhaltung
- der Projektziele,
- der Termine und
- des Kostenrahmens.

Instrumente der Projektüberwachung sind
- Projektbesprechungen,
- mündliche Berichterstattungen,
- schriftliche Projektberichte und/oder
- Feststellung des Projektstatus am Computer.

Als Grundlage der Projektüberwachung dienen formalisierte Tätigkeitsberichte, die sich von Projektmanagementsoftware auswerten lassen. Die Auswertung kann
- zeitorientiert, d. h. zu festen Zeitpunkten, und
- ereignisorientiert, z. B. nach Abschluss bestimmter Projektphasen oder auf Anforderung,

erfolgen.

Zu Aufgabe A 8.19

a) Ein *Tätigkeitsschlüssel* für die Systementwicklung sollte folgende Aussagen liefern:
- für die Projektkontrolle und die Kosten- bzw. Leistungsverrechnung: projektbezogener Zeitaufwand;
- für spätere Aufwandschätzungen: anteiliger Zeitaufwand für die einzelnen Phasen des Systementwicklungsprozesses;
- für die Personalbeschaffungsplanung: Verhältnis der produktiven, d. h. für Projektarbeit genutzten Arbeitszeit zur gesamten Arbeitszeit der Mitarbeiter;
- für die Personaleinsatzplanung: Anteil der Wartungsarbeiten an der produktiven Arbeitszeit.

Bei der Anwendung des Tätigkeitsschlüssels ist festzulegen, wie Zeiten für
- interne IT-Projekte der IT-Abteilung,
- projektübergreifende oder -unabhängige Besprechungen,
- Verwaltungstätigkeiten,
- Teilnahme an Fortbildungsmaßnahmen (aktiv als Dozent oder passiv als Hörer)

zuzurechnen sind und in welchen (kleinsten) Zeiteinheiten die Erfassung erfolgen soll.

b) Einen Tätigkeitsschlüssel, der den unter a) genannten Anforderungen genügt, zeigt Abbildung A 8.19.1. Bei den Phasen des Systementwicklungsprozesses sollte lediglich zwischen den Stufen
1 = Analyse,
2 = Entwurf,
3 = Realisierung und
4 = Einführung

unterschieden werden. Es kann sogar zweckmäßig sein, 1 und 2 sowie 3 und 4 zusammenzufassen. Jeder Eingabe eines Schlüsselwerts ist das Tagesdatum in der Form TT/MM/JJ voranzustellen.

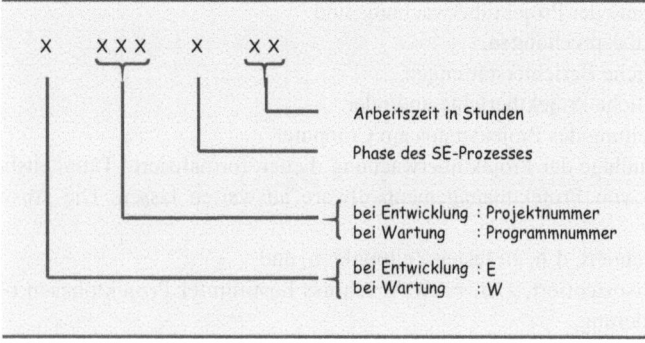

Abbildung A 8.19.1

Wenn die Tätigkeit der Systementwicklung nach der Analysephase vorwiegend in der Auswahl, Anpassung und Einführung von Standardsoftware besteht, ist der Tätigkeitsschlüssel entsprechend zu modifizieren.

Zu Aufgabe A 8.20
Bei der *Projektsteuerung* sind die Handlungsmöglichkeiten und die Form, in der Entscheidungen getroffen werden, eng gekoppelt. Im vorliegenden Fall des Versandhandelsunternehmens könnte in folgenden Schritten vorgegangen werden (ein Folgeschritt wird immer nur dann erforderlich, wenn bis dahin keine Lösung gefunden worden ist):
1) Besprechung mit den Projektmitarbeitern:
Zu klären ist, ob sich der Termin trotz der Ausfälle durch Überstunden (je nach unternehmensinterner Regelung gegen Bezahlung oder Freizeitausgleich), Wochenendarbeit oder Urlaubsverschiebung auf freiwilliger Basis realisieren lässt.
2) Besprechung mit der beteiligten Fachabteilung:
Zu klären ist, ob sich die Testphase (System- und Abnahmetest) durch stärkere Beteiligung der Fachabteilung verkürzen lässt.
3) Besprechung mit dem Leiter der Systementwicklung bzw. dem Leiter der IT-Abteilung:
Zu klären ist,
   - ob sich aus anderen IT-Projekten Mitarbeiter abziehen oder kurzfristig externe Mitarbeiter beteiligen lassen, sofern keine längeren Einarbeitungszeiten erforderlich sind, und
   - ob Überstunden angeordnet oder Urlaubssperren (mit Folgekosten für das Unternehmen, z. B. für die Stornierung von Urlaubsreisen) verhängt werden sollen.
4) Besprechung mit der beteiligten Fachabteilung bzw. der Geschäftsleitung:
Zu klären ist:
   - ob sich der Projektumfang reduzieren lässt (z. B. durch vorläufigen Verzicht auf automatische Schnittstellen zwischen Bestellbearbeitung, Lagerbestandsführung und Fakturierung und unter teilweiser Weiterführung der alten Anwendungssysteme), oder
   - ob der Einführungstermin um einige Tage verschoben werden kann, zumal ohnehin Verzögerungen beim Druck und Versand des Katalogs sowie bei der Einrichtung des Webservers zu erwarten sind.

Die endgültige Entscheidung trifft der Projektleiter in Abhängigkeit vom Ergebnis der einzelnen Gesprächsrunden.

Zu Aufgabe A 8.21
a) An die Mitarbeiter von *Benutzerservicezentren* werden vorrangig folgende Anforderungen gestellt:
   - detailliertes Fachwissen über Computerhardware, System- und Standardsoftware, insbesondere Officepakete, und Kommunikationssysteme;

- Erfahrungen in der Bedienung sämtlicher Geräte der Hardware, im Umgang mit den eingesetzten Betriebssystemen und Standardprogrammen sowie mit dem Zugang zu Netzen, insbesondere dem Internet, und der Nutzung von Netzdiensten;
- Kenntnisse der Unternehmensorganisation und der generellen Benutzerprobleme;
- didaktisches Geschick;
- Kontaktfähigkeit und Kooperationsbereitschaft.

b) Die Notwendigkeit, einen *mehrstufigen Benutzersupport* einzurichten, ergibt sich zwangsläufig aus der Tatsache, dass es keine Mitarbeiter gibt, die die unter a) genannten Anforderungen in vollem Umfang erfüllen und dass sich die Probleme der Benutzer ohnehin in
- einfache Fragen, z. B. hinsichtlich der Geräte- oder Programmbedienung, und
- komplizierte Sachverhalte, z. B. Systemzusammenbrüche oder nicht lesbare Dateien,

unterteilen lassen, zu deren Lösung von den Beratern unterschiedliche Qualifikationen gefordert werden. Als oberste Stufe des Benutzersupports bleibt oft nur die Einschaltung der Hersteller bzw. Lieferanten der Geräte und Programme.

Zu Aufgabe A 8.22
Je drei Kennzahlen des *IT-Controllings* sind
- für das Rechenzentrum: die Systemverfügbarkeit und die Antwortzeiten beim Dialogbetrieb sowie die Termineinhaltung beim Stapelbetrieb;
- für die Systementwicklung: das Verhältnis zwischen Entwicklungs- und Wartungsaufwand, die prozentualen Terminabweichungen von den geplanten Projektdauern sowie die prozentualen Abweichungen der Istkosten von den Plankosten der Projekte;
- für das Benutzerservicezentrum: die Anzahl Mitarbeiter pro betreuten PC, die Anzahl der Unterstützungsfälle pro Monat und der durchschnittliche Zeitaufwand für eine Hilfestellung bzw. Beratung.

Zu Aufgabe A 8.23
a) Die beiden Hauptziele der *Verrechnung von IT-Kosten* und *-Leistungen* sind
- die verursachungsgerechte Leistungsverrechnung an die Anwender und
- die kostenbewusste Leistungsinanspruchnahme durch die Anwender.

b) Zu berücksichtigen sind die *Kostenarten*
- Hardware (Abschreibung, Miete / Leasing),
- Software (Abschreibung, Lizenzgebühren),
- Infrastruktur (Gebäude, Haustechnik, Sicherheitseinrichtungen),
- Verbrauchsmaterial (Datenträger, Toner, Papier usw.)
- Netzkosten (Installation / Verkabelung, Gebühren der Provider, Geräte, Netzsoftware),

- Energie,
- Personal (einschließlich Personalnebenkosten) und
- Fremdleistungen (Beratung, Programmierung, technische Wartung).

Kostenstellen sind entsprechend der Aufbauorganisation
- Produktion (RZ-Betrieb),
- Systementwicklung (Anwendungsentwicklung und -betreuung) sowie
- Benutzerservice,

ferner Netzmanagement/Netzbetreuung und Datenadministration, falls diese beiden Bereiche eigenverantwortlich geführt werden.

Als *Bezugsgrößen* (Kostenträger bzw. Produkte) kommen
- für die RZ-Leistungen entweder produktions- bzw. verbrauchsorientierte Werte wie Prozessorzeiten, Plattenbelegungen, Druckseiten u.a. oder produktorientierte Größen wie Buchung, Personalabrechnung pro Kopf oder Transaktion,
- für die Systementwicklung der Zeitaufwand (Personalstunden, -tage, -monate) oder ganze IT-Projekte (bei Festpreisen),
- für das Benutzerservicezentrum der Zeitaufwand generell oder speziell für einzelne Leistungsarten (Hilfe, Beratung, Auswahl/Beschaffung)

in Betracht. Die Verrechnung der Kosten des Benutzerservicezentrums erfolgt häufig durch einen Zuschlag auf die Gerätekosten der Arbeitsplätze.

Zu Aufgabe A 8.24

Die Problematik der *innerbetrieblichen Verrechnung* von IT-Kosten und -Leistungen lässt sich wie folgt charakterisieren:
- IT-Kosten sind zu 90 % fix. Somit kommt nur eine Verrechnung auf Vollkostenbasis in Betracht.
- Im Rechenzentrum und im Netzbetrieb sind dieselben Leistungen nicht zu gleichen Bedingungen reproduzierbar. Deswegen müssen der Verrechnung nicht Istkostensätze, sondern Preise für Leistungen zugrunde gelegt werden.
- Im RZ-Betrieb sind produktionsorientierte Bezugsgrößen nicht benutzertransparent, während produktorientierte Bezugsgrößen aufwändige Kalkulationen erfordern.
- Die Kostenerfassung wird umso schwieriger, je stärker IT-Leistungen dezentralisiert werden.
- Die Kosten der gesamten Bürokommunikation, d.h. der Benutzung von Officepaketen, lassen sich nur unter erheblichem Aufwand verursachungsgerecht den Arbeitsplätzen der Benutzer zurechnen.
- Die verursachungsgerechte Zuordnung der Kosten für die Inanspruchnahme des Benutzerservicezentrums kann zu einem unerwünschten „Schattenbenutzerservice" führen.
- Jede innerbetriebliche Kostenverrechnung erfordert zusätzlichen Aufwand und erfüllt nur dann voll ihren Zweck, wenn sie konsequent für alle Bereiche des Unternehmens (und nicht nur für die IT-Abteilung) vorgenommen wird.

Da mit der Verrechnung Ziele wie
- Verursachungsgerechtigkeit,
- Kostensenkung,
- Marktvergleichbarkeit oder
- Entscheidungshilfe (z. B. vor dem Outsourcing von IT-Leistungen)

angestrebt werden, fordert die betriebliche Praxis zwar zwingend eine Verrechnung, jedoch kommen zur Verringerung des Aufwands vereinfachte Verfahren zur Anwendung, in denen Kompromisse eingegangen werden (z. B. Pauschalierung der Leistungen des RZ-Betriebs oder Umlage des Benutzersupports auf die Hardwarekosten der betreuten PCs).

Zu Aufgabe A 8.25

Für die *IT-Kostenverrechnung* an die Fachabteilungen gibt es den folgenden pragmatischen Vorschlag:
- Das Benutzerservicezentrum beschafft zentral die gesamte Hardware und die Softwarelizenzen und stellt dafür den Benutzern entweder einen einheitlichen (durchschnittlichen) oder einen (je nach Ausstattung) individuellen monatlichen Mietsatz in Rechnung.
- Diesen Mietsätzen werden die gesamten Kosten für das Netzmanagement und den Benutzersupport anteilig zugeschlagen.
- Das Vorgehen wird einvernehmlich mit den Anwendern abgestimmt.
- Genauere Erfassungsverfahren werden mit dem Hinweis auf die Verhältnismäßigkeit der Mittel abgelehnt.

Zu Aufgabe A 8.26

a) Einen Überblick über die *IT-Berufe* innerhalb der IT-Abteilung gibt Abbildung A 8.26.1 anhand der Organisationsstruktur.
b) Außerhalb der IT-Abteilung befassen sich mit IT-Aufgaben
  - unternehmensintern die Endbenutzer in den Fachabteilungen (beim Umgang mit Officepaketen, bei der Beteiligung an IT-Projekten und bei der Nutzung von Standardsoftware für IT-Anwendungssysteme), der betriebliche Datenschutzbeauftragte, die IT-Revisoren und die IT-Koordinatoren, sowie
  - unternehmensextern die Vertriebsbeauftragten, Spezialisten und Berater der Hardwarehersteller und Softwarefirmen, die Serviceprovider und die IT-Dozenten an allen staatlichen und privaten Aus- und Fortbildungseinrichtungen sowie die IT-Fachjournalisten.

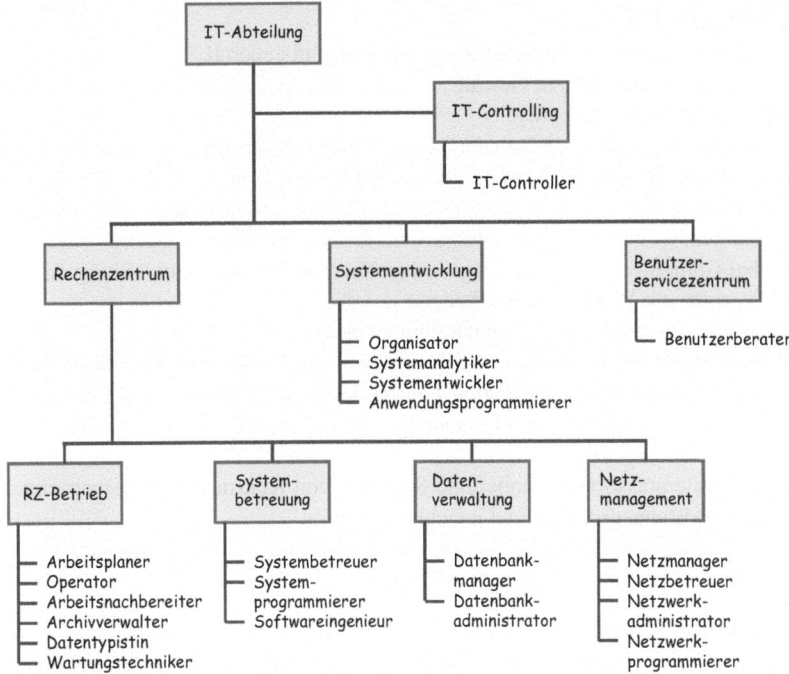

Abbildung A 8.26.1

Zu Aufgabe A 8.27
Einrichtungen, die in Deutschland eine *Ausbildung* in *Wirtschaftsinformatik* mit anerkanntem Abschluss durchführen, sind
- wissenschaftliche Hochschulen, Fachhochschulen,
- Berufsakademien, Verwaltungs- und Wirtschaftsakademien,
- höhere Berufsfachschulen sowie
- private Ausbildungsinstitute.

Zu Aufgabe A 8.28
Die drei *Grundgefahren*, die den internationalen Kriterien für die Bewertung der IT-Sicherheit von Datenbeständen zugrunde liegen, sind
1) Verlust der Verfügbarkeit (Beispiel: Daten über Lieferantenkonditionen sind durch einen Bedienungsfehler zerstört),
2) Verlust der Integrität (Beispiel: Daten der Finanzbuchhaltung sind bewusst verfälscht) und
3) Verlust der Vertraulichkeit (Beispiel: Daten über Entwicklungsprojekte sind Unbefugten zur Kenntnis gelangt).

Zu Aufgabe A 8.29

Bedrohungen für die Informationsverarbeitung sind generell
- Katastrophen und höhere Gewalt,
- technische Störungen sowie
- unbeabsichtigte und vorsätzliche menschliche Handlungen.

a) *Auswirkungen* für den Automobilhersteller können sein
 - bei allen Arten von Systemausfällen: Produktionsausfälle, Lieferverzögerungen, Umsatzrückgang, Mehrkosten für Nacharbeiten, Imageverluste;
 - bei Computersabotage: Preisgabe von Forschungs- und Entwicklungsdaten, Verlust von Wettbewerbsvorteilen.

b) *Auswirkungen* für die Universität können sein
 - bei Systemausfällen sowie bei Infizierung mit Computerviren: Beeinträchtigung des computergestützten Lehrbetriebs, Gefährdung von Prüfungsterminen, Verzögerung von Forschungsarbeiten, Zerstörung von Forschungsdatenbanken;
 - bei Datenmissbrauch: unbefugte Kenntnis von Klausurthemen, Beurteilungen, Prüfungsprotokollen, Gutachten;
 - bei Hardwarediebstahl: Verlust von Geräten oder Geräteteilen wie Bildschirme, Drucker, Tastaturen, Mäuse u. a.

Zu Aufgabe A 8.30

a) *Biometrische Verfahren* sind Erkennungssysteme anhand körperlicher Merkmale.

b) Biometrische Verfahren, die sich in der Informationstechnik nutzen lassen, sind die Erkennung anhand der Stimme („Sprechererkennung"), des Fingerabdrucks, der Gesichtsmerkmale, der Handgeometrie und der Netzhaut des Auges. Jede Erkennung erfordert einen Vergleich mit zuvor gespeicherten Referenzmerkmalen der berechtigten Benutzer.

c) Gründe für die bisher nur geringe Nutzung biometrischer Verfahren sind die (noch) geringe Zuverlässigkeit und die beträchtlichen Kosten aller genannten Erkennungssysteme.

Zu Aufgabe A 8.31

Die *IT-Sicherheitszertifizierung* ist eine Dienstleistung, die u. a. vom BSI (Bundesamt für Sicherheit in der Informationstechnik) angeboten wird. Zertifiziert werden IT-Produkte und -Systeme. Diese müssen über Sicherheitseigenschaften verfügen, die einen angemessenen Schutz bieten. Die Evaluierung und Zertifizierung erfolgt auf der Grundlage der Sicherheitskriterien ITSEC oder CC. In vielen Anwendungsbereichen wird die Evaluierung der genutzten IT-Produkte ausdrücklich gefordert, z. B. im Rahmen des Signaturgesetzes oder bei IT-Produkten für E-Commerce-Anwendungen, bei denen die Zertifizierung ein zusätzliches Verkaufsargument erbringen soll.

Zu Aufgabe A 8.32

Zum Erkennen von Datenerfassungs- oder Dateneingabefehlern wird die Internationale Standardbuchnummer um eine *Prüfziffer* ergänzt. Das Prüfziffernverfahren zählt zu den organisatorischen Einzelmaßnahmen zur IT-Sicherheit.

Die Prüfziffer für die Internationale Standardbuchnummer des vorliegenden Arbeitsbuchs ist $z = 6$. Die Berechnung zeigt Abbildung A 8.32.1.

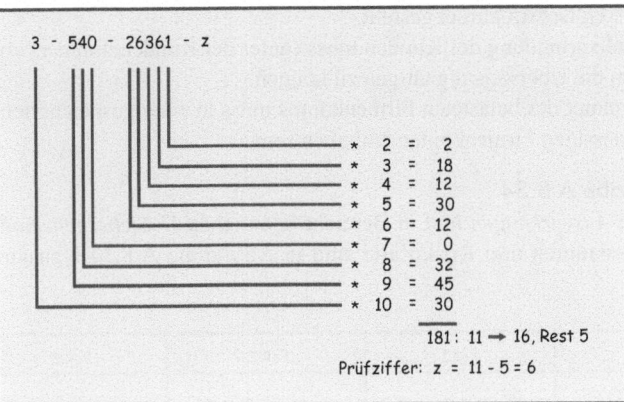

Abbildung A 8.32.1

Zu Aufgabe A 8.33

Bei der Eingabe der Daten für Kundengutschriften lassen sich beispielsweise die folgenden *programmierten Kontrollen* vornehmen:
- Zeichenprüfungen: Die Kundennummer muss mit einem Buchstaben beginnen. Der Gutschriftbetrag darf nicht negativ sein.
- Datenformatprüfungen: Das Rechnungsdatum muss die Gestalt TT.MM.JJJJ besitzen.
- Vollständigkeitsprüfung: Vor Start der eigentlichen Bearbeitung müssen alle sechs Datenelemente eingegeben sein.
- Ausschlussprüfungen: Beginnt die Kundennummer mit A (=Ausland), erfolgt die Gutschrift über ein Sammelkonto bei einer ausländischen Bank.
- Plausibilitätsprüfung: Liegt das Rechnungsdatum länger als ein Jahr zurück, muss der Vorgang manuell überprüft werden.
- Kontrollsummen: Für je 100 Gutschriften werden die numerischen Teile der Kundennummern und die Gutschriftsbeträge manuell addiert. Die Summen werden eingegeben und mit den maschinell errechneten Summen verglichen (Abstimmkreise).

Die genannten Kontrollen beziehen sich ausschließlich auf die Bewegungsdaten. In Verbindung mit den gespeicherten Stamm- bzw. Bestandsdaten können weitere programmierte Kontrollen vorgenommen werden, z.B.:
- Das eingegebene Rechnungsdatum muss mit dem gespeicherten Rechnungsdatum übereinstimmen.
- Die Gutschrift darf nicht höher als der Rechnungsbetrag sein.
- Falls sich der Kunde mit anderen Rechnungen im Zahlungsverzug befindet, wird die Gutschrift zurückgestellt.
- Die Bankverbindung des Kunden muss (unter der Kundennummer) vorhanden sein, um die Überweisung tätigen zu können.
- Die Nummer des belasteten Firmenkontos muss in einer gespeicherten Tabelle aller zulässigen Firmenkonten enthalten sein.

Zu Aufgabe A 8.34
Mögliche *Auswirkungen* und in Betracht kommende *IT-Sicherheitsmaßnahmen* für die genannten drei Risikofälle sind in Abbildung A 8.34.1 zusammengestellt.

	Fall 1	Fall 2	Fall 3
Risiko	Fehlerhafte Dateneingabe	Unbefugter Zugriff auf Forschungsdaten	Ausfall des Zentralservers
Auswirkungen	Verarbeitung falscher Daten, Reklamationen, Wiederholläufe	Fehlinvestitionen, Zusatzkosten, Folgeschäden durch Wettbewerbsverluste	Störungen in den Arbeitsabläufen, Überstunden, Kundenbeschwerden
IT-Sicherheitsmaßnahmen	Prüfziffern, programmierte Kontrollen	Kennwörter, Firewall	Zweiter Zentralserver, verteilte Datenhaltung, Ausweichrechenzentrum

Abbildung A 8.34.1

Zu Aufgabe A 8.35
Die für die Personaldatei in Betracht kommenden *Zugriffsrechte* sind in Form einer *Zugriffsliste* in der Tabelle der Abbildung A 8.35.1 zusammengestellt. Die Abkürzungen haben folgende Bedeutung:
L = (nur Lesen);
V = Verändern, Löschen;
A = Auswerten, Verarbeiten;
X = gesperrt.
Verändern, Löschen, Auswerten und Verarbeiten setzen Lesen voraus.

		IT-Leiter	Leiter System-entwicklung	Leiter Personal-abteilung	Personal-sachbe-arbeiter	Leiter Fort- und Weiter-bildung
1	Personalnummer	L	L	A	V	L
2	Name/Vorname/Titel	L	L	L	V	L
3	Anschrift	L	L	L	V	L
4	Ausbildungsabschluss	L	L	A	V	L
5	Eintrittsdatum	L	L	A	V,A	L
6	Kostenstelle	V	L	V	V	X
7	Gehalt	L	L	V,A	V	X
8	Gehaltsentwicklung	L	X	A	X	X
9	Steuerklasse	X	X	L	V	X
10	Daten Gehaltsabrechnung	X	X	L	V	X
11	Sprachkenntnisse	A	L	L	X	V,A
12	Bildungsmaßnahmen	A	L	L	X	V,A

Abbildung A 8.35.1

Zu Aufgabe A 8.36
Das Prinzip der *kryptografischen Verschlüsselung* nach dem *One-Time-Pad-Verfahren* zeigt Abbildung A 8.36.1.

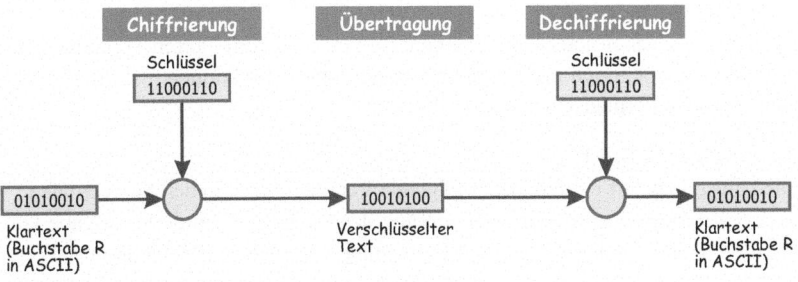

Abbildung A 8.36.1

Zu Aufgabe A 8.37
Die Hauptunterschiede zwischen den *symmetrischen* und den *asymmetrischen Verschlüsselungsalgorithmen* sind in Abbildung A 8.37.1 gegenübergestellt.

	Symmetrische Verschlüsselung	Asymmetrische Verschlüsselung
Chiffrier- / Dechiffrierschlüssel	gleich	verschieden
Chiffrierschlüssel	geheim	öffentlich
Dechiffrierschlüssel	geheim	geheim
Standards	DES	RSA, DSS
Haupteinsatzgebiet	Banken	elektronische Signatur

Abbildung A 8.37.1

Zu Aufgabe A 8.38

a) Das *Bundesdatenschutzgesetz*
- unterscheidet bei der Behandlung personenbezogener Daten das Erheben, das Verarbeiten (d. h. Speichern, Verändern, Übermitteln, Sperren oder Löschen), das Nutzen, das Anonymisieren sowie das Pseudonymisieren der Daten und
- gibt dem Bürger das Recht auf Benachrichtigung (bei erstmaliger Speicherung), Auskunft, Berichtigung, Löschung (falls unzulässig oder nicht mehr erforderlich) und Sperrung (falls strittig) seiner Daten.

b) Die Maßnahme *Eingabekontrolle* in der Anlage zu § 9 BDSG bezweckt eine nachträgliche Kontrolle, wann von wem Daten eingegeben, verändert oder gelöscht worden sind. Ihre Realisierung ist wegen des hohen Zeit- und Speicherbedarfs sehr aufwändig.

Zu Aufgabe A 8.39

Die *Rechtslage* zum Vergehen des Studenten ergibt sich aus den Vorschriften des Strafgesetzbuchs zur Computerkriminalität. Sie betreffen
- das Ausspähen von Daten (§ 202a),
- die Fälschung beweiserheblicher Daten (§ 269) und
- die Datenveränderung (§ 303a).

Für diese Vergehen kann eine Freiheitsstrafe bis zu fünf Jahren verhängt werden. Jugendliche, noch in Ausbildung befindliche Täter können mit der Berücksichtigung mildernder Umstände rechnen.

Zu Aufgabe A 8.40

Die Umstellung auf E-Mail bringt folgende Veränderungen in den Sekretariaten:

a) *Arbeitsabläufe*: strengere Formatierung des Layouts, veränderte Eingabe von Adressdaten, Visualisierung der Bedienung, automatische Speicherung, Wegfall von Kuvertier- und Frankierarbeiten, Unabhängigkeit von Abhol- und Zustellzeitpunkten;

b) *Arbeitsmittel*: größere Vielfalt von Steuerungssymbolen, Wegfall von Datenträgern (Disketten) und Papier;

c) *Arbeitsinhalte*: automatische Zeiterfassung bei Postein- und -ausgang, bei Antwortschreiben Duplizierung des Empfangsschreibens auf Wunsch, Möglichkeit zur gleichzeitigen Absendung desselben Briefs an mehrere Empfänger und zur Weiterleitung von Eingangspost.

Die Grenzen zwischen Arbeitsabläufen, -mitteln und -inhalten sind fließend.

Zu Aufgabe A 8.41

a) Gründe für die mangelnde *Akzeptanz* neuer Anwendungssysteme bei den Beschäftigten sind hauptsächlich in der Furcht begründet,
- die gewohnte Selbstständigkeit in der Gestaltung der Arbeitsabläufe zu verlieren,
- durch den Computer verstärkt überwacht zu werden,

- den neuen Anforderungen nicht gewachsen zu sein und
- zwischenmenschliche Kontakte durch eine stärkere Automatisierung und Entpersönlichung der Arbeitsabläufe zu verlieren.

Hinzu kommt, vor allem bei älteren oder weniger qualifizierten Arbeitnehmern, die Angst vor dem Verlust des Arbeitsplatzes.

b) Die Hauptfaktoren, die die Akzeptanz positiv beeinflussen können, sind
- die Berücksichtigung von Mitarbeitervorschlägen,
- die rechtzeitige Information der Mitarbeiter,
- eine intensive Schulung zur Vorbereitung auf die geplanten Veränderungen,
- finanzielle Anreize und Besitzstandsgarantien einschließlich der Erhaltung des Arbeitsplatzes sowie
- die Benutzerbeteiligung bei der Einführung neuer Verfahren.

Zu Aufgabe A 8.42

Die *partizipative Innovationsgestaltung* in Form einer *Benutzerbeteiligung* ließe sich bei der Einführung von BDE-Geräten wie folgt realisieren:
- Information des Werkstattleiters, der Meister, ausgewählter Dreher, Fräser, Schlosser usw. sowie des Betriebsrats über die beabsichtigten Maßnahmen, die geplanten Veränderungen der Arbeitsabläufe und die mittel- und langfristig auch für die Beschäftigten zu erwartenden Vorteile, insbesondere die Erhaltung der Arbeitsplätze durch Sicherung der Wettbewerbsfähigkeit; ausführliche Erläuterung, dass die organisatorischen Maßnahmen keine Leistungsüberwachung bedeuten und nicht zur „Wegrationalisierung" von Arbeitsplätzen führen;
- Beteiligung des Werkstattleiters und ggf. von Meistern an der Besichtigung von bereits installierten BDE-Einrichtungen in befreundeten Unternehmen und an der Systemauswahl;
- Demonstration der veränderten Arbeitsabläufe vor allen betroffenen Mitarbeitern an verständlichen Schaubildern;
- Probeinstallation eines Geräts im Betrieb mit der Möglichkeit zum Test durch die Mitarbeiter;
- gemeinsame Festlegung des Einführungstermins mit dem Werkstattleiter;
- Berücksichtigung von Verbesserungsvorschlägen aus der Belegschaft.

Zu Aufgabe A 8.43

Bei der Einführung des computergestützten Bestellwesens (Electronic Procurement) könnten von den betroffenen Mitarbeitern die folgenden *ergonomischen Anforderungen* gestellt werden:

a) zur Hardwareergonomie
- bedienerfreundliche Tastatur,
- flimmerfreier, großer und strahlungsarmer Bildschirm,
- geräuscharmer Drucker;

b) zur Umgebungsergonomie
- verstellbare Computertische mit Ablagemöglichkeiten,
- körpergerechte Sitzmöbel,
- dosierte Lichtverhältnisse;

c) zur Softwareergonomie
- visualisierte Bedienerführung,
- Hilfefunktionen,
- schnelle Erlernbarkeit.

Zu Aufgabe A 8.44

Die *Erlernbarkeit* könnte bei Einführung des computergestützten Bestellwesens durch den Zeitaufwand ausgedrückt werden, der jeweils bis zum Abschluss der nachstehenden aufeinander folgenden Lernschritte benötigt wird:
1) Teilnahme an der Schulung,
2) Studium des (gedruckten oder online verfügbaren) Handbuchs,
3) Erlernen des Umgangs mit Hard- und Software,
4) Ausführung einer Musterbestellung,
5) Ausführung einer Bestellung mit Hilfestellung durch eine andere Person,
6) völlig selbstständiges Arbeiten,
7) Nutzung sämtlicher Möglichkeiten des Bestellsystems.

Zu Aufgabe A 8.45

Fälle, in denen sich Mitspracherechte gemäß *§ 87 Abs. 1 Ziff. 6 BetrVG* geltend machen lassen, sind
- Einrichtung von Nachcodierplätzen zur Datenerfassung,
- automatische Aufzeichnung von Telefongesprächen hinsichtlich Teilnehmer, Uhrzeit, Dauer,
- Programme zur Netzsteuerung und -überwachung im Rahmen des Netzmanagements,
- Einsatz von BDE-Geräten,
- Auswertung von Accountingroutinen und Fehlerprotokollen (Monitoring),
- Einsatz von Softwareentwicklungswerkzeugen mit Protokollierungsfunktionen,
- computergestützte Projektüberwachung in der Systementwicklung anhand von Tätigkeitsberichten,
- Erfassung der Einsatzzeiten von Mitarbeitern des Benutzerservicezentrums.

9 Geschichtlicher Abriss

Fragen zu Kapitel 9

Frage F 9.1
In welchem Jahrhundert wurden die ersten *Zählradmaschinen* entwickelt und wer waren ihre Konstrukteure?

Frage F 9.2
Welche bahnbrechende Erfindung beherrschte bis in die Mitte der 60er Jahre des 20. Jahrhunderts die so genannte *konventionelle Datenverarbeitung*?

Frage F 9.3
Aus welchen Geräten bestand die Grundausrüstung einer *Lochkartenanlage*?

Frage F 9.4
Welche Funktionen übernahm die *Lochkarte* in den älteren Computersystemen?

Frage F 9.5
Wer konzipierte als erster einen (allerdings nicht funktionsfähigen) *Rechenautomaten* mit allen Bestandteilen eines heutigen Computers?

Frage F 9.6
Wer erbaute wann den ersten funktionsfähigen *programmgesteuerten Rechenautomaten* der Welt?

Frage F 9.7
Wie viele Elektronenröhren hatte der erste *Röhrenrechner* der Welt und mit welchen Problemen war er verbunden?

Frage F 9.8
Von wem stammt das *Grundkonzept moderner Computersysteme*?

Frage F 9.9
Wie lassen sich die vier *Computergenerationen*, durch die die Entwicklung der Großrechner und der mittleren Systeme gekennzeichnet ist, kurz charakterisieren?

Frage F 9.10
Was versteht man unter einem *Kernspeicher*?

Frage F 9.11
Mit welchen Geräten wurde in den 1970er und 1980er Jahren die *Magnetbanddatenerfassung* praktiziert?

Frage F 9.12
In welchen Jahren wurden die beiden Unternehmen gegründet, die heute die *Standards* bei den betrieblichen Anwendungssystemen setzen?

Frage F 9.13
Seit wann gibt es a) *Mikroprozessoren* und b) *Mikrocomputer*?

Frage F 9.14
In welchem Jahr wurde der erste *IBM PC* ausgeliefert und mit welchem Prozessor war er ausgestattet?

Frage F 9.15
Welches waren die beiden *Schwerpunkte der 1980er Jahre* bei den betrieblichen Anwendungssystemen?

Frage F 9.16
Welches Jahr gilt als das Gründungsjahr des *Internets* und ab welchem Jahr etwa setzte die weltweite Verbreitung dieses Netzes ein?

Frage F 9.17
Welches sind drei wesentliche Fragen, von denen die *zukünftige Entwicklung* auf den Gebieten a) *Hardware*, b) *System- und Anwendungssoftware* sowie c) *Kommunikation* beeinflusst wird?

Frage F 9.18
Wann und von welchem Unternehmen wurden erstmals Rechner für *betriebswirtschaftliche Anwendungen* eingesetzt?

Frage F 9.19
Mit welchem Computersystem begann der entscheidende Durchbruch für den EDV-Einsatz im *betriebswirtschaftlichen Anwendungsbereich*?

Frage F 9.20
Seit wann ist die *Wirtschaftsinformatik* (unter Einbezug früherer Bezeichnungen wie „Betriebliche Datenverarbeitung" oder „Betriebsinformatik") Bestandteil der wirtschaftswissenschaftlichen Ausbildung an den wissenschaftlichen Hochschulen in Deutschland und wie lässt sich die heutige Situation kurz beschreiben?

Frage F 9.21
In welchen *wissenschaftlichen Gesellschaften* Deutschlands ist die *Wirtschaftsinformatik* in welcher Form vertreten?

Frage F 9.22
Welche Zeitschrift ist das *offizielle Organ* der wissenschaftlichen Vertretungen der *Wirtschaftsinformatik* in Deutschland?

Antworten auf die Fragen zu Kapitel 9

Zu Frage F 9.1
Die ersten *Zählradmaschinen* wurden im 17. Jahrhundert entwickelt. Die Konstrukteure waren
- Wilhelm SCHICKARD (1592-1635),
- Blaise PASCAL (1623-1662) und
- Gottfried Wilhelm LEIBNIZ (1646-1716).

Zu Frage F 9.2
Die bahnbrechende Erfindung, die bis Mitte der 60er Jahre des 20. Jahrhunderts die so genannte *konventionelle Datenverarbeitung* beherrschte, war die 1885 von dem Deutschamerikaner Hermann HOLLERITH (1860-1929) für die amerikanische Volkszählung im Jahr 1890 entwickelte *Lochkartenmaschine*, die später auch als *Hollerithmaschine* bezeichnet wurde.

Zu Frage F 9.3
Die Grundausrüstung einer *Lochkartenanlage* bestand aus den Geräten
- Kartenlocher/-prüfer,
- Sortiermaschine und
- Tabelliermaschine.

Zu Frage F 9.4
Die *Lochkarte* diente in den älteren Computersystemen als Datenträger
- zur indirekten Dateneingabe (bis in die 1980er Jahre) und
- zur externen Datenspeicherung (bis in die 1960er Jahre).

Zu Frage F 9.5
Den ersten *Rechenautomaten* mit allen Bestandteilen eines heutigen Computers konzipierte im Jahr 1833 der Engländer Charles BABBAGE (1792-1871).

Zu Frage F 9.6
Den ersten funktionsfähigen *programmgesteuerten Rechenautomaten* baute der deutsche Erfinder Konrad ZUSE (1910-1995) im Jahr 1941, nachdem er seit 1934 schon Vorläufermodelle entwickelt hatte. Rechen- und Speicherwerk bestanden aus elektromagnetischen Relais.

Zu Frage F 9.7
ENIAC, der erste *Röhrenrechner* der Welt, hatte ca. 18.000 Elektronenröhren. Probleme waren die starke Wärmeentwicklung, der große Platzbedarf und die hohe Störanfälligkeit.

Zu Frage F 9.8

Das *Grundkonzept moderner Computersysteme* stammt von dem österreichisch-ungarischen Mathematiker John VON NEUMANN (1903-1957). Nach ihm sind die *von-Neumann-Architektur* (Zentraleinheit mit den Komponenten Hauptspeicher und Zentralprozessor, letzterer bestehend aus Steuerwerk und Rechenwerk) und der darauf ausgerichtete *von-Neumann-Zyklus* der Befehlsverarbeitung (Zusammenarbeit zwischen Steuer- und Rechenwerk nach dem Pipelineprinzip) benannt.

Zu Frage F 9.9

Die vier *Computergenerationen,* durch die die Entwicklung der Großrechner und der mittleren Systeme gekennzeichnet ist, lassen sich wie folgt charakterisieren:
1. Generation: Prozessor gebildet von Elektronenröhren, Schalttafeln als Programmspeicher;
2. Generation: Transistoren anstatt Elektronenröhren, Ferritkernspeicher als Hauptspeicher;
3. Generation: Weiterentwicklung der Transistortechnik zur integrierten Schaltkreistechnik;
4. Generation: Hoch integrierte Schaltkreise für den Zentralprozessor (Logikchips), Ablösung der Ferritkernspeicher durch Halbleiterspeicher (Speicherchips).

Zu Frage F 9.10

Magnetkern- oder Ferritkernspeicher, kurz *Kernspeicher*, bestehen aus ringförmigen Ferritkernen, die nur die beiden Zustände „magnetisiert" oder „nicht magnetisiert" annehmen und so jeweils ein Bit (entsprechend den Zeichen 1 oder 0) speichern können. Um die Magnetisierung mithilfe eines elektrischen Felds zu ermöglichen, werden Drähte durch die Kerne „gefädelt".

Kernspeicher bildeten die Hauptspeicher der 2. und 3. Computergeneration. Wegen des hohen manuellen Anteils an der Herstellung waren sie – im Vergleich zu den späteren Halbleiterspeichern – sehr teuer.

Zu Frage F 9.11

Geräte für die in den 1970er und 1980er Jahren praktizierte indirekte Dateneingabe in Form der *Magnetbanddatenerfassung* (anstelle der bis dahin üblichen Datenerfassung auf Lochkarten) waren
- Einzelplatzsysteme, bestehend aus Magnetbandeinheit, Tastatur, Anzeigeeinheit (Zeilendisplay als Bildschirm) und Steuereinheit sowie
- Datensammelsysteme, bestehend aus einem (ausschließlich für die Datenerfassung bestimmten) Computersystem mit Zentraleinheit, einer Magnetplatte, mehreren Magnetbandlaufwerken und einer Reihe von angeschlossenen Erfassungsplätzen (jeweils Tastatur und Bildschirm).

Zu Frage F 9.12
Die Gründungsjahre der beiden Unternehmen, die heute weltweit die *Standards* bei den betrieblichen Anwendungssystemen setzen, sind
- 1972 für SAP (Marktführer bei betriebswirtschaftlichen Anwendungssystemen für große und mittlere Unternehmen) und
- 1975 für Microsoft (Marktführer bei PC-Betriebssystemen und Officepaketen).

Zu Frage F 9.13
Es gibt
a) *Mikroprozessoren* seit 1971 (4-Bit-Prozessor Intel 4004) und
b) *Mikrocomputer* seit 1976 (Altair 8800, benannt nach einem Planeten aus der Fernsehserie „Raumschiff Enterprise" und ausgestattet mit dem 8-Bit-Prozessor Intel 8080).

Zu Frage F 9.14
Der erste *IBM PC* (Typenbezeichnung IBM 5050) wurde 1981 ausgeliefert. Er war mit dem 16-Bit-Prozessor Intel 8088 ausgestattet.

Zu Frage F 9.15
Die beiden *Schwerpunkte der 1980er Jahre* bei den Anwendungssystemen waren
- das *Büro der Zukunft* mit integrierten Bürosystemen und vernetzten Arbeitsplätzen und
- die *Fabrik der Zukunft* mit der Integration aller technischen und betriebswirtschaftlichen Anwendungen in Fertigungsbetrieben nach dem CIM-Konzept.

Zu Frage F 9.16
Als Gründungsjahr des *Internets* gilt 1969, in dem in den USA das Vorläufernetz ARPANet auf der Basis des Protokolls TCP/IP eingerichtet worden ist. Die weltweite Verbreitung und Nutzung auch außerhalb des Wissenschaftsbereichs begann etwa 1990.

Zu Frage F 9.17
Drei wesentliche Fragen, von denen die *zukünftige Entwicklung* der Informationstechnik beeinflusst wird, sind
- bei der *Hardware*, wie weit sich eine Rezentralisierung der Rechnerleistungen (verbunden mit einer RZ-Konzentration bei Großunternehmen) unter Nutzung flexibel ausbaubarer Prozessoren („Computing on Demand") und eine Konsolidierung der Speicherarchitekturen durchsetzen werden,
- bei der *System- und Anwendungssoftware*, wie weit das Marktangebot an freier Software (z.B. Betriebssystem Linux) und an neuartigen Formen von Softwarekomponenten (z.B. Business Objects) genutzt wird, und
- bei der *Kommunikation*, wie weit das mit großer Euphorie gestartete Electronic Business bzw. Electronic Commerce (z.B. in Form von eBay) die traditionellen Vertriebsformen des Handels ablösen wird.

Zu Frage F 9.18
Der erste bekannt gewordene Einsatz eines Rechners für *betriebswirtschaftliche Aufgaben* erfolgte 1953 bei der englischen Teefirma Lyons, die dafür den Rechner LEO entwickelte.

Zu Frage F 9.19
Der entscheidende Durchbruch für die in den 1960er Jahren auf breiter Front einsetzende Nutzung der Elektronischen Datenverarbeitung (EDV) im *betriebswirtschaftlichen Anwendungsbereich* wurde mit dem 1959 auf den Markt gekommenen Computersystem IBM 1401 herbeigeführt.

Zu Frage F 9.20
Mit der Ausbildung in betriebswirtschaftlicher bzw. betrieblicher Datenverarbeitung als Vorläufer der heutigen *Wirtschaftsinformatik* an wissenschaftlichen Hochschulen Deutschlands wurde im Jahr 1970 begonnen, und zwar zuerst an der Universität Erlangen-Nürnberg.

Wirtschaftsinformatik ist heute an fast allen wirtschaftswissenschaftlichen Fakultäten des deutschsprachigen Raums (Deutschland, Österreich, deutschsprachige Schweiz) als eigenständiges Fachgebiet – meistens im Rahmen des Studiengangs Betriebswirtschaftslehre – vertreten. Darüber hinaus haben mehr als 30 Universitäten eigene Studiengänge Wirtschaftsinformatik eingerichtet. Der aktuelle Stand des Studienangebots lässt sich dem in unregelmäßigem Abstand erscheinenden *Studienführer Wirtschaftsinformatik* entnehmen.

Ausbildungsgänge in Wirtschaftsinformatik im außeruniversitären Bereich gibt es an Fachhochschulen, Berufsakademien sowie Verwaltungs- und Wirtschaftsakademien. Vor allem an den Fachhochschulen existiert ein breites Lehrangebot in Wirtschaftsinformatik, über das ein eigener Studienführer informiert.

Zu Frage F 9.21
Die Wirtschaftsinformatik ist in Deutschland in den *wissenschaftlichen Gesellschaften*
- Verband der Hochschullehrer für Betriebswirtschaft e.V. (als *Wissenschaftliche Kommission Wirtschaftsinformatik*) und
- Gesellschaft für Informatik e.V. (als *Fachbereich Wirtschaftsinformatik*)

vertreten. In der Gesellschaft für Operations Research e.V. (GOR) gibt es eine *Arbeitsgruppe Wirtschaftsinformatik*.

Zu Frage F 9.22
Offizielles Organ der wissenschaftlichen Vertretungen der *Wirtschaftsinformatik* in Deutschland ist die Zeitschrift WIRTSCHAFTSINFORMATIK, die 1990 aus der Zeitschrift „Angewandte Informatik" hervorgegangen ist. Deren Vorgängerin wiederum war bis 1971 die im Jahr 1959 von dem Begründer des ersten deutschen Softwarehauses „Mathematischer Beratungs- und Programmierungsdienst GmbH" (mbp) in Dortmund, dem Mathematiker Hans-Konrad SCHUFF, herausgebrachte Zeitschrift „elektronische datenverarbeitung".

Stichwortverzeichnis

ABC-Analyse F 6.28
Abfragesprache F 5.45
Ablagesystem, elektronisches A 6.25, A 7.47
Abnahmeverfahren F 6.91
Abrechnungsmanagement F 4.39, F 8.34
abstrakte Klasse F 6.58
Ad-hoc-Abfragen F 5.35
Administrationssystem F 7.4, A 7.3
ADSL F 4.24
Aggregation F 5.31, F 6.61
Aggregationshierarchie A 6.46
aggregiertes Objekt F 6.60
aktive Datenbank A 5.32
aktiver Server F 4.37
Alphabet F 1.11
Analogiemethode F 8.26
Analyse F 6.25
Änderungsdaten A 5.6
Anforderungen, ergonomische A 2.22, A 8.43
ANSI-Architekturmodell F 5.27
Antivirenprogramm F 8.46
Anwender F 1.9
Anwendungen, betriebswirtschaftliche F 9.18, F 9.19
Anwendungsdienste F 4.28
Anwendungssoftware F 3.26, A 3.1, F 9.17
Anwendungssystem A 1.6, F 6.7, F 6.8, F 6.32, F 6.33, F 6.37, F 6.38, F 6.39, F 6.40, F 6.45, F 6.91, A 6.69, F 7.1, F 7.2, F 9.15
-, branchenneutrales F 7.6
-, branchenspezifisches F 7.7
-, operatives F 7.8, A 7.1, A 7.7
Application Service Providing (ASP) F 8.14, F 8.35
Application-Server-Technik A 3.16
Arbeitsgebiet, betriebliches A 1.5
Arbeitsspeicher F 2.22
Archivierung, elektronische A 2.35

ARIS A 6.13
Artikelnummer, Internationale F 5.17
Assemblersprache F 6.69
Assetmanagement F 8.18
asymmetrische Verschlüsselungsalgorithmen A 8.37
ATM F 4.23
Attribut A 5.15, A 6.42
Attributwert A 5.15
Auftragsbearbeitung A 7.8
Aufwandschätzung A 8.17
ausgeglichener binärer Baum F 5.24, A 5.12
Ausgliederung F 8.16
Auslagerung F 8.16
Ausschreibung A 6.61
Außendienstunterstützung A 7.9
Auswahl (bei RDBMS) A 5.23
Authentifizierung F 8.48
Automationsstufen A 7.17
automatische Deskribierung F 5.58
automatische Direkteingabe F 2.26
Autorisierung F 8.48

Backup A 5.28
Baud (bd) F 4.7
Baum, ausgeglichener/geordneter binärer F 5.24, A 5.12
Baumstruktur A 5.22, A 5.23
Befehl A 2.10, A 2.15
Befehlstypen A 2.10
Befehlsvorrat F 2.19
belegloser Zahlungsverkehr F 7.36
Benchmarktest F 2.20
Benutzer F 1.9, F 1.10
Benutzerbeteiligung A 8.42
Benutzerfreundlichkeit A 5.26
Benutzerführung F 3.20
Benutzeroberfläche F 3.22
Benutzerschnittstelle F 3.19
Benutzerservicezentrum F 8.28, A 8.13 A 8.21 A 8.22

Stichwortverzeichnis

Benutzersupport A 8.25
-, mehrstufiger A 8.21
Benutzerwünsche F 6.46
berührungsempfindlicher Bildschirm F 2.30
Beschaffung F 7.20, F 7.21
Beschreibungssprache F 6.73
Bestandsdaten A 5.6
Bestellwesen A 7.17
betriebliches Arbeitsgebiet A 1.5
Betriebsarten F 3.3, F 3.4, A 3.3, F 8.40
Betriebsdatenerfassung (BDE) F 7.28
Betriebssystem F 3.10, F 3.16, F 3.18, F 3.21, A 3.9, A 3.10, A 3.11, A 3.12
Betriebsverfassungsgesetz F 8.61, A 8.45
betriebswirtschaftliche Anwendungen F 9.18, F 9.19
Betroffene F 1.11
Bewegtbildübertragung F 4.22
Bewegungsdaten A 5.6
Beziehungshäufigkeiten A 5.16
Beziehungstyp A 5.18
Bildschirm, berührungsempfindlicher F 2.30
Bildschirmarbeitsplatz A 2.22, A 8.43
binär A 2.2
binäres Suchen A 5.11
biometrische Verfahren A 8.30
Bit A 2.5
Bit/s F 4.7
bitorientierte Daten F 5.3
Blackboxtest A 6.53
Booten F 3.11
branchenneutrales Anwendungssystem F 7.6
Branchensoftware A 6.59, A 6.61
branchenspezifische Geräte A 7.19
branchenspezifisches Anwendungssystem F 7.7
B2C-Geschäft F 7.54
Bundesdatenschutzgesetz F 8.53, F 8.54, A 8.38
Bürokommunikationssystem F 7.59
Bürosystem A 7.39, A 7.40
Bürotätigkeiten A 7.38
Bus, interner/externer A 2.14
Business Object F 6.98
Buskonzept A 2.13
Byte A 2.5

Cache Memory F 2.14
CARE F 6.94
Cashmanagementsystem F 7.37
CD-ROM A 2.34
Chipkarte F 2.28
CIM-Konzept F 7.24, A 7.11
CISC-Prinzip A 2.16
Client-Server-Modell F 4.36, A 4.20, A 4.22
Client-Server-Netz A 7.21
Code F 2.5
Compiler F 3.25
Computer F 1.12
Computercode F 2.6
Computergenerationen F 9.9
computergestützte Planung/Jahresplanung F 7.46, F 7.47, A 7.32, A 7.34
computergestützte Sprachkommunikation F 7.61
computergestütztes Testen A 6.54
Computerkriminalität F 8.55
Computerschrott F 2.47
Computer Supported Cooperative Work (CSCW) F 7.63
Computing, mobiles A 7.41
Contentmanagementsystem F 7.56
Controlling F 7.16
Corporate Network F 4.29
CRM-System A 7.10
CSMA/CD A 4.15
Customizing A 6.58

Darstellungstechniken F 6.30, F 6.45, A 6.10, A 6.13
Database-Marketing F 7.23
Data Dictionary F 5.41
Datagrammtechnik F 4.20
Data Warehouse A 7.27
Datei F 5.21, A 5.2
-, invertierte F 5.38, A 5.25
dateiintegrierte Verarbeitung F 5.10
Dateioperationen A 5.5
Dateiorganisation F 5.12, F 5.26
Dateiverarbeitung mit Gruppenwechsel A 6.37
Daten F 1.3, F 5.9
-, bitorientierte F 5.3
-, formatierte/unformatierte F 5.6
-, partiell/voll redundante A 5.30

Daten, unikate A 5.30
-, vorverarbeitete F 5.11
-, zeichenorientierte F 5.3
Datenabgleich F 5.52
Datenanalyse A 6.11
Datenausgabe A 2.28
Datenaustausch, elektronischer A 1.7, F 7.50, F 7.51, F 7.52, A 7.36
Datenbank F 5.43, A 5.2
-, aktive A 5.32
-, föderierte F 5.53, A 5.31
-, operative A 7.27
-, verteilte F 5.50, F 5.52, F 5.53
-, zeitorientierte F 5.54
Datenbankadministrator F 8.37
Datenbankmodell, hierarchisches A 5.19
-, relationales F 5.33, F 5.35, A 5.19
Datenbankorganisation F 5.26, A 5.14
-, logische F 5.28
Datenbanksystem, objektorientiertes/ objektrelationales/relationales F 6.65
Datenbankverwaltungssystem F 5.39, F 5.40, F 5.44, A 5.26
Datendirektverbindung A 4.8
Dateneingabe F 2.24, A 2.18, A 2.19, A 2.20, A 2.26, A 2.27
-, direkte A 2.21
-, halbdirekte A 2.24
Datenelement A 5.2
Datenerfassung A 2.18
Datenfeld F 5.5
Datenflussplan A 6.13, A 6.16, A 6.17, A 7.4
Datenintegrität A 5.26
Datenkapselung F 6.56
Datenkompression F 2.10
Datenmodellierung, semantische F 5.31
Datenorganisation F 5.1, F 5.2, F 5.4, A 5.1
Datensatz A 5.2, A 5.3, A 5.4
Datenschutz A 5.26, F 8.38
Datensegment A 5.2
Datensicherheit A 5.26
Datenträger F 2.39
Datenübertragung F 4.6, F 4.11, F 4.12, F 4.18, F 4.19, F 4.27, A 4.9
Datenübertragungssystem F 4.5
Datenunabhängigkeit A 5.26
Datenverarbeitung, konventionelle F 9.2
Datenverwaltung A 3.10

Debitorenbuchhaltung A 7.4
definitorische Gleichung F 7.48, A 7.32
deklarative Programmiersprache A 6.50, A 6.51
Denormalisierung F 5.48
Deskribierung, automatische F 5.58
Deskriptorendatei A 5.33
Dezimalzahl F 2.8, A 2.3, A 2.4, A 2.6
Diagrammtypen F 6.62
Dialog A 2.19
Dialogbetrieb/ -verarbeitung A 2.19, F 3.7, F 7.15, A 7.7
Dienstprogramme A 3.2
Diktiersystem F 2.32, A 2.25
direkte Dateneingabe A 2.21
Direkteingabe, automatische F 2.26
Direktübernahme F 7.11
Dispositionssystem F 7.4, F 7.21, A 7.2
Dokumentendatei A 5.33
Dokumentenmanagementsystem F 7.40, F 7.66, A 7.46
Domäne F 5.32
doppelte Verkettung F 5.37
Drill-Down-Verfahren A 7.28
Druckausführung F 2.33
Drucker F 2.33, A 2.30
-, Impact-/ Non-impact- A 2.29
Druckerspooler F 3.6
dual A 2.2
Dualzahl A 2.3, A 2.4
Durchführbarkeitsprüfung F 6.36
DVD A 2.31, A 2.34
dynamische Qualitätsmaße F 6.86
dynamischer Test A 6.53

EAN F 5.17
EAN-Scanner A 7.21
Electronic Business (E-Business) F 7.52, F 7.53, A 7.37
Electronic Commerce (E-Commerce) F 7.52
EDI F 7.49, F 7.52
EDM-System F 7.30
Effektivität A 6.26
Effizienz A 6.26
einfache Vererbung F 6.59
Eingabekontrolle A 8.38
EIS-Generator F 7.45
Electronic Banking F 7.35

Electronic-Cash-Verfahren A 7.24
elektronische Archivierung A 2.35
elektronischer Datenaustausch A 1.7,
  F 7.50, F 7.51, F 7.52, A 7.36
elektronischer (Fertigungs-) Leitstand
  F 7.27, A 7.14
elektronischer Handel A 1.7
elektronischer Markt F 7.52
elektronisches Ablagesystem A 6.25,
  A 7.47
E-Mail A 8.40
Energieeinsparung F 2.48
eng gekoppeltes System (Parallelrechner)
  F 2.22
Entity F 5.29, A 5.15, A 5.17
Entitytyp F 5.29, A 5.15, A 5.17
Entscheidungstabelle A 6.13, A 6.19, A 6.20
Entwicklungsdatenbank F 6.79
Entwicklungsprinzipien F 6.43
ER-Diagramm A 5.17, A 5.18, A 5.20,
  A 5.22, A 5.23, A 6.13
Ereignisgesteuerte Prozesskette (EPK)
  A 6.13, A 6.15, A 6.16
ergonomische Anforderungen A 2.22, A 8.43
Erhebungstechniken F 6.29, A 6.10
Erlernbarkeit A 8.44
ER-Modell A 5.18
ERP-System F 7.3
Erwartungskonformität A 6.65
Erzeugnisstruktur F 7.26, A 7.13
Expertensystem F 7.72, A 7.49
externer Bus A 2.14
externes Sortieren F 5.20
Extreme Programming A 6.5

Fakturierung A 7.8, A 7.30
fallbasiertes Schließen F 7.73
Fenster F 3.21
Fernwartung F 8.20
Fertigungsbetrieb F 7.26
Fertigungsleitstand, elektronischer F 7.27,
  A 7.14
Finanzbuchhaltung F 7.9, F 7.10, F 7.11,
  F 7.13, F 7.15, A 7.1, A 7.3
Firewall F 8.51
föderierte Datenbank F 5.53, A 5.31
formatierte Daten F 5.6

Formatierung F 2.39
fortlaufende Verarbeitung A 5.7
Fortschreibung F 6.51
4GL F 6.70
Fragebogen F 6.29, A 6.12, A 6.14
Fragmentierung F 5.51, A 5.29
Framework F 6.97
Fremdschlüssel A 5.21
Führungsinformationen A 1.6
Führungsinformationssystem F 7.41,
  F 7.42, F 7.43, F 7.44, A 7.25, A 7.26
Führungssystem F 7.8
Function-Point-Methode F 8.25
Funknetz F 4.26
Funktionsbaum A 6.28, A 6.29

Ganz/Teil-Beziehung A 6.40
GDPdU F 7.12
Gebäudeverkabelung, strukturierte A 4.16
Geheimnisprinzip F 6.44
Generalisierung A 6.45
Generationen (von Programmiersprachen)
  A 6.49
Generationsprinzip F 8.42
geordneter binärer Baum F 5.24, A 5.12
Geräte, branchenspezifische A 7.19
Geschäftsprozess A 1.1, F 6.4, F 6.5, F 6.6,
  A 6.1, A 6.63, F 7.65
Geschäftsprozessoptimierung A 1.3
geschäftsprozessorientierte Vorgehensweise A 1.2, F 6.7
Geschäftsprozessorientierung F 6.6
Geschäftsvorgang A 1.4
geschlossenes Warenwirtschaftssystem
  F 7.32
gestreute Speicherung A 5.13
Gleichung, definitorische F 7.48, A 7.32
Gleitkommadarstellung F 2.9
Grad F 5.32
Größenklassen (Rechner) F 2.1
Grunddaten F 7.29
Grundgefahren A 8.28
Grundsätze ordnungsmäßiger Datenverarbeitung A 7.5
Gruppenarbeit A 7.43
Gruppenwechsel F 6.52, A 6.37
GUI A 3.17

halbdirekte Dateneingabe A 2.24
Halbleiterspeicher F 2.36
Handel F 7.33, F 7.54, A 7.20
Handel, elektronischer A 1.7
Handheld A 2.1
Hardware F 2.3, F 9.17
Hardwareergonomie A 8.43
Hardwarekomponenten F 2.45
Hardwarekonfigurierung F 2.44, A 2.37
Hashfunktion F 5.25
Hauptspeicher F 2.13
HBCI F 7.38
Hexadezimalzahl A 2.3, A 2.4
Hierarchiediagramm A 6.13
hierarchisches Datenbankmodell A 5.19
H-Serie F 4.10
Hybridsprache A 6.52
Hypertextsystem F 5.60, A 5.34

Identnummer F 5.15, F 5.16, A 5.8
Impact-Drucker A 2.29
Indextabelle F 5.23
-, sortierte A 5.10, A 5.11
-, unsortierte A 5.10
-, verkettete A 5.10
Individualkommunikation F 4.4
Individualsoftware F 6.81
Informatik F 1.7, F 1.8, A 2.36
Informatikanwendungen F 1.8
Informatikauswirkungen F 1.11
Information A 1.10
informationelle Verbindung F 7.5
Information Engineering F 6.12
Informationsanbieter A 4.12
Informationsbedarf A 1.9
Informationsmanagement F 8.1
Informationsstruktur F 8.2, A 8.1
Informationstechnik F 1.13, F 2.4
Inlinedokumentation F 6.66
Innovationsgestaltung, partizipative A 8.42
Input-Output-Modell A 7.33
Instanz A 6.42
Integrität, referentielle A 5.27
Intelligenz, künstliche F 7.70
Interaktionsdiagramm A 6.48
interaktive Verarbeitung A 3.4
Internationale Artikelnummer F 5.17
interner Bus A 2.14

internes Sortieren F 5.20
Internet A 4.8, A 4.11, A 4.12, A 4.21, F 9.16
Interpreter F 3.25
Interview A 6.12
Intranet F 4.30
invertierte Datei F 5.38, A 5.25
ISDN F 4.21, A 4.6
ISO-Referenzmodell F 4.14
Istanalyse F 6.25, F 6.26, F 6.27, F 6.31,
 A 6.10, A 6.12, A 6.14, A 6.21, A 6.22,
 A 7.40
IT-Abteilung F 8.10, F 8.11, A 8.11, A 8.26
IT-Akzeptanz F 8.57, F 8.58, A 8.41
IT-Anwendungssystem F 6.2, A 6.8, F 8.2,
 F 8.61, A 8.41
IT-Arbeitsplatz F 8.60
IT-Bedrohungen A 8.29
IT-Berufe F 8.37, A 8.26
IT-Controller F 8.37
IT-Controlling F 8.30, F 8.31, A 8.22
IT-Ergonomie F 8.59
IT-Grundschutzhandbuch F 8.41
IT-Infrastruktur A 8.1
IT-Kennzahlensysteme F 8.31
IT-Kosten- und -Leistungsverrechnung
 F 8.33, A 8.23, A 8.24
IT-Kostenverrechnung A 8.25
IT-Lenkungsausschuss F 8.9
IT-Management, operatives/strategisches
 A 8.2, A 8.3
IT-Offshoring F 8.13
IT-Outsourcing F 8.12, F 8.16, A 8.13
-, partielles A 8.12
IT-Projekt F 6.14, F 6.21, F 6.23, F 8.23,
 F 8.27, A 8.17
IT-Projektleiter F 8.21
IT-Projektmanagement A 8.16
IT-Richtlinien F 8.8
IT-Sicherheit F 8.38, F 8.39, F 8.43, A 8.28
IT-Sicherheitsmaßnahmen F 8.39, A 8.34
IT-Sicherheitszertifizierung A 8.31
ITU-T-Empfehlungen F 4.9, F 4.10
IT-Verteilung F 8.3, F 8.4, F 8.5, A 8.4,
 A 8.5, A 8.6

Jahresplanung, computergestützte A 7.32,
 A 7.34
Java F 6.72

Java-Programm A 3.20
Job A 3.8
Jobablauf A 3.9
Job Management F 3.12
Just-in-Time-Konzept A 7.16

Kabelverbindungen F 4.6
Kanalkonzept A 2.13
Kardinalität F 5.30
Katastrophenhandbuch F 8.44
Kernel F 3.18
Kerninformatik F 1.7
Kernspeicher F 9.10
Key Escrowing F 8.50
Klasse A 6.42, A 6.43, A 6.44, A 6.45, A 6.46
-, abstrakte F 6.58
Klassenattribut A 6.43
Klassenbibliothek F 6.97
Klassendiagramm A 6.48
Klassenhierarchie F 6.57
Kommunikation F 4.1, F 9.17
Kommunikationsarten F 4.2
Kommunikationssystem F 4.3
-, offenes F 4.13
Komposition F 6.61
Konferenz F 6.29
Konferenzsystem A 7.44
Konfigurationsmanagement F 6.20, F 6.78
Konsistenzverletzung F 5.42
Kontrollen, programmierte A 8.33
Kontrollsystem F 7.42
konventionelle Datenverarbeitung F 9.2
kooperatives Multitasking F 3.5
Kopplungseinheit A 4.17
Kosten F 6.37
Kostenrechnung F 7.14, F 7.15
Kreativitätstechniken F 6.22, A 6.6
Kreditinstitute F 7.35, A 7.23
kryptografische Verfahren F 8.49
kryptografische Verschlüsselung A 8.36
Kundenselbstbedienung A 7.23
künstliche Intelligenz F 7.70

LCD-Bildschirm F 2.29
Lebenszyklus F 6.37
Leistungsmanagement F 4.39
Leitungsvermittlung A 4.7

Leporellopapier F 2.34
lineare Optimierung A 7.34, A 7.35
linearer Programmierstil F 6.47
Links, organisatorische/referentielle A 5.34
Linux F 3.18, A 3.12
Lochkarte F 9.4
Lochkartenanlage F 9.3
LOC-Methode F 8.23
Log-Funktion F 5.44
Logikchip F 2.12
logische Datenbankorganisation F 5.28
lokales Netz F 4.33, F 4.34, A 4.13, A 4.17
lose gekoppeltes System (Parallelrechner) F 2.22

Magnetbanddatenerfassung F 9.11
Magnetbandspule F 2.41
Magnetplatte F 2.37, F 2.42, A 2.32, A 2.33
Magnetplattenspeicher F 2.38
Magnetplattenstapel F 2.37
Magnetstreifenkarte F 2.28
Mandantenfähigkeit F 7.10
Mängel F 6.31
Markt, elektronischer F 7.52
Maschinencode F 2.7
maschinenorientierte Programmiersprache F 6.69
Massendaten F 2.24
Massendruck A 8.15
Massenkommunikation F 4.4
Massenspeicher F 2.36
Matchcode F 5.19
Materialwirtschaft F 7.26
Matrixdrucker F 2.34
Mediaplanung A 7.34
Mehrfachzugriff F 5.42, A 5.14
Mehrpunktverbindung A 4.14
mehrstufiger Benutzersupport A 8.21
Mehrwertdienst F 4.28
Mengengerüst F 6.27, F 6.28
Metaplantechnik A 6.6
Methode A 6.42
Middleware F 3.15, A 3.14
Migration F 3.14, A 3.13
Migrationshilfe A 3.13
Migrationsstrategie A 8.8, A 8.9
Mikrocomputer F 9.13

Mikroprozessor F 9.13
MIPS F 2.18
Mischen F 5.20
mobiles Computing A 7.41
Mobilfunknetze F 4.25, A 4.10
Modem A 4.4
Modul A 6.27, A 6.28
MPEG F 7.69
MPP F 2.23
MPSX-Format A 7.35
Multifaktorenmethoden F 6.40, A 6.25 A 7.22
Multimediadatenbank F 5.55
Multimediasystem F 7.67, F 7.68, A 7.48
multiple Vererbung F 6.59
Multitasking, kooperatives/preemptives F 3.5
Multi-Tier-Architektur A 4.20

Nachcodierung A 2.24
Nachricht F 1.3, A 6.47
Nassi-Shneiderman-Diagramm A 6.36, A 6.37
Negativerfassung F 7.19
Netz, lokales F 4.33, F 4.34, A 4.13, A 4.17
-, semantisches A 7.50
-, standortübergreifendes F 4.18, A 4.9
Netzmanagement F 4.38, A 4.23
Netzmanager F 8.37
Netzstruktur F 4.33, A 5.22, A 5.23
Netzwerk-Datenbankmodell A 5.19
NF2-Datenbank F 5.49
Non-impact-Drucker A 2.29
Normalform F 5.34
Normalisierung F 5.33, A 5.22, A 5.23, A 5.24
Normen F 1.4, F 1.6, F 2.6, F 4.8, F 7.51
Normungsgremien F 1.5
Nummer F 5.14, A 5.4
Nummerung F 5.13
Nutzen F 6.38
Nutzenpotenziale A 4.12, A 7.18
Nutzungsformen F 3.3, F 3.4, A 3.3, F 7.44
Nutzwertanalyse F 6.84, A 6.62

Object Request Broker (ORB) F 6.99
Objekt F 6.54
-, aggregiertes F 6.60

objektorientierte Programmiersprache A 6.52
objektorientierte Programmierung A 6.39, A 6.52
objektorientiertes Datenbanksystem F 6.65
objektorientierte Systementwicklung F 6.54, F 6.55, A 6.38, A 6.39, A 6.41, A 6.72
objektrelationales Datenbanksystem F 6.65
Objekttyp A 5.18
ODBC F 5.47
OEM-Markt F 2.46
offenes Kommunikationssystem F 4.13
offenes System A 3.15
Officepaket F 7.60
OLAP A 7.29
OLE A 3.18
OLTP F 3.8
One-Time-Pad-Verfahren A 8.36
Onlinedatenbanken F 7.58
operative Datenbank A 7.27
operatives Anwendungssystem F 7.8, A 7.1, A 7.7
operatives IT-Management A 8.2, A 8.3
Optimierung, lineare A 7.34, A 7.35
optische Speicherplatte F 2.42, F 2.43, A 2.33, A 2.34
Ordnungsbegriff F 5.8
organisatorische Links A 5.34
Originalbeleg A 2.20, A 2.24
Outputmanagement F 8.15
Outsourcing F 8.15

Paketvermittlung A 4.7
parallele Sicherung A 5.28
Parallellauf F 6.92
Parallelnummer F 5.18, A 5.9
Parallelrechner F 2.21, F 2.22, A 2.17
Parodieverfahren F 6.95
partielle Sicherung A 5.28
partielles IT-Outsourcing A 8.12
partiell redundante Daten A 5.30
Partitionierung A 5.29
partizipative Innovationsgestaltung A 8.42
passiver Server F 4.37
PCMCIA F 2.17
Peer-to-Peer-Modell A 4.22
periphere Speicher F 2.13
Peripheriebus F 2.17
Persistenz F 6.64

Personalabrechnung F 7.18, A 7.6
Personal Computer (PC) F 2.2, F 2.17, F 2.48, A 2.30, A 2.31, A 2.37, F 9.14
Personalwesen F 7.17
Petrinetz F 6.45, A 6.31
Pflichtenheft F 6.35, A 6.32
Phasen (Datenübertragung) F 4.11
Phasen (Systementwicklung) F 6.41
Phasen (Vorgehensmodelle) F 6.11, F 6.85
Phasenkonzept F 6.15, F 6.16, F 6.19, F 6.24
phasenorientiertes Vorgehensmodell A 6.2
physische Übertragungsmedien A 4.2
physische Verbindung F 7.5
Pipelineprinzip F 2.16
Plantafel A 7.14
Planung, computergestützte F 7.46, F 7.47
Plattformunabhängigkeit F 6.72
Plotter F 2.35
Polymorphismus F 6.63
Positivverfassung F 7.19
PPS-System F 7.25, F 7.28, F 7.29, A 7.12
Präsentation F 6.41
preemptives Multitasking F 3.5
Primärschlüssel F 5.7
Produktionsplanung und -steuerung (PPS) A 7.1
Produktzertifizierung F 6.89
Programm, strukturiertes F 6.48
Programmablaufplan A 6.13, A 6.16, A 6.33, A 6.35, A 6.36, A 6.37, A 6.55
Programmentwurf F 6.43
Programmfehler, semantischer/syntaktischer A 3.19
programmgesteuerter Rechenautomat F 9.6
Programmiersprache F 6.67, F 6.68, F 6.71, F 6.72, A 6.49, A 6.52
-, deklarative A 6.50, A 6.51
-, maschinenorientierte F 6.69
-, objektorientierte A 6.52
-, prozedurale A 6.50, A 6.51
Programmierstil, linearer F 6.47
programmierte Kontrollen A 8.33
Programmierung F 6.49, A 8.10, A 8.19
-, objektorientierte A 6.39, A 6.52
programmintegrierte Verarbeitung F 5.10
Programmmanipulation F 8.45
Programmspezifikation F 6.46, A 6.32
Programmverifikation F 6.74

Projekt F 6.5
Projektauftrag F 6.23, F 6.24, A 6.9
Projekterwartungen A 6.7
Projektion (bei RDBMS) A 5.23
Projektmanagement F 6.15
Projektplanung F 8.22
Projektsteuerung F 8.22, F 8.27, A 8.20
Projektüberwachung F 8.22, A 8.18
Projektvorschläge A 6.6
Protokoll F 4.12, F 4.15
Prototypen A 6.4
Prototyping F 6.17, F 6.18, A 6.4
prozedurale Programmiersprache A 6.50, A 6.51
Prozessorauslastung A 2.11
Prozesszertifizierung A 6.67
Prüfsprachen F 7.13
Prüfziffer A 8.32
Pseudocode F 6.50, A 6.33, A 6.34
Punkt-zu-Punkt-Verbindung A 4.14

Qualitätsmaße, dynamische/statische F 6.86
Qualitätssicherungsmaßnahmen A 6.67
quantifizierbarer Vorteil F 6.39

RAID F 2.40, F 8.43
RAM A 2.8
Rapid Prototyping F 6.17
Rasterdiagramm A 6.13, A 6.14, A 6.18
Rechenautomat F 9.5
-, programmgesteuerter F 9.6
Rechenzentrum F 8.17, A 8.14, A 8.22
Rechner F 1.12, F 2.1, F 2.20
Rechnerarchitektur F 2.11
Rechnernetz F 4.31, F 4.33
Rechtsfragen A 1.8
Recycling F 2.47
Redundanzfreiheit A 5.26
Reengineering F 6.93
referentielle Integrität A 5.27
referentielle Links A 5.34
Referenzdokument A 5.33
Referenzmodell A 6.3, A 6.63
Register F 2.15
Regulierung F 4.17
relationales Datenbankmodell F 5.33, F 5.35, A 5.19
relationales Datenbanksystem F 6.65

Repository F 6.79
Requirements Engineering F 6.34
Rezentralisierung F 8.6
RFID F 7.34
RISC-Prinzip A 2.16
Risikoanalyse A 7.32
Röhrenrechner F 9.7
ROM A 2.8
RZ-Konzentration F 8.7

SA-/SD-Datenflussdiagramm A 6.30
SAP F 6.85, A 6.63
SAP-Berater F 8.37
SAP-Kompetenzzentrum F 8.29
SAP-Referenzmodell A 6.63
Scannerdaten F 7.33
Schichten F 4.14
Schlagwort A 5.33
Schließen, fallbasiertes F 7.73
Schlüssel F 5.7, A 5.4
Schnittstellen A 2.36, A 7.1, A 7.8, A 7.17
Schriftenlesesystem A 2.24
Schwachstellen F 6.31, A 6.18, A 6.21
Schwachstellenanalyse A 6.18, A 6.21
SCM A 7.15
Self-Scanning A 6.7, A 7.22
Semantik F 6.67
semantische Datenmodellierung F 5.31
semantischer Programmfehler A 3.19
semantisches Netz A 7.50
Server A 4.21, A 7.21
-, aktiver/passiver F 4.37
-, zentraler A 8.7
Service Level Agreement F 8.36
Shareware A 6.56
Shell F 3.17
Sicherung, parallele/partielle A 5.28
Skillfaktoren F 8.24
Software F 3.1, A 3.1, F 6.88, F 6.89, F 6.96
Software Engineering F 6.12
Softwareentwicklungswerkzeug F 6.76, F 6.77
Softwareergonomie F 6.87, A 6.65, A 8.43
Softwarekomponenten, wiederverwendbare A 6.72
Softwarekonfigurationsmanagement F 6.20
Softwarelebenszyklus F 6.13
Softwarepiraterie F 8.56

Softwarequalität F 6.86, F 6.87, A 6.64
Softwarewartung A 6.70, A 6.71
Softwarezertifizierung F 6.88
Sollkonzept F 6.26, F 6.33, A 6.22, A 6.23, A 6.24
Sortieren F 5.20
-, internes/externes F 5.20
sortierte Indextabelle A 5.10, A 5.11
Spamblocker F 8.52
Speicher, periphere F 2.13
Speicherarchitektur F 8.19
Speicherchip F 2.12
Speicherplatte, optische F 2.42, F 2.43, A 2.33, A 2.34
Speicherung, gestreute A 5.13
-, virtuelle A 2.9
Speicherungsformen F 5.22
Spezialisierung A 6.45
Spracheingabe F 2.32
Spracherkennung F 2.31, F 2.32, A 2.23
Sprachkommunikation, computergestützte F 7.61
Sprachverstehen F 2.31
Spur F 2.42
SQL F 6.71
SQL-Abfrage A 5.23
Stammdaten A 5.6
Standarddatentypen F 6.68
Standards F 1.6, F 2.6, F 4.8, F 4.26, F 9.12
Standardsoftware A 1.5, F 6.26, F 6.80, F 6.81, F 7.9
-, Anpassung/Einführung F 6.82, F 6.85, A 6.57, A 6.58
-, Auswahl/Anschaffung F 6.83, F 6.84, A 6.59, A 6.60, A 6.61, A 8.10
standortübergreifendes Netz F 4.18, A 4.9
Stapelbetrieb A 2.19, F 3.7, A 3.4, A 7.7
Stapeldatenerfassung A 2.19
statische Qualitätsmaße F 6.86
statischer Test A 6.53
Steuerkonstrukte F 6.49
Stichwort A 5.33
Stoppwortliste F 5.56
strategisches IT-Management A 8.2, A 8.3
Strichcode F 2.27
-, zweidimensionaler F 2.27
strukturierte Gebäudeverkabelung A 4.16
strukturierter Systementwurf A 6.28, A 6.29

strukturiertes Programm F 6.48
strukturierte Systementwicklung F 6.53, A 6.27, A 6.54, A 6.72
Strukturmatrix A 7.33
Stückliste A 7.13
Style Guide F 3.23
Suchen, binäres A 5.11
Symbole F 3.22
symmetrische Verschlüsselungsalgorithmen A 8.37
syntaktischer Programmfehler A 3.19
Syntax F 6.67
System F 6.1
-, eng/lose gekoppeltes (Parallelrechner) F 2.22
-, offenes A 3.15
Systemdokumentation F 6.90
Systemeinführung F 6.92, A 6.69
Systementwickler F 8.37
Systementwicklung F 6.9, F 6.10, F 6.22, F 6.24, F 6.30, F 6.41, A 6.2, F 8.22, A 8.10, A 8.16, A 8.19, A 8.22
-, objektorientierte F 6.54, F 6.55, A 6.38, A 6.39, A 6.41, A 6.72
-, strukturierte F 6.53, A 6.27, A 6.54, A 6.72
Systementwurf F 6.42, F 6.43, F 6.45
-, strukturierter A 6.28, A 6.29
Systemfreigabe A 6.68
Systemmanagement A 4.24
Systemsoftware A 3.2, F 9.17
Szenariotechnik A 6.6

Tabelle A 5.20
Taktfrequenz A 2.15
Taktzyklus A 2.15
Task A 3.8
Tastatur A 2.22
Tätigkeitsschlüssel A 8.19
TCP/IP F 4.15
Teilebedarfsliste A 7.13
Teileverwendungsnachweis A 7.13
Teilhaberbetrieb A 3.5
Teilnehmerbetrieb A 3.5
Telearbeit F 7.62, A 7.42
Telefonbanking F 7.39
Telefonnetz F 4.19
Telekommunikation F 4.8, F 4.16

Telekommunikationsgesetz F 4.17, A 4.5
Teleshopping F 7.55
Terminalnetz A 4.14
Test, dynamischer/statischer A 6.53
Testen, computergestütztes A 6.54
Testfälle A 6.55
Testhilfen F 6.75
Text-Retrieval-System F 5.57, F 5.59, A 5.33
Thesaurus F 5.56
Thread A 3.8
Timesharingverfahren A 3.7
Total Cost of Ownership (TCO) F 8.32
TP-Monitor F 3.13
Transaktionssystem A 3.6
Trust Center F 8.50
T-Serie F 4.10
Two-Tier-Architektur A 4.20

Übersetzer F 3.24
Übertragungsdauer A 4.6
Übertragungsmedien, physische A 4.2
Übertragungsrate F 4.7, A 4.6
Übertragungsverfahren A 4.3
Umgebungsergonomie F 8.60, A 8.43
UML F 6.61, F 6.62, A 6.42, A 6.43, A 6.44, A 6.46, A 6.48
Umweltgifte A 2.38
unformatierte Daten F 5.6
unikate Daten A 5.30
Unix F 3.17, F 3.18, A 3.12
unsortierte Indextabelle A 5.10
Unterlagenstudium F 6.29
Unternehmen, virtuelles F 7.57
Unterstützungssoftware F 3.2
Urbeleg F 2.25, A 2.24
USV-Anlage F 8.40

Verarbeitung, dateiintegrierte F 5.10
-, fortlaufende A 5.7
-, interaktive A 3.4
-, programmintegrierte F 5.10
-, verteilte F 3.9, A 3.14, F 4.35, A 4.18
Verbindung, physische/informationelle F 7.5
Verbindungspreise A 4.6
Verbundnummer A 5.8
Vererbung A 6.40, A 6.41
-, einfache/multiple F 6.59

Vererbungsbeziehungen A 6.40
Verfahren, biometrische A 8.30
-, kryptografische F 8.49
Verhaltensgleichung F 7.48
verkettete Indextabelle A 5.10
Verkettung, doppelte F 5.37
Verknüpfung (bei RDBMS) A 5.23
Vernetzung A 4.21
Verschlüsselung, kryptografische A 8.36
Verschlüsselungsalgorithmen, asymmetrische/symmetrische A 8.37
Versicherungen F 7.40
verteilte Datenbank F 5.50, F 5.52, F 5.53
verteilte Verarbeitung F 3.9, A 3.14, F 4.35, A 4.18
Vertrieb F 7.22 A 7.1
Vertriebsinformationssystem A 7.30
Videokorrekturarbeitsplatz A 2.24
Vielfachzugriff A 5.14
View F 5.46
virtuelle Speicherung A 2.9
virtuelles Unternehmen F 7.57
voll redundante Daten A 5.30
Volltextdokument A 5.33
von-Neumann-Architektur F 2.21, A 2.7
von-Neumann-Zyklus A 2.12
Vorgang (Workflowmanagementsystem) A 7.45
Vorgangskette A 1.4
Vorgehensmodell F 6.10, F 6.11, F 6.85
-, phasenorientiertes A 6.2
Vorgehensweise, geschäftsprozessorientierte A 1.2, F 6.7
Vorteil, quantifizierbarer F 6.39
vorverarbeitete Daten F 5.11
V-Serie F 4.9

wahlfreier Zugriff A 5.7
Warenfluss F 7.31, F 7.53
Warenwirtschaftssystem F 7.31, A 7.18, A 7.19, A 7.20
-, geschlossenes F 7.32
Wartung A 6.70, A 6.71
Webdesigner F 8.37

Weitverkehrsnetz F 4.33, F 4.34, A 4.13
Wertschöpfung F 6.3
Whiteboxtest A 6.53
wiederverwendbare Softwarekomponenten A 6.72
Wiederverwendung F 6.96
Wirkungsrechnung A 7.31
Wirtschaftlichkeit A 2.25, A 2.27, A 2.28
Wirtschaftsinformatik F 1.1, F 1.2, F 1.8, A 1.10, A 2.36, A 8.27, F 9.20, F 9.21, F 9.22
Wissensmanagement F 7.71
Workflow F 7.65
Workflowmanagementsystem A 6.62, F 7.40, F 7.64, A 7.45, A 7.46
Workstation A 2.1
Wort A 2.5

xDSL F 4.24
X-Serie F 4.9

Y-Serie F 4.10

Zahlensystem F 2.4
Zählradmaschinen F 9.1
Zahlungsverkehr, belegloser F 7.36
Zeichen F 1.11
zeichenorientierte Daten F 5.3
Zeichenvorrat F 1.11
zeitorientierte Datenbank F 5.54
Zeitschrift Wirtschaftsinformatik F 9.22
Zeitwirtschaft F 7.19
zentraler Server A 8.7
Zertifizierung F 6.88, F 6.89, A 6.67
Zielrechnung A 7.31
Zugangskontrolle F 8.47
Zugriff, wahlfreier A 5.7
Zugriffskontrolle F 8.47
Zugriffsliste A 8.35
Zugriffsmethode F 4.34, A 4.15
Zugriffsrechte A 8.35
Zugriffszeit F 2.38
zweidimensionaler Strichcode F 2.27
Zylinder A 2.32

The manufacturer's authorised representative in the EU is Springer Nature Customer Service Centre GmbH, Europaplatz 3, 69115 Heidelberg, Germany. If you have any concerns regarding our products, please contact ProductSafety@springernature.com

Printed and bound by CPI Group (UK) Ltd, Croydon, CR0 4YY
23/03/2026
02076675-0001